KB057532

세속주의를 묻는다

11
종교문화비평총서

세속주의를 묻는다

종교학적 읽기

최정화 엮음

모시는사람들

종교학은 보통 '종교'에 대해서 묻는다고 생각한다. 그러나 이 책의 저자들은 '종교'의 반대편에 있다고 여겨지는 '세속', 그리고 그 가치로 운영되는 세속주의에 대해서 묻는다. 독자들이 보면 금방 알겠지만 이 책은 무엇이 '종교'이고, 어디까지가 '세속'인지 두 영역을 구분해서 각각의 특징을 설명하려고 하지 않는다. 종교사회학의 오래된 주제인 세속화 현상을 새롭게 검토하지도 않는다. 대신 '세속'이 형성되는 과정과 세속주의가 다루어지는 방식에 대하여 종교학적 관점에서 관련 연구를 정리하고 앞으로의 연구 방향을 제시한다. 인류학과 정치학 같은 종교학 인접 학문 분야에서 세속주의 연구들이 쌓여 가고 있고, 종교학적 시선으로 정치와 세계관으로서의 세속주의 분석을 요구하는 작업들이 적지 않다.

『세속주의를 묻는다-종교학적 읽기』의 저자들은 2022년 한국종교문화연구소 심포지엄 〈세속주의를 묻는다: 종교-세속의 이분법을 넘어서〉 발표를 계기로 모였고, 연구자들의 공부 궤적이 담긴 글들이 이제 한 권의 책으로 묶였다. 2021년 하반기부터 2022년 중반기까지 심포지엄 준비를 위한 공동의 이론 작업으로 장석만이 이 분야에 대한 읽을거리를 제공하고 공부 모임을 이끌었고, 덕분에 필자들은 종교와 세속주의에 대해서 공부할 수 있는 좋은 기회가 되었다. 집필진이 자료를 공유하는 데 사용한 '종교와 세속' 네이버 카페에 현재까지 올려진 73개의 게시글은 이 주제에 대해 연구자들이 새롭게 알아 가며 각자의 글에 반영하려고 노력했던 흔적을 보여준다. 각자의 전문 영역이 있는데도 새로운 분야를 공부하며 글의 방향을 함께 맞추어 가는 일은 쉽지 않다. 물론 세속주의에 얽힌 문제의식이 이 책의 모든 저자에게 공유되고 있지는 않다. 그럼에도 불구하고 참가자들은 바쁜 와중에도 연구의 열정을 보여주고 새로운 영역을 공부하고 난 후에 글을 써 주었다. 이 책은 6명의 저자가 쓴 10편의 글로 이루어졌다. 『종교문화비평』 42호(2022)에 실린 특집 원고가 그 반이고, 4편은 저서를 위해 저자들이 새롭게 작성했다. 함께 공부한 내용을 반영하기 위하여 학술지에 투고하지 않고 본 총서를 위해서만 글을 써 준 저자들에게 고맙다.

전체 내용은 4부로 나누어진다. 『종교문화비평』 42호에 실렸던 글들에 대해서는 편집위원장 조현범이 요약하고 분석한 적이 있어 간략하게만 언급하고, 본 저서에만 실린 새로운 글들 중심으로 소개한다.

1부 '종교와 세속주의 이론. 입문과 쟁점'에서는 종교학과 세속주의에 대한 이론적 접근을 한다. 「종교와 세속주의 입문하기」는 세속주의 비판과 그 이후에 대해서 다루고, 종교학과 세속주의 연구의 의미를 짚어본다. 「엘리아데와 세속주의 담론」에서는 아사드의 세속주의 담론이 남긴 과제를 오히려 과거로 돌아가 고전 종교학자 엘리아데의 성과 속 개념을 통해서 풀고자 한다. 아사드의 세속 개념을 세밀하게 분석하고 있으며, 그의 저작에서 세속과 종교의 개념이 중첩되고 혼재되어 있음을 지적한다. 아사드에게서 발견한 종교-세속 개념의 모호성을 엘리아데를 통해서 실마리를 찾으려고 하며, 그러한 과정에서 종교학이 세속주의 논쟁에서 더욱 확고하게 자리 잡아야 한다고 이야기한다.

　2부 '한국의 종교와 세속주의'에는 두 편의 글이 있다. 「한국의 종교연구와 비평(비판)의 세속성 논의」는 『종교문화비평』이라는 기관지의 명칭이 '비평'인 이유는 무엇인지 묻기 시작해서 종교연구와 세속성의 문제를 본격적으로 분석한다. 이 글에서 다룬 『비판은 세속적인가?』라는 책에 대한 논의는 4부의 「비판의 세속성에 관한 갑론을박: 11명의 관점」으로 자연스럽게 연결된다. 두 글 모두 종교학이 지니는 문화비평 역할의 전제를 검토할 기회를 준다. 현재 인문사회과학이 '비판적' 혹은 '비평적'이라는 이름으로, 스스로를 지적 우위에 놓고 자부하는 현상을 깊게 생각하게 해 준다. 시리즈 두 편은 우리가 비판이 향해야 할 곳을 모르면서 무작정 비평만 하고 있지는 않은지, 이론의 해체보다 건설과 양육의 미덕에 대해서 성찰하게 한다.

　「세속화에 대한 저항: 동학에서 한살림까지」는 세속화의 도전에 대하여 한국의 대응은 어떠했는지 19세기 말부터 20세기까지의 사건들을 통하여 살펴본다. 1860년의 동학부터 시작하여 100년 후 생명사상을 이어온 윤노빈, 김지하, 장일순과 한살림 운동으로 맥을 잡는다. 동학과 생명사상을 서구 근대의 세속화 경향에 반대하는 자아와 일상의 '성스러움' 회복 운동으로 보고 있다.

　3부는 국가별로 보는 세속주의의 전개이다. 「세속-종교-미신의 3분법을 통해 본 신사참배의 정치학: 근대 일본을 중심으로」는 일제강점기 일본과 조선의 신사참배의 사례에서 제국일본과 식민지 조선의 분류 체계를 다룬다. 세속-종교-미신 혹은 유사종교라는 3분법의 의미와 그 배후에서 작동하는 세속주의를 구체적으로 보여준다. 종교-세속의 이분법을 가능하게 해 주는 제3의 범주이자 과학과 종교의 타자로서 '미신'을 지목하고 있다. 「기울어진 세속주의: 독일의 통일국가 만들기 과정에서 세속주의가 작동되는 방식」은 독일의 현실 정치 담론을 분석하며 서구 세속주의의 상이한 '게임의 규칙'을 지적한다. 통일독일의 세속주의는 구동독 주민들과 무슬림 이주민들에게 다른 방식으로 적용된다.

4부 '세속주의와 현대 사회'에 4편의 글을 실었다. 「생태 위기에 대한 지구학적 대응: 성스러운 지구와 세속화된 가이아」와 「보건의료에서의 종교와 세속: 건강돌봄과 영성의 만남」은 각각 지구학과 보건의료계라는, 저자들이 평소 활동하는 영역 속에서 세속주의 논의와 관련을 맺는다.

「비판의 세속성에 관한 갑론을박: 11명의 관점」은 2부 첫 번째 글의 자매품으로, 그 글에서 예고한 내용이 구체적으로 들어 있다. '내재적 프레임'(The Immanent Frame: TIF)은 2007년부터 11명의 학자들이 종교와 세속주의에 관하여 글을 남긴 온라인 포럼 공간이다. 이 용어는 찰스 테일러(Charles Taylor)의 『세속시대』(A Secular Age)에서 왔고, 세속의 가치가 당연시되는 틀을 말한다. 왜 이 주제가 비평가임을 자처하는 인문학자, 그리고 '종교문화비평가'에게 시사하는 점이 많은지 독자들이 발견하는 지적 재미가 클 것이다.

마지막 글쓴이 존 몰리뉴(John Molyneux, 1948-2022)는 이 책에서 유일하게 심포지엄을 위한 공부 모임 밖에서 초대되었다. 몰리뉴는 사회주의 활동가이자 이론가로서 그의 글은 명료함의 미덕을 지닌다. 「세속주의, 무슬림 혐오, 마르크스주의와 종교」는 사회주의 관점에서 세속주의의 문제점을 보고 있다는 점에서 자유주의 진영 위주로 이루어졌던 기존 논의의 시각을 넓히는 의의가 있다. 바로 앞에서 다룬 「비판의 세속성에 관한 갑론을박: 11명의 관점」 중 한 명인 크리스 닐론(Chris Nealon)은 종교에 관한 세속적 좌파의 상투적 태도를 지적하는 과정에서 '좌파'는 종교가 마치 모두 신학과 정통의 문제로 귀결되며 보수 정치의 문제로 쉽게 치부하는 경향이 있다고 했다. 물론 그런 경향이 있다. 그러나 '세속적 좌파' 모두가 그렇지는 않다는 반증을 몰리뉴의 글을 통해 확인할 수 있다.

몰리뉴는 라이시테(Laïcité)를 채택하는 프랑스와 세속주의 근간의 유럽 국가들에서 세속주의라는 명분으로 이슬람 혐오가 일어나는 현상에 주목한다. 세속주의는 공화국이나 혁명적 사회주의 노선을 지지하는 사람들이 옹호하는 가치로 여겨져 왔다. 그러나 이런 세속주의의 문제점은 무엇인지 사회주의적 시선으로 쾌도난마 한다. 현대 사회주의자들은 대중들이 '민중의 아편'에 의존하지 않는 세상을 원하지만, 동시에 민중이 의지하는 종교를 금지하고 혐오하는 세상을 원하지도 않는다. 서구에서는 세속주의가 인종차별주의와 반이민 정서를 부추기는 역할을 한다. 실제 그 공격 대상은 과거 식민지에서 온 이주 노동자들로, 이들 대다수는 무슬림이다. 인종차별과 제국주의에 항거해야 할 진보적 지식인들도 세속주의, 그리고 '탈레반에게서 아프가니스탄 여성들을 해방하기 위해서 그 나라를 점령'해야 한다는, 제국주의 개입을 정당화하는 식의 페미니즘과 맞물려서 그 대열에 합류하고 있다는 것이다. 세속주의와 이슬람주의 집단 양쪽을 균질적 집합체로 보지 않고 그것을 운영하는 집단의 실체와 구체적 상황에 맞게 분석한 점이 돋보인다. 현대 세계 정치의 흐름을 보는 시선과 판단의 근거를 얻게 되어 사이다를 마시는 느낌으로 시원하게 읽었다. 작년에 그의 타계 소식을 듣고서 '이제 새로운 글들은 볼 수 없겠구나' 생각하며 아쉬움에 젖었다. 그러나 독자들은 그가 생전에 남긴 명쾌한 글과 책을 통하여 여전히 그의 생각과 접속할 수 있다. 좋은 원고를 번역한 이진화 번역가, 그리고 총서에 원고를 싣도록 기꺼이 허락해 준 『마르크스21』 관계자들에게 이 지면을 빌려 감사의 마음을 전한다.

세속주의 연구가 무엇인지 방향을 잡는 데 시간이 가장 오래 걸렸다. 두 번째 글을 쓸 때 즈음해서 어느 정도 감을 잡을 수 있었지만 그럼에도 불구하고 이 저서가 세속주의란 분야가 무엇이 새로운 것인가를 글로써 충분히 보여주기에는 아직 역부족이라는 생각이 든다. 이 분야는 앞으로 종교학자들에게 연구할 거리를 많이 던져주며, 암묵적인 학문과 사회의 지적 기반을 흔드는 연구를 할 수 있는 가능성이 많다고 감히 추측한다. 더 많은 시각과 사례를 담고자 했던 아쉬움을 달래며, 이 책이 글쓴이들과 독자들의 후속 연구의 밑바탕이 되기를 희망한다. 책을 읽은 후에 함께 공부하고 싶은 분들의 연락을 기다린다.

2023년 12월
엮은이 최정화

책을 내며 ──── 4

1부 종교와 세속주의 이론. 입문과 쟁점

종교와 세속주의 입문하기 | 최정화 ──────────────── 17

  1. 세속주의 연구, 무엇인가? ──────────────── 19

  2. 세속주의 공부의 자취들을 정리하며 ──────────── 23

  3. 세속주의의 비판 이후, 어떻게 할 것인가? ────────── 36

  4. 나오는 말: 종교학과 세속주의 연구의 의의 ────────── 42

엘리아데와 세속주의 담론 | 김재명 ──────────────── 47

  1. 세속주의 담론 ────────────────────── 49

  2. 탈랄 아사드와 세속주의 ─────────────────── 51

  3. 탈랄 아사드의 성과 속 ─────────────────── 57

  4. 엘리아데의 성현 ────────────────────── 66

  5. 종교학과 세속주의 연구 ────────────────── 71

2부 한국의 종교와 세속주의

한국의 종교연구와 비평(비판)의 세속성 논의 | 장석만 ──────── 77

  1. 들어가는 말 ──────────────────────── 79

  2. 한국에서의 종교연구와 비평 ─────────────── 81

  3. 한국의 세속성과 종교연구 ────────────────── 95

4. 『비판은 세속적인가?』라는 책 ——————— 103

5. 이후의 논의: 두 가지 단면 ——————— 131

6. 나오는 말 ——————— 142

세속화에 대한 저항
— 동학에서 한살림까지 | 조성환 ——————— 147

1. 세속화된 자연 ——————— 149

2. 신성한 자아의 발견 ——————— 153

3. 일상의 성화(聖化) ——————— 162

3부 세속주의의 전개: 나라별 접근

세속-종교-미신의 3분법을 통해 본 신사참배의 정치학
— 근대 일본을 중심으로 | 이진구 ——————— 175

1. 들어가는 말 ——————— 177

2. 국가신도체제의 성립과 세속-종교-미신의 3분법 ——————— 181

3. 일본 기독교계에 나타난 신사참배 담론의 세 유형 ——————— 187

4. 나오는 말 ——————— 202

기울어진 세속주의

― 독일의 통일국가 만들기 과정에서 세속주의가 작동되는 방식 | 최정화 ― 205

  1. 서구 세속주의의 작동 방식 들여다보기 ――――――――― 207

  2. 통일 후 독일의 세속주의: 내부와 외부의 논리 ―――――― 210

  3. 세속주의의 이중 잣대 ―――――――――――――――― 236

  4. 세속주의의 두 가지 작동 방식과 '길들이기' ―――――― 240

4부 세속주의와 현대 사회

생태 위기에 대한 지구학적 대응

― 성스러운 지구와 세속화된 가이아 | 조성환 ――――――――― 245

  1. 들어가는 말 ―――――――――――――――――――― 247

  2. 인간의 조건으로서의 지구 ――――――――――――――― 249

  3. 가이아, 살아 있는 지구 ――――――――――――――― 259

  4. 세속화된 가이아 ――――――――――――――――――― 271

  5. 나오는 말 ――――――――――――――――――――― 278

보건의료에서의 종교와 세속

― 건강돌봄과 영성의 만남 | 김재명 ――――――――――――― 281

  1. 들어가는 말: 세속화 담론의 재등장 ――――――――――― 283

2. 근대 세속주의 임상의학의 탄생 ———————— 286

3. 보건의료에서 종교와 영성의 귀환 ———————— 293

4. 보건의료계와 종교 - 세속 담론 ———————— 300

5. 나오는 말 ———————— 305

비판의 세속성에 관한 갑론을박

— 11명의 관점 | 장석만 ———————— 307

1. 들어가는 말 ———————— 309

2. '내재적 프레임'의 사이트와 그 말에 관하여 ———————— 310

3. 〈비판은 세속적인가?〉의 온라인 논의 내용 ———————— 312

4. 나오는 말 ———————— 378

세속주의, 무슬림 혐오,

마르크스주의와 종교 | 존 몰리뉴, 이진화 옮김 ———————— 387

1. 아일랜드의 사례로 보면 ———————— 390

2. 전체적 시야에서 본 프랑스 세속주의 ———————— 393

3. 무슬림 혐오의 성장 ———————— 399

4. 두 개의 쿠데타 ———————— 403

5. 마르크스주의와 종교 ———————— 409

주석 —— 412   참고문헌 —— 454   발표지면 —— 470   찾아보기 —— 471

1부

종교와 세속주의 이론.
입문과 쟁점

종교와 세속주의 입문하기

최정화

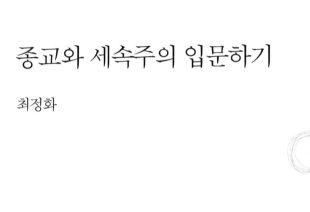

1. 세속주의 연구, 무엇인가?

글을 시작하면서, 다루는 대상인 '세속(secular)'과 '세속주의(secularism)'가 무엇인지 정의하고 시작하는 것이 미덕일까 하는 고민에 빠졌다. '세속(secular)'은 사실 너무나 많은 것을 의미하거나, 맥락에 따라서 부정적이거나 단정적인 의미를 함축하는 말이다. '세속'은 '종교'라는 말과 쌍둥이와 같아서 한쪽의 반대가 다른 한쪽을 정의하는 경향이 있다. 종교를 정의하기 어렵다는 사실을 종교학자들이 익히 아는 것처럼, 세속 또한 그렇다.

'세속적'이란 말은 '종교적 가르침과 신념을 따르지 않고 세상의 잣대로 생각하고 행동'한다는 의미에서 종교 근본주의 진영에서 적대시하는 말이기도 하다. '세속적'이란 말과 '세속주의'라는 용어는 실생활에서 다르게 사용된다. 세계관으로서의 세속주의는 존재론적 물질주의, 자연주의적 세계관, 물리주의적 사고방식 등을 말한다. 예를 들어서, 필자의 성향을 굳이 구분하자면 초자연이기보다는 물질적이고 물리적으로 세상을 이해한다는 점에서는 '세속주의자'라고 할 수 있지만, 실천과는 별개의 문제로 인생의 방향 설정에 있어서 실리적 이해관계보다는 도덕적 이상을 지향한다는 점에서 '세속적'이지는 않다. 역사학자 토드 위어(Todd H. Weir)처럼 세속주의를 세계관으로서의 세속주의와 정치적 세속주의로 나누면서 그 둘은 구분된다고 보기도 한다.[1]

다소 특이하게 생각될 수도 있지만, 오늘날 세속주의 연구자들의 글을 읽노라면 세속을 꼭 종교의 정반대로 보지는 않는다. 종교학자 조셉 블랜크홀름(Joseph Blankholm)의 말을 빌리자면 "'세속'이나 '종교적인 것'과 같은 단어들은 부드럽게 다루어져야 한다. 우리가 그것들을 단단하게 쥐어짤수록 그 의미는 점점 더 우리의 손가락 사이로 빠져나간다."[2] 세속 내지 세속주의를 규정하는 일은 결국 '종교'를 정의하는 것과 같은 문제에 봉착한다는 것을 알게 되었다. 따라서 이 글에서는 세속이나 세속주의가 무엇인가에 답하기보다는 그것이 현재 학계에서 다루어지는 방식과 그것을 통하여 종교학자들이 배울 수 있는 점을 중심으로 내용을 전개하려고 한다.

1) 20세기 후반 이후 세속주의 비판의 배경

인문사회과학 이론의 생성과 발전은 시대적 배경을 수반할 때가 많고, 특정한 시대정신을 설명하는 이론이 요청된다. 그렇다면 세속주의 연구가 나타난 정치사회적 배경은 무엇일까? 종교는 공적인 영역에서 축소되거나 사라질 것이고 사회 속에서 주변화될 것이라는 세속화 이론은 주지하다시피 20세기 후반에 들어서면서 전 지구적 상황에 들어맞는 설명이 아니라는 점이 밝혀졌다. 세속화 현상은 일부 서구에만, 그것도 제한적시기에 국한된 이야기였다. 사회에서 종교의 자리가 희미해지리라는 예측이 무색하게 1979년 이란 혁명으로 이슬람 공화국이 생기며 세속주의가 오히려 광범위한 이슬람의 사회·문화·정치 체제로 바뀌었다. 2001년 9·11 테러, IS와 같은 근본주의자들의 발흥, 인도의 고질적인 종교공동체주의(communalism)가 21세기를 장식하는 문제들로 떠올랐다. 아울러 1980년대 말, 소련과 동구권이 해체되었다. 마르크스-레닌주의가 현실에서 색이 바래면서 1990년대는 포스트모더니즘과 함께 사회주의의 공백을 메우는 이론들이 비등하기 시작했다. 사회주의라는 세속주의가 붕괴되었다고 보거나, 적어도 이전과 같은 힘을 발휘하지 못하게 된 것이다. 물론 사회주의 사상을 기반으로 하는 국가는 여전히 존재하지만, 그리고 2023년 자유주의 진영과 현전 사회주의 진영의 정치적 대립 상황이 격화되면서 신냉전주의라는 말이 다시 나오긴 했지만, 20세기의 팽팽했던 자본주의와 사회주의 양자 대결에서 후자가 큰 타격을 받은 것은 사실이다. 이러한 상황에서 등장한 세속주의 비판은 기존의 세속주의가 현재 세계의 변동하는 상황을 설명해 주지 못한다는 인식에 기인한다. 그런 가운데 21세기에 빈발하는 세속국가와 종교와의 갈등 속에서 세속주의의 한계와 가능성에 대해서 활발한 논의를 벌이게 되었다.

2023년 현재, 서구 사회는 무슬림계 이민자 급증으로 인하여 이주민과 원주민 간의 사회적 갈등이 큰 문제가 되고 있다. 현재 종교와 세속을 둘러싼 대표적인 논쟁인 히잡과 근본주의에 대한 논의 양상은 기존의 세속적인 관점으로 재단하는 일이 더 이상 불가능함을 보여준다. 이슬람 혁명, 9·11 테러, 히잡 논쟁으로 이어지는 일련의 사건은 지식인들이 기존의 세속주의를 재검토하는 계기가 되었다. 세속주의를 연구하는 학자들은 이 문제를 '그리스도교'와 '이슬람' 간의 분쟁이나 문화적 갈등으로 보지 않는다. 세속주의로 판이 짜인 정치사회 체제에서 종교의 자리가 모호해졌기 때문에 생긴 문제로 보는 시각이 두드러진다. 이러한 문제의식은 현대 국가가 표방하는 세속주의의 자리를 근본적으로 다시 생각하게 한다.

2) '자유민주주의'라는 말이 득세하는 2023년도 대한민국에서

2023년 현재 대한민국 정부는 역사적 의식이 결핍된 상태를 보충이라도 하려는 듯이 스스로를 지탱하는 정치적 이념을 '자유민주주의'라고 강조하고 있다. 사실 정치인이나 국가 기관에서 사용하는 이 말은 실체와 합의적 개념이 없는 텅 빈 기표일 경우가 많다. 헌법 제 1조의 '대한민국은 민주공화국이다'라는 문장에, 현재 대통령이 담화에서 즐겨 쓰는 '자유'를 조합한 정도의 의미인 것처럼 보이나, 오늘날 대한민국에서 다른 모든 가치를 넘어서는 단어로 '자유'와 '민주주의'가 애용되는 현상을 본다. 그 앞에서 심지어 대한민국 정체성의 뿌리라고 여겨졌던 독립운동의 정신마저 위협당하고 있을 정도이다.

그러나 미국, 일본을 포함하여 소위 '자유민주주의' 진영이라고 부르는 나라들의 '세속주의'는 완전무결한 바탕 값이 아니다. 그 또한 결함이 있는 상대적인 정치체제로 접근할 수 있으며, 그 한계가 이미 표출되고 있다. 종교에 대한 인사이더적 접근의 한계를 지적하고 외부자적 시각이나 그 경계적 관점에서 보는 시선을 훈련한 사람이 종교학자이다. 세속주의는 현재 우리가 놓여 있는 틀이다. 그렇다면 대한민국이 표방하는, 그리고 대한민국이 기꺼이 따르고자 하는 그러한 자유민주주의의 기획 안에 놓여 있지만 그것이 기반한 세속주의적 관점을 성찰하고 그 기반을 볼 수 있는 힘이 종교학에 있다고 볼 수 있다. 현재 대한민국에서 기승을 부리는 있는 말 '자유민주주의'의 전제를 꿰뚫어볼 수 있는 힘이 우리에게 필요하다. 세속주의를 연구한다는 의미는 무엇인지, 주목할 만한 기존 연구들을 통하여 생각해 보고자 한다.

탈랄 아사드(Talal Asad)의 제자 사바 마흐무드(Saba Mahmood)는 『세속 시대의 종교적 차이: 마이너리티 리포트(*Religious Difference in a Secular Age: A Minority Report*)』(2015)에서 정치적 세속주의의 특징 몇 가지를 정리하고 현대 세속 사회에서 대두된 문제를 보여주었다. 개인적 신념의 선택이라는 의미에서 통상 근대적 종교 개념은 사적인 형태로 이해된다. 근대 국가는 공공질서를 수호하는 역할을 하되 종교의 자유를 허용한다는 자기 이해를 가지고 있다. 그에 따르면 국가는 개인의 종교에 개입하지 않고, 반대로 정치에 종교는 개입할 수 없다. 그러나 이진구 또한 지적하듯이 종교는 '종교자유'라는 이름으로 자신의 영역을 확장하고 경계를 넘나들고 있으며, 국가는 국가 질서의 유지라는 명목으로 종교의 영역을 규율하고 있다. 국가는 다수 집단이 표방하는 가치와 규범을 강요하고, 그것이 종교적 성격을 띠는 경우 '전통'과 '문화'와 같은 세속의 범주로 강조된다는 것이다. 그 결과 중립성이라고 하는 명목을 가지고 공공질서를 수호한다는 국가의 논리는 그 안의 다수 종교집단에 절대적으로 유리해질 수밖에 없다.[3]

2. 세속주의 공부의 자취들을 정리하며

이 책의 저자들은 2022년 5월 한국종교문화연구소 심포지엄 준비의 일환으로 2021년 말부터 2022년 중순까지 공부 모임을 진행했다. 장석만이 이끌고 이진구, 김재명, 조성환과 필자가 현대 세속주의 비판에 관한 이론들을 공부했다. 처음에 '종교와 세속'이라는 주제로 심포지엄을 한다고 들었을 때는 종교사회학의 유명한 이론인 '세속화'에 대해서 새롭게 검토하는 것으로 생각했다. 세속화 현상을 다룬다는 점에서 물론 연결되는 지점이 있지만, 공부를 해 보니 다른 분야였다. 이하에서는 그 내용을 정리하면서 세속주의와 포스트 세속주의 연구를 소개하고자 한다.

  탈랄 아사드는 서구 개신교 중심으로 이루어졌던 세속주의와 계몽주의를 이슬람과 중세 기독교의 입장에서 비판적으로 보기 시작한 선구적 학자라고 할 수 있다. 이런 세속주의 비판에서 핵심이 되는 연구서가 아사드의 『세속의 형성: 그리스도교, 이슬람, 근대(*Formations of The Secular: Christianity, Islam, Modernity*)』(2003)와 앞서 언급한 그의 제자 사바 마흐무드의 『세속 시대의 종교적 차이: 마이너리티 리포트』이다. 세속주의와 포스트 세속주의의 의미는 이진구의 정리가 탁월하다.

  현재 해외학계에서는 세속주의에 대한 논의가 매우 활발하다. 'secular studies' 혹은 'secularism(s) studies' 등의 용어를 통해 전개되는 세속주의 연구는 1980년대 말부터 시작되었지만 9.11 이후 특히 활성화되었다. 1960년대 종교사회학계를 중심으로 등장한 세속화(secularization) 이론과는 문제의식이 다르다. 세속화 논쟁은 근대화(산업화)로 인한 종교의 변동과 종교의 미래에 대한 관심에서 시작되었고 종교의 쇠퇴(decline)/부흥, 사사화(privatization)/탈사사화, 기능적 분화(differentiation) 등을 중심으로 논의되어 왔다.[4]

이어서, 포스트 세속주의에 대해서는 다음과 같이 정리한다.

이와 달리 [포스트] 세속주의 연구는 개념사나 계보학적 연구에서 시작한
다. 서구 자유주의(liberalism)와 밀접한 관련을 맺고 있는 세속주의는 그동
안 종교전쟁(30년 전쟁)의 '해결사'라는 후광을 입고 여성해방, 인권, 민주
주의를 보장할 수 있는 유력한 대안으로 간주되어 왔다. 그런데 베일 논
쟁이나 무하마드 만평을 둘러싼 갈등에서 드러나듯이 최근에는 세속주
의가 유럽의 소수자로 존재하는 무슬림을 멸시하거나 공격하는 주된 무
기로 등장하고 있다. 이슬람은 세속주의를 채택하지 않았기 때문에 여성
인권이나 표현의 자유에 대한 이해가 결여되어 있을 뿐만 아니라 정치와
종교의 미분리로 인해 폭력적 종교가 될 수밖에 없다는 주장이 대표적이
다. 자유민주주의를 자처하는 서구 사회가 보여주는 이러한 모습을 지켜
본 일군의 비판적 지식인들에 의해 세속주의에 대한 본격적 연구가 시작
되었다고 볼 수 있다. 이들은 세속주의 자체를 문제화하면서 그것의 대
행자라고 할 수 있는 국민국가가 지닌 억압성과 폭력성을 폭로하는데 주
력한다. 세속주의의 배후에 개신교가 자리 잡고 있음을 밝히는 작업(the
protestant secular)도 중요한 비중을 차지하고 있다. 물론 세속주의에 대한
이러한 비판을 수용하면서도 세속주의가 지닌 긍정적 측면을 발전시켜
나가는 노력도 존재하고 있다.[5]

현재 진행되는 세속주의 논의에서 핵심이 되는 책은 찰스 타일러
(Charles Taylor)의 『세속 시대(*A Secular Age*)』와 탈랄 아사드의 『세속의 형
성(*Formation of the Secular*)』(2003)을 꼽을 수 있다. 본고에서는 아사드의

『자살폭탄테러(*On Suicide Bombing*)』(2007)로 시작해서 타일러의 『세속시대』가 제기한 문제를 아사드의 관점에서 재논의한 「종교, 믿음과 정치를 생각하다(Thinking about religion, belief, and politics)」의 핵심 내용을 짚어가는 순서로 논의를 전개한다.

1) 탈랄 아사드의 『자살폭탄 테러』

세속주의 비판의 선두에 있는 탈랄 아사드의 문제의식에 접근하기 위해서 『자살폭탄 테러』[6]를 먼저 살펴볼 필요가 있다. 이 책에서는 아사드식 연구 방법의 특징을 볼 수 있는데, 논의가 이루어지는 맥락에 대한 심층적 분석과 함께 다루는 주제의 계보를 추적한다는 점에서 그렇다. 아사드는 '종교'와 '세속'이라는 두 가지 개념 쌍에 주목하면서, 종교와 세속이 대립한다고 보는 방식은 근대 서구라는 특정 시공간에 한정된 시각임을 지적한다.

자살폭탄 테러를 '이슬람'의 문제라고 생각하는 사람들이 많다. 자살 테러를 잘 이해하기 위해서는 이슬람에 대하여 '제대로' 이해하는 것도 중요하지만, 이런 종류의 테러를 특정한 종교적 행위나 신념과 결부시키는 우리의 사고를 되살펴 보아야 한다. 자살 테러 담론은 소위 '자유민주주의' 사회에서 생산된 담론임을 아는 것이 중요하다. 테러를 종교적 희생, 순교 등으로 말하는 것은 이슬람 내부에서가 아니라 서구 근대적 관점에서 나온 해석이다. 아사드는 이런 분석 작업이 이루어질 때 자유민주주의 사회가 지니는 모순점들도 드러난다고 생각한다.

9·11 사건 이후 주요 매체를 중심으로 대두한 문명 간의 충돌이라는

해석의 틀에는 문제점이 도사리고 있다. 이러한 논의에서 유럽 문명이나 이슬람 문명의 요소들은 현재의 시각에서 임의로 선택되고, 현재 존재하는 특정한 민족이 각각의 문명의 상속자로 간주된다. 그러나 역사적으로 이슬람과 유럽 문명은 각각 내부적으로 동질적 집단이 아니었음을 알아야 한다. 여기에서 우리는 이러한 임의 선택을 통해 무엇을 배제하는지 물어야 하고, 이 과정에서 임의 선택된 것이 현재적 관점에서 해석되는 과정을 들여다보아야 한다.[7]

'지하드'는 그 어떤 이슬람 지역보다 서구에서 유행하고 있는 개념이다. 아사드는 '성스러움'을 의미하는 아랍어 무깟다스(muqaddas)가 '전쟁'을 뜻하는 하르브(harb)를 수식하는 예는 단 한 건도 없다고 지적한다.[8] '지하드', '다르 알하르브', '다르 알이슬람'과 같은 용어들은 초역사적 세계관의 구성요소가 아니고, 오히려 법학자들이나 근대 개혁자, 종교에 정통한 학자들이 논쟁을 위해서 이용한 정치신학적인 언어라고 본다.[9]

여기에서 아사드가 저명한 종교학자 이반 스트렌스키(Ivan Strenski)의 자살 테러 해석에 가한 비판에 주목할 필요가 있다. 스트렌스키는 자살 테러를 희생과 선물이라는 종교적 개념으로 해석한다. 사실 스트렌스키가 자살 테러를 분석하는 방식은 종교학자라면 시도해 보았음직한 '익숙한' 방식으로, "자살 테러범에게 자기희생은 나라를 위해서 자기를 선물로 바치는 행위, 자기를 나라에 선물함으로써 나라를 축성하는 행위"[10]로 설명된다. 그러나 아사드가 보기에 이러한 방식은 동기를 찾는 수준에 머물러 있다. 그리고 그 동기를 종교학의 보편적 해석의 잣대인 '의례'로 설명하고 있다. 그러나 아사드의 입장은 이와 완전히 다르다. 이슬람 전통에서 희생제의가 희생제물을 바치는 사람을 '성스럽게' 만들어 주지 않는다는 것이다. 스트렌스키 역시 자유주의 담론에 빠져 있다고 볼 수 있으며 "비인륜적 조치를 인륜적 조치로 둔갑"[11]시키는 형국이다. "스트렌스키는 그리스도가 스스로를 최고의 선물로 내어주었다는 기독교의 선물 개념을 희생 일반의 모델로 채택"한 듯하다고 꼬집는다.[12]

학계에서는 테러의 동기를 종교로서의 이슬람과 직접적인 연관을 시키는 태도를 경계하고 있지만, 그 반대편에서 포괄적인 종교적 해석망을 사용하여 반인륜적인 범죄를 나름 인간적으로 이해해 보려는 종교학자의 시도 역시 꼭 그 의도만큼 좋은 결과를 낳지는 못하는 듯하다. 여기에서 종교학자들이 종종 범하는 분석 대상에 대한 '종교적' 해석의 '위험성'이 드러난다고 볼 수 있다. 아사드의 말을 직접 인용하자면 "스트렌스키는 동기를 이른바 희생의 맥락에서 재서술하는 종교적 모델을 내놓음으로써 자살 테러를 '종교적 테러'로 명명할 수 있게 해준다. 자살폭파범 쪽을 윤리적 저개발-따라서 전근대-로 정의하고, 정치에서 세속적이고 종교에서 개인적이고 따라서 폭력에서 원칙적으로 규제적·합리적·합법적인 반대쪽을 문명화된 사회로 정의할 수 있게 해주는 모델"[13]이라는 것이다. "자살 테러를 희생으로 보는 것은 기독교와 포스트기독교 전통에서 파생된 의미를 자살 테러에 쑤셔 넣는 데 불과"하고 이러한 생각은 근대 국가주의의 정치적 상상력 속에서 중요하게 작용한다고 보았다.[14]

물론 이보다 더 널리 퍼져 있으면서 동시에 문제적인 해석은 대중 논객들이 채택하는 테러에 대한 행위주체 모델이다. 동기 중에서도 종교적 동기, 즉 이슬람이라는 종교의 특징으로 테러를 설명하는 것이다. 이러한 설명이 인기가 있는 이유는 형사재판을 연상하게 하는 행위자들의 심리적 요소, 그리고 '생명을 증진하는 문명'과 '죽음을 애호하는 야만'을 나누는 문화 기호를 결합하는 모델을 제공해 주기 때문이다.[15] 이 모델에서는 행위주체자인, 지하드를 수행하는 테러범의 동기를 '이슬람' 자체의 부정성에서 찾는다. 정치학자 로버트 페이프는 다음과 같이 말한다.

> 자살 테러는 이슬람 근본주의와 거의 무관하다. 좀 더 정확하게 말하면, 어떤 종교와도 거의 무관하다. [중략] 거의 모든 자살테러 작전의 공통점은 테러범이 자기 나라 땅이라고 생각하는 영토에 주둔하고 있는 자유민주주의 국가의 병력을 철수시킨다는 구체화된 세속적·전략적 목표가 있다는 것이다. 종교가 자살 테러 작전의 근본적 원인인 경우는 거의 없다. 단, 테러조직이 전투원 모집 등 전반적인 전략적 목적에 종교를 이용하는 일은 왕왕 있다.[16]

  자살폭탄 테러의 발생을 동기 중심으로 이해하는 대신에 아사드는 테러에 대한 감정적 반응을 미학적, 심리학적인 면에서 접근하고 있다. 사태에 대한 이러한 접근은 세속주의에 대해서도 마찬가지다. 종교와 세속, 양자에 대해서 감성(sensibility)과 정서적 태도(attitude)의 측면에서 접근한다. 아사드와 그 제자들의 글에서 '세속성(secularity)'은 세속의 감성적 측면을 강조하는 말이다.
  테러 앞에서 사람들은 '경악'과 '숭고'를 동시에 느낀다. 경악은 가해자가 피해자와 동시에 죽는다는 사실과 관련이 있다. 자살폭탄 테러범들은 사람들을 죽이면서 스스로도 죽는다. 테러를 가함과 동시에 벌까지 스스로 받음으로써 단죄할 수 있는 기회를 앗아가 버리는 당혹스러움이 생겨나는 지점이다. 자살 테러의 경우 죄와 벌 사이의 시간차가 없다는 점에서 특이한 사건이라고 할 수 있다. 사람들은 보통 보복적 정의가 실현될 때 만족감을 느낀다. 목격자들은 테러로 죽은 사람과 자신을 동일시하게 되는데 이런 근원적 자기동일성 감각이 폭탄 테러에서는 송두리째 위협받으면서 경악에 사로잡히게 된다.[17]

반대의 감정적 측면에서 볼 때 자살 테러의 언어적, 시간적 재현을 목격하면서 특별한 경악과 더불어 '숭고'의 감정에 휩싸이기도 한다. 육체가 훼손되고 인간의 자기동일성이 무너질 때 목격자는 경악을 느끼지만 동시에, 바따유를 빌려서 말하자면, '극한의 희열과 동시에 고통이 결합'된 감정을 느끼기도 하는 것이다.[18]

근대의 자유민주주의가 개신교적 세속주의(protestant secularism)라는 점은 대부분의 학자들이 동의하는 바이다. 아사드 역시 근대 자유주의의 기본 가치 가운데 개신교 전통의 재탕에 불과한 것들이 있다고 지적한다. 근대 국가는 '잔혹'과 '연민'의 전략을 취한다. 전자는 국민국가를 보호하기 위해서는 어떠한 폭력적 수단도 동원될 수 있다는 것이고, 후자는 국가 내 사람들의 생명을 보호해야 한다는 생각이다.[19] 두 가지는 사실 모순된다.

미국은 9·11 사건 이후 미국에 대항하는 세력을 '테러리스트'라는 범주로 묶었다. 테러리즘과 자유민주주의의 구분은 엄청난 정치적인 파급효과를 불러일으키며 전쟁의 구실로 이용되었다. 9·11 사건과 직접적인 관계가 없는 이라크에 대량살상 무기가 있다는 혐의로 이라크를 침공했다. 물론 이것은 이라크를 침공하기 위한 미국의 거짓말이었으며, 이라크는 대량살상 무기를 보유하고 있지 않았다. 이러한 '사실'은 전쟁이 끝난 후에야 알려지거나 인정된다. 오늘날까지 중동의 정치적 불안, 대량 난민, IS와 같은 폭력적 대항마처럼 미국의 자의적인 정치적 개입으로 인한 세계 정치의 불안이 이어지고 있다. 즉 자유민주 국가 역시 국민을 보호하기 위한 것이라는 명분으로 외부에 대해서는 폭력 사용을 정당화한다. 그리고 이 정당화는 '보호'와 '방위'라는 목적으로 '테러리스트' 국가로 지목된 나라들을 선제 공격할 수 있다는 부정적 선례를 만들었다. 아사드는 자국민 보호라는 '연민'의 탈을 쓴 자유민주 국가가 임의적인 잣대로 적으로 지목된 나라를 무차별 공격할 수 있다는 '잔혹'이 얽혀 있다는 점에 대해서는 지적하지 않고 있는데, 아마도 너무 당연해서이지 않을까 생각된다.

2) 개인의 자유 선택적 믿음이라는 근대 국가의 종교 개념과
   세속주의를 넘어서: 감각으로서의 세속(secularity)

「종교, 믿음, 그리고 정치에 관하여(Thinking about religion, belief, and politics)」(2011)[20]에서는 '종교란 무엇인가?'라는 주제를 부단하게 끌고 나간다. 이러한 근본적인 질문을 새삼스레 제기하는 이유는 종교의 정의에서 '믿음'이 중심이 된 것에 대한 정치적 결과를 오늘날 목도하기 때문이라고 말할 수 있다. 세속주의 비판의 배경에서 다루었듯이 아사드는 기존의 서구 세속주의에 의문을 제기한다. 20세기 후반부터 현재까지 지구촌에서는 자유민주주의에 대한 종교의 도전이라고 부를 만한 사건들이 등장했기 때문이다.

자유주의 국가의 종교적 자유에 대한 고전적 이론은 존 로크(John Locke, 1632-1704)로부터 시작된다. 로크의 이론은 새로운 종교적 심리와 함께 그때 막 생겨나기 시작한 17세기 유럽 국가 관념에 기초하고 있다.

그에 따르면 시민에 의해 정부에 부여된 권력은 오직 객관적인 공공이익을 확보하는 데 한해 직접적으로 사용되어야 한다. 생명, 신체, 재산 보호가 대표적으로 그에 속한다. 이 계열의 철학자들에 따르면, '진실한 것(authenticity)'은 주체가 신념을 스스로 고르고 그에 따라 행동할 수 있는 능력이다. 믿음과 자율적 주체에 대한 개념은 서로를 강화한다. 로크에 따르면 시민 국가에서 믿음은 강요될 수 없다. 강요된 신앙은 개인의 위엄을 해치므로 '관용(tolerance)'이라는 항목이 중요해진다. 그런데 아사드는 다음과 같이 묻고 있다; '누군가 스스로 선택하지는 않았지만 열정적으로 행하는 신앙 활동에 대해서 그것을 진실하지 않다고 보아야 하는가?'[21] 이 물음은 이슬람의 신행을 염두에 두는 반어법적 질문으로 보인다. 출생과 더불어 이슬람의 종교문화로 스며드는 사람들의 종교적 열성에 대하여, 그들에게는 종교의 자유가 없다고, 주입된 것이라고 보아야만 할까? 그렇게 생각한다면 우리는 이미 자유주의적 종교 개념에 세뇌되었다고 볼 수도 있지 않은가?

찰스 테일러는 『세속 시대(*A Secular Age*)』에서 세속화(secularization)를 단순히 미신과 무관용을 점진적으로 포기한 '뺄셈에 대한 이야기'가 아니라고 했다. 믿음과 믿음 없음(unbelief)을 선택할 수 있는 자유를 누구나 누릴 수 있거나, 선택의 자유가 평등하게 보호되는 역사적인 과정으로 세속화를 이해했다.[22] 아사드는 테일러가 자유주의의 종교 개념에 대하여 중요한 점을 지적하고는 있지만 한 걸음 더 나아가서 생각해야 한다고 말한다. 개인이 종교를 선택하거나 선택하지 않는다고 할 때 당연하게 전제되는 '믿음'이란 건 무엇인가? 자유주의의 종교는 사적인 믿음의 형태를 띠어야 하고 의례는 억압적인 사회 기능을 한다는 생각에서 개신교는 가톨릭의 의례주의(ritualism)를 거부해 왔다. 여기에는 '내면'을 중요시하고 '형식'을 외부적 강요의 형태로 이해하는 전제가 있다. 믿음을 종교의 본질로 보는 생각에 의문을 제기하는 것은 1990년대 초반 아사드가 클리퍼드 기어츠(Clifford Geertz)의 종교 정의를 비판했던 것과 같은 맥락에서 이해할 수 있다.[23] 이전의 논의와 다른 점은 '감각으로서의 세속(secularity)'이다.

종교와 세속에 관한 주제에서 가장 영감을 주는 종교인류학 방면의 초기 저작으로 마르셀 모스(Marcel Mauss)의 「신체 테크닉("Les techniques du corps")」(1935)이 있다. 이는 사회 문화적 현상으로서의 몸의 의미에 주목한 텍스트로서, 아사드의 감각과 정서적 태도로서의 세속은 확실히 모스의 이 글과 연장선상에 놓여있다. 이 글에서 모스는 세속과 종교의 구분을 무시한다. 종교적인 경험과 마찬가지로 세속적 경험도 특별한 사회 심리적이고 생물학적 조건을 필요로 한다.[24] 아사드 역시 세속주의에 놓인 태도와 열망을 특정한 신체 감각들의 조합으로 분석하는 시도를 한다.[25]

인간이 세계를 인식할 때 지적인 방식(intellectual)이 있지만 감각적이고 감정적인(sensuous-emotional) 방식도 있다. 아사드는 후자에 관심을 가지고 있고, 그것이 오늘날 연구 대상으로서 더 중요하다고 생각한다. 인간이 사고하고 해석하는 행위, 즉 지적인 영역에서는 실수가 일어나기 쉽지만 무언가를 느끼고 감각하는 영역에서의 실수와 착각은 거의 없기 때문이다.[26] 아사드는 종교, 믿음, 그리고 정치가 어떻게 연결되는지 탐구하기 위해서 신체, 감각, 태도와 같은 문제에 깊숙이 들어가기를 제안한다. '인간 신체에 대한 문화기술지(ethnography of the human body)'라고 부를 수 있는 연구는 고통, 신체의 손상, 쇠퇴, 죽음에 대한 태도부터 신체의 통합성, 성장, 즐거움과 사람을 연결시키거나 떼어내는 조건들을 탐구한다.[27] 새로운 감각이 어떠한 삶의 양식과 연결되어서 우리가 '세속(secular)'이라고 부르는 근대의 주체성을 만드는 데 기여했는지 묻는다.[28]

> 현대의 세속 국가는 단순히 개인이 선택한 대로 믿을 수 있는 자유를 보호하지 않는다. 그것은 특별한 감성(sensibilities)과 태도(attitudes)에 직면하며, 다른 것들에 비해서 몇몇에 더 가치 부여를 한다. 그러나 정치학에서 믿음(belief)에 비해서 감각(senses)에 관한 작업은 훨씬 덜 주목을 받았다. 지난 시기 몸의 훈육(discipline)에 관한 논의들이 증가했다. 권위에 의하여 개인의 행동이 제약되는 훈련뿐만 아니라 특정한 태도를 기르는 훈육에 관한 연구가 이루어졌다.[29]

그는 훈육에 대하여 서구인들이 지니는 상반된 태도를 지적한다. 유럽과 미국에서 길러진 훈육된 주체는 근대와 자유를 상징하는 뚜렷한 인물로 받아들여진다. 반면 무슬림들에 대해서는 그 반대의 시선이 적용된다. 무슬림들이 일생을 거쳐 훈육하는 과정, 그리고 특히 이슬람 운동에서의 훈육은 억압으로 여겨진다는 것이다. 무슬림들의 복장, 매일의 기도나 처신과 같은 행위의 규칙, 언행에서 감정을 조절하기, 타인을 대하는 태도나 성스럽다고 간주되는 것에 대한 존경심과 같은 감성은 부자연스러운 강요로 여겨진다. 이러한 무슬림들의 행위와 감성은 자유주의적 관점에서 '가짜'가 된다.[30]

정치적이거나 종교적인 권위가 개인의 행위와 신조에 기준을 부여한다면, 그리고 이러한 시행이 받아들여진다면, 이것은 '진정성은 있지만 가짜 신앙(inauthentic belief)'의 한 예가 된다. 그러나 한 가지 차이점은, 경건한 무슬림의 규율은 신적인 존재의 현존에 대해 강렬한 감각을 가지고 있고, 그것을 지향하는 것과 연결되어 있다는 점이다. 따라서 나는 그러한 행위를 가짜 신앙이나 허위 의식과 같은 신앙의 측면에서 접근하기보다 다음과 같은 질문을 던져야 할 것으로 생각한다. 어떻게 신체의 감각이 문화적으로 만들어지는지, 혹은 어떻게 그런 감각들이 인간적으로 규율될 수 없는 세계에서 형태를 띄게 되는지, 그래서 어떤 정치가 이러한 형성을 가능하게 하거나 어렵기 만드는지에 대해서 연구해야 한다는 것이다.[31]

    그가 제안한 이러한 연구가 구체적으로 어떤 종류의 것인지 궁금해진다면 참고할 만한 저작이 있다. 찰스 허쉬킨드(Charles Hirschkind)는 아사드의 제자로『윤리적 소리의 파노라마: 카세트 테이프 설교와 이슬람 대항 공화국(The Ethical Soundscape: Cassette Sermons and Islamic Counterpublics)』(2006)의 저자이다. 1990년대 중반까지 이집트 카이로에서 수행한 현지조사를 바탕으로 한 이 저작은 오디오 카세트를 사용한 설교가 무슬림들의 신행에 끼친 영향을 세밀하게 보여준다. 카세트 설교는 카이로 이슬람 개혁자들에게 중요한 두 가지 요소인 경건한 두려움(taqwa)과 윤리적 행동주의(da'wa)에 관한 새로운 인식을 불러 일으켰다. 이슬람 현대 정치 담론에서 '듣기'가 가지는 중요성이 부각되었다. 카세트 테이프 설교로 인해 많은 무슬림들은 편안하게 설교와 꾸란의 인용을 듣게 되었다. 이런 현상은 기존 모스크에서의 수동적 설교 듣기와 달리 청취자들의 종교적 욕구를 돋우는 결과로 이어졌다. 1980~90년대 이집트의 이슬람 부흥(Islamic Revival)의 윤리와 정치적 공동체를 만드는 데 이 카세트 테이프로 듣기 열풍이 실질적 기여를 한 것이다. 테이프를 듣는 무슬림들은 종교적 세계에 감각적으로 젖어들게 되면서 그들만의 현대적 '대항 공화국(counter-public)'을 만들었다. 합리주의(rationalism)를 중시하는 세속국가와는 다른 방향으로 이집트의 현대 정치가 전개되었던 것이다. 이집트에서 대안적 근대는 카세트 설교가 가져온 '음향적 근대'라고도 부를 수 있다. 이것은 서구 근대의 '안구 중심적 인식론(occularcentric epistemology)[32]과 상당히 다른 양상이다.

특히 이 책 3장 '듣기의 윤리(The Ethics of Listening)'는 아사드가 이야기하는 육체의 훈육을 제대로 보여준다. 설교 테이프는 이집트 무슬림들에게 다양한 감정의 스펙트럼을 유발한다. 설교 듣기는 단순히 귀 기울이는 행위에서 끝나지 않고 다양한 감정과 제스처와 움직임을 수반한다. 청취자들은 평온, 겸손, 후회, 공포와 같은 다양한 감정을 보이고, 듣는 중 리듬을 타고 신체적 동작을 보여준다. 이러한 흐름은 이집트에서 새로운 이슬람 부흥 운동을 가능하게 한 새로운 몸의 훈육이라고 할 수 있다.

3. 세속주의의 비판 이후, 어떻게 할 것인가?

지금까지 아사드와 그의 제자들을 중심으로 한 포스트 세속주의 논의를 점검했다. 세속주의에 대한 비판을 넘어서 지금 우리가 할 수 있는 일은 무엇일까? 2021년 저널 『종교(Religion)』에 '세속적 조건 안과 밖에서'라는 주제로 인류학자들의 글과 그에 대한 종교학자들의 논평이 실렸다.[33] 그중에서 산타 바바라 대학 종교학과 교수인 조셉 블랜크홀름

(Joseph Blankholm)과 인류학자 에두아르도 둘로(Eduardo Dullo)의 논의가 어느 정도의 실마리를 제공해 준다. 2020년 미국종교학회지(JAAR)에 실린 '세속주의 비판 후에 무엇이 오는가? 라운드테이블'[34]에 실린 정치학자 세실 라보르드(Cécile Laborde)의 글은 세속주의 비판에 대한 자유주의 진영 정치학자의 변호를 잘 보여주고 있는데, 종교학 '바깥'에서 비판적 종교학의 주제를 다루고 있어 흥미롭다.

조셉 블랜크홀름은 '세속'이라는 개념이 역사와 현재에서 어떻게 사용되는지를 보여준다. 서양사에서 다른 신을 섬기는 사람들을 무신론자(atheist)로 불렀다. 초기 그리스도교인들은 로마인들을 무신론자로 부르고, 반대로 로마인들은 그리스도교인들을 무신론자라고 불렀다. 당시 세속은 '이교(heretic)'와 거의 같은 의미로 사용되었다. 18세기 후반에 프랑스 물질주의자들이 스스로를 무신론자로 부르기 시작했다. 이때가 되어서야 비로소 무신론이 상대방을 비판하는 말이 아니라 스스로를 지칭하는 용어로 변했다.[35]

또한 세속은 어느 관점에서 보는가에 따라 다르다. 반대쪽에 있는 사람들은 상대방을 상대적으로 종교적이거나 상대적으로 세속적이라고 간주한다. 예를 들어서, 무신론자들은 불가지론자들이 고상한 척 한다고 생각하고, 불가지론자들은 무신론자들이 존재론적으로 너무 확신을 가진다고 생각한다. 휴머니스트들은 무신론을 너무 부정적이고 기독교적 용어에 갇혀 있다고 생각하고, 자유사상가들(freethinkers)은 모든 다른 사상과 마찬가지로 휴머니즘도 종교적이라고 생각한다.[36]

블랜크홀름은 무신론과 세속이라는 말을 거의 등치어로 사용하고 있다. 그가 펼치는 논의의 지향점을 생각해 본다면, 우리가 세속의 개념을 고정하거나 부정적으로 대하지 않고 개방하고 자유로워질 것을 제안하고 있는 것 같다. 그는 '세속성(secularity)'을 아사드적 의미로 사용하지 않고 세속적 상황(secular condition)과 동의어로 사용한다.[37] 마지막으로 그는 논의의 주제인 '세속성의 바깥에 도달해야 하는지, 세속 안에서 대안을 찾을지?'에 대한 결론을 내린다. 우리는 세속의 상태에서 빠져나갈 수는 없다. 그렇지만 어떻게 우리 자신이 세속으로부터 만들어졌으며, 그 안에서 세속에 대한 지식을 만들어내는지는 설명할 수 있다.[38] 여기에서 그는 희망을 보고 있다.

세속은 보통 학문적으로 어떻게 다루어지는가? 에두아르도 둘로(Eduardo Dullo)는 인류학자들이 두 가지 방식으로 세속을 다룬다고 말한다. 첫 번째는 '소멸시키기(Extinction)'다. 초자연적이거나 초월적인 가능성을 배제하며 작업한다. 대표적으로 실증주의자들과 마르크스주의자들이 여기에 해당하며, 초자연적인 것은 실재하지 않는다고 가정한다. 두 번째는 '가두어 두기(Captivity)'다. 초자연적, 초월적인 것은 구성되었다고 설명하는 방법이다. '초월'을 물질적인 영역으로 가두어서 초자연적인 것에 설명의 여지를 주지 않는다.[39] 종교적인 것을 다루는 이러한 방식은 비단 인류학뿐만 아니라 설명의 종교학(Explanatory Study of Religion)이나 사회과학 전반에 널리 퍼져 있다고 볼 수 있다. 이런 식으로의 '환원'은 초월적인 것을 인간적으로 바꾸어서 설명한다는 점에서 종교적 본질을 탐구하는 작업보다 바람직하다고 보인다. 필자 역시 지금까지 종교적인 것을 '세속적으로' 다루는 이런 접근에 대해서 커다란 문제를 느끼지 않는다.

세속주의를 비판하는 대다수의 연구자들과 달리 자유주의(Liberalism)

라는 세속주의에 여전히 많은 장점이 있음을 말하는 세실 라보르드와 같은 정치학자도 있다. 비판적 종교(Critical Religion)에서 자유주의에 가한 비판을 세 가지로 나눌 수 있다. 1) 의미론적 비판 2) 개신교 비판 3) 현실주의적 비판이다. 라보르드는 이 세 가지 비판점들의 쟁점이 무엇이고, 자유주의적 입장에서 그 비판점들과 논쟁을 벌인다.

1) 의미론적 비판(semantic critique)의 요지는 '종교의 개념에 대한 안정적이고, 보편적으로 받아들일 수 있는 실증적 근거(referent)가 없다'는 것이다. 종교는 근대 서구의 개념이고, 유럽의 지구적 팽창이 유럽 이외의 곳에서 종교를 발명했다고 본다. 2) 개신교 비판(Protestant critique)은, 자유주의적 법이 개인주의적, 신념에 근거한 종교 관념에 기반하고 있는데 이것은 근대 개신교적 개념이라는 것이다. 개신교에서는 종교를 사적, 자율적, 개인주의적, 텍스트 중심적, 그리고 의무와 신념에 관한 것으로 보기 때문이다. 이런 비판의 진영에 대표적으로 아사드와 마흐무드가 속한다. 3) 현실주의적 비판(Realist critique)에 의하면, 스스로 부정하는 것을 끊임없이 생산하기 때문에 자유주의는 앞뒤가 맞지 않는다. 소위 '세속적' 국가는 불가피하게 종교와 연관이 되어 있고, 종교와 국가 간의 의미 있는 분리가 없다는 지적이다.[40]

그녀는 비판적 종교가 제기한 이 세 가지 비판점에 대하여 조목조목 반박한다. 1) 의미론적 비평에 대해서는, 자유주의자들은 종교적인 것이 무엇이고 아닌지에 대한 의미론적 담론에 휘말릴 필요가 없다고 단정한다. 자유주의 정치철학의 대명사인 존 롤스(John Rawls)[41]에 따르면 국가는 선(善)의 개념을 소유하는 모든 개개인들에게 공평하고, 종교뿐만 아니라 모든 선에 관해서 일반적으로 중립적이다. 자유주의적 평등주의자들은 종교적 관용을 선에 관한 국가의 중립적 원칙으로 일반화하고 종교의 분류에 대하여 괘념치 않는다. 2) 개신교 비평에 대한 그녀의 답변은 부족해 보인다. 자유주의적 국가에서 보호할 가치가 있는 것은 사람들이 생각하는 '선(善)'이며, 자유주의의 비판에서 이야기하는 신념뿐만 아니라 관습도 포함한다고 말한다. 3) 현실주의적 비평에 대한 답변 역시 논문만 보아서는 충분한 답변인지 이해하기 힘들기는 하지만,[42] 자유주의는 명확한 정치적 윤리에 기반하고 있고, 형이상학적이고 포괄적이지 않다고 주장한다.[43]

그녀가 보기에 자유주의는 비판적 종교로부터 받는 공격에 대하여 잘 방어할 수 있지만, 그럼에도 불구하고 두 가지 미세한 도전 또한 존재한다고 말한다. 1) 윤리적 특징, 2) 사법적 경계가 그것이다. 1) 자유주의적 국가가 선(善)에 관하여 중립적이라는 단순한 호소는 법적, 정치적 논쟁을 해결함에 큰 역할을 하지 못한다는 한계점을 보인다. 그 해결책은 종교에 대한 좀 더 분해된 개념을 가지고 있어야 한다는 것이다. 국가와 종교 사이의 세속적 분리의 이상(理想)은 세 가지로 정리될 수 있다. 국가는 다음에 해당하는 어떤 세속적이거나 종교적인 선 관념도 지지해서는 안 된다. ① 개인의 윤리를 위반하는, ② 사회적 미비점을 견고히 하는, ③ 대중적 이성에 접근 불가능한 관념이다. 국가는 종교적 단체, 이념, 상징과 연계될 수 있다. 언제인가? 포괄적이고, 분열을 초래하고, 접근 불가능하지 않을 때이다. 2) 사법적 경계에 관하여는, 자유주의에 대한 두 번째 도전은 선과 권리, 종교와 비종교, 개인과 공공 사이의 경계를 나누는 중립적 길이 없다는 것이다. 자유주의적 국가는 유일하게 포괄적인 '좋은 삶'의 개념에만 중립적이다. 자유주의적 정치 윤리에는 기본적 원칙이 있다.

개인들 간의 관계에 대한 판결을 내릴 때 모든 사람들의 평등한 자유권 보호가 우선이다.[44]

비판적 종교를 굉장히 명확하게 요약하고, 그만큼 단정적으로 자유주의를 변호하고 있기에 비판적 종교학자들의 입장에서 그녀의 답변이 얼마나 만족스러울지 모르겠다. 그녀의 의견에 대한 비판적 종교학자의 재반론이 있다면 읽어보고 싶다. 그녀의 변론에서 필자에게 문제점으로 보이는 점은 일단 두 가지이다. 하나는, 존 롤스의 자유주의 정치철학에 기대어 종교를 '선(善)'과 '좋은 삶'의 영역으로 단순화하고 있다는 사실이다. 물론 그녀 또한 앞으로 자유주의자들의 종교 개념이 지금보다 더 세분화되어야 한다는 사실은 인정한다. 다른 하나는, 자유주의에서의 종교를 이상화되고 이론적인 철학의 층위에서 논의하고 있다는 점이다. 비판자들은 자유주의의 '교리'와 '이상'을 지적하는 것이 아니라 현실세계에서 그것이 종교적 실천과의 관계에서 오는 문제점, 그리고 그 종교 개념이 지닌 개신교적 편향과 단순함에 대해서 말하고 있다.

종교학 영역에서 세속주의에 대하여 다양한 스펙트럼의 연구들이 있으나 지면의 한계와 필자의 공부 부족으로 인해서 다음 기회로 미루겠다. 특히 '비종교(nonreligion)'는 현재 종교학에서 아주 중요한 문제로 떠오르고 있지만 정리할 만큼 공부가 되어 있지 않다. 보통 '종교적'으로 이해되지 않지만 그럼에도 불구하고 종교와 연관된 맥락에서 이해할 수 있는 현상을 말한다. 그 예로 자유사상가(freethinkers), 무신론, 불가지론 등이 있다. 또한 종교 단체에 속하지는 않지만 특정한 종교적 신행, 의례, 혹은 그와 연관된 미적인 세계에 관심을 보이고 따라하는 현상도 있다.

세속주의를 연구하는 영어권의 대표적인 학술 잡지 두 가지를 소개하는 것으로 이에 관한 언급을 갈음한다. 이 분야에서 최초의 전문 학술지는 2012년부터 출판되는 『세속주의와 비종교(*Secularism and Nonreligion*) (*London: Ubiquity*)』로, 세속주의와 함께 보통 '종교'로 범주화되지 않는 현상을 다룬다. 또 다른 세속주의 학술지는 2019년부터 브릴(Brill)에서 간행되는 『세속 연구(*Secular Studies*)』이다. 과거와 현재, 다양한 문화권에서 세속성(secularity)이 어떠한 식으로 전개되었는지에 대하여 다학문적 접근을 하고 있다. 그 핵심 주제로 반종교(irreligion), 무신론(atheism), 불가지론(agnosticism), 휴머니즘(humanism), 자연주의(naturalism)를 제시하고 있다.[45]

4. 나오는 말: 종교학과 세속주의 연구의 의의

우리는 종교와 세속을 나누는 이분법에 익숙하다. 그 이분법의 연원을 거슬러 올라가면 새롭게 보이는 지점이 있지 않을까? 이런 물음에서 시작한 공부 모임은 세속이 어떻게 형성되고 지배적 담론이 되었는지를 알아보는데 우선적으로 관심을 가지게 되었다. 이런 관점에서 지적 계보학을 펼치는 탈랄 아사드의 논의를 중점적으로 다루고, 종교와 세속이라는 주제에 대한 기존 연구사를 정리하는 방식으로 글을 풀어갔다. 평소 종교와 세속의 이분법으로 포착되지 않는 종교-세속 현상에 관심을 가지고 있는 필자로서는 공부의 맥락을 잡을 수 있었지만, 지금까지의 논의들은 세속 비판에 초점이 맞추어져 있어 폭넓은 세속주의 연구의 방향을 보여주지는 못했다. 종교학에서 세속주의를 연구한다면 '정반대 대상을 연구한다고?'라는 반응을 보이거나 '어라, 자신이 할 수 있는 영역을 넘어섰네?' 하는 의문을 제기할 수 있다. '종교학'이라는 이름에서 앞의 두 글자가 연구 영역의 테두리를 한정한다고 생각하는 입장에서 나올 수 있는 반응이다. 그러나 종교학을 좀 더 깊이 아는 사람이라면 종교학이 '종교'라는 것과 관련된 '세속'의 이야기들에 관심을 가지고 있다는 사실을 알 것이다. '세속'의 관심과 영역에서 '종교'라는 현상을 연구하는 자리가 종교학이라고 할 수 있기에 종교학자들에게 세속주의는 앞으로 다양한 연구 주제와 생각거리를 던져줄 것이다.

근대 국가의 주류적 체제는 자유민주주의(liberal democracy)이다. 이 맥락에서 정치와 종교의 분리, 그리고 개인의 자유 선택으로서의 신앙은 상식처럼 여겨진다. 그러나 20세기 후반부터 세속주의에 균열을 가하는 사건들이 전 지구적으로 발생하고 있다. 이러한 상황에서 기존의 종교와 세속의 이분법을 그대로 쓸 것인가? 종교학자는 세속주의를 전제하고 논의를 펼쳐 나가야 하는가?

아사드와 그의 제자들의 공적은 일단 세속주의 비판이라는 문제의식에서 충분히 공감을 살 수 있다. 세속주의의 연원을 거슬러 올라가며 세속이 어떻게 형성되고 지배담론이 되었는지를 보는 방식은 큰 가르침을 주었다. 한국에서는 코로나 시기에 세속 국가와 종교 단체와의 갈등이 두드러졌다. 다시금, 근대 세속국가에서 종교의 자리를 어떻게 보아야 하는가? 비슷한 맥락에서 근대 이전의 종교가 누리던 사회문화적 권위를 누리고 있는 현대 세속의 정치는 어떻게 보아야 할지 근본적인 질문을 던질 수 있다. 이러한 질문들을 통하여 세속을 당연시했던 입장에서 한 번 벗어나 볼 수 있게 된다. 일본 종교학자 이소마에 준이치는 러셀 T. 맥커천(Russell T. McCutcheon)과 같은 비판적 종교에 속한 학자들이 단순히 종교 개념의 개신교적 편향과 종교학의 정치성을 지적하는 데 대부분의 논의를 할애했다면, 아사드는 그것을 넘어서 "어떻게 우리가 자신의 주체와 에이전시를 구축할 것인가에 논의와 최종 목적이 있다"[46]고 보면서 그의 연구가 종교학에 지니는 의미에 대하여 다음과 같이 평가한다.

> 탈랄 아사드의 포스트 세속주의는 단순한 종교 부흥론이 아니고, 오히려 종교가 사적인 영역에 한정됨으로써 공공 영역의 세속화가 완성된다는 '종교/세속'의 공범관계적인 이분법, 곧 세속을 비판함과 동시에 거기에서 성립한 종교 개념 자체도 비판한다는 점에서 기존의 세속화 논의와는 다르다. 여기에 이르러, 1960년대에 시작된 세속화 논의는 포스트 세속주의로서 서양의 계몽주의적인 종교 개념을 탈구시키는 논의로 변모한다.[47]

세속적으로 보이는 미국에 여전히 남아 있는 정통 유대파 모임 속의 종교-세속의 어울림을 설명하는 문화기술지에서 인류학자 조나단 보야린(Jonathan Boyarin)은 '관계적 근대(referential modernity)'[48]라는 개념을 쓴 적이 있다. '세속'은 근대이고 '종교'는 전근대라는 관점에서 벗어나서 중세의 잔재처럼 보이는 초정통 유대교 안에도 '세속'이 관계하고 있다는, 어찌 보면 당연한 사실을 설명하면서 사용한 말이었다. 19세기 후반부터 20세기 초반까지 미국으로 이주한 동유럽 유대인들이 정착한 예시바(Yeshiva)는 유대인 교육 기관으로 주로 탈무드, 토라 같은 경전 연구를 하는 곳이다. 정통 유대교 교육이 이루어지는 곳으로, '세속'과 '현대적 문물'과 단절되었다고 간주되는 장소로서 사람들은 보통 이곳에서 근대적 자율성과 주권이 무시된 상황에서 구축되는 '중세'의 정체성을 찾으려고 한다. 그곳의 '느림'은 중세의 '잔여적(residual)' 문화적 특징으로 지적되곤 한다. 예시바 소속 전임 학자들은 책 한 장을 가지고 몇 시간을 보낸다. 강독, 이본 체크, 리뷰, 내용의 비일관성과 모순 등에 관심을 가지고, 대충 훑고 지나가는 일반적인 방식과는 판이하게 다르게 연구한다. 세상 돌아가는 것에 밝은 예시바 밖의 학자들과 달리 유대 공부 공동체 소속 학자들이 시간에 뒤쳐져 있다거나 과거에 갇혀 있다고 이야기되는 이유다. 그러나 '예시바 '바깥'의 규칙과 '안'의 규칙이 완전히 다를까?'라는 질문에 대하여 보야린은 '아니다'라고 답한다. 민주주의적 과정에서 필수적이라고 하는 공유된 토론, 동의에 근거한 해석과 논쟁의 규칙이 바로 예시바의 규칙이다. 또한 수십 년 전의 대중문화에 대해 가끔 언급하는데, 이로 보아서 공부 공동체 지도자의 성인 자녀들도 그들이 어렸을 때 TV를 보았다는 점을 알 수 있다. 사실 대부분의 초정통 유대 공동체에서는 엄격하게 금지된 일이기는 하다. 이처럼 정통주의 유대교 공동체는 '부분적으로' 근대적인 양상을 띤다. 이와 같이 '종교' 현상들이 얼마나 많은 '관계적 근대'와 관여하는지, 반대로 '종교'와 거리가 먼 것처럼 보이는 최첨단의 사회문화 현상에도 상당수의 '관계적 종교'가 존재하는지, 종교학자들은 잘 알고 있다. 세속주의가 서야 올바른 사회와 역사라고 생각했는데 그것이 흔들리고 있다. 20년대 후반기의 역사는 세속주의에 대한 도전을 보여준다. 2022~2023년 공부 모임에서 장석만은 근대 학문은 세속과 종교를 나누면서 시작되었고, 종교-세속에 대한 의문 제기는 근대 학문의 성립을 되돌아보게 한다고 했다. 종교학 역시 이러한 이분법 속에서 만들어졌음을 지적하고, 종교-세속의 구도를 가장 잘 볼 수 있는 학문이 종교학이라고 말했다.

다루는 범위가 너무 넓어질 것 같아서 필자의 관심사 중 하나인 사회주의라는 세속주의를 이번 글 안에 넣지 못했다. 종교와 세속이 구분되면서 근대성이 형성되고 자유민주주의 체제가 만들어진 서구권 중심으로 논의를 진행했다. 물론 19세기의 세속주의는 마르크스주의 진영에서 오지 않고 자유주의적 시민 계층에서 교회에 반대하면서 생겼다. 종교는 계급 투쟁을 모호하게 하기 때문이다. 마르크스주의에서는 학문이 인간 해방에 주도적인 역할을 하기에 그에 대한 기대가 컸다. 종교학에서 사회주의를 포함하여 세속주의 연구의 다양한 주제들을 더 공부하고 소개할 수 있는 자리가 오기를 바란다.

엘리아데와 세속주의 담론

김재명

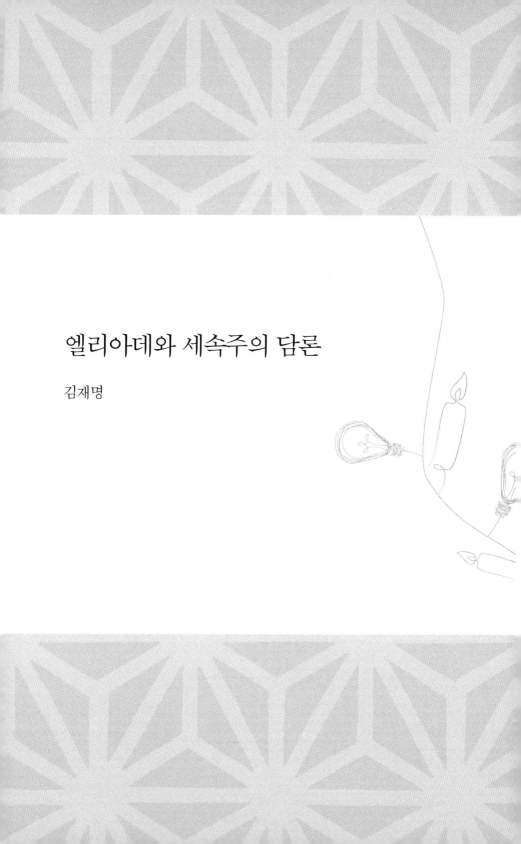

1. 세속주의 담론

지난 20여 년간 서구 학계에서 전개된 세속주의(secularism)를 둘러싼 담론들은 이른바 "세속주의 비판"의 맥락에서 진행되었다. 이 논의는 인류학, 철학, 정치학, 역사학, 종교학, 신학 등을 아우르는 다양한 분과의 학자들에 의해 수행되었으며, 그 논의의 핵심에는 세속주의의 본질(nature)에 대한 토론이 자리했다. 즉, 세속주의는 이른바 정교분리의 원칙에서 종교를 세속 사회의 정치적 권력에서 배제하는 것으로 이해되었는데, 실제로는 세속정부(secular governments)가 이른바 "수용가능(acceptable)"하고 "건전한(healthy)" 종교의 경계를 임의로 재설정하면서 종교를 편향적으로 정치화해 왔다는 것이다. 그리고 이러한 편향성의 원인은 서구의 세속정부가 최소한 유럽 제국주의 유산과 깊은 관련이 있으며, 특히 종교를 개신교의 틀에서 이해한다는 점이 지적되었다. 종교문제에 관하여 리버럴(liberal)하고 세속적이라고 주장된 세속정권(secular regimes)이 실제로는 유럽 제국주의의 개신교적 편향에서 선택적으로 타종교를 다루어 왔다는 것이다.[1] 이러한 세속주의 비판 담론을 이끈 중심인물은 인류학자 탈랄 아사드(Talal Asad)이다. 아사드는 자신의 저작을

통해 세속주의 비판 담론을 촉발하고 견인해 왔다.[2]

최근에는 여기에 덧붙여 "세속주의 비판 이후"도 거론되고 있다. 세속주의 비판 이후란 세속주의 비판이 남긴 과제를 말하는데, 여전히 풀리지 않은 개념적 난제, 충분히 설명되지 못한 현상들, 세속주의 개념의 실제적이고 정치적인 적용에 따르는 결과들에 대한 논의를 말한다. 그 결과들 중에는 특히 수많은 세속정권들이 자유-민주주의적 규범에서 멀어지고 있는 것처럼 보이는 현상이 포함된다. 이러한 것들이 여전히 남겨진 과제들이다.[3] 그런데 세속주의 비판 이후에 대한 논의도 세속주의 비판 담론과 마찬가지로 그 중심에는 아사드가 자리한다. 세속주의 비판 이후의 논자들도 아사드의 주장과 관련된 논의들을 전제로 삼고 있는 것이다. 결국 아사드의 세속주의 담론이 일종의 중심축을 담당하고 있는 모양새이다.

이 글에서는 아사드의 세속주의 담론이 남긴 과제 중에서 세속주의의 맥락에서 거론되는 '종교-세속'의 개념쌍에 대해 종교학자 미르체아 엘리아데(Mircea Eliade)의 종교 정의 혹은 종교 개념 이해를 통해 접근해 보고자 한다. 세속주의 비판 이후의 논자들이 지적하듯이 "'세속주의'라는 용어는 20세기 말에 들어, 근대 정권(modern regimes)의 종교에 대한 '역설적인 접근(paradoxical approach)'을 묘사하는 것으로 점차 사용"되었다.[4] '세속주의' 개념은 '세속화(secularization)' 및 '세속(the secular)'과 더불어 모호한 개념인데, 이 개념들은 어떤 형태로든지 '종교(religion)' 및 '종교적(religious)'에 대한 개념적 이해를 동반한다. 세속주의 담론에서는 종교와 세속의 관계, 두 개념적 영역 사이의 경계에 대해 지속적으로 거론하는 것이다. 결국 세속주의 개념을 둘러싼 담론은 종교 개념 정의와 맞물려 있다. 학문 분과의 정체성을 굳이 강조하지 않더라도 종교 개념은 종교학의 오래되고 고유한 주제라 할 수 있을 것인데, 지금까지의 세속주의 담론에서는 이 문제에 관하여 종교학자들이 깊이 관여한 바가 별로 없다.

따라서 본 글에서는 대표적 종교학자인 엘리아데의 성현, 역의 합일, 성속의 변증법 등과 관련된 논의를 중심으로 이 문제에 접근해 보고자 한다. 세속주의 담론에서 다루는 종교-세속의 개념쌍을 이해하는 데 있어서 엘리아데의 사유가 제공하는 유용성이 있다고 보기 때문이다. 엘리아데의 종교 개념 이해는 성과 속을 종교의 본질을 구성하는 요소로 파악하는 데 그 특징이 있다. 그리고 이것은 종교라는 그 무엇을 사유하는 인간의 인지작용과 관련이 있다. 종교 개념에 대한 이런 접근 방식은 기존의 세속주의 담론에서 다루는 종교-세속 개념쌍에 대한 이해와는 구별되는 시각을 제공하는데, 이를 통해 세속주의 담론에서 종교학의 자리를 찾는 한 계기가 되기를 기대한다.

2. 탈랄 아사드와 세속주의

탈랄 아사드는 『세속의 형성들(*Formations of the Secular*)』에서 세속(secular), 세속주의(secularism), 세속화(secularization)라는 개념을 다룬다. 오늘날 현대 사회에서 이 용어들의 개념은 자명하고 보편적인 것처럼 여겨진다. 하지만 아사드가 보기에 이 개념들은 그리 명징한 것이 아니며, 특정한 역사적 시공의 제약 아래 특정 그룹의 의도가 반영되어 형성되고 구성된 결과물이다. 아사드는 이 개념들에 대해 직접적으로 말하기보다, 그의 말을 빌리자면 시간을 거슬러 "그림자를 추적"하는 계보학(genealogy) 방식을 통해 접근한다.[5] 아사드에게 이 세 가지 개념들은 서로 긴밀히 연계되어 있지만, 세 개념들 중에서 배경으로 작용하는 것은 '세속주의'이다. 아사드는 세속주의라는 용어가 근대 유로-아메리카에서 발생한 정치적 교리(doctrine)라고 보는데,[6] 근대를 기획했던 세력들이 지녔던 이념이며, 그들의 입장에서 '세속' 및 '세속화'에 대한 인식론적 범주가 형성되었다고 보기 때문이다. 책 전반의 관점과 내용을 요약하고 있는 서문의 제목이 "세속주의에 대해 생각해 보기"인 것이 이 점을 시사한다.[7]

아사드는 『세속의 형성들』 서문에서 자신의 책이 예비적 혹은 시론적이라 말하지만, 다루는 내용과 깊이가 넓고 깊어 독해가 그리 만만하지는 않다. 특히 그가 취하고 있는, 그림자를 추적하는 계보학적 연구방법은 표면적 현상의 이면과 배경을 두루 묘사하기 때문에 논지를 따라가는 데 있어 얼마간 답답함을 느끼게도 한다. 하지만 책의 서문과 1장에서 아사드는 자신의 관점과 주장의 요지를 비교적 잘 드러내고 있다.

아사드는 '세속주의 인류학(anthropology of secularism)'을 주창한다. 그가 주목하는 현상은 이른바 '종교의 부활'로 불리는 일련의 종교운동들인데, 이것은 특히 종교적 근본주의, 그중에서도 이슬람 근본주의가 세계정치 무대에 등장했던 20세기 중후반의 현상을 의미한다. 아사드는 이런 현상들을 둘러싼 여러 논쟁과 담론의 맥락에서 인류학이 세속주의를 연구 대상으로 삼아야 한다고 제안하는 것이다.

아사드가 세속주의를 다루는 방법과 관점을 살펴보면, 우선 그의 인류학은 '정치인류학'이라 볼 수 있다. 아사드는 정치적 교리로서의 세속주의가 '종교', '윤리', '정치'에 대한 새로운 개념을 전제한다고 보면서, 이와 관련하여 철학자 찰스 테일러(Charles Taylor)의 세속주의 모델을 비판적으로 성찰한다. 찰스 테일러는 세속주의가 비록 초기 근대에 서구 기독교

사회에서 탄생한 한계는 있지만, 근대에 접어든 세계의 모든 사회에 보편적으로 적용 가능하다고 보았는데, 아사드는 이러한 테일러의 모델은 한계가 있다고 본다. 테일러는 근대 민주주의 사회는 개인들의 자율적 규제에 기반하여 사회의 구성원들이 수평적으로 정치에 직접-접근할 수 있는 특성을 보인다고 주장했지만, 아사드는 이에 대해 의문을 제기한다. 표면적으로는 개인들의 자율적 규제가 작동하는 것처럼 보이지만, 실제로는 '자기규제', '참여', '법', '경제' 같은 요소들이 정치적인 도구로 활용된다는 것이다. 즉, 특정 이데올로기의 대변자들이 정치적 정당성을 획득하는 과정에서 정치적 기술을 발휘한 맥락을 테일러가 보지 못했다는 지적이다.[8]

오늘날 자유 민주 사회에서는 개인보다 오히려 압력집단이나 매스미디어가 중요한 역할을 하며, 공적 영역에서의 수평적 관계는 정당지도자, 행정관료, 국회의원, 기업인들 사이에서나 존재하기 때문에 현대 사회는 일반 시민들이 참여할 수 있는 직접-접근 사회가 결코 아니라고 아사드는 주장한다. 하지만 표면상 현대 사회는 직접-접근 사회로 여겨지는데, 이때 주요한 역할을 담당하는 것이 세속주의라는 것이다. 세속주의는 초월적 매개(transcendent mediation)로 기능하여, 실제로는 계급, 젠더, 종교 등으로부터 정초된 다양한 자아 정체성을, 세속주의 맥락에서는 마치 그러한 차이들이 시민성이라는 원리 아래 초극된 것처럼 보이게 한다는 것이다. 특히 세속주의에서는 종교가 공적 영역에서 사라진 것처럼 전제되지만, 실제로는 종교가 여전히 다양한 형태로 존재한다는 것이다.[9]

일반적으로 세속주의는 평등과 자유를 원칙으로 하는 관용성을 본질로 한다고 여겨지지만, 아사드가 보기에, 불관용은 미국 같이 상당히 근대화된 사회에서도 세속주의와 완전히 부합하며 실제로는 세속주의에 깊이 연루되어 있다. 미국과 유럽의 경우는 개신교 부르주아 세력이 그 연원이고, 세속 헌법을 가진 현대 인도의 경우는 상층 카스트 힌두교 세력이 중심 세력이다. 즉, 서구든 비서구든 특정 그룹이 정치, 언론 등을 통해 세속주의의 보편성과 관용성을 내세우지만 실제에서는 특정 그룹의 입장과 관점에서 불관용을 실현하고 있으며, 종교 영역에서도 이런 맥락에서 자신과 다른 종교를 '종교적 소수자(religious minorities)'로 취급하거나 9 · 11 비극에서 보듯이 때로는 특정 종교를 악마화하기도 한다는 것이다. 즉, "세속정부가 관용성을 보증하는 것은 아니다"라는 것이다.[10]

결국 아사드에 의하면, 현대 사회에서 세속주의는 객관적인 그 무엇이라기보다는 특정 그룹에 의해 실현되는 정치적 교리라는 것이다. 이처럼 아사드의 인류학이 세속주의를 다루는 방식은 세속주의가 현대 사회의 정치 영역에서 드러난 현상의 이면을 파헤치는 작업으로서 정치인류학이라 볼 수 있다.

다음으로 아사드의 인류학은 '현상학적 인류학' 혹은 '비교 인류학'이라 할 수 있다. 아사드는 정치적 교리로서의 세속주의가 성립되기 위해서는 '세속(the secular)' 개념의 형성이 선행되어야 한다고 보면서, '세속'의 개념 형성과정을 계보학적으로 추적하는 방식을 취한다. 이 과정에서 아사드가 주목하는 것은 '원인'보다는 현재 드러나 있는 '현상'이다. 아사드는 인류학 연구방법이 '현장조사(fieldwork)'를 넘어서야 한다고 주장한다. "근대 인류학에서 특징적인 것은 시간이나 공간상 상이하게 자리한 사회들 사이에 내포된 개념들(현상들)을 비교하는 것"이라고 아사드는 말한다. 더 나아가 "이러한 비교분석에서 중요한 것은 개념의 기원(서구든 비서구든)이 아니라, 개념으로 표현되는 삶의 형식(the forms of life), 개념으로 드러나거나 제지받는 권력(the powers)"이라는 것이다. 아사드는 '세속주의'가 '종교'와 마찬가지로 이러한 개념이라고 보면서, 세속주의 인류학은 세속주의의 미덕이나 악행을 따지기보다는 세속주의의 교리와 실천을 분석하는 것을 주된 과제로 삼는다.[11]

　그런데 아사드가 이러한 과제를 수행하는 데 있어 중요하게 여기는 것은 현상 이면에 있는 '누구'와 '왜'이다. 누가 어떤 이유와 의도에서 세속주의를 정치적 교리로서 실행하고 있는 것인지를 규명하고자 하는 것이다. 이것은 아사드의 세속주의 인류학이 정치인류학을 큰 맥락으로 두고, 세속주의가 표출하는 개념적 현상들의 이면에 있는 행위자(agency)와 그 의도를 연구대상으로 삼는다는 것을 뜻한다.

　아사드가 이를 위해 예로 드는 것은 경전에 대한 독해 방식의 차이가 어디에서 오는가 하는 물음이다. 아사드가 보기에, 성서고등비평에서 기독교 경전을 문학으로 읽을 수 있다는 관점은 여전히 종교인들의 입장이다. 이것은 성경의 유연성에 대한 기독교인들의 세속적 표현에 지나지 않는다. 왜냐하면 무신론자는 성경을 문학으로조차 읽을 이유가 없기 때문이다. 2001년 9월 11일 비극의 원인을 이슬람의 폭력성에서 찾는 것도 마찬가지이다. 꾸란에 폭력을 정당화하는 내용이 있다 하더라도 모든 무슬림들이 그것을 읽고 폭력을 행사하는 것은 아니기 때문이다. 결국 아사드가 이 대목에서 강조하는 것은 경전을 독해하는 방식은 경전 그 자체에서 기인하는 것이라기보다는, 그것을 독해하는 사람과 환경에 더 직접적으로 관련된다는 것이다. 즉, "규칙과 독해 전통, 개인적 습관과 기질, 특정한 사회적 환경에서 인식된 요구들"이 경전 독해의 방식을 규정한다는 것이다. 아사드는 경전과 독자와의 관계에서 경전의 주체성보다 독자의 적

극성을 강조한다.[12]

독해자, 즉 행위자를 강조하는 아사드의 이러한 설명 방식은 마르셀 모스(Marcel Mauss)와 맞닿아 있고, 피에르 부르디외(Pierre Bourdieu)와도 연관성이 있다. 이런 맥락에서 아사드의 세속주의 인류학은 종교사회학 혹은 정치사회학과 연속선상에 있는 일종의 '사회학적 종교인류학'이라 볼 수 있다. 따라서 아사드가 강조하는 행위자의 적극성은 사회 환경과 무관한 것이 아니다. 아사드가 직접 언급하고 있듯이 하비투스(habitus) 개념을 통해 "체화된 기질의 집합체"를 분석할 수 있는데, 이때 체화된 기질의 집합체는 해독되어야 하는 의미체계가 아니다. 모스와 부르디외에 의하면 "인간의 몸은 '문화적 각인(cultural imprints)'에 의한 수동적인 수용체"로 여겨져서는 안 되며, "자기발전적인 수단"으로 간주되어야 하는 것이다.[13]

아사드가 상술하고 있지는 않지만, 부르디외의 논리를 따르자면 하비투스는 행위자의 몸에 무의식적으로 각인된 기질이면서도, 행위자 스스로는 그것을 자신의 의지와 선택으로 획득하여 실천하고 있다고 여기는 기질이다. 이런 차원에서 하비투스를 '구조화된 구조(structured structure)'이면서 '구조화 하는 구조(structuring structure)'라 부른다.[14] 또한 부르디외가 하비투스와 반드시 연결하여 언급하는 것이 장(field)인데, 하비투스는 특정한 장에서 형성되고 다시 그 장에 투여되면서 순환적으로 강화된다. 이 과정에서 특정 계층의 하비투스는 해당 장의 경계를 재설정한다. 칼 마르크스(Karl Marx) 계급론의 현대적 변용이라 볼 수 있는 하비투스와 장의 개념은 개인과 사회(구조)와의 유기적 관계를 포착하려는 이론적 시도라 할 수 있다.[15] 아사드 역시 이런 맥락에서 세속주의를 분석하면서 그것이 실현되는 정치적 맥락과 주체(행위자)에 강조점을 두고 있는 것이다.

즉, 세속주의라는 정치적 교리를 실천하는 특정 그룹이 자신들의 하비투스를 반영하여 이 기준에서 '세속'과 '종교'에 대한 개념을 재정의한다는 것이다.

아사드가 모스를 인용하는 부분도 마찬가지이다. 모스가 1934년 5월 17일 프랑스 심리학회에서 발표했던 강연문 〈몸 테크닉(Techniques of the Body)〉에서 주장했던 사회-심리-생물학적 연구를 총괄하는 사회학의 과제를 아사드는 인류학의 맥락에서 수용하고자 한다.[16] 모스는 라틴어 '하비투스'의 사회적 성격을 강조하는데, "사람들은 흔히 이 단어에서 정신 및 정신의 반복 능력만 보지만, 우리는 테크닉을 비롯해 집단적이고 개별적인 실천 이성의 활동을 봐야"한다고 말한다. 그리하여 모스가 제안하는 것은 "생리학과 심리학, 사회학으로 이루어진 삼중의 고찰"이며, 이 삼중의 관점이 곧 "총체적 인간의 관점"이라고 하면서 사회학과 심리학의 공조를 주장한다.[17] 아사드 역시 바로 이러한 맥락에서 자신의 세속주의 인류학을 전개하고 있는 것이다. 그래서 『세속의 형성들』의 2장과 3장 등에서 인간의 신체와 관련된 고통이 어떻게 인식되는지의 과정을 그림자를 추적하듯이 계보학적으로 탐구하면서 그 과정에서 '세속'의 개념이 어떻게 체화되어 형성되는지를 묘사하고 있다.

3. 탈랄 아사드의 성과 속

아사드의 세속주의 인류학에서 중요한 것은 원인보다는 결과적 현상이고, 그 현상이 있게 된 배후에 있는 누구와 왜가 주요한 추적 지점이다. 또한 그것이 가능할 수 있었던 사회적 환경과 맥락을 규명하는 것이 과제이다. 그런데 이를 위해 아사드가 가장 먼저 하려는 것은 '세속' 개념의 형성 과정을 규명하는 것이다. 세속주의의 성립조건인 '세속' 개념에 대한 인식론적 가정들의 탐구를 선행되어야 할 과제로 본 것이다. 아사드는 이에 대한 논의를 『세속의 형성들』 1장에서 자세히 다룬다. 아사드는 『세속의 형성들』의 1장부터 3장까지를 '세속' 범주로, 4장부터 6장까지를 '세속주의' 범주로, 7장을 '세속화' 범주로 구분하였다. 이 가운데 1장의 제목은 "세속주의 인류학(anthropology of secularism)은 어떤 모습일까?"인데, 세속주의의 맥락에서 세속 개념이 어떻게 구성되었는지를 살핀다.

우선 아사드에게 '세속주의' 용어는 '세속주의자(secularist)'와 더불어 비교적 그 연원을 포착하기 쉬운 개념이다. '세속주의'라는 용어를 최초로 사용한 인물은 조지 홀리오크(Geroge Holyoake)로 알려져 있는데, 이 용어는 19세기 중반에 자유사상가들에 의해 유럽에 소개되었다. 당시 여전히 광범위하게 기독교 사회였던 상황에서, 자유사상가들은 자신들이 '무신론자' 혹은 '불신자(infidels)'로 공격받는 것을 피하기 위해 '세속주의' 및 '세속주의자'라는 용어를 사용하였다. 당시 자유사상가들이 이러한 별칭을 사용한 이유는 개인적인 안전 때문이라기보다는 급격하게 산업화 되는 사회에서 출현하고 있던 사회개혁의 대중정치를 효과적으로 이끌기 위해서였다고 한다.[18]

세속주의에 비해 세속이라는 용어는 포착하기가 쉽지 않다는 것이 아사드의 입장이다. "세속은 그 기원이 단일하지 않으며, 그 역사적 정체성도 안정적이지 않다"는 것이다. 우선 아사드는 근대 세속주의 시대가 도래하면서 등장한 대립 개념쌍들에 주목하는데, 지식-믿음, 이성-이매지네이션, 역사-허구, 상징-알레고리, 자연적-초자연적, 성스러운-속된 등의 이

원쌍(binary)들을 열거한다. 아사드는 이러한 개념의 그물망과 더불어 세속 개념이 형성되었다고 보면서, 종교-세속 개념쌍에 대해 고찰하기 위해 다음과 같이 밝힌다.

> 내가 주장하는 바는, 세속이란 것은 이것에 선행한다고 여겨진 종교(the religious)와 연속된 것이 아니며(즉, 세속은 성스러운 기원의 최종 단계가 아니다), 또한 종교와의 단절도 아니라는 것(즉, 종교의 반대편이 아니며, 본질상 성스러움이 배제된 것도 아니다)이다. 나는 세속을 어떤 개념으로 여기는데, 이 개념은 근대적 삶(modern life)에 속한 어떤 행동들, 지식들, 감성들을 아우른다. (중략) 말하자면, 어떤 측면에서 '세속'은 명백히 '종교'와 중첩된다.[19]

세속주의의 맥락에서 종교-세속 개념쌍은, 종교 이후에 세속이 순차적으로 등장하면서 세속이 종교를 밀어내었으며, 따라서 둘 사이에는 명백한 경계가 있는 관계로 인식된다. 그런데 아사드가 볼 때 이것은 현상에 대한 적확한 인식과 설명이 아니다. 오히려 근대 사회에서 종교와 세속은 동시에 존재하며 둘 사이의 경계가 분명하지도 않고 실제로는 겹치는 영역이 존재한다는 것이다. 종교와 세속 개념은 물과 기름처럼 확연히 갈라지는 것이 아니라 서로 중첩되는 영역이 있는 복잡한 개념이라는 것이다. 이것이 아사드가 1장에서 주장하는 주요 핵심인데, 이를 위해 아사드는 "우리가 세속이라는 부르는 지식, 행동, 감수성을 형성하는 데 신화라는 개념이 수 세기 동안 사용된 과정을 추적"한다.[20]

아사드가 보기에, 세속주의(자)가 형성한 세속의 개념은 '신화(myth)'

개념의 의미가 변형된 과정을 통해 간접적으로 추적될 수 있다. 고대 그리스에서 미토스(mythos)는 진리를 담은 강력한 영웅의 말이었고, 반면 로고스(logos)는 전장에서 사용되는 거짓과 위선의 말이었다. 그러다 시인들이 자신들의 언어를 미토스라 부르면서 신들(gods)로부터 온 영감(inspiration)이라 하였는데, 후에 소피스트들이 모든 언어는 인간, 곧 이 세상에서 기원한다고 가르쳤고, 이러한 맥락에서 미토스는 이 세상의 신들로부터 온 영감으로서의 권위를 가진 말로 여겨졌다. 그런데 기독교가 등장하면서 기독교 세계관은 이 세상에 속한 신들(gods)과 구별되는 유일신(God)을 이 세상과 분리된 존재로 여겼고, 그 과정에서 물리법칙이 작용하는 '자연(nature)'과 구별되는 유일신의 '초자연적(supernatural)' 세계 개념이 등장하였다. 그리고 마침내 플라톤에 의해 '신화'는 "사회적으로 유용한 거짓말"로 그 의미가 변형되었다.[21] 즉, 고대 그리스에서는 신들의 세계와 연결되어 진리와 진실을 의미하던 신화 개념이, 기독교 세계관을 거치면서 신들의 세계는 이 세상에 속하는 것이 되었고, 마침내 플라톤에 이르러 신화는 이 땅에서 사용되는 허황된 이야기로 여겨지게 된 것이다. 반면, 전장에서 사용되던 거짓의 말인 로고스가 신화 대신 이성에 의한 진실된 언어로 여겨지게 되었다는 것이다.

　세속 개념의 형성과 관련하여 이러한 '신화' 개념의 변형 과정에서 주목해야 할 두 가지 지점이 있는데, 첫 번째는 기독교의 역할이다. 아사드는 기독교 세계관에서 '자연'과 '초자연'의 개념이 등장하면서 오늘날 우리가 '세속'이라 부르는 "세속적 공간(secular space)"이 출현할 계기가 되었다고 본다. 즉, 자연은 물리적 법칙의 세계인 반면, 초자연은 실제 세계가 공상적으로 연장된 것으로 여겨지게 되는 출발점이 되었다는 것이다.[22]

두 번째는 이성(Reason)이 절대적인 지위를 차지하게 되었다는 점이다. 로고스, 곧 이성은 고대 그리스에서는 전쟁터에서 사용되는 거짓말을 의미했는데 이것이 플라톤에 의해 진리의 말로 여겨졌고, 이후 근대에 이르러 이성이 신화를 통제하는 자리에 앉게 되었다. 근대에 등장한 여러 개념쌍들처럼 신화-이성 개념쌍이 등장하여, 신화는 이매지네이션을 의미하고 이성은 진리를 의미하는 것으로 여겨졌는데, 이때 상상-이성의 개념쌍에서 이성이 인간의 상상을 규정하고 평가하며 규제하는 주요한 업무를 담당하게 되었다는 것이다.[23] 이것은 결국 신화-이성 개념쌍이 종교-세속 개념쌍으로 이어지고, 이때 세속(=이성)이 종교(=상상)를 규정하고 평가하며 규제하는 역할을 지니게 되었다는 의미이다.

이렇게 아사드는 신화 개념의 변형을 통해 근대 세속주의 맥락에서 세속 개념이 형성되는 과정, 즉 종교-세속 개념쌍이 등장하는 과정에서 세속이 주도적인 지위를 획득하게 되는 과정을 간접적으로 추적한다. 그런데 앞서 언급했듯이 아사드는 현대 사회에서 종교와 세속은 분리되는 것이 아니라 중첩되는 부분이 있다고 보았다. 즉, 세속이 종교를 규정하는 위치에 자리 잡았지만 아사드가 보기에 세속과 종교는 여전히 중첩되는 부분이 있다는 것이다. 아사드는 그 중첩의 비밀이 바로 성(sacred)-속(profane) 개념쌍에 있다고 본다.

아사드는 "'성'과 '속'에 대한 여담"이라는 제목으로 종교학에서 매우 친숙한 개념인 성과 속에 대해 설명하는데, 우선 성(sacred)의 어원을 추적하면서 이 개념이 오래전부터 지니고 있던 역설적 성격을 설명한다. 로마 공화국 시절, 라틴어 사케르(sacer)는 신(deity)에게 속한 어떤 것을 의미했다. 이것이 일반적으로 우리가 성스러움에 대해 갖는 인식일 것이다. 그런데 호모 사케르(homo sacer)의 용례에서 볼 수 있듯이 성스러움은 전혀 다른 의미도 내포했다. 호모 사케르는 저주를 받아 무법자로 여겨진 존재로서 누구라도 합법적으로 그를 죽일 수 있었다고 하는데, 호모 사케르에서 사용된 성스러움은 신에게 속하는 것이 아니라 폭력에 속한다는 것이다.[24] 물론 신적 속성과 폭력의 관계는 복잡한 문제이기에 이 부분에 대해 여기에서 세세히 논의할 필요는 없지만, 여하간 아사드가 이 대목에서 말하고자 하는 바는 '성스러움' 개념이 그리 명확한 개념이 아니며, 이미 오래전부터 복합적인 의미, 더 나아가 상반된 의미를 내포하고 있었다는 점을 지적하는 것이다.

이와 더불어 아사드가 무엇보다 강조하는 것은 이렇게 오랜 세월 동안 복합적인 의미로 사용되던 성스러움이 오늘날 우리가 통상적으로 인식하는 의미, 즉, 신성한 속성을 지닌 것으로 여겨지게 된 것은 근대 초기의 현상이라는 것이다. 아사드는 에밀 뒤르켐(Emile Durkheim)의 논의를 거의 그대로 수용하면서, 19세기 말에 이르러 성스러움의 의미가 종교적인 차원으로 통일적으로 수렴되었다고 말한다. 근대 이전 시기 저작물에서는 성과 속이 반대 쌍으로 등장하는 일이 거의 없었다는 것이다. 예컨대 중세 신학에서 주요한 대립쌍은 '초자연적인 성-자연적인 속' 사이의 대립이 아니라, '신적인 것-악마적인 것' 혹은 '영적인 것(the spiritual)-현세적인 것(the temporal)' 사이의 대립이었다는 것이다. 이때 '신적-악마적'은 모두 초월적인 영역에 속하는 것이고, '영적-현세적'은 모두 이 세상에 속하는 것이었다.[25] 즉, 중세신학에서의 대립쌍은 초월적 영역 내부에서 혹은 지상적 세계 내부에서의 대립이었지, 초월과 지상 사이의 대립은 아니었다는 것이다. 그런데 근대에 이르러 '성속' 대립이 '초월-현세' 대립을 의미하는 것으로 변형되었다는 것이다. 그리고 이 과정에서 성스러움은 '성-속' 대립쌍의 형태로 모든 영역에 적용되는데, 이와 관련하여 아사드가 주요하게 제시하는 두 개념이 성화(sacralization)와 속화(profanation)이다.

우선 '성화'의 대표적인 예는 프랑스 혁명에서 제시된 인권선언(1789)이다. 여기에서는 중세와는 다른 맥락에서 성스러움이 사용되는데, 인간의 권리, 소유권, 개별 시민, 민중들의 권리가 신성하게 묘사되고, "신성한 조국애" 같은 표현에서 보듯이 세속적인 맥락에서도 성스러움이 사용되면서, 사회적이고 일상적인 것들의 '성화'가 발생했다. 성스러움이란 것이 이제는 사물에 숨겨진 보편적인 특성이 된 것이다.[26] 다음으로 성화와 동시에 발생하면서 방향을 달리하는 것이 속화이다. 성화가 일상적인 것이 성스러움의 의미를 획득하는 과정이었다면, 속화는 과거에는 성스럽다고 여겨지던 것들이 그 의미를 상실하는 과정을 일컫는다. 예컨대 근대 이전에 '우상 숭배'나 '악마-숭배'란 거짓 신들에게 봉헌되던 것을 일컬었는데, 이것이 19세기 근대 진화론의 맥락에서는 '미신(superstition)'이라는 세속적 개념으로 불리게 된 것을 지적할 수 있다. 즉 과거에는 초월적 영역에 속하던 것들이 근대에 들어서는 이성과 양심에 의해 가짜 초월성의 가면이 벗겨져야 하는 대상으로 속화된 것이다.[27]

방향을 달리하는 동시적 과정인 성화와 속화에 대한 아사드의 관심은 이것이 공통적으로 근대 현상이라는 것, 특히 비서구와 접촉했던 서구 유럽 기독교의 영향 하에 이루어진 일이라는 점이다. 그리고 이 과정은 모두 일상적인 것(the mundane)으로의 시선 이동인데, 이것은 초월을 배제하고 현세를 강조하는 것이 아니라 서구 유럽 기독교의 관점에서 환상과 실제 사이의 경계를 재설정하는 과정이었다는 것이다. 그리고 그 과정에서 성속 개념쌍은 종교적인 사유뿐만 아니라 세속적인 실천에도 적용되는 개념이 되었다는 것이다.[28] 이렇게 성화와 속화가 동시에 발생하면서 등장하게 된 성-속 개념쌍의 성립과 보편적 적용이 아사드가 종교와 세속이 중첩된다고 말한 부분의 핵심 내용이라 할 수 있다.

성-속 개념쌍이 종교와 세속 양자의 내부에서 모두 작동한다는 아사드의 통찰은 종교와 세속을 불가분의 관계로 보는 세속주의의 시각과 모순된 현상의 이면을 설명하는 데 도움이 된다. 이것은 성-속이 마치 원자를 구성하는 양성자와 전자처럼 일종의 구성요소로 여겨지는 것인데, 이 구성요소가 종교와 세속 내부에서 모두 작동할 수 있기 때문에, 종교와 세속은 성격상 중첩되는 부분이 있을 수밖에 없다는 설명이 가능한 것이다. 하지만 아사드는 이 문제에 더 이상 집중하지 않는다. 아사드가 잠시 성속에 대한 여담을 한 이유는 다시금 '신화'로 돌아가기 위함이다.

아사드는 현대 사회에 두 종류의 신화가 있다고 보는데, 하나는 '성스러운 신화(sacred myth)'이고, 다른 하나는 '세속적 신화(secular myth)'이다. 성스러운 신화는 우리가 흔히 종교라 부르는 것을 의미한다. 반면 세속적 신화는 근대에 들어 성화된 것을 뜻하는데, 대표적인 예가 자유민주주의이다. 아니 오히려 아사드는 세속주의와 동의어인 자유민주주의가 실제로는 성화된 세속적 신화라는 사실을 설명하기 위해 성과 속을 언급했던 것이다. 그리고 이때 아사드가 강조하는 것은 자유민주주의 혹은 자유주의 사상이 마치 종교와 비슷한 면모를 보인다고 해서 그것을 종교적인 것으로 설명해서는 안 된다는 것이다. 세속적 신화의 세속적 구원 정치학에서는 그리스도와 같은 희생이 없다는 것이다.[29] 그런데 세속주의 현대 사회에서는 '성스러운' 용어가 세속적인 차원에서도 적용되고 있어 이런 본질적인 차이와 구분을 어렵게 한다는 것이 아사드의 견해이다.

같은 맥락에서 아사드는 민족주의(nationalism)를 '세속화된 종교(secularized religion)'로 보는 견해에도 반대한다. "만약 우리가 종교적인 이념들이 '세속화될' 수 있다는 것을 받아들이고, 동시에 세속화된 개념들이 '종교적인 본질(essence)'을 함유한다는 것을 인정한다면" 그것은 곧 민족주의가 종교적 기원을 갖는다는 해석이 되는데, 이런 식의 양태적 유사성보다는 차별적 결과에 더 집중해야 한다는 것이다. 결국 민족주의를 세속화된 종교로 이해하려는 방식은 세속주의 그 자체의 산물이라는 것이다. 즉 세속주의를 추동한 주체들에 의해 개념화된 '세속'이 '세속화'라는 맥락에서 언급된 것에 불과하다는 것이다.[30] 다시 말해 아사드의 분석은 정치적 교리로서의 세속주의와 그로부터 양산된 개념적 도구들에 대한 분석과 비판이 논의의 핵심에 자리한다.

그런데 아사드는 이 과정에서 자신이 성과 속에 대한 여담에서 언급한 성과 속의 구성요소적 성격은 더 이상이 다루지 않고, 많은 경우 종교-세속 개념쌍을 성-속 개념쌍과 동의어로 사용하는 모습을 보인다. 앞서 언급한 성스러운 신화와 세속적 신화의 경우에서도 성스러운(sacred)-세속적(secular) 개념쌍이 사용되고 있다. 이런 용례는 아사드가 세속 개념의 형성을 규명하는 과정에서 '성과 속' 개념의 중요성을 인식하였지만, 그것을 다시 외적인 실체로 여기게 되면서 그저 모호한 상태로 은근슬쩍 넘어가고 있기 때문이다.

그리고 이것은 결국 아사드가 종교를 이해하는 방식이 혼재되어 있다는 것을 의미한다. 종교를 성과 속의 개념으로 정의할 경우 종교는 광의의 의미로 사용될 수 있다. 따라서 영성, 영감 등의 내용도 종교적인 요소들로 종교 정의에 사용될 수 있다. 반면 협의의 종교 정의는 이른바 제도종교를 들 수 있다. 아사드는 성과 속을 언급하면서는 광의의 종교 정의를 잠시 염두에 두었지만, 종교-세속 개념쌍을 다루는 과정에서는 명백히 제도종교 차원, 즉 협의의 종교 정의에 한정한다. 그런데 자유민주주의나 민족주의를 언급하는 대목에서는 성과 속조차 제도종교 차원으로 혼용하는 모습을 보인다. 이런 측면이 아사드의 세속주의 담론에서 여전히 남겨진 개념적 난제 중 하나라 할 수 있을 것이다.

4. 엘리아데의 성현

엘리아데가 세속주의에 대해 직접 언급한 바는 없다. 하지만 엘리아데의 종교학은 고대인의 종교에 강조점을 두면서 현대인과 기독교에 대한 비판적 인식을 지속적으로 보여준다. 특히 1973년에 발표한 『세속 세계에서의 성스러움』에서는 현대 사회에서의 성스러움에 대해 직접적으로 언급하였다. 엘리아데는 말하길, "내가 확신하는 바는 근대의 세속화된 인간(secularized man)이 스스로를 어떻게 생각하든지 간에 그는 여전히 어떤 성스러운 차원(a sacred dimension)을 지니고 있다는 사실"이라고 주장한다. 더 나아가 엘리아데는 이렇게 "감추어진 성스러움"은 "해독(decipher)"되어야 하며, 그것이 바로 종교학의 역할이라고 말한다.[31] 따라서 엘리아데의 종교학은 넓은 의미에서 세속주의 담론과 어떤 형태로든지 관계가 있다.

앞서 살펴보았듯이 세속주의 담론을 주도한 아사드의 관점에서 성스러움은 세속이란 형태 속에 감추어진 그 무엇이 아니다. 그러한 인식 자체가 세속주의의 산물이라는 것이 아사드의 입장이다. 표면상 엘리아데와 정반대의 입장으로 읽힐 수 있다. 엘리아데 역시 근대 세속주의 학문의 맥락에 있기 때문에, 그리고 인류학처럼 종교학 역시 비서구 종교문화와의 접촉으로 형성된 것이기 때문에 아사드의 비판은 엘리아데에게도 적용이 된다. 하지만 그러한 맥락적 비판 때문에 엘리아데의 종교학 내용 자체가 부정되는 것은 아니다.

> 아담과 이브가 천국으로부터 달아났다고 여겨질 때 그들에게 무슨 일이 일어났는가. 그들은 달아나지 않았으며, 우리는 사실 여전히 그들의 천국에 있지만 이것이 다를 뿐이다: 우리는 더 이상 천국을 보지 못한다. 우리는 천국을 부여잡을 가능성을 상실했다; 하지만 천국은 여전히 우리 주변에 있으며, 그 천국의 의미도 여전히 우리와 함께 있다.[32]

엘리아데가 이른바 세속사회, 곧 근대사회에 대해 가진 기본 관점이 잘 드러나는 대목이다. 덧붙여 엘리아데는 화가 피카소가 그린 그림에 대해 이렇게 말한다; "이것이 창조(creation)와 발견(discovery)을 가르는 지점이다. 피카소는 '게로니카(Guernica)'를 창조하였고, 그렇게 하는 과정에서, 그는 이전에는 자신에게 닫혀 있던 종교적 의미의 세계를 발견하였다."[33] 결국 성스러움은 무의식의 형태로 현대적이고 세속적인 삶의 방식 속에 상당 부분 내재해 있다는 것, 종교학자의 역할은 이것을 해석해서 발견하도록 돕는 것이라는 게 엘리아데의 입장이다.

엘리아데의 이러한 종교관 혹은 세계관은 스스로 밝히고 있듯이 20대에 인도에 갔던 경험, 그곳에서 요가와 동양종교와 동양철학을 접한 경험, 더 나아가 이를 통해 자신이 발 딛고 살았던 루마니아 농경 사회의 중요성을 자각하게 되는 경험들과 밀접한 관련이 있을 것이다. 엘리아데는 "인도의 민속 전통을 관찰하면서, 동일한 구조가 유럽의 민속 전통 안에도 있다는 것을 깨닫기 시작"했고, "돌이 '살아' 있고, 바위가 '살아' 있고, 말하자면 모든 것들이 '성스러움이 나타나는(hierophanique)' 방식으로 존재한다고 보는 사람들의 비일상적인 시선을 발견"하였으며, 결국 "만약 누군가 아주 깊이, 신석기까지 뻗쳐 있는 뿌리를 따라 내려가 보면, 그 사람은 바로 루마니아인, 또는 프랑스인이며 동시에 보편적 인간"이라는 결론에 이르렀다.[34] 그리고 엘리아데는 그 보편적 인간의 본질이 '종교적 인간(home religiosus)'이라고 본 것이다. 그렇기 때문에 현대인이 아무리 세속화된 것처럼 보일지라도 그 내면에는 본질상 성스러움을 내재할 수밖에 없다는 것이다.

엘리아데가 보기에 인간은 종교적 인간일 수밖에 없다. 하지만 그것을 현대인 모두가 자각하고 있는 것은 아니다. 그렇다면 스스로 자각하지 못하는 현대인들이 어떻게 종교적 인간일 수 있는가? 엘리아데는 종교적 인간이란 속스러운 것에서 성스러움의 의미를 발견하는 사람, 말하자면 성현(hierophany)의 의식구조를 가진 존재라고 본다. 엘리아데는 "성스러움(the sacred)이 존재, 실재, 의미 가득한 것을 뜻한다면, 성스러움은 인간 의식(consciousness) 구조의 한 부분"이라고 말한다.[35] 이러한 인간의 의식구조는 신석기 혁명의 농경문화로부터 초래되었는데, 엘리아데가 말한 고대인, 즉 신석기시대 인류는 마침내 성현의 의식구조를 갖게 되었고, 그 이후 모든 인류는 이것을 존재양식(mode of being)으로 삼게 되었다는 것이다. 따라서 현대 세속인 역시 삶 속에서 의미를 찾는 존재인 한 성현의 의식구조를 지닌 종교적 인간일 수밖에 없다는 것이다. 엘리아데의 이러한 주장을 뒷받침할 충분한 근거가 마련된 것은 아니지만, 최소한 엘리아데가 말한 '성현'의 개념은 세속주의 담론의 맥락에서도 주목해 볼 만하다.

엘리아데는 『성과 속』에서 다음과 같이 말한다; "인간이 성(the sacred)을 인식하게 되는 것은, 그것이 속(the profane)과는 전적으로 다른 어떤 것으로서 스스로를 드러내고, 자신을 보여주기 때문이다. 성의 '현현(顯現) 행위(the act of manifestation)'를 지칭하기 위해 우리는 '성현(hierophany)' 이라는 용어를 제안했다."[36] 성현의 예로는 돌이나 바위가 될 수도 있고 기독교의 예수 그리스도가 될 수도 있는데, 이때 중요한 것은 어떤 대상이나 시공간이 누군가에게는 성스럽다고 여겨지지만, 동시에 다른 누군가에게는 여전히 아무런 의미가 없는 것으로, 즉 속되고 일상적인 (mundane) 것으로 여겨진다는 사실이다. 일상적이고 속된 것으로부터 성스러움이 드러난다는 성현의 개념은 '성과 속의 변증법'으로도, '역의 합일(coincidentia oppositorum)'로도 불린다. 즉, 상반된 성과 속이 하나의 대상이나 시공간에서 동시에 존재하면서 누군가에게는 성으로, 또 누군가에게는 속으로 인식된다는 것이다. 그런데 성현의 개념에서 주의해 볼 것은 성을 인식하는 주체의 문제와 성의 존재성에 대한 문제이다.

앞선 인용에서 보듯이 엘리아데는 성이 스스로를 드러내고 보여준다고 하였기 때문에 인식 주체와는 무관하게 성은 그 자체로 자신을 드러내는 것으로 해석될 수 있다. 하지만 이 문제는 그리 간단하지 않은데, 엘리아데 연구자 브라이언 레니(Bryan S. Rennie)는 성스러움의 자기현현과 관련하여 번역상의 오류가 있었다고 지적한다. 『성과 속』이 프랑스어 원문에서 영어로 번역되는 과정에서 수동태인 문장 "le sacré se manifeste"가 능동태인 문장 "the sacred manifests itself"로 오역되었다는 것이다. 원문을 제대로 번역한다면 "the sacred is manifested"가 되어야 하며, 이것은 "(무언가에 의해) 성스러움이 드러난다"로 이해되어야 한다는 것이다.[37]

물론 성의 현현을 수동태로 읽는 맥락에서도 성의 실재성의 문제는 여전히 그대로 남는다. 그러나 최소한 수동태의 해석에서는 성의 현현을 인식하는 주체의 문제가 살아난다. 게다가 레니는 이러한 성의 실재성 혹은 존재성 역시 후설 철학에서 말하는 '지향적 대상(intentional object)'으로 읽어야 한다고 주장하는데, 엘리아데가 말한 성과 실재(the real)는 존재론적 실재라기보다는 심리-현상학적인 실재로서 인간의 의식에 의해 자각되고 경험되는 대상을 뜻한다는 것이다. 따라서 엘리아데가 말한 성스러움은 "인간 의식 구조의 한 요소"라는 것이다.[38]

엘리아데는 자신이 신석기 농경문화로부터 고대인, 즉 종교적 인간의 원형을 찾는 과정에서 마르크스의 영향력이 있었다고 밝힌다. 성속의 변증법, 역의 합일로도 불리는 성현의 개념 역시 그런 맥락에 있었을 것으로 추측할 수 있다.[39] 하지만 성현의 개념은 엘리아데의 초기 저작에만 등장하며 후대의 저작에는 등장하지 않는데, 브라이언 레니의 분석에 의하면, '성현' 단어는 『종교형태론(Patterns in Comparative Religion)』과 『성과 속』에 주로 등장하고, 『영원회귀의 신화』에는 5회 등장하며, 그 외의 저작에서는 전혀 등장하지 않는다.[40] 게다가 엘리아데는 마르크스와 마르크스주의자들, 프로이트, 레비스트로스 등 이른바 구조주의 관점에 대해 지속적인 반대의 견해를 보인다. 그러면서 점차 '성스러움'을 어떤 외적 실재로 여기게 되는 면이 없지 않다. 그럼에도 불구하고 엘리아데의 성현의 개념과 그것을 인간의 의식구조로 파악했던 점은 종교의 본질을 규명하는 데 시사하는 바가 적지 않으며, 세속주의 담론에서 여전히 모호한 개념으로 남겨진 종교-세속 개념쌍의 작동원리를 설명하는 데 유용한 도구가 될 수 있다.

결론적으로 아사드의 세속주의 담론에서 모호하고 신비한 영역으로 남겨진 부분에 엘리아데의 성현의 개념이 제공하는 유용성은 무엇인가? 아사드는 종교와 세속은 불가분의 관계가 아니며 종교-세속 이분법적 사유는 세속주의의 산물이라고 하면서, 실제 현상 세계에서는 종교와 세속이 중첩되어 등장한다고 보았다. 그리고 그러한 중첩의 비밀은 성과 속에 있다고 통찰하였다. 이 맥락에서 엘리아데의 성현 개념이 적용될 수 있는데, 이는 성과 속이 외적 실재가 아니라 인간의 의식작용에서 작동하는 존재양식이라는 점 때문이다. 즉 성현은 속(profane) 혹은 일상세계(mundane)에서 성스러움을 인지하는 의식작용을 의미하는데, 엘리아데에 의하면 이때 '성스러움의 드러남'은 '의미의 발견'과 다르지 않다. 따라서 일상적인 대상과 시공간에서 의미를 발견하는 인간은 이른바 종교 영역에서도 세속 영역에서도 모두 존재한다. 그리고 그러한 의식구조를 지닌 인간들은 외형적인 종교의 장과 세속적 정치의 장에서 모두 활동한다. 결국 아사드가 말한 종교와 세속 중첩의 비밀은 성현의 인식 구조를 지닌 인간 그 자체의 비밀인 것이다.

5. 종교학과 세속주의 연구

종교철학자 브래들리 오니쉬(Bradley B. Onishi)는 아사드의 세속주의 담론과 유사한 문제의식을 공유하면서 종교철학적 관점에서의 세속주의와 세속성의 연구 경향을 탐색한다. 그는 여러 종교철학자들을 언급하지만 책 제목과 기본 아이디어는 마크 테일러(Mark C. Taylor)의 세속성 연구를 따른다. 오니쉬는 마크 테일러의 연구를 '비세속주의자(nonsecularist)' 세속성으로 명명한다.[41] 통상 세속성은 세속주의자들이 주장하던 것인데, 테일러는 종교인은 아니지만 그렇다고 완전한 세속주의자도 아닌 비세속주의 입장에서 세속성을 언급한다는 것이다. 더 나아가 오니쉬는 세속에 담긴 신성성에 주목한다.

오니쉬는 『세속의 신성성(The Sacrality of the Secular)』에서 종교철학이 종교연구(종교학)와 어떤 관계를 맺어야 하는지를 고찰하는데, 서문의 첫 문장에서 "탈주술화(disenchantment)와 세속성(secularity)이 동일한가?"라고 물은 후 "아니다"라고 답하면서, 포스트모던 종교철학은 세속 가운데 내재한 신성성을 탐구해야 한다고 주창한다.[42] 즉 테일러와 같은 비세속주의자들이 말하는 세속성은 결국 세속에 내재된 신성성을 의미한다는 것이다. 오니쉬는 이것을 "세계성(worldhood)의 복잡성", "세속에 본질적으로 내재한 종교성(religiosity)", "주술화된(enchanted) 세속성" 등으로 표현한다.[43] 세속성에 대한 오니쉬의 종교철학적 접근에서도 아사드와 유사하게 종교와 세속의 중첩 현상을 어떻게 이해하고 해석하고 설명할 것인가에 대한 고민을 엿볼 수 있다.

종교와 세속의 중첩 현상에 대한 아사드와 오니쉬의 논의는 결국 '종교란 무엇인가'라는 고전적인 종교학의 과제와 직결된다. 이 물음은 종교학의 시작이었고 여전한 과제이며 앞으로도 해명되어야 할 문제이다. 이런 맥락에서 세속주의 담론과 관련된 연구에서도 종교학이 자신의 역할을 찾아야 하리라 본다. 이 과정에서는 거시적 안목의 연구와 더불어 미시적 관점의 연구가 모두 필요할 것이다. 부르디외와 모스가 제안했던 연구방법도 그런 맥락에 있다고 볼 수 있으며, 이를 수용한 아사드 역시 그런 문제의식을 지닌다. 다만 이들의 연구는 사회학적 전통에 가까워 거시적 안목에 좀 더 무게가 쏠려 있는 것은 분명하다. 종교학은 어떠한가? 종교학역시 거시적 안목과 미시적 연구가 고루 전개되어야 할 것이다.

그런 차원에서 이른바 자연주의적 연구는 주목할 만하다. 엘리아데의 성현의 개념이 자연주의적 종교연구와 관련이 있기 때문이다.[44] 하지만 자연주의적 연구가 그간 종교학이 집중했던 거시적 안목을 배제하는것은 아닐 것이다. 문화에 대한 자연주의적 접근을 시도한 당 스페르베(Dan Sperber)는 역학을 문화 설명에 적용하여 '표상 역학(epidemiology of representations)'을 말하는데, 그는 "역학적 모델은 전염병과 같은 개체군규모의 거시적 현상들을 개별 사건을 일으키는 미시적 과정들의 축적에따른 효과로 설명"하려는 시도라 하면서,[45] "우리는 사회현상을 이해하고설명하는 새롭고도 강력한 방법을 찾아내고자 애쓰고 있"지만, "표상 역학이 기존의 이해 방식을 대체하는 것이 아니라 보완하는 것"이라고 주장한다.[46] 거시적 안목과 미시적 관점의 연구는 상호보완의 관계라는 것이다. 물론 모든 학문이 그렇듯이 그 과정에서 비판과 갈등과 경쟁은 자연스러운 일일 것이다. 이런 차원에서 엘리아데가 『종교형태론』과 『세계종교사상사(A History of Religious Ideas)』 등에서 제시한 수많은 종교 사례들은 자연주의적 연구의 풍부한 재료가 될 수 있을 것이다.

2부

한국의 종교와
세속주의

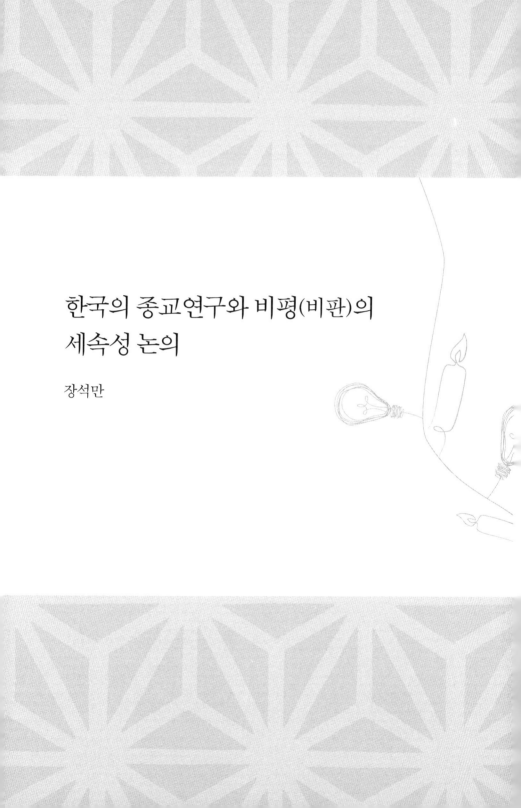

한국의 종교연구와 비평(비판)의 세속성 논의

장석만

1. 들어가는 말

　필자는 몇 년 전에 한국종교문화연구소에서 발행하는 『종교문화비평』에 대해 이렇게 말한 적이 있다; "(이) 기관지 명칭은 비평 혹은 비판[1]의 중요성을 강조하고 있다. 그런데 이것은 과연 어떤 것인가?"[2] 이어서 다음과 같은 일련의 물음을 제기하였다; "이 비평의 개념에는 객관성을 얻기 위해서 거리두기가 필수적이라는 개념이 포함되어 있는가? 이른바 연구대상과의 신체적, 감정적 단절이 일시적이나마 상정되어 있는 것이 아닌가? 연구자 자신의 견고한 아이덴티티 구축(構築)과 연구 과정 중 감화(感化)의 가능성 금지가 암암리에 내포되어 있는 것이 아닌가?"[3] 이런 질문은 그 글의 앞부분에서 인용하였던 학자들(홀브라드와 페데르센)의 문제제기를 수용하여 옮긴 데 지나지 않지만[4] 종교 연구자에게 비평 혹은 비판이라는 것에 대해 관심을 촉구한 것은 의미를 부여할 수가 있다고 하겠다. 종교문화비평이라는 제목을 종교-문화-비평, 종교-문화비평 혹은 종교문화-비평으로 나눌 수 있다고 본다면,[5] 중요한 몫을 차지하는 비평이라는 것에 과연 얼마나 성찰하고 있는지 묻는 것이다.

　물론 한국의 종교학[6] 영역에서도 한 세대 전부터 비평에 대한 논의가 계속 이어졌으며, 이 부분에 대한 검토는 다음 장에서 다룰 것이다. 하지만 최근 비판에 대한 연구가 서구 학계를 포함하여 세계 여러 곳으로 확장하고 있으며, 많은 학문 분야에 걸쳐 새로운 논의가 거듭되고 있음을 고려할 때, 이 주제에 관해 좀 더 주목할 필요가 있다. 따라서 비판을 둘러싸고 전개되는 논의의 전반적인 윤곽을 파악하는 작업과 함께 우리의 맥락을 고려하여 충분히 따져보는 것이 요구된다. 이 글의 전반부인 2장과 3장이 한국의 경우에 초점을 맞춘 반면, 후반부인 4장과 5장이 서구의 학문 상황을 거론한 것도 이런 이유 때문이다. 이 글은 새롭게 환기된 비판의 문제의식을 종교연구 분야에서 검토하기 위한 시론적인 논의이다. 여기서 시론적이라 함은 앞으로 이 주제에 관해 계속된 탐구가 필요하다는 의미이다. 비판에 관한 여러 갈래의 새로운 도전적 문제 가운데 이 글에서는 세속성과의 연관성을 살펴볼 것이다. 비판에 관한 논의에서 세속성의 문제는 암묵적으로 전제되면서 표면에 드러나지 않는 경우가 많다. 이 주제와 관련하여 비판과 세속성의 관계에 대해 문제 제기를 선도한 책, 『비판은 세속적인가?』(Is Critique Secular?)에 담긴 내용을 살피는 것이 필요하다. 4장은 그 물음에 담긴 새로운 문제의식의 내용과 그 효과를 다룬다. 그동안 비판이 담긴 기본 틀에 대한 성찰이 별로 두드러지지 않았던 반면, 이 텍스트는 비판적 사고와 비판적 행위가 움직이는 윤곽선의 안팎을 인식하게 만든다는 점에서 각성의 효과를 발휘하고 있다. 4장의 분량이 비교적 많이 할애된 것은 관련 논의의 치열함과 풍부함을 드러내 보여주는 것뿐만 아니라, 이와 같은 문제의식 및 논의의 전개가 우리에게 무엇을 뜻하는지 생각해 보자는 함의를 담고 있다. 5장은 서구 학계에서 제기된 좀 더 최근의 견해로서, 크리티크 논의에 관한 두 가지 단편적 스케치라고 할 수 있다. 서구 학계의 논의를 살피는 것은 우리가 그것을 본받아야 하기 때문이 아니라, 서구 학계와는 다른 맥락에 처해 있는 우리의 문제를 인지하고, 가다듬는 기회를 마련하기 위해서이다.

2. 한국에서의 종교연구와 비평

2019년 『종교문화연구』의 종간(終刊)호에서 김윤성은 종교학과 문화비평의 관계에 관한 논문을 발표하였다.[7] 여기서 그는 그동안 발표된 관련 주제에 관한 글을 대상으로 비판적인 검토를 하는데, 그 글쓴이는 정진홍을 비롯하여, 주로 장석만, 박규태, 신광철 등이다. 우선 다루고 있는 정진홍의 글은 1972년에 발표한 〈종교학의 과제: 그 방법론적인 반성을 중심으로〉이다. 김윤성은 이 글이 문화비평에 관해 직접 언급하지는 않지만, 종교학의 문화적 기능을 말하고 있고, 거기에는 "분명 문화비평으로서 종교학의 사명에 대한 그의 비전이 담겨 있(다)"[8]고 보았다. "종교학의 문화적 기능은 거룩한 것이 해체되어 버린 사회 속에서 거룩한 것과 그 거룩한 것의 역사적 현현의 체계적 해석학을 발전시키는 것"[9]이라는 정진홍의 서술을 지적한 것이다. 하지만 박규태가 언급한 바[10]와 같이, 비판에 관해 정진홍이 좀 더 직접적으로 다룬 내용이 있으므로 곧 이에 관해 거론할 것이다. 아래의 내용은 비판 혹은 비평에 관해 정진홍이 쓴 글을 살펴보는 것을 시작으로, 장석만, 박규태, 신광철이 각각 비평에 관해 주장한 바와 이에 대한 김윤성의 평가를 검토한다. 마지막으로 이진구의 글도 살펴볼 것이다.

박규태가 거론한 정진홍의 글은 1991년에 발표된 〈종교와 문학: "이야기"로서의 접근을 위한 하나의 시론)이다.[11] 여기서 정진홍은 "종교학은 종교를 통한 '문화비평'이지 않으면 안 되는 것"[12]이라는 주장을 한다. 강력함이 느껴지는 이런 주장의 근거로 그는 두 가지 점을 제시한다. 하나는 비평이라는 것에 대한 공감이고, 다른 하나는 종교연구의 기본자세이자 정체성의 기반에 대한 확인[13]인데, 두 가지는 서로 연관되어 있다. 그러면 정진홍은 비평을 어떻게 보고 있는가? 한마디로 말하면 그것은 "현재의 인식을 가능케 했던 물음 자체에 대한 되물음"[14]이다. 이에 대해서는 다음과 같은 박규태의 친절한 설명이 있다.

> "되물음이란 곧 지금 여기에 주어져 있는 해답들의 현실태, 즉 우리가 당연시하고 있는 고정관념이라든가, 상식 등에 가리워져 망각되어 가는 가능태로서의 또 하나의 해답을 되물어야 한다는 거지요. 다시 말해 우리에게 권위를 휘두르는 강요된 해답들이 맨 처음에 어떤 물음으로부터 생겨난 것인지, 그 원초적인 물음들을 망각의 강으로부터 건져내는 작업이 바로 비평이 되어야 한다는 겁니다."[15]

종교학이 문화비평이지 않으면 안 되리라는 주장의 두 번째 근거는 종교학은 이미 그런 물음을 던져 왔으며, 그런 태도를 통해 자신의 정체(正體)성을 만들어 왔다는 점이다. 즉 종교학은 "처음부터 종교의 자기주장의 논리에 대한 그 인식근거의 되물음에서 출발하고 있다."[16]는 것이다. 정진홍에 따르면 주어진 물음대로 묻는 것이 아니라 물음을 재구성하며, 주어진 해답 그대로 수용하는 것이 아니라, "다른 물음을 통한 현상의 재편을 의도"하는 것이 종교학의 기본 자세이며, 그것이 바로 "당대적 의식

의 정직한 표출"이다.[17]

정진홍의 이런 관점은 〈신학적 관심의 문화비평적 지양〉에도 잘 나타나는데, 이 글은 1996년에 간행된 그의 책[18]에 포함되어 있다. 네덜란드 종교 연구자인 반 드르 레우(Van der Leeuw, Gerardus)[19]의 학문적 방향을 검토하면서 정진홍은 그를 통해 종교학의 문화비평적 기능을 환기하고자 한다. 목회자이자 신학자인 반 드르 레우가 왜 신학에 머물지 않고, 종교학적인 관심을 갖게 되었으며, 그는 왜 종교를 넘어 문화 일반에 대해 비판적 관심을 지니게 되었는가? 정진홍은 반 드르 레우의 이 두 가지 관심사가 상호작용하고 있다고 보며, 당대 문화에 대한 위기의식이 저변에 자리 잡고 있다고 본다. 위기의식이라는 것은 자신의 기반이 흔들리는 것을 아는 것이고, 더 이상 안락하지 않다는 것을 느끼는 것이다. 예전대로의 습관적 삶이 유지될 수 없음을 아는 순간, 새로운 문제 상황이 생긴 것을 깨닫게 되며, 비판적 사고가 움직이기 시작한다. 바로 정진홍이 반 드르 레우에게서 두 가지 사실, 즉 비판적 태도와 당대에 대한 위기의식에 주목하고, 서로 연결되어 있다고 주장한 바와 같다.[20] 그래서 그는 위기의식을 다음과 같이 정리한다.

위기의식이란 다른 것이 아니다. 그것은 전통적 규범으로 전제되는 기존의 인식근거를 당대가 되물을 수밖에 없는 필연적인 정황이라는 인식이다. 그것은 기존의 인식체계, 곧 물음에 대한 충분한 답변이리라고 기대한 그러한 인식내용이 전혀 현실 인식을 위해 적합성을 지니지 못하고 있음을 확인하는 경험이며, 더 나아가 그러한 인식내용을 해답으로 초래한 물음 자체의 적합성에 대한 근원적 회의를 하지 않을 수 없는 경험이다."[21]

정진홍에 의하면 반 드르 레우가 종교현상학과 문화비평 작업을 시도한 것은 "자기가 위기로 의식한 정황 속에서 기존의 물음을 되물을 수밖에 없음을 절감"[22]했기 때문이다. "물음 근거의 되물음"[23]은 비판적 행위이자 창조적 행위이다. 종교학의 등장이 그런 점을 잘 보여주고 있다는 것이 정진홍은 반 드르 레우를 통해서도 확인이 된다고 본다. 이렇게 볼 때, 종교학은 자신이 살아가는 당대에 늘 불편함을 느낀다고 볼 수 있다. 항상 시대와 불화(不和)하며 당대 너머를 꿈꾸고 있기 때문이다. 그래서 정진홍은 이렇게 주장한다; "결국 종교학은 언제나 당대에서 '이후'의 성격을 지니고 있을 수밖에 없다. 종교학은 기존의 모든 인식체계를 한꺼번에 되묻고 있기 때문이다."[24] 근대라는 시기에 무소불위의 권력을 행사하는 과학에 대해서도 마찬가지다. 정진홍에 의하면 과학은 충분히 자기 비판적이지 못하다. 왜냐하면 자신이 미리 특정한 합리성을 전제해놓고, 거기에 맞지 않은 것은 가차 없이 배제해 버리면서도 그런 점을 스스로 자각하지 못하기 때문이다.[25]

정진홍의 시야를 빌려서 본다면, 종교학만큼 자기성찰적인 관점은 다른 곳에서 찾기 어렵다. 종교학은 비판을 내재화한 상태에 늘 처해 있다고 해도 지나치지 않다. 정진홍은 이런 주장에 관한 한, 지금도 초지일관이고, 견해를 바꿀 이유가 없다.

장석만, 박규태, 신광철의 글은 김윤성이 지적한 바와 같이,[26] 모두 비교적 짧고, 문화비평에 대한 본격적인 글이라고 보기 힘들다. 먼저 장석만의 글은 '종교학과 문화비평'이라는 제목의 특집에서 머리글의 성격을 띠고 있다.[27] 여기서 그는 종교를 문화체계 가운데 하나로 보면서 문화의 특징을 열거하는데, 복합적이며, 능동성과 유동성이 현저하고, 갈등이 내재되어 있다는 점을 지적한다. 문화와 권력의 작용은 뗄 수 없이 연결되어 있으며, 일상생활의 자연스러움 속에서 부드럽게 움직이기 때문에 그 안에 움직이는 구성원들은 그 작용을 제대로 의식하지 못한다. 여기서 바로 문화비평이 필요해진다. 저절로 생각하고 무의식적으로 움직이는 것을 중단하고 왜 이렇게 진행되는지 깨닫게 하기 위함이다. 그래서 종교학의 문화비평 기능을 거론하는 것은 종교적 담론 안에 작용하고 있는 권력 기제(機制)를 드러내고 인식하게 하려는 것이다.[28] 이런 관점에는 담론-권력의 불가분성을 주장하고 그 작용을 파헤치는 푸코의 관점에 많은 영향을 받고 있다. 이와 함께 정진홍도 소환된다. 바로 종교학이라는 학문은 처음부터 반란(叛亂)을 내재화하면서 형성되어 왔다는 주장[29]이 강조된 것이다. 정진홍은 형이상학적 반란을 말했지만, 여기서는 일상의 문화에서 이루어지는 권력 작용을 지적하였기에 형이상에 머물 이유가 없다. 여기에서의 반란이 두려움 없이 이루어지는 비판의 자세라는 것은 쉽게 알 수 있다. 정진홍이 거론한 '오만'(傲慢)도 가차 없이 이루어지는 불굴의 비판적 태도를 일컫는다. 모두 자기성찰의 비판력을 무엇보다 먼저 자기에게 적용함으로써 얻어진 자신감이다. 변두리의 인간은 일단 오만함으로 치장한다. 종교학은 학계의 주변부에 거주하는 신참자로서, 끊임없는 비판을 내세워 저항적 면모를 과시하고자 한다. 비판이 주요 무기가 될 수밖에 없다.

박규태의 글은 '고양이의 꿈: 종교학과 문화비평'이라는 제목[30]을 가지고 있어서 심드렁하던 이들도 흥미를 불러일으키는 힘이 있다. 저자는 마무리 부분에서 프랑스 문화사의 유명 저작인 『고양이 대학살』을 언급하면서 '고양이의 꿈'이라는 제목의 의미가 무엇인지 보여준다. 두껍게 읽기와 다르게 읽기를 지향하는 공부의 방향이다. 또한 그는 고양이의 성격을 통해 공부의 자세에 대해 말한다고 볼 수 있다. 자기의 영역을 견지하며 결코 호락호락하지 않으면서도 경직되어 있지 않고 부드러운 고양이의 모습이 연구자의 모습과 중첩되어 나타나기 때문이다. 고양이는 길들여지지 않는 영원한 야생성을 지니고 있으면서도 유연하고 '말랑말랑'해서 숨 막히지 않는다. 게다가 꿈이라는 표현은 계속 나가야 한다는 생각이 함축되어 있다. 쉽게 달성할 수 없더라도 꾸준히 시도하고 이루려고 노력해야 한다는 뜻이 있는 것이다.

 "비평은 무엇인가?" 강인하면서도 부드러운 고양이를 사랑하는 박규태가 질문을 던진다. 그의 답변은 현재 우리의 인식을 가능하게 한 물음, 그것을 되묻는 일이라는 것이다. 바로 앞에서 살폈던 정진홍의 관점과 다르지 않다. 그는 다음과 같은 여러 가지 해설을 덧붙인다. '우리의 현실태, 즉 고정관념과 상식이 권위를 휘두르며 해답을 강요하고, 가능태를 망각하도록 내몰고 있다. 강요된 해답을 그대로 받아들여 굴복하거나, 가능태가 잊히도록 할 수는 없다. 비평은 옳고 그름, 선과 악을 가리는 것이 아니라, 적절성과 설득력에 관한 논의이다. 비평은 남의 눈 속에 있는 티끌뿐만 아니라, 자기 눈 속에 있는 들보를 뽑아내는 담론이다.[31] 등등. 그런데 주목할 것은 여기에서 그가 원초적 물음을 거론한다는 점이다. "다시 말해 우리에게 권위를 휘두르는 강요된 해답들이 맨 처음에 어떤 물음에서 생겨난 것인지, 그 원초적 물음들을 망각의 강으로부터 건져내는 작업이 바로 비평이 되어야 한다"[32]는 주장이 그런 부분이다. 여기서 "원초적" 혹은 "맨 처음"의 물음이 나타내고 있는 바에 대해 두 가지 해석이 가능하다. 하나는 현재 우리에게 주어진 대답을 강요하면서 자신의 권위를 휘두르는 '현실태'가 처음 던졌던 물음이라고 볼 수도 있고, 다른 하나는 그보다 훨씬 더 앞에서 제기되었던 근원적 질문이라고 볼 수도 있다. 어느 쪽인가? 박규태가 막스 뮐러의 『독일인의 사랑』을 거론하는 뒷부분의 내용[33]을 보면, 후자라고 보는 것이 더 적절하다.

박규태는 한국에서 종교현상학이 단지 종교 전통에만 국한하지 않고 종교문화 및 문화 일반에 대한 관심으로 영역을 확장하고 있다고 주장한 다음, 현대문화의 고갈을 기존 은유(隱喩)의 뒤틀림과 뒤섞임[34]으로 표현한다. 그리고 정의, 사랑, 신, 자유, 평등이라는 은유는 이미 적합성을 상실했다[35]고 과감하게 선언한다. 그에 따르면 한국 사회도, 한국 종교학도 마찬가지 상황에 처해 있다. 한국 종교학은 새로운 은유의 출현을 고대(苦待)하고 있으며, 기존 개념의 해체가 불가피하다는 것, 종교라는 은유 또한 해체되지 않으면 안 될 운명에 처해 있다는 것, 따라서 종교학은 지금까지 추구해 왔던 목표, 즉 종교에 대한 인식 논리를 구축(構築)하는 작업에 머물지 말고 더 나아가야 한다는 것[36]을 박규태는 역설한다. 어떤 방향으로 나아가야 하는가? 이 점에 관해 그는 다음과 같이 주장한다.

'종교'라고 말해져 온 어떤 인간 경험의 '회상'을 통해 문화 자체, 곧 삶의 총체에 대한 보다 적합한 서술을 시도하지 않을 수 없다는 것입니다. 그것은 종교라는 창구를 통한 문화비평 작업을 뜻합니다.[37]

이어지는 내용은 그가 스스로 던지는 질문으로 "도대체 무엇을 회상한다는 것인가?"이다. 답은 지금까지 인류가 망각해 온 어떤 것에 대한 회상이다. 그런 회상이 왜 필요한가? 이 물음에 대답하면서 그가 소환한 이는 바로 어린 시절의 신비를 회상하는 막스 뮐러이다. 박규태에 따르면,[38] 개인 차원뿐만 아니라, 문화의 심층까지 망각으로 덮여 있으면서도 현대인은 망각하고 있다는 점도 깨닫지 못하고 있다. 그런 유폐(幽閉) 상태에서 문화적 상상력은 점점 더 고갈되어 가고 있다. 이런 상황에서 상실해 가는 문화적 상상력을 추구하는 작업이 이루어질 수 있는 곳은 인문학이다. 그가 보기에 이런 작업에 동참하는 한, 종교학은 철저하게 인문학적일 수밖에 없다.

이어서 박규태는 문화비평을 두 가지 부류로 나누고, 문화적 상상력의 복권을 주장하는 자신의 입장을 낭만적 (혹은 규범적) 문화비평으로 칭할 수 있다고 밝힌다. 물론 종교 담론 안의 권력작용을 드러내고, 지배 문화 담론의 권위를 무너뜨리려는 이데올로기 비평은 그 자신의 관점과는 다른 목표를 지니고 있다. 하지만 그는 두 가지 문화비평이 기존의 문화 담론을 재편하고, 새로운 언어, 사유, 문법 창출을 하기 위해서 모두 필요하며, 종교학에서도 마찬가지라고 본다. 정진홍이 말하였듯이 종교학은 이미 새로운 언어를 얻기 위해 기존의 틀을 돌파하였다는 점에서 반란의 에토스를 가지고 있으며, 박규태도 형이상학적 반란을 언급[39]하면서 그 점에 동의한다. 그 에토스는 소유되는 것이 아니라, 쉴새 없이 작동되어야 하는 것이기에 멈춰 있을 수 없다. 이런 맥락에서 박규태의 다음 주장이 제시된다.

사실 종교학 담론 자체가 이미 새로운 언어이지만, 종교학이 또 새로운 언어를 탐색한다고 할 때의 새로움이란 스스로를 갱신해 나가는 자기성찰적 태도 위에서 비로서 가능한 그런 것이기 때문입니다.[40]

반란의 치열함과 끊임없이 이어지는 비판의 날카로움이 생생하게 다가온다. 하지만 박규태에게는 고양이가 있다. 그의 고양이는 끈질기고 날카롭지만, 부드럽고 말랑말랑하기도 하다. 그래서 그가 주장하는 종교학적 원리에는 형이상학적 반란뿐만 아니라, 회상의 테크닉도 포함될 수밖에 없다. 그런데 이런 종교학적 원리가 "구조화된 감정이입"의 원리와 동일한 지향성을 지니고 있다[41]는 그의 주장을 보면 오히려 반란과 비판의 날카로움보다는 부드러운 공감에 더 기운다는 생각이 든다. 그의 마지막 문장은 역시 고양이다.

> 종교학이 지향하는 문화비평적 전망이란 굳어진 것을 말랑말랑하게 하고, 얽힌 것을 순하게 풀어내고, 잡된 것을 제각기 그대로의 형태를 유지하면서도 그 속에서 말간 증류가 가능케 하는 일, 그리하여 여성성과 풍요와 모든 이중성의 상징인 고양이처럼 유연해지고, 지극히 독립적이며 결코 길들여지는 법이 없고 모든 권위에 반항적인 고양이처럼 꿈을 많이 꾸는 일이 아닌가 생각됩니다.[42]

박규태의 글이 쓰인 2002년은 한국종교문화연구소가 발간하는 『종교문화비평』의 창간호가 나온 해이다. 그 〈발간사〉에 비평을 언급한 부분이 있어서 일별(一瞥)할 필요가 있다. 여기서 비평은 "흔히 간과하기 쉽지만 중요한 측면에 대해 주목하는 태도"이고 이런 관점은 "기존의 틀에 안주할 경우, 얻기가 힘든 것"이라고 주장한다.[43] 그리고 비평의 자세는 "하나의 시각적 지평이 지니고 있는 전체적 위치를 파악하고, 그런 시각으로 볼 수 있는 것과 없는 것에 대한 명확한 인식을 지닐 때"[44] 비로소 나타난다고 밝힌다. 여기에서 강조된 비평의 성격은 기존 틀에 사로잡히지 않을 것, 자신의 시각의 한계와 가능성을 파악할 것, 국면 전체를 파악할 것 등이다. 이어지는 내용은 『종교문화비평』이 극복하고자 하는 두 가지 점에 관한 것인데, 하나는 "긍정적이든 부정적이든 종교를 고립시켜 상투적으로 파악하는 관점"이고, 다른 하나는 종교를 "인간의 손길이 닿을 수 없는 너무나 거룩한 영역으로 간주"[45]하는 것이다. 전자의 극복은 종교문화의 용어에서 보이듯이 종교와 다른 영역 사이의 긴밀한 연관성을 중시하겠다는 것이고, 후자의 극복은 신학적 자세에서 벗어나겠다는 것이다. 주목할 만한 것은 종교가 "비합리적이다, 혹은 신성하다"고 주장하는 대신, "어떤 조건에서, 누구에게 비합리적이며 신성한지 살펴보는 것이 중요하다"[46]고 『종교문화비평』의 지향점을 제시한 부분이다.

신광철은 2005년에 〈종교학과 문화비평: 한국에서의 연구 경향을 중심으로〉라는 글[47]을 썼는데, 당시 대두하고 있던 인문학 위기론에 대응하는 하나의 시도로서 종교학의 문화비평을 거론하고 있다. 그는 영화, 만화, 광고 등 대중문화 영역을 대상으로 이루어진 종교학적 연구를 간략하게 소개하고, 무엇보다 디지털 문화와 사이버 공간이 열리면서 생긴 문제를 다룰 필요가 있다고 강조한다. 그에 따르면 대중문화에 대한 연구가 불충분한 것은 "그 기반을 이루는 디지털 문명에 대한 인식론의 뒷받침 없이 전개"[48]되었기 때문이다. 신광철은 문화비평이 종교학의 본연의 임무라고 보며, "종교학이 태생적으로 문화비평의 센서를 지니고 있(다)"[49]는 표현을 사용한다. 종교학의 문화비평은 종교학이 처음부터 갖고 태어난 반란의 에토스에 기인하고 있다는 주장이다. 이처럼 종교학과 반란의 연결은 앞서 검토한 세 가지 경우에 모두 공통되게 나타난다.

이와 같은 세 가지 문화비평 논의에 대해 김윤성이 내리는 평가는 결코 너그럽지 않다. 그는 자신이 정진홍론을 펼치고자 하는 것은 아니라고 전제하면서, 그동안의 논의를 좌파와 우파, 계몽주의와 낭만주의, 푸코와 엘리아데 그리고 박규태의 용어를 이어받아 이데올로기 비평과 낭만주의 비평으로 구분한다. 그리고 3인이 모두 종교적 미덕에 가까울지언정 학문적 미덕을 나타내지 못하고 있다고 날 선 반응을 보인다.[50] 특히 정진홍의 형이상학적 반란에 관한 3인의 '무비판적' 인용은 정진홍의 신화화에 해당할 수 있다고 걱정한다. 그는 브루스 링컨을 거론하며, 한 인간에 대한 존경과 경외가 학문의 영역에서는 금기 사항이라는 것을 단호하게 주장한다.[51] 여기서 김윤성의 지적은 오래전 문학평론가 사이에서 제기되었던 '주례사비평'에 대한 비판을 환기한다. '주례사비평'이란 비평가의 양심에 따른 문학평론이 아니라, 출판자본이나 학연, 인연 등의 끈에 얽매어 허드레 덕담 수준의 언설을 늘어놓는 것이다.[52] 이런 비판적 관점의 참여자들에게서 꼬장꼬장한 '선비'의 기개가 풍긴다는 것은 부인할 수 없다. 그러나 문제는 양심에 따른 비평, 혹은 정실에 얽매이지 않은 비평이 과연 무엇이냐는 것이다. 이 물음에 대해 진지한 논의가 필요하다. 무작정의 건전 상식에 의지할 수 없고, 기존 권위에 기대어 짐짓 객관성의 척도를 가진 양 꾸밀 수도 없다. 여기에서 약간 길지만, 도나 해러웨이의 대담집 가운데 도움이 될 만한 대화 한 토막을 살피는 것이 의미 있을 것으로 본다.

구디브: 당신에게서 배운 가장 중요한 것 중 하나는 단순한 비판(criticism)을 넘어서는 비판성(criticality)이라는 개념입니다. 그것은 단지 교훈을 이끌

어내거나, 사태를 진단하는 비판성을 넘어서는 개념이지요. 제가 비판이론으로 여겼던 것이 이전에 생각했던 것보다 얼마나 더 크게 역사에 순종하는지 최근에 깨달았기 때문에 이 개념은 제게 특히 흥미로워요.… 최근 저는 사람들이 "비판적"이라는 단어로 의미하는 바에 점점 더 확신을 잃게 되었어요. 당신의 비판성 개념은 비판적이라는 것에 대한 전통적인 개념과 전혀 다릅니다. 논쟁적 주장들을 깨부수고 권력이 어디에 있는지 파악한다는 의미의 비판적이라는 것과는 놀랄 만치 다르지요.… 비판적 작품은 단지 부정적인 활동이 아니라, 생산적인 활동이 될 수 있습니다. 저는 최근에 변화를 발견하는 이론과 변화의 기반을 만드는 이론을 구별하는 훌륭한 글을 읽었어요. 저도 대학원 다닐 때, 이런 문제를 안고 있었거든요. 저는 늘 하나의 텍스트가 제게 주는 것을 알기 위해 독서했지요. 주지 않는 것에 관심을 별로 두지 않았죠. 그래서 "글 읽기"라는 것이 마치 저자가 거론하지 않은 바를 들춰내어 그에 관해 고함치며 달려드는 걸 의미할 때 매우 당황했습니다. 단지 결점이나 결핍된 것만을 찾는 일은 매우 이상한 학습 방법처럼 보이니까요. 사실 학습의 정반대처럼 보입니다.

해러웨이: 저도 그런 모델을 아주 싫어해요.

구디브: 그런데 사람들은 왜 그것이 비판적이 되는 유일한 방법이라고 생각할까요?

해러웨이: 부분적인 이유는 경쟁 때문이지요. 먼저 그런 비판을 하지 않으면 바보처럼 보일까 봐 두려워하기 때문이에요. 실제로 저는 고약한 인종 정치가 이와 똑같은 원칙에서 작용한다고 생각해요. 자신들이 인종주의자로 비난받지 않기 위해 먼저 다른 사람들을 애써 인종주의자라고 부르는 거지요. 그것은 마치 인종차별주의가 몇 가지 발언으로 쉽게 물리칠

수 있는 거라고 생각하는 것과 같아요.… 대학원에서 행해지는 이런 스타
일의 부정적 비판성에 뿌리가 있다고 봅니다. 그중에 하나는 두려움으로
서 인종주의뿐만 아니라 다른 많은 종류의 것과 연관되어 있습니다. 온갖
난잡함, 더러움, 불완전성과 관계된 것이라면 포용하기 두려워하는 것, 거
기에 그런 뿌리가 있다고 생각해요.[53]

'주례사비평'의 안이한 영합에 대한 분노와 브루스 링컨과 같은 학자의
선언적 격언에 경청해야 할 메시지가 있는 것은 물론이다. 하지만 그에
못지않게 자신이 생각하고 있는 비평의 자리를 다시 생각해 보는 것도 중
요하다. 이런 되새김 과정이 없이, 비평의 이미지를 고정화하여 생각을
옮기는 데 급급하다면 이미 문젯거리의 일부분이 되기 쉽다. 구디브와 해
러웨이의 대담 내용은 이 점을 잘 보여준다.

이진구가 2013년에 발표한 〈한국 기독교에 대한 소전 종교학의 문화비
평〉[54]은 정진홍이 주장한 종교학의 문화비평 기능을 검토하고 있는 글이
다. 글의 세 번째 부분은 '종교학의 문화비평에 대한 재성찰'이라는 소제
목을 달고 있는데, 당시 미국 종교학 연구자의 신학적 성향에 대해 날카
로운 비판을 퍼붓던 러셀 맥커천(Russell T. McCutcheon)의 소론(所論) 및
이에 대한 정진홍의 반응을 주요하게 다루고 있다. 맥커천은 2001년에
『보살펴 주는 자가 아니라, 비판자』[55]라는 책을 간행하여 종교학자는 모
름지기 종교를 돌보는 이가 아니라 비판하는 이가 되어야 한다고 주장하
였다.[56] 공공의 영역에서 공공성을 증진하고자 하는 종교학자가 할 일이
란 신앙의 주장을 그대로 받아쓰는 것이 아니라, 비판자로서 재서술하는
일뿐이라는 것이다. 이에 대해 정진홍은 학자로서 자신의 발언이 듣는 종

교인에게 어떤 의미를 지닐 것인지 고려하고 배려한다고 해서 종교인 돌보미가 되는 것은 아니라고 반박하면서 돌보미 역할을 비판적 지성의 태만함으로 규정하려는 맥커천에 동의하지 않는다.[57] 이진구는 문화비평을 강조하는 종교학 경향을 두 가지, 즉 해석학적 진영과 사회과학적 진영으로 나누고, 정진홍의 경우 해석학적 경향에 속하지만 사회과학적 경향도 있다는 점을 지적한다. 이진구의 관점은 "돌보미냐 비판자냐?"라고 둘 중 하나를 선택하라고 하는 태도가 문제라는 것이다. 그가 제시한 이유는 문화비평 영역이 매우 광범위해서 다양한 성격을 가지고 있다는 것과 종교의 관리인 개념도 여러 측면에서 해석될 수 있다는 것[58]이다. 2001년 맥커천의 책 제목처럼 양자택일을 강요하는 관점을 이진구가 문제 삼았다는 것은 좋은 출발이라고 본다. 이후 학계에서 "비판적 돌보미"(critical caretaker)와 같은 절충이 언급되고 있음을 고려할 때,[59] 비판 혹은 비평에 대한 성찰적 논의가 지속적으로 이루어지고 있음에 주목할 필요가 있다.

필자는 연구자가 반드시 갖추어야 한다고 정진홍이 줄기차게 주장한 것, 즉 "현재 우리의 물음 자체에 대해 되묻는 자세의 필요성"이 중요한 논점이라고 생각한다. 형이상학적 반란이라는 용어도 이와 관련이 있다. 필자가 보기에 이런 논점에 동의했다고 해서 경외니, 종교적 미덕이니 운운하는 것은 아무리 생각해도 지나치다. 아마도 비판이라는 것은 "혹독한 것일 뿐"이라는 선입견이 작용하지 않았나 생각한다. 다음과 같은 강돈구의 주장도 마찬가지라고 본다. 그는 1970~1990년대의 한국 종교학을 평가하면서 "종교학을 이해하기 힘든 신비로운 학문으로 변화시켰다."고 하며 강력하게 비판하였는데, 들고 있는 예가 정진홍의 문장이다.

그리고 "종교학은 종교에 대한 물음을 묻는 것이 아니라, 종교에 대한 물음 자체를 되묻는 인식의 문법을 자기 발언의 격률로 삼는다"는 주장에서 단적으로 드러나듯이 종교학을 일반 사람들이 이해하기 힘든 학문으로 만들어버렸다.[60]

강돈구가 왜 이 문장을 이해할 수 없었으며, 거기에 왜 일반 사람들도 같이 끌어들였는가 하는 바에 대해서는 알 길이 없다. 다만 학계에서 비판에 대한 논의가 절실히 필요하다는 점을 다시 확인할 수 있을 뿐이다. 2008년 하반기 『종교문화비평』의 권두언에는 다음과 같은 내용이 있는데, 지금도 여전히 타당하다고 본다.

그러면 학문으로서의 종교학에서 결코 빠뜨려서는 안 되는 것이 무엇인가? 그것은 우리가 던졌던 질문을 끊임없이 되새겨보는 일이고, 새로운 방식으로 질문을 다시 던지는 일이다. 이런 작업은 질문을 던지는 자, 질문이 낳아져서 운반되는 상황, 그리고 질문의 청중 집단 모두에 관한 전반적인 되새김질을 요구한다. 객관성이란 쉴 새 없이 이루어지는 이런 과정 가운데에 다만 부산물로서 얻어지는 것뿐이다.[61]

3. 한국의 세속성과 종교연구

종교연구와 세속성의 문제를 다루기 전에 우선 한국에서 종교연구가 본격적으로 이루어지기 시작하는 1970년대 한국 지식계의 분위기를 아는 것이 논의에 도움이 될 것이다. 여기서는 『문학과지성』이라는 문예지를 통해 1970년대의 분위기를 살펴보고자 한다.

『문학과지성』은 1970년 8월에 창간된 계간 문예지로서, 1980년 전두
환 정권에 의해 강제 폐간될 때까지 지식인들에게 커다란 영향력을 행사
하였다. 1970년대 한국 지식계를 파악하고자 할 때, 『창작과비평』과 함께
빼놓을 수 없는 위치를 차지하고 있다. 『문학과지성』이 다루었던 분야는
시, 소설 등의 창작물뿐만 아니라, 문학 및 예술 평론, 그리고 여러 인문학
을 포함하였다. 창간할 때 참여한 인물은 김현, 김병익, 김치수인데, 그들
은 『문학과지성』을 이렇게 규정하였다. "우리가 전적으로 책임지고 있는
이 잡지는 한국문화 전반에 대한 비평을 주 대상으로 한다."[62] 그들이 함
께 쓴 창간사는 이렇게 시작한다.

> 이 시대의 병폐는 무엇인가? 무엇이 이 시대를 사는 한국인의 의식을 참
> 담하게 만들고 있는가? 우리는 그것이 패배주의와 샤머니즘(sic)에서 연유
> 하는 정신적 복합체라고 생각한다. 심리적 패배주의는 한국 현실의 후진
> 성과 분단된 한국 현실의 기이성 때문에 얻어진 허무주의의 한 측면이다.
> 그것은 문화·사회·정치 전반에 걸쳐서 한국인을 억누르고 있는 억압
> 체이다. 정신의 샤머니즘은 심리적 패배주의와 밀접한 관련을 맺고 있다.
> 그것은 현실을 객관적으로 정확히 파악하여 그것의 분석을 토대로 어떠
> 한 결론을 도출해 내는 것을 방해하는 모든 것을 말한다. 식민지 인텔리
> 에게서 그 굴욕적인 면모를 노출한 이 정신의 샤머니즘은 그것이 객관적
> 분석을 거부한다는 점에서 정신의 파시즘화에 짧은 지름길을 제공한다.[63]

한국문화 전반에 대한 비평을 목적으로 한 그들이 처음부터 주저함 없

이 밝힌 것은 당대의 병폐로서, 그들 비평이 어떤 표적으로 향할 것인지를 알 수 있게 한다. 그들은 이 병폐를 패배주의와 샤머니즘이 밀접하게 연결된 정신적 복합체라고 이름 붙인다. 패배주의는 한국 현실에 절망하고 허무주의에 빠져 버리며, 샤머니즘은 객관적인 현실 파악을 방해하고 거부한다. 그런데 샤머니즘이 객관적 분석을 거부하며 정신의 파시즘으로 직행한다는 건 무슨 말인가? 이 부분을 이해하기 위해서는 앞으로『문학과지성』이 견지하겠다고 하는 두 가지 태도를 살펴볼 필요가 있다.

> 하나는 폐쇄[sic]된 국수주의를 지양하기 위하여, 한국 외의 여러 나라에서 성실하게 탐구되고 있는 인간 정신의 확대의 여러 징후들을 정확하게 소개·제시하고, 그것이 한국의 문화 풍토에 어떠한 자극을 줄 것인가를 탐구하겠다는 것이다. 이것은 폐쇄된 상황에서 문학 외적인 압력만을 받았을 때 문학을 지키려고 애를 쓴 노력이 순수문학이라는 토속적인 문학을 산출한 것을 아는 이상, 한국문학을 〈한국적인 것〉이라고 알려져온 것에만 한정시킬 수 없다는 것, 다시 말하자면 한국문학은 한국적이라고 알려져 온 것에서 벗어나려는 노력, 보편적 인식의 가능성을 추구하는 노력마저도 포함해야 한다는 것을 확신하고 있기 때문에 그런 것이다.… 우리가 취할 또 하나의 태도는 한국을 정확히 이해하기 위해서 한국의 제반 분야에 관한 탐구의 결과를 조심스럽게 주시하겠다는 것이다. 〈조심스럽게〉라고 우리는 썼는데, 그것은 우리가 지나치게 그것에 쉽게 빨려들어가 한국 우위주의란 패배주의의 가면을 쓰지 않기 위해서이다.[64]

여기서 그들이 걱정하고 있는 바가 잘 드러난다. 그들은 한국적인 것의 추구, 토속문학이 지향하는 것이 폐쇄적 국수주의로 변질될 수 있다고 생각하며, 패배주의의 또 다른 모습이 한국 우월주의로 나타날 수 있다고 염려하는 것이다. 창간 1주년을 맞이하며 발표한 발간사에서도 이런 태도를 재확인할 수 있다.

이번 호로써 본지는 창간 1주년을 맞는다. 당초 샤마니즘(sic)의 극복과 우리 현대문화의 정당한 탐구란 문제의식에서 출발한 본지는 우리 문학의 再定立을 위한 작업과 오늘의 상황을 보다 정직하게 통찰하기 위한 精神史的 接近, 그리고 古典的 自由論에 입각한 현실의 파악에 주력해 왔다.… 이러한 작업은 정신적 샤마니즘의 함정을 극복하는 데에만 필요한 것이 아니라 우리의 문화를 건강하고 창의적인 곳으로 인도하는 미래지향의 입장에서도 절실한 것이다.[65]

비평 혹은 비판에 가장 중요한 의미를 부여한 것도 마찬가지로 여전하다.

문학과 문화, 역사와 현실에 대한 정당한 견해는 언제나 자유로운 비판과 발언으로서만 가능하다는 것은 명약관화하다. 우리는 이것을 知性으로 불러왔고 오늘의 우리 상황을 知性의 不在로 판단했다.[66]

그들은 샤머니즘이라는 용어를 선택하여 부정적 특징이 집약적으로 모여 있는 것을 나타내고자 했다. 그들에게 샤머니즘은 국수주의와 파시즘 정신과 연결되며, 한국적인 것에 몰두하여 빠지는 폐쇄주의의 함정이다.

반면 비평 혹은 비판은 보편성과 자유의 개방성을 지향하며, 폐쇄적 샤머니즘을 극복하기 위한 것이다. 그런데 의문이 생긴다. 샤머니즘으로 포괄되는 영역이 매우 광범위하기에 한국에만 국한된 것이 아닌데 왜 그들은 샤머니즘이라는 용어를 사용한 것일까? 이에 대해서 그들이 거론한 내용을 찾을 수 없기 때문에 제대로 밝히기는 어렵다. 하지만 당시 학계 일각에서 한국 고대문화의 원류를 샤머니즘과 연결하려는 시도가 있었던 한편, 사회의 대체적 분위기는 샤머니즘을 미신(迷信)으로 간주하고 폄하하는 것이었다는 것을 아는 것이 중요하다. 『문학과지성』의 동인들이 샤머니즘에서 국수주의를 보고, 온갖 극복해야 할 것들의 결집체로 샤머니즘을 거론한 것도 이런 당대 분위기와 무관하지 않을 것이다. 그들이 '비평을 무기로 파시즘과 국수주의 극복'이라는 주장을 내세우며 샤머니즘을 거론하기는 했지만, 기독교, 불교처럼 흔히 종교라고 하는 것에 대해서는 언급하지 않았다. 그래서 다음과 같은 질문을 던지는 것이 필요할 것 같다. "이들의 관점을 살펴보는 것이 당시의 사회 분위기를 알기 위하여 필요한 것인가?" "이를 통해 세속성의 문제에 대한 그들의 관점을 알아채는 것이 가능한가?"

　필자가 보기에 파시즘 및 국수주의적 경향에 경고하기 위해 그들이 굳이 샤머니즘이라는 용어를 고른 것에 주목할 필요가 있다. 통상 샤머니즘은 배제되어야 할 미신의 영역이거나, 원시 고대의 잔존 종교로 간주된다. 어느 쪽이든 자유로운 사상과 보편적 비판의 절차를 거쳐 극복되어야 할 대상이다. 배제와 극복을 주장하는 것은 경계선을 긋는 행위이고 이쪽과 저쪽의 영역 구분을 전제한다. 배제와 포함은 대립항으로 서로를 함축하고 있다. 포함의 영역에는 자유로운 비판과 보편적 사고가 있고, 배제의 영역에는 샤머니즘, 혹은 미신이 있다. 그런데 이 배제의 영역에 미신뿐만 아니라 종종 종교도 들어온다. 즉 종교-미신이 붙어서 다니거나, 아니면 종교와 미신이 따로 움직일 수 있다. 『문학과지성』의 동인들이 사용한 샤머니즘에 제도(制度) 종교가 암암리에 함축되어 있는지는 분명치 않다. 하지만 그들 자신의 활동 무대가 종교 영역이 아니며, 거기서는 그들이 제대로 활약할 수 없다는 점은 분명하다. 기득권을 누리고 있는 제도 종교의 힘은 결코 과소평가할 수 없으므로 섣불리 건드릴 수 없다. 그들도 늘 조심해서 다루어야 할 영역이 아닐 수 없다. 이상으로 비평과 샤머니즘의 이분법과 대립을 내세운 『문학과지성』을 통해 학문적 비평을 우월적 위치에 놓고 미신 혹은 종교를 배제 영역으로 설정한 내용을 살펴보았다. 물론 그 특권적인 곳을 세속 영역이라고 불러도 별로 이상할 것이 없을 것이다.

종교연구와 세속의 문제에 대해 분명하게 언급한 글은 당시 서강대학교 교수였던 길희성의 〈대학과 종교연구: 종교학의 역사적 위치와 사명〉[67]이다. 여기서 그는 종교연구 혹은 종교학의 성격에 대해 여러 차례 반복하여 서술하는데, 두 가지 다른 의미가 있다. 하나는 종교학을 "전통적 종교와 세속적 지성의 만남" 혹은 "종교 전통과 세속적 지성의 만남"이라는 관점에서 보는 것이다.[68] 다른 하나는 종교를 신앙적 입장이 아니라, 세속적 지성의 관점에서 연구하는 것이라고 본 것이다.[69] 전자가 전통적 종교 혹은 종교 전통과 세속적 지성의 만남으로 종교학이 이루어진다고 주장하는 반면, 후자는 세속적 지성의 관점에서 종교를 연구하는 것이 종교학이라는 주장이다. 종교와 세속 지성의 만남이라고 하면, 일방적인 것이 아니라 양쪽에서 다가간다는 의미를 기대하게 된다. 반면 후자의 경우는 주도하는 쪽이 확실하며, 연구 주체와 대상의 구분이 분명하다. 글의 앞부분에서 길희성이 드러내는 문제점은 두 가지 관점을 구별함이 없이 자주 '왔다 갔다' 한다는 것이다. 종교학이 근대 계몽주의 사상의 맥락에서 등장했다는 점을 거론할 때는 세속적 지성의 주도권을 말했다가, 종교학이 신학과 세속적 지성의 양쪽으로부터 도전을 받는다고 할 때에는 만남의 관점을 강조한다. 즉 종교학은 한편으로 전통 종교와 신학의 도전을 받고, 다른 한편으로 세속적 지성이 거부감을 나타내며 양쪽 협공을 당하고 있다는 것이다.[70] 하지만 글의 뒷부분에서 길희성은 두 가지 관점 가운데 만남의 관점으로 확실하게 기울어진다. 그래서 그는 종교학이 종교와 세속 지성 사이에 끼어 있는 신세지만, 그것을 활용하여 활로를 모색하는 것이 바로 시대적 사명임을 강조한다.

> 종교학은 종교 전통과 세속적 지성에서 오는 종교를 둘러싼 두 가지 양면적 편견을 극복하고자 한다. 종교로부터 오는 편견과 종교에 대한 편견, 이 두 가지 편견의 극복을 통하여 종교학은 종교와 인간에 대한 제3의 보다 성숙한 이해를 추구하는 것이다. 다시 말하면, 종교학은 종교적 전통과 세속적 지성 사이를 자유로이 왕래하면서 양자를 새로운 차원으로 제고해주는 역할을 담당하고자 하는 것이다.[71]

길희성에 따르면 종교학은 "세속적 지성의 피상성"과 "종교적 전통의 편협성"에 함몰되지 않고 오히려 양쪽 모두를 상생시킬 수 있다."[72] 그것이 바로 종교학의 시대적 사명이라는 것이다. 길희성의 글은 당시 대학의 종교학이 걸음마 단계의 열악한 처지에 있었으며, 종교학의 쓸모를 내세우는 것이 필요했던 상황을 배경으로 한다. 종교 전통을 강조하느라, 제도 종교 이외의 종교현상을 고려할 여유가 없었으며, 시대적 사명감을 소리 높이 고취하느라, 선언을 고(告)하는 것으로 그치지 않으려면 어떻게 해야 하는지 논의가 이루어지지 못하였다. 현재 그가 열심히 몰두하고 있는 '구도'(求道)의 행위가 이런 문제의식의 연장선상에서 이루어지는 것이냐는 해석하기 나름이다. 그렇더라도 중간에 낀 자는 대부분 양쪽의 압박에 팽팽한 긴장 관계를 유지하지 못하고 어느 한쪽에 쏠리고 마는 것으로 끝이 난다. 필자가 보기에 그도 예외 없이 현저하게 기울어져 있다. 정진홍의 길희성에 대한 다음과 같은 에두른 지적도 필자는 그런 맥락 속에서 나왔다고 본다.

> 길희성은 종교학을 '종교적 전통과 세속적 지성의 만남'으로 규정한다. 여기에는 이중적인 인식의 굴절이 논리적 구조를 이루고 있다.… '종교'와 '지성'의 단절을 저어하는 자리에 종교학을 위치지우는 것이다. 그 자리가 빚는 '역할'을 그는 종교학의 역사적 사명으로 규정한다.[73]

종교연구에서 세속성을 강조하는 경우, 적지 않은 부분이 신학의 도그마와 제도적 강압으로 장애물이 쌓여있을 때 나타난다. 예컨대 『종교에 대한 세속 이론』이라는 책[74]은 세속적이지 못한 환경, 즉 신학적 영향이 강한 분위기에서 연구하는 종교학자의 역할에 대해 논의하다가 시작되었으며, 학술적인 종교연구가 종교, 특히 기독교 신학에서 전혀 벗어나지 못하고 있다는 것을 절감하게 되면서 이루어졌다.[75] 이 책에서 "세속적"이라는 용어를 사용한 것은 종교학이 다만 종교적 사고와는 반대되는 것임을 밝히기 위해서[76]이다.

한국에서도 종교학은 소통 불능의 극단적 보수신학을 겪어내며 상당 기간 고통을 받았기 때문에 비독단적이고 비신학적인 종교연구의 요청이 강력했고, 현재까지 적지 않은 영향을 미치고 있다. 강돈구는 1945년 이후의 종교학을 서술하면서 1950년대와 1960년대 서울대학교 종교학과의 교과과정을 조사했는데, 1950년대 후반까지 개설 과목이 거의 일방적으로 개신교 신학 위주로 구성되었음을 보여주었다.[77] 이후 점차 신학적 성격에서 벗어나는 경향을 보여주지만, 결코 저절로 바뀐 것이 아니라, 극심한 반목과 갈등의 과정을 통해 조금씩 변화를 이루어낸 것이므로 종교학자들이 불통의 신학에서 받은 트라우마는 대단한 것이었다고 볼 수 있다. 이런 점은 『종교문화비평』 창간호의 특별좌담회 내용[78]에서도 충분히 확인할 수 있다.

4. 『비판은 세속적인가?』라는 책

이 책은 "비판은 세속적이다."라는 그동안의 상식에 의문을 제기하며 새로운 물음의 지평을 열 수 있게 하였기 때문에 주목할 만한 중요성을 지닌다. 이 책이 나오기 전까지는 너무나 당연하여 물을 필요가 없던 질문이 암묵적인 영역에서 벗어나 여기에서 비로소 출현한 것이다. 관련 연구의 전환점을 마련해준 책이기에 한 장(章)을 할애하여 좀 자세히 살펴볼 필요가 있다. 이 책은 2007년 10월 캘리포니아 대학(버클리) 타운센트 인문학센터에서 개최된 심포지엄 내용을 바탕으로 하고 있다. 2009년에 처음 간행되었다가 2013년에 새로운 머리말을 첨가하여 다시 발행되었다.[79] 심포지엄의 계기는 2005년 덴마크 일간지에 무함마드 카툰이 게재되면서 시작되어 파급된 소동[80]인데, 주요 참여자는 탈랄 아사드와 사바 마흐무드, 쥬디스 버틀러 등이었다. 2009년의 책은 웬디 브라운의 서론, 아사드 및 마흐무드의 논문, 버틀러의 논평, 그리고 논평에 대한 아사드와 마흐무드의 답변으로 구성되어 있다. 책 순서대로 구체적인 논지는 다음과 같다.

웬디 브라운은 "비판(critique)은 세속적인 것인가?"라는 물음의 의미를 살피면서 시작한다. 이런 질문이 제기되었다는 것은 그동안 상식으로 간주되어 왔던 "비판=세속적인 것"이라는 등식이 이제 문젯거리가 되었다는 것이다. 이런 물음으로 세속적인 것과 비판이라는 것을 연결해 온 확실성이 사라졌기에 그 당연함에 의문이 제기될 수밖에 없는 상황이 된 것이다.[81] 그동안 어떻게 그런 등치의 관점이 자리 잡게 되었는지 이제 그 역사적 과정을 검토할 수 있다. 브라운이 스치듯이 언급하는 '크리티크'의 역사는 고대 그리스로 거슬러 올라가서 시작하여 칸트와 마르크스 등으로 이어진다. 근대성 체제에서 종교를 제거해야 객관성, 진리, 과학성을 확보할 수 있다는 계몽주의적 전제가 확고한 자리를 잡게 됨에 따라, 비판이 종교를 대체하고, 이성이 편견을 없애야 한다는 것이 당연하게 여겨지게 되었다. 이런 점은 마르크스에서 두드러지게 나타난다. 마르크스는 '크리티시즘'과 '크리티크'를 구분하는데, 종교의 환상만을 지적하는 청년 헤겔주의자의 입장을 '크리티시즘'이라고 보고, 종교를 만들어내는 조건을 드러내려는 자신의 관점은 '크리티크'라고 주장한 것이다. 이후 이런 관점이 공고히 자리 잡게 되어 "합리적, 물질적, 현실적, 과학적, 그리고 인간적 대(對) 종교적, 관념적, 비현실적, 사변적, 그리고 신적"의 대립 구도가 정착하게 되었다.[82] 하지만 이제 단단했던 등식에 대해 근본적인 질문을 던지게 됨으로써 세속주의 자체에 대해서도 '비판'이 적용되지 않을 수 없게 되었다. 이런 질문의 과정에서 그동안 자명하게 여겼던 서구적 아이덴티티의 근거에 대해서도 재검토가 필요하게 되었다. 즉 기독교, 세속주의, 리버럴리즘, 민주주의 그리고 자유 등의 개념으로 서로 연결되어 있는 서구 아이덴티티의 바탕에 질문이 던져지게 된 것이다. 바로 이 심포지엄은 세속적인 것의 틀 자체를 비판의 대상으로 놓는 작업이 시작되었음을 알리는 것이다.

브라운의 서론에 이어서 탈랄 아사드의 논의가 전개된다. 아사드는 서구에서 신성 모독과 언론자유라는 문제가 서로 붙어서 논의된다는 점을 환기하며 시작한다.[83] 무슬림이 신성 모독을 외쳐대면 이를 맞받아 언론 자유를 내세우는 식이다. 카툰 사태에도 이런 식의 전형적인 반응이 반복되었다. 아사드는 자신의 글이 어느 쪽을 옹호하거나 잘못을 지적하려는 것은 아님을 밝힌다. 아사드가 의도하는 것은 세속적 리버럴 사회에서 신성 모독이라는 것이 처해 있는 위치를 여러 각도에서 살피는 것이다. 아사드는 이 주제를 통해 리버럴 서구사회의 도덕적 정치적 문제를 집약적으로 검토할 수 있다고 본다. 즉 근대 서구의 세속적 조건으로 파생되는 문제를 효과적으로 살필 수 있다는 것이다.[84] 예컨대 이슬람 문명과 서구 문명의 충돌을 강조했던 이슬람과 서구의 대립 구도와 같은 것이다. 한쪽에는 기독교, 세속주의, 이성, 관용, 사상의 자유, 언론의 자유가 있고, 다른 쪽에는 이슬람, 원리주의, 굴종, 비관용, 사고의 제약, 언론의 제약 등이 있다. 요약하자면 세속적 서구가 합리성 및 삶의 가치를 대표하는 반면, 이슬람은 정치와 구별이 안 되고, 평화를 애호하지 않으며, 죽음의 가치를 나타낸다는 것이다. 아사드는 이런 대립항을 만들어낸 틀을 문제 삼음으로써 서구를 지탱해 온 근대성 및 세속성 자체를 근본적으로 검토할 수 있다는 입장을 견지한다. 상식의 안락함에서 벗어나자 일련의 물음이 다음과 같이 꼬리를 물며 이어진다.

'언론의 자유'라는 것이 도대체 무엇인가, 추상화된 그런 것이 있기나 한 것인가? 정말로 서구에서 그렇게 자유롭게 말할 수 있는가? 무조건적으로 자유롭다는 것은 있을 수 없는 것이 아닌가? 자유롭다는 것은 특정한 조건 아래에서 상대적으로만 있는 것이므로 시공간의 차이에 따라 모양을 달리하는 것이 아닌가?[85] 이런 조건을 무시하고 무작정 자신들이 "자유롭다"라고 주장한다면 이는 착각이거나, '사고의 제국주의'가 아닌가? 게다가 유럽이라는 것이 그렇게 단일한 것인가? 계급과 지역 등에 따라 내적인 갈등과 차이가 있지 않은가? 또한 민주주의가 기독교에서 유래하여 이슬람에는 낯설 수밖에 없다는 주장이 널리 퍼져 있는데, 이것이 과연 설득력을 가지고 있는가? 중세시대, 그리고 정교회 전통은 어떻게 설명할 것인가? 그리고 민주주의와 자유가 서구 문명에 핵심적이고, 언론 자유의 보편적 권리가 민주주의에 핵심적이라는 주장이 자명한 것처럼 여겨지는데 정말 그러한가? 문명이라는 엘리트적 취향과 민주주의라는 쌍놈 취향이 어떻게 조화롭게 연결될 수 있는가? 자유, 평등, 박애는 거져 얻은 것이 아니라, 근대의 대규모 학살과 전쟁, 인종주의, 소수자에 대한 박해, 내적, 외적 식민주의와 더불어 이루어진 것이 아닌가? 그 배후에 있는 이런 점도 기억해야 하지 않은가?[86]

아사드의 주장은 자신의 관점만을 옳다고 여겨 그것으로 다른 것을 재단해 버리면 안 된다는 것에서 출발한다. 믿음, 자유, 진리에 관해 상이한 개념이 서로 다른 실천으로 나타나기 때문에 그 행위의 가능성에 세심한 주의를 기울일 필요가 있다는 것이다. 아사드는 이런 점에 주목한다면 신성 모독에 대한 무슬림의 태도가 리버럴한 서구인과 다르다는 점을 깨닫게 되는 일이 어렵지 않을 것이라고 본다. 여기서 아사드는 유혹, 즉 '꾀어내기'에 대해 생각해 볼 것을 제안한다.[87] 서구의 리버럴 사회에서 강간이나 강도는 심각한 범죄이지만 사람을 유혹하는 것은 소유권의 침해가 아니므로 폭력이라고 생각하지 않는다. 서구 자본주의 체제에서 광고는 일종의 꾀어내기이고, 선택의 영역이라고 생각한다. 민주주의 제도에서 투표하기도 일종의 꾀어내기에 해당한다. 반면 고대 그리스에서 유혹은 온전히 있던 사람을 후려내어 정서적으로나 사회적으로 제자리에서 벗어나게 만드는 일이므로 매우 심각한 범죄로 취급되었다. 이는 이슬람 사회에서도 마찬가지다. 아사드가 보기에 신문 카툰에 대해서 무슬림이 격렬한 반응을 보인 것도 이런 맥락을 지니고 있다. 무슬림이 속해 있던 온당한 자리에서 벗어나도록 카툰이 꾀어내고 있다고 본 것이다.

더구나 무슬림에게 중요한 것은 개개인의 지적 신념이 아니라, 신앙인으로서의 사회적 실천이고 공공적인 행동이다. 따라서 개인의 소신에 따라 한 일에 대해 무슬림들이 신성 모독이니 뭐니 하며 흥분하는 모습을 이해할 수 없다고 주장하는 것은 서구의 자기중심적인 사고일 따름이 아니겠는가? 아사드가 보기에 언론자유를 절대시하는 서구적 관점의 배후에는 특정한 소유권의 개념이 있다. 그리고 소유권을 주장하는 특정 주체가 있다. 그 권리는 남에게 절대 양도할 수 없다고 믿어 의심치 않는다. 게다가 남의 종교적 신념에 자유롭게 비판하는 것이야말로 의무사항이라고 주장하기도 한다.[88] 그런데 서구의 리버럴은 어째서 세속국가 혹은 민주주의의 이름으로 저질러지는 살해 행위에 대해서 당연하게 여기면서도 알라의 이름으로 행해지는 폭력 행위에 대해서는 그토록 충격적으로 받아들이는 것인가? 서구의 세속적 리버럴 감수성은 왜 '신성 모독'이라는 개념에 대해서는 그렇게 혐오를 나타내는 것일까?

이 질문에 대한 아사드의 대답은 담론의 체제가 바뀌었기 때문이라는 것이다. 어떤 체제이든 이전 것을 무너뜨리고 그 자리에 들어서게 되면 이전의 담론과 단절을 꾀하게 되며, 그런 작업 자체가 폭력적 성격을 띤다. 세속적 체제도 마찬가지로서, 자신이 주장하는 새로운 진리의 공간을 만들어내고, 이전의 기호가 자리 잡고 있었던 공간을 없애 버렸다. 이전의 공간은 바로 신성 모독과 우상파괴를 비난하며 진리를 생산해 내던 곳이었으나, 이제 세속의 체제가 들어섬에 따라 사라져 버렸다.[89] 오랜 시간이 지난 후, 자신의 마음 지도에는 없애 버린 공간을 무슬림이 되찾으려 한다고 여길 때, 서구인들의 심정은 어떠할 것인가? 두려움과 혐오감이 밑에서부터 올라오지 않겠는가? 서구의 아이덴티티가 흔들리지 않겠는가? 더구나 2007년 당시는 서구에서 세속 체제가 개인의 자유를 극대화하는 체제라고 주장하면서도 점차 개인이 통제불능한 권력에게 복속되고 있다는 두려움이 높아가던 때가 아니었는가? 즉 국민의 안전을 책임진다는 국가와 자유경쟁으로 만사가 해결된다는 시장에 대한 회의가 제기되어 불안에 잠식되던 때가 아니었는가? 이래저래 불안한 상태에서 무슬림의 시위가 유럽인의 초조한 마음에 불을 댕긴 셈이 아니었던가? 아사드는 신성 모독의 문제가 서구인의 강박증을 잘 드러내는 것이며, 서구의 발명품이라고 본다. 서구 근대의 체제에서는 신성 모독이라는 것이 있을 수 없다고 주장하면서도, 쉴 사이 없이 신성 모독에 관한 담론을 만들어낸다는 것이다. 그런 담론을 만들어내어 혐오감을 표시하고 배척하면서, 서구인은 자신의 공간을 확인한다. 자신의 울타리를 다시 확인하고 그 안에서만 안전할 것 같은 느낌을 간직하는 것이다. 바야흐로 '서구의 요새'가 만들어지는 것[90]이다.

비판에 관한 아사드의 집중적인 논의는 "세속비평"이라는 제목의 논문에서 에드워드 사이드가 말한 내용에 질문을 던지면서 시작한다.[91] 사이드는 "비평은 언제나 상황 속에서 행해진다. 비평은 회의적이며, 세속적이고, 자신의 결함에 성찰적이고 개방적이다."[92]라고 주장했는데, 여기에 아사드가 3가지 질문을 제기한 것이다. 첫째 사이드가 말한 "세속적"이라는 것이 무엇을 말하는 것인가? 그 개념이 하는 일은 무엇인가? 둘째, 비평 작업을 하기 위해서는 판단이 사용되는데, 판단은 자신과 남에 대한 확신을 추구한다고 볼 수 있다. 그렇다면 회의적이어야 한다는 비평은 어느 정도로 회의를 극복하고자 애쓰는가? 셋째, 세속 비평이 스스로 강력한 억압 세력에 맞서고자 하고, 늘 자신의 결점에 개방적이고자 하는 것이 맞는다면, 그야말로 영웅적이라고 볼 수 있지 않은가? 과연 세속 비평은 영웅적인 것을 바라는 것인가?

아사드는 푸코가 1978년에 쓴 글, '비판이란 무엇인가?'를 거론하며 논의를 시작한다. 여기서 푸코는 비판을 칸트의 계몽 개념과 동일시하면서, 계몽되었다는 것이 곧 비판적 태도를 뜻한다고 보았다. 그런데 아사드가 보기에 비판적 태도는 특정한 방식의 사고뿐만 아니라, 말하고, 행동하는 방식도 포함한다. 푸코는 비판적 태도가 근대 서구에만 나타난다고 본 것인가? 다른 곳에서 발견될 수 있는 것과는 근본적으로 다르다고 본 것인가? 이에 대해 아사드는 분명치 않다고 말한다. 하지만 푸코가 수 세기 동안 서구사회에서 비판한다는 것은 계몽적인 삶의 태도였으며, 영웅적인 삶을 뜻했다고 본 것은 맞는다고 주장한다. 그리고 아사드는 여러 가지 스타일과 사용법, 목적을 지닌 비판의 다양성을 고려하지 않은 푸코의 단순성에 대해 실망감을 내비친다. 비판에는 여러 역사적 배경과 다양한 효과가 내재되어 있고, 비판의 개념과 프랙티스의 역사가 단일한 것이 아니기에 아사드는 반드시 이에 대한 철저한 계보학적 연구가 필요하다고 본다. 아사드는 이 작업을 앞으로의 연구 과제로 남긴다.[93]

아사드는 이슬람에 대한 서구의 태도를 살피면서 당시 교황이던 베네딕토 16세가 2006년 9월 독일 레겐스부르크대학 미사 강론에서 주장한 바를 분석 대상으로 삼는다. 그가 관심을 둔 점은 강론 내용이라기보다, 교황이 이슬람에 대해 공격할 때 사용한 방식이다. 베네딕토 16세는 이슬람 신학에서는 신의 개념을 이성으로부터 분리하는 데 반해, 기독교는 헬레니즘 사상에서 잘 나타나듯이 신앙과 이성이 뗄 수 없이 연결되어 있다고 주장한다. 기독교가 사람들을 진리로 이끄는 방식은 이성을 통한 설득인 데 반해, 이슬람은 이성과 결별하여 강제로 개종시키려 든다는 것이다. 신앙과 이성의 통합이 이루어진 헬레니즘 시대를 바람직하게 보는 교황은 이성과 신성의 동시적 수용이 가능하다는 것을 강조한다.

아사드에 따르면, 서구사회에서 비판이 쓸모 있는 지식 생산에 필수가 된 것은 대학이라는 제도적 기반 위에 이루어졌다.[94] 대학에서는 점차 연구가 중심적 위치를 차지하였고, 학문 영역의 전문화와 지식의 분화가 이루어졌으며, 종교적인 영향력이 감소하거나 배제되는 쪽으로 진행되었다. 이런 상황에서 도덕철학 및 문헌학의 전통으로부터 인문학이 출현하여, 단편화되기 시작한 지식 영역에 정합성을 회복하고자 하면서 독특한 "종교적"인 아우라를 띠게 되었다. 리버럴한 문화가 자리를 잡았으며, 분파와 교리를 덜 강조하는 종교적 관점이 그 한 부분을 이루었다. 이에 따라 비판에 대한 이해도 그런 조건 아래에서 행해졌다. 대학에서 중시한 교양교육은 두 가지 핵심적 측면이 있었는데, 하나는 문학 교육으로서, 특히 시(詩)에 나타난 아름다움을 학생들에게 알려주는 것이고, 다른 하나는 시의 가치가 시대적 차이를 가로질러 결국 우리 시대까지 이어진다고 하는 역사적 연속성을 강조하는 것이다. 이런 교육이 목표하는 바는 위대한 문학 연구를 통해 학생들에게 유럽 문명의 도덕적 본질을 알려주는 것이며, 문학비평은 이런 목적 달성을 위해 동원된 수단이라고 볼 수 있다. 여기에 비평의 중요한 측면이 있다. 즉 비평은 종교적이지는 않지만, 종교적인 바탕 위에 놓여 있으며, 비평의 강조점은 의문을 나타내는 것이 아니라 특수한 종류의 자아 개발에 있는 것이다.[95]

아사드에 의하면 지난 수 세기에 걸쳐 근대적 권력은 사회생활을 효과적으로 규제하기 위해 과학을 장려하고 이용하였으며, 유용한 지식생산에서 비판은 필수 불가결한 역할을 수행하였다.[96] 서구사회에서 비판의 자유를 근대 개인의 권리이자 의무라고 치켜올리는 것도 그만큼 비판이 근대 권력의 중요한 한 부분으로 작동하고 있음을 보여준다. 하지만 비판이 근대 권력의 톱니바퀴 가운데 하나로서 움직이는 과정 및 기제는 잘 드러나 있지 않으며, 공공의 비판 대상이 되는 경우도 드물다. 연구지원금, 출판사, 실험실 등 비판의 물질적 존재 조건을 이루고 있는 것도 국가권력이나 기업이 좌우하며, 감시하고 있다. 아사드는 바로 이런 문제를 탐구하는 것이 심각하고도 중요한 과제라고 본다.[97]

서구 사상사에 나타난 비판에 관한 여러 관점을 살피면서 아사드가 힘주어 강조하고자 한 점은 널리 통용되는 세속비평과 종교적 비평이라는 이분법이 많은 문제를 야기한다는 것이다.[98] 한편에는 자유와 이성의 세속 비평, 다른 한편에는 불관용과 몽매함의 종교비평이라는 이분법은 현안을 제대로 파악하지 못하게 만들고 상투적인 이해로 이끌게 된다. 다른 듯한 이야기를 아무리 해도, 결론은 늘 같은 곳으로 귀착한다. 즉 세속 비평은 진리를 향한 근대적 주체의 노력이고, 자유를 획득하기 위한 불굴의 노력이며, 표현의 자유와 밀접하게 연결되어 있다는 주장으로 말이다. 반면 종교비평은 그와는 정반대이다. 그야말로 동어반복적 회귀(回歸) 구조이다.

아사드가 보기에 비판은 언제나 제도적인 조건을 안고 움직인다.[99] 어떤 비판을 하며, 목표로 삼는 것이 무엇이며, 무너뜨리고자 하는 것이 무엇인지를 규정하는 것이 바로 그 제도적 조건이다. 그래서 어느 종류의 비판이 특권적인 이성의 자리를 선점하고 있다고 주장하는 것 자체를 눈여겨봐야 한다. 비판이 과연 어떤 방식으로 이루어지는지 주의 깊게 살피는 것이 중요하다. 비평/비판이 패러디와 풍자를 통해 이루어지는지, 아니면 죄의 고백이나 정치적 자아비판, 혹은 전문적 분석으로 이루어지는지 자세히 살펴봐야 한다. 그런 양상은 매우 다양해서 하나의 단일한 이론으로 포괄할 수 없을 정도이다. 가족유사성이라는 비트겐슈타인의 개념이 쓸모 있을 상황이다.

비판이 작동하는 양상은 이와 같이 다양하고 다채롭다. 아사드는 비판의 그 다양한 모습 너머에 근대 서구사회에서 독특하게 드러나는 뭔가가 있다고 본다. 그것은 거의 모든 것에서 줄기차게 이성(理性)을 찾아내려는 지속적인 요청이다.[100] 지식과 연관해서, 행위와 관련해서, 그리고 다른 인간과의 관계에서 모든 이해(理解)의 토대를 찾으려는 요구가 그것이다. 아사드가 보기에 이는 일종의 영웅주의이다. 그래서 아사드는 "비판적 태도"야말로 세속적 영웅주의의 본질인 셈이라고 생각한다.[101]

다음에 마흐무드가 논의를 이어받는다. 마흐무드는 종교적인 것과 세속적인 것이 마치 전혀 상반된 것인 양, 양분하여 생각하는 경향이 있음을 말하고 다음과 같이 문제점을 지적하면서 시작한다. 종교적인 것과 세속적인 것은 서로 상호 규정하며 변화하는 관계에 있고, 근대국가의 등장과 함께 두드러지게 나타난 것이므로 두 가지를 고정불변한 것처럼 파악하는 것은 심각한 문제가 아닌가?[102] 마흐무드는 세속적인 것을 고정항으로 놓고, 그 기준으로 종교적인 것의 정상성 여부를 판단하는 것은 처음부터 제대로 논의가 이루어질 수 없게 된다고 본다. 마흐무드는 하나의 절(節)에 "신성 모독 아니면 언론의 자유?"라는 제목을 붙이는데,[103] 자신의 관점을 이 의문문의 제목으로 잘 나타내고 있다. 덴마크 카툰 사태를 신성 모독의 관점에서 보는 입장과 언론의 자유라는 관점에서 보는 입장이 있는데, 마흐무드는 두 가지 가운데 어느 쪽이든 모두 상황을 제대로 볼 수 없다는 것이다.

마흐무드는 이 글을 통해 자신이 하려는 일이 무슬림의 분노를 서구인들이 이해할 수 있도록 좀 더 권위 있는 설명을 하려는 것이 아님을 밝힌다. 그 대신 마흐무드가 던지는 질문은 이런 것이다. 이른바 세속적 세상에서 이른바 종교적 고통을 이해하는 것이 왜 이리 알쏭달쏭하고 어려운가? 도덕적으로 또는 종교적으로 상처를 입었다고 할 때, 그것이 무엇인지 따지는 작업이 왜 거의 이루어지지 않는가? 어떤 도덕적 주장은 거론되는 반면, 왜 어떤 것은 묵살되는가? 그것은 어떤 조건을 갖는가? 이런 맥락에서 마흐무드는 '이콘'(icon, 聖像)과 같은 종교적 이미지가 그야말로 빈약하게 이해될 수밖에 없는 까닭을 탐구한다. 마흐무드가 이미지의 생성적 힘을 강조하고, 기호적 이데올로기(semiotic ideology)라는 개념을 빌려오는 것[104]도 바로 이런 작업 때문이다.

마흐무드가 보기에 카툰 사태에서 리버럴과 진보주의자가 느낀 당혹감은 지난날 개신교 선교사들이 비서구 지역에서 가졌던 낭패감과 별반 다름이 없다. 선교사들은 '야만인들'이 언어와 사물을 구분하지 못하고 혼동한다고 보았고, 이미지가 그저 무언가를 나타내고 있는 표상일 뿐이라는 것을 파악하지 못한다고 여겼다. 야만인들은 이미지의 자의성을 깨닫지 못하고, 어리석게도 이미지에 알 수 없는 힘이 있다거나, 그 자체가 그런 힘을 구현하고 있다고 보았다. 리버럴의 관점에 의하면, 십자가와 같은 종교적인 기호는 신성을 대신 나타내고 있을 뿐이어서, 그 자체가 신성이라거나 신성의 체현이라고 주장하는 것은 망발이다.[105] 그런데 마흐무드가 주장하고 싶은 바는 이와 같은 리버럴의 세속적 관점이 특정 기호 이데올로기의 조건 속에 놓여 있으면서 그 안에서 작동한다는 것이다. 종교를 특정 시각에서 보는 것, 표현의 자유를 권리라고 강조하는 것, 상해(傷害)의 성격을 규정하는 주장 등이 모두 이 기호 이데올로기의 영향권 아래 있다.

결론 부분에서 마흐무드는 그동안 펼쳤던 자신의 논지와 비판(크리티크)의 작업이 어떻게 연결되는지를 언급한다. 물론 마흐무드는 비판이라는 명칭으로 대부분의 학술적 업적을 포괄할 수 있으며, 자신의 글도 그런 작업에 속한다고 볼 수 있다고 인정한다. 비판적 작업의 성격은 세속적 사고 및 문화의 소산(所産)으로 보는 것이 보통이지만, 마흐무드는 이런 식으로 세속적인 것과 비판을 결부시키는 것은 비판이 종교적 신념의 관점과 다르다는 것을 강조하기 위함이라고 본다. 통상의 관점에 따르면 비판은 반드시 주체와 대상을 구분하여 거리를 두고, 합리적 이성의 심사숙고 형태를 취하는 반면, 종교적 이해는 주체가 대상이 되는 객체에 빠져 그 속에서 허우적대고 있는 모양과 비슷하다는 것이다. 그런데 이런 식으로 크리티크를 파악하는 것이 온당한 것일까? 물론 마흐무드는 그렇지 않다고 말한다. 여기서 그는 마이클 워너의 소론을 끌어와서,[106] 이런 시각은 자신의 모습도 제대로 파악하지 못하고 있으면서, 종교적 타자를 우스꽝스럽게 만들고 있는 꼴이라고 주장한다. 현재 크리티크에 부여된 지배적인 위치를 누리는 데 정신이 팔려서, 크리티크에 작동하고 있는 주체성의 규율 및 정동적인 연결, 그리고 주체-객체의 연관성에 관해 살펴볼 엄두를 내지 못하고 있다는 것이다. 그래서 마흐무드는 크리티크가 지금의 자리에 등극하게 된 역사적 과정과 맥락을 살피는 작업이 중요함을 강조한다.[107]

마흐무드는 자신의 목표가 종교적 극단주의와 세속적 자유를 양극화하여 보는 관점에 문제를 제기하고, 그런 관점을 자연스럽게 여기도록 만드는 전제(前提)를 파헤치는 것이라고 말한다. 카툰 사태를 언급하는 데 사용되는 여러 개념들, 예컨대 종교, 언어 등의 개념은 보편적인 것이 아니라 특정의 이데올로기적 영향 아래 있으며, 그 개념을 사용하는 동안 그 영향에서 벗어나기 어렵게 된다. 또한 종교자유, 언론자유라는 세속적 리버럴의 원칙이 중립적인 기제(機制)라고 볼 수 없다는 것, 그리고 거기서 주로 사용되는 종교, 주체, 언어, 상해(傷害) 등의 개념에는 특정 규범이 함축되어 있기 때문에 종교적 차이성의 문제를 다루는 데 적합하지 않다는 것을 주장한다.

마흐무드는 자신의 이런 지적이 세속적 관점의 잘못을 탓하려는 것이 아님을 강조한다. 그런 관점을 주장하게 되는 것은 자신도 모르게 판을 그런 식으로 짜놓은 주형(鑄型)이 있기 때문이고, 그로부터 광범위하게 펼쳐지는 파급효과인 셈이다. 거기서 지내는 것이 편안하면 누구나 그런 틀 속에서 생각하고 느끼면서 살아가는 줄로 여기기 쉽다. 그러다가 거기에 불편함을 느끼는 사람들이 나타나 불만을 말하면, 수상(殊常)하게 보게 되고, 항의가 거세지면 당혹감이 들다가 나중에는 분노가 치밀어 오른다. 모두 자신의 틀 안에 머물러 다른 주형이 있을 수 있다는 것을 모르거나 인정하고 싶어하지 않기 때문에 생기는 일이다. 여기서 마흐무드는 이런 주형의 한계를 벗어나 생각할 수 있기 위해 비판의 작업이 반드시 필요하다고 주장한다.[108] 그 작업은 자기 우월성을 뽐내며, 자신이 갇혀 있지 않다는 사실을 드러내는 것이 아니라, 자신의 한계 및 자기 관점의 국한(局限)성을 인식함으로써 이루어진다. 자신의 관점이 종교를 거부하거나 의심하는 경향을 지니고 있다면, 그대로 묵인하는 태도를 취하는 대신에 그런 성향이 어떻게 만들어지고 유지되는지 '비판적으로' 살펴봐야 한다는 것이다. 그러면서 마흐무드는 다음과 같은 일단의 질문을 던지는 것이 쓸모 있을 것으로 본다. 종교를 회의적인 관점으로 보는 분위기가 우세한 전통에서 인식론과 크리티크는 어떤 관계가 있는가? 크리티크가 행해진 전통은 주체가 사물을 보는 관점을 다루는 특정한 인식론 및 주체에 관한 특정한 존재론적 전제를 어떻게 상정해 왔는가? 서구적 역사 개념과 밀접하게 연결되어 있는 서구적 시간관, 즉 시간을 동질적이며, 무제한하고, 비어 있다고 생각하는 관점을 어떻게 재고(再考)할 수 있는가? 세속적 크리티크 개념에도 자기 계발 혹은 자기 수양(修養)의 활동이 내재되어 있다면 그것은 무엇인가? 읽기, 심사숙고하기, 참여하기, 사교(社交) 행위 등의 활동뿐만 아니라, 그 밖에 어떤 것이 있는가? 이런 행위들이 흔히 비판적 실천과는 상반된다고 보는 윤리적 자기 수양의 행위와는 다른 것인가, 아니면 같이 갈 수 있는 것인가?[109]

그러면서 마흐무드는 이런 질문에 대한 답변을 찾기 위해 노력을 기울이게 되면 "비판은 세속적인가?"라는 처음의 물음에 대해 그런지 아닌지로 분명히 답변하게 될 것인지를 생각한다. 마흐무드는 이거냐 저거냐의 어느 쪽인가를 찾으려는 태도가 도움이 되지 않는다고 본다. 그렇게 되면 풍성하게 이어질 수 있을 질문과 답변, 그리고 새로운 생각이 펼쳐지지 못하고 처음부터 차단되어 버릴 수 있다는 것이다. 바로 앞에서 제기된 질문을 제대로 살펴보기 위해서 마흐무드가 필요하다고 보는 것은 서구와 비서구 전통의 구분에 고착되지 않고, 그 경계선을 가로질러 이루어지는 '비교의 대담'(對談)이다.[110] 비판 및 비판 행위를 서구/비서구의 기존 구분에 구애받지 말고, 면밀하게 비교하면서 살펴보자는 것이다. 그러려면 무엇보다도 특정 세속적 개념에 절대적으로 의지하고 옹호하는 태도를 되풀이하지 않는 것이 필요하다. 마흐무드는 현상을 치밀하게 분석하려는 작업과 그런 옹호의 태도는 구별될 수밖에 없으며, 양자 사이에는 긴장이 있다고 본다. 그리고 그 긴장은 크리티크 작업이 생산적으로 되는 데 기여한다고 주장한다. 왜냐하면 쉽고 익숙한 결론을 내리지 못하게 되므로, 성급하게 정치적 행동으로 옮겨 가지 못하고, 또한 생각하는 것도 이전에는 하지 않던 방식으로 할 수 있게 되기 때문이다. 그러면서 마흐무드는 그런 긴장 관계를 탐구할 수 있는 드문 영역 가운데 하나가 학문의 장(場)이라는 것을 지적하면서[111] 논의를 마무리한다.

버틀러는 아사드와 마흐무드의 글을 읽고 자신의 비판적 논점을 전개한다. 아사드에 대해서는 우선 크리티크와 크리티시즘의 구분을 강조한다.[112] 아사드는 두 용어를 섞어 썼지만, 버틀러에게는 두 가지의 구분이 중요하다. 즉 크리티시즘은 늘 대상을 취하는 반면, 크리티크는 대상이 나타나는 가능성의 조건을 확인하는 데 초점을 두는 것이다. 여기서 버틀러가 애쓰는 것은 아사드의 회의적인 관점으로부터 크리티크를 구출해내는 일이다. 아사드가 그런 작업이 어쩔 수 없이 기존의 평가 틀에 얽매이게 된다고 보는 반면, 버틀러는 크리티크가 그 틀 자체에도 의문을 제기할 수 있다고 본다.[113] 특히 크리티크를 삶의 양식이자 주체 구성 양식으로 보는 푸코의 관점이 세속적 전제를 파헤치는 데 유용하다고 간주한다. 버틀러가 강조하는 바는 크리티크가 기본적으로 하는 일이 어떤 판단의 옳음과 그름을 따지는 것이 아니라, 그런 판단을 가능하게 만드는 가능성의 조건을 탐구하는 것이라는 점이다. 그럴진대 버틀러가 보기에는 아사드와 마흐무드의 프로젝트가 크리티크의 작업과 별반 다르지 않다. 그들이 보여주고 싶었던 바가 역사적으로 형성된 세속주의라는 틀이 암암리에 '우리'의 도덕적 반응과 감정을 좌우하고 있다는 걸 깨닫게 하는 게 아니었던가? 그래서 세속화의 과정이 마치 보편적 진리인 양 당연시하게 만드는 관점을 바꾸고 "지방(地方)화"하여 무소불위의 확장을 막으려는 게 아니었던가? 버틀러는 아사드가 하는 일이 크리티크 작업과 무엇이 다르냐고 묻는다.[114]

버틀러가 보기에 아사드가 밝히고자 하는 점은 서구인들이 당연하게 여기면서 간과하고 있는 것 즉, 법은 특정한 언론을 보호하거나 금지하기 위해 기능하면서, 법체계가 "자유언론"이라는 것을 어떻게 만들어내는지 간과하도록 내버려 둔다는 것이다. 법 이전에 자유로운 언론이라는 것이 있고, 그 다음에 법이 관여하여 보호하거나 금지하는 게 아니라는 것이다. 자유언론이라는 것은 공적 영역에 경계선을 긋고, 보호할 바를 정함으로써 만들어지는 것이다. 게다가 하나의 주체에 귀속된다고 상정하여 자유로운 언론은 개인의 권리이자 "소유권"으로 간주된다. 주체가 소유한 이런 개인적 자산은 자기 맘대로 행사할 수 있으며, 또 그래야 한다고 본다. 자유언론의 주장은 바로 이런 방식의 사고에 따라 이루어지는 것이고, 그 바탕에는 주체에 관한 특정한 관점, 특정의 존재론이 자리 잡고 있는 것이다.[115]

버틀러는 여기서 아사드의 문제 제기에 공감을 표하면서, 유럽 리버럴의 법적 상상계(legal imaginary)과 무슬림의 '이사아'(isaʾah)[116]라는 두 가지 프레임을 나누어 다음과 같이 정리한다. 리버럴의 법적 상상계에서는 자유언론의 보호가 우선이다. 카툰을 비난하는 것은 신성 모독이라는 개념으로 처리되고, 신성 모독의 비난은 자유언론을 얽어매려는 것으로 간주된다. 그러면서 논의는 자유언론이 제한되어야 하느냐 아니냐에 집중된다. 반면 카툰 사태를 '이사아'로 보는 무슬림은 무엇보다 자신들의 생명 유지에 필수적인 삶의 방식을 지키는 것이 중요하다. 그 방식에 따라 살지 말지는 당사자가 정할 문제이지만, 그런 삶의 방식으로 살고 있는 사람에게 그렇게 살지 말라고 강요하는 것은 심각한 위해(危害)를 야기한다. 카툰을 법적으로 검열하고 금지해야 하느냐 하는 것에 논의의 초점을 두는 법적 모델과 이 경우는 판이한 양상을 지니며, 주체성의 성격도 전혀 다르다. 카툰이 자신들에게 상처를 주었다고 무슬림이 강력하게 항의하는 것은 소유권에 기반한 주체의 존재론을 거부하는 한 가지 방식이고, 아무에게나 그런 존재론을 무작정 강요할 수 없다는 외침이다.[117] 언론자유 주장은 그들이 반대하는 그런 주체의 존재론에서 나온다고 볼 수 있다.

이렇게 하나의 프레임에 갇히지 않고, 프레임을 바꾸어 보면 안 보이던 것을 볼 수 있게 된다. 그래서 언로를 자유롭게 해야 하느냐 제한을 가해야 하느냐의 문제가 아니라, 자기 정체(正體)성과 자기 소유권에 기반하지 않은 삶의 방식을 알아채는 것이 중심 과제가 된다. 카툰의 위해성은 이런 삶의 방식을 이해하지 못했다는 것뿐만 아니라, 그렇게 살지 못하도록 이끌었다는 점에 있다. 소유권의 프레임에 갇혀서 이미지의 소유 여부에만 관심을 두고 있으면 이미지와 관계를 맺으면서 살아가는 사람들의 처지는 지나치기 십상이다. 초월성과 관계를 맺으면서 이루어지는 탈(脫)소유에 바탕을 둔 삶의 방식이 존중할 만한 가치가 있다고 한다면 이제 문제는 법적인 것이 아니라, "어떻게 함께 살아갈 조건을 만들어가야 하는가?"라는 점이 될 것이다. 자아동일성과 재산권의 세속적 전제를 받아들이며 사는 사람들과 거기에 거북함을 느끼는 사람들이 같이 살아가는 조건을 만드는 문제[118]이다.

이처럼 버틀러는 두 가지 프레임의 상이성을 이해하는 것이 중요하다는 것을 인정한다. 즉 하나는 세속적 프레임으로 자기 소유권적 주체의 존재론, 다른 하나는 비(非)세속적 프레임으로 초월성 속에 사는 탈소유적 주체의 존재론이다. 그런데 여기서 버틀러는 또 다른 문제를 제기한다. 지금 상황은 이미 세속적 존재론이 판도를 접수한 것이 아닌가? 세속화가 이미 성공적으로 이루어져서 법과 정치 안에 그런 존재론이 정착한 것이 아닌가? 그렇다고 한다면 세속주의 대(對) 종교라는 두 가지 상이한 프레임이 아니라, 세속주의 안에서 종교적 이해(理解)의 두 가지 형태를 말해야 하는 것이 아닌가?[119] 이렇게 버틀러는 두 관점이 세속주의에 대하여 인정하기도 하고 거부하기도 하면서 다양한 방식으로 얽혀 있다고 본다.

마흐무드에 관한 논평에서 버틀러는 '이콘'의 정치학이라는 제목을 달아 논의하고 있다.[120] 버틀러는 마흐무드의 주장 가운데 두 가지 주요한 내용을 거론하고 있는데, 하나는 종교에 대해 국가의 중립성을 상정하는 관점을 마흐무드가 비판하는 것이고, 다른 하나는 카툰 사태에서 이콘에 대한 이해(理解)가 중요함을 밝힌 것이다. 국가가 종교에 대해 중립적이지 않다는 것은 이미 많은 이들이 지적한 바가 있어서 버틀러에게는 이콘에 관한 마흐무드의 논의가 좀 더 인상적으로 다가왔을 것으로 보인다.

마흐무드는 국가가 종교에 중립적이기는커녕, 종교 영역을 정하고 규제하는 데 적극적으로 개입한다고 주장한다. 국가는 지적이고 인지적 측면을 부각하면서 종교를 파악하고자 하며, 종교의 온당한 자리를 사적(私的)인 영역에 머물게 하려고 노력한다. 그래서 종교자유란 사적 영역에서 종교 행위를 할 때, 외부의 강요나 간섭을 받지 않는 것을 뜻할 뿐이라고 여기게 한다. 이런 관점을 견지하면 카툰 사태에서 생겨난 피해의 문제를 법적으로 바로 잡는 것에 관해 과연 어떤 입장을 취할 수 있는가? 버틀러는 이에 대해 마흐무드가 답할 수 있는 법적인 답변을 생각해 본다. 하지만 마흐무드가 회의적이라는 것은 불문가지다. 왜냐하면 법에 의존하여 문제를 풀려고 하면, 법에 함축된 세속주의적 전제를 무방비 상태로 받아들일 수밖에 없게 된다고 생각할 것이기 때문이다. 법적 영역에서 종교는 지적 신념의 문제이고, 사사롭게 선택할 수 있는 것으로 간주되는 반면,

이미지와 텍스트가 몸에 스며들어 각인되며 정동(情動)을 일으키는 측면은 소홀하게 취급된다. 그런데 카툰 사태는 바로 무함마드 이미지가 무슬림에게 작용하는 체현(體現)과 정동의 문제가 중심을 차지하고 있다. 이렇게 버틀러는 마흐무드의 논의를 따라가면서 무슬림의 자아 혹은 사람됨이라는 것이 무함마드의 이미지 혹은 이콘과 체화되고, 정동적인 관계를 맺으면서 이루어진다는 것을 확인한다. 그리고 덴마크 카툰이 바로 무슬림 자아 형성의 근간이 되는 이 관계성에 위해를 가한 것도 인정[121]한다.

그런데 여기서 버틀러가 기대하는 바는 "이렇게 무슬림의 사람 됨에 대해 새롭게 깨닫게 되면 법적인 영역에서 이전과는 달리 판단하게 될 수 있지도 않을까?"[122]라는 것이다. 하지만 마흐무드가 그런 법의 변화 가능성에 대해 신뢰하지 않는 것을 보고, 버틀러는 마흐무드에 대한 공격을 개시한다. 법의 영역에 세속주의가 이미 만연해 있어서 법을 통한 구제책을 강구하면 오히려 세속적 관점을 강화할 뿐이라고 마흐무드가 지레 단정하고, 법의 가능성을 아예 차단하고 있어서 문제라는 것이다. 버틀러가 보기에 그 대신 마흐무드는 문화와 윤리적 영역에서 해결책을 모색하고 있다. 사회의 다수를 이루고 있는 유대-기독교 신자의 감수성을 변화시키는 일에 몰두할 뿐이라고 보는 것이다. 하지만 버틀러는 이의를 제기한다. 감수성을 변화시키는 과제가 과연 법과는 상관이 없는 문제인가? 법을 통해 감수성이 변화된 미국 민권법의 사례도 있지 않은가? 버틀러는 마흐무드가 법과 정치의 영역을 방기하고 있다고 보고 계속 공격한다. 마치 문화와 윤리가 정치와는 구별된 영역인 것처럼 여기고, 그 안에서 비교에 관한 학문적 고준(高峻) 담론만 늘어놓으면 되는가? 뭔가 구체적인 정치 행동과 제도적 개선점을 찾아보는 노력을 해야 하는 것 아닌가? 학문적으로 탐구하고, 비교 작업하고, 문화적인 대화를 하는 것만이 능사(能事)인가? 마흐무드가 그동안 제시한 주장은 그 자체가 정치적인 판단에 의한 것이 아닌가? 즉 유럽 법에 세속주의가 속속들이 스며들어 있다는 것, 종교의 인종화 주장에 들어 있는 오해의 지적, 이슬람에 대한 유럽인들의 증오와 무지에 대한 비판, 종교에 대한 세속주의적 편견을 반드시 드러내야 한다는 것은 분명 정치적인 주장이 아닐 수 없지 않은가?[123]

버틀러가 보기에 무함마드의 이미지와 무슬림의 관계성을 논의한 마흐무드의 분석 모델은 크리티크 작업과 결코 무관하지 않다. 마흐무드가 자신의 결론 부분에서 거론했던 내용, 즉 크리티크를 하는 쪽이 과연 자신의 체화되고 정동적인 실행(實行)의 측면, 주체성의 양식, 주체-객체의 관계성 자체에도 물음을 제기할 수 있을까[124]에 대해 버틀러는 단호하게 그렇다는 입장이다. 버틀러가 보기에 마흐무드의 크리티크 개념이 모호한 것은 마흐무드가 세속주의에 의해 만들어진 크리티크에 대한 관점에서 벗어나려고 애쓰고 있어서 그렇다. 그런데 버틀러는 아사드와 마흐무드가 세속주의의 당연함을 파헤쳐서 문제를 제기한 바가 바로 크리티크 작업이 아니면 도대체 무엇인가[125] 하고 묻는다.

종결부에서 버틀러는 퀴어 운동의 대의를 위해 헌신해 온 자신이 덴마크 카툰 사건 및 그 이후에 벌어진 일들을 보면서 고민했던 바를 털어 놓는다. 게이와 레스비언 운동의 참여자들은 그동안 표현의 자유를 절대적으로 옹호하고 모든 검열에 반대하면서 자신들의 입지를 마련해 왔는데, 카툰 사태를 계기로 그 관행에 의문이 제기되자, 당혹스럽게 된 것이다. 게다가 퀴어운동은 성적 취향에 국한하지 않고 차별받고 박해받는 모든 이들과의 연대를 통해 함께 투쟁하는 자세를 견지해 왔는데, 서구에서 소수 종교집단인 무슬림의 곤경을 어떻게 이해하고 연대할 것인지 관건으로 부각된 것이다. 해결책을 마련하기 위해 버틀러는 우선 몇 가지 확인을 한다. 우선 소수파 운동에는 정체성에 기반을 둔 것과 동맹에 기반을 둔 것 사이에 긴장이 있는데, 차별과 박해받는 이들끼리 동맹을 맺는 방향을 취해야 한다는 것이다. 또한 국가 폭력과 강압에 맞서는 크리티크 작업의 중요성을 확인하는 것도 있다. 그런데 버틀러가 강조하는 것은 자유라는 것이 무엇인지 그 의미를 분명하게 해야 한다는 것이다. 리버티(liberty)가 개인에 국한된 것이라면 프리덤(freedom)은 사회적 조건 아래 사회적으로 공유되는 것[126]이기 때문이다.

버틀러는 무슬림 이민자 중에서 적합한 자를 골라내기 위해 네덜란드 정부가 동성애에 대한 용납 여부를 기준으로 삼았던 것을 예로 들면서 성적 소수자의 자유 용인이 다른 쪽에서는 차별을 정당화하는 수단으로 사용될 수 있음을 지적한다. 저절로 성적 소수자와 종교적 소수자가 서로 반목하는 구조가 만들어진다. 국가권력은 어떤 자유가 보호받을 만하고 어떤 자유는 위협적인지를 자신이 결정한다. 자유를 누릴 개인과 그렇지 못한 개인을 구별한다. 혐오 발언도 어떤 때에는 언론자유로 보호받아야 한다고 용인하고, 어떤 때에는 금지한다. 버틀러가 보기에 언론자유라는 것이 이런 국가권력의 방자(放恣)함을 용인함으로써 얻어지는 것이라면 아무런 가치가 없다.[127] 그런 자유의 행사는 다른 쪽의 부자유를 대가로 얻는 것이며, 국가권력만 강화할 뿐이기 때문이다. 그리고 언론자유가 어떤 개인을 기존의 고정된 문화적 규범에 묶어두고, 문화적 다양성에 따른 변화는 거부하는 일에 쓰인다면 그건 이른바 인종적인 순수성이나 민족국가의 단합을 위해 자유를 수단화하는 것이다. 언론자유를 외치면서 그

것이 정작 해야 할 일은 하지 않고 있는 셈이다. 버틀러에게 언론의 자유와 크리티크는 서로 뗄 수가 없다. 자유를 인정하는 것은 다른 사람들과 사회적으로 함께 살아가기 위한 필수조건이며, 제대로 된 더불어 삶을 방해하는 각종 차별주의, 국가폭력, 그리고 가난 등의 불의한 조건에 대한 크리티크는 필수 불가결한 것[128]이라고 본다.

버틀러의 비판적 논지에 대해 아사드가 반박한다. 우선 아사드는 버틀러가 주장한바, 덴마크 카툰 스캔들과 같은 사건을 탐구하기 위해서는 양편의 옹호자들이 말하는 규범적, 법적 프레임에서 벗어나야 한다는 점에 동의한다. 하지만 버틀러가 아사드의 논의가 그 사태로 인해 생긴 상해(傷害)의 의미에 관해 관심을 두고 있다고 주장한 것에 대해서는 잘못 짚었다고 말한다. 자신의 관심사는 상처가 무엇인지 인지하고 복구하는 것이 아니라, 덴마크 카툰 스캔들 및 프랑스 '베일'[頭巾] 논쟁과 같이 종교와 관련된 사태가 불거졌을 때, 그에 대한 세속적 리버럴한 관점의 기저(基底)에 담긴 개념적 전제를 탐구하는 것에 있다[129]는 것이다. 그러면서 자신의 관심은 요컨대 다음과 같은 질문에 나타나 있다고 말한다; "비판의 자유라는 것이 도대체 어떤 형태를 취하며 나타나는가?" "비판의 진실성이 어떤 방식으로 권력과 연결되는가?" 그리고 푸코 식의 이런 질문과 함께 다음과 같은 다른 성격의 질문도 제시한다; "세속성을 성숙함과 연동(聯動)하고자 하는 일은 왜 그러한가?" "기독교가 세속적인 것을 자신의 소산(所産)이라고 주장하고, 종교 범주에 속하는 것이 무엇인지 배당하는 권력을 쥔 것이 세속성이라면 우리의 정치적 삶에 무슨 일이 벌어지고 있는 것인가?[130]

그리고 버틀러가 본 아사드의 의도, 즉 아사드는 세속적 리버럴의 규범적 성향이 어떻게 그들의 특정 주장에 스며들어 작동하는지 드러내고자 한다고 본 점에 대해서도 언급한다. 즉 버틀러가 보기에 아사드는 폭력 가운데 반대하는 폭력이 무엇이고, 죽음 가운데 슬퍼할 만한 죽음은 무엇 인지 세속적 리버럴이 암암리에 구분하고 평가하는 규범적 틀을 보여줌 으로써, 그들 이해의 편협성과 한계를 드러내고자 했다. 이에 대해 아사 드는 폭력과 죽음에 대한 세속적 리버럴의 관점에 대해 주의를 환기한 것 은 평가 배후에 작동하는 규범적 배치를 강조하기 위한 것이라기보다는 그런 개념을 사용하면서 그 자체로 배제되고 억압되는 점이 무엇인지 검 토하고자 한 것이라고 주장한다.[131] 아사드는 부당한 폭력과 그렇지 않은 폭력, 슬퍼할 만한 죽음과 그렇지 않은 죽음을 이분법적으로 구분하는 것 을 검토하는 것은 버틀러가 사용하는 크리티시즘과 크리티크의 범주를 그대로 받아들일 수 없게 만든다고 주장한다. 크리티시즘과 크리티크의 범주 자체가 문젯거리라는 것이다.[132]

아사드는 버틀러가 크리티시즘과 크리티크를 준별한 점에 대해서 자신 의 입장을 개진한다. 버틀러는 크리티시즘이 대상을 정해서 그 잘못을 지 적하는 것인 반면, 크리티크는 그 대상의 영역이 등장하는 가능성의 조건 을 살피는 것과 관계가 있으며 아사드는 이 두 가지를 구별하지 않고 있 다고 주장했다. 이에 대해 아사드는 잘잘못을 가리려는 크리티시즘의 배 후에 그것을 가능하게 만드는 기준이 있으며, 가능성의 조건을 확인하려 는 크리티크의 일차적 기능이 잔인한 권력 행사에 지나지 않는 경우도 있 음을 지적하며, 크리티시즘과 크리티크가 과연 그렇게 준별될 수 있을지 의문을 제기한다.[133] 여기서 아사드는 질문을 던진다. 크리티크가 가능성 의 조건을 드러내면서 진리에 도달케 하는 것이라면 비(非)서구 전통에 속한 이들을 진리로 이끌기는커녕 진리 근처에도 오지 못하게 만드는 크리티크를 어떻게 이해해야 하는가? 정치적인 질문을 던지자면, 의견을 달리하는 친구들과 주변 시민과의 관계 정립에 도대체 크리티크가 할 수 있는 것인 무엇인가? 크리티크가 과연 법보다 폭력적이지 않고, 더 자유롭게 하는가? 아사드의 답변은 "그렇지 않다."이다. 마찬가지로 크리티크도 폭력적이며, 결코 자유롭게 하지 않는다. 그렇다면 크리티크를 따로 구별하여, 특권을 부여하려는 까닭은 무엇인가? 진리를 파악하는 방식이라고 크리티크를 특별 취급하고자 하는 이유는 무엇인가?[134]

아사드는 서구 근대사에서 비판에 대한 이런 관점이 면면하게 이어져 추구되었으며 현재에도 작동하고 있다고 본다. 푸코가 칸트로부터 물려받은 비판 개념은 지난 200여 년 동안 조금씩 수선(修繕)을 거치고 유럽-대서양 지역을 넘어 비-서구 세계에도 확산되었으며, 현재 자본주의 소비사회에도 움직이고 있다. 하지만 비판에 대한 그런 관점이 단일한 물질적 관계망으로 이루어진 것은 아니다. 그래서 아사드가 바라는 것은 비판에 대한 '우리'의 이해(理解)를 만든 여러 가지 물질성(multiple materialities)을 규명하는 것이고, 어째서 비판이 이토록 진리 추구에 필수 불가결한 것으로 간주되고, 자유의 본질처럼 등극하게 되었는지를 밝히는 작업이다.[135]

아사드는 크리티시즘과 크리티크가 서로 얽혀 있어서 쉽게 뗄 수 없다는 점에 오히려 버틀러가 동의할 것으로 본다면서 역공을 한다. 물음을 던지고, 판단하며, 분석하고, 비난하며, 옹호, 논변, 지지, 공격하는 행위에 내포된 발화수반행위(illocutionary act)에는 양자가 모두 전제되어 있기 때문이다. 아사드는 모든 서술 행위에는 평가적 틀이 개재해 있다는 버틀러의 주장에 이의가 없지만, 거기에 머무르지 말고 더 나아가 다음과 같은 물음에 대해 생각해 볼 것을 권유한다. 자만에 빠져 있는 크리티시즘과는 달리 크리티크가 윤리적이고 인식론적으로 우월하다는 기대를 지니면서 등장한 바로 그 가능성의 조건은 무엇인가? 크리티크가 지식의 필수불가결한 기반으로 등극한 것은 언제인가? 몸에 구현된 프랙티스에 대립되는 것으로 두뇌의 지적 작용인 크리티크가 나타나 우세하게 된 것은 언제인가? 크리티크와 권력이 어떻게 서로 돌봐주고 유지하도록 돕는가?[136] 그러면서 아사드는 덧붙인다. 이런 물음을 던지는 것은 "크리티크를 크리티시즘"하기 위함이 아니라, "크리티크를 크리티크"하기 위함이라고, 그리고 이런 작업은 계보학와 더불어 시작해야 하는 법[137]이라고….

마흐무드도 버틀러의 비판에 답한다. 마흐무드는 버틀러와 서로 같은 의견을 확인하는 한편, 버틀러가 자신의 논지를 잘못 해독했다고 본 부분에 대해서는 그 내용을 분명하게 밝힌다. 우선 서로 동의하는 점은 종교적인 것과 세속적인 것이 서로 대립되는 것이 아니라, 역사적 개념적으로 밀접하게 얽혀 있어서 한 짝으로 생각해야 한다는 것이다. 세속주의라는 것이 단일한 과정 및 주체에 관한 단일한 존재론을 포함하고 있지 않다는 것이다.[138] 하지만 마흐무드가 보기에 세속주의에 특정한 구조와 정합성을 부여하는 기준적 성향[139]이 있다는 것은 부인할 수 없다. 예컨대 교회와 국가의 분리 및 종교의 사사(私事)화 같은 것은 근대적 세속성의 성격으로 볼 수 있다는 것이다. 근대 세속권력은 바로 종교적인 것과 그렇지 않은 것을 끊임없이 규제하고 확인하고, 구별하고자 하는 특징을 지녔다. 그렇다고 해서 세속권력이 규제를 완벽하게 했다거나 안정적인 권력 행사를 했다고 말하는 것은 아니다. 불안정성은 늘 수반되는 것이라서, 제대로 분석을 하기 위해서는 특정한 시점마다 조합되는 개념, 제도,

행위에 주의를 기울여야 한다. 버틀러의 논평 가운데, 마흐무드가 신경을 쓰는 것은 자신을 "문화주의자"로 몰아세운 것이다. 버틀러가 보기에 마흐무드는 정치와 법을 방기(放棄)하고 윤리를 선호하는데, 이런 영역들이 마치 분리되고 독자적인 것처럼 잘못 상정하고 있다고 비판한다. 마흐무드는 버틀러의 이런 해독에 (배신감에 가까운) 놀라움을 나타내면서 법, 정치, 윤리는 밀접하게 얽혀 있어서 따로 떼어 낼 수 없다는 것, 자신의 분석은 문화라는 용어를 통해 이루어지지 않는 것, 또한 자신이 "이슬람 문화"라는 표현을 사용한 적이 없다는 것을 밝힌다.[140]

그리고 마흐무드가 당혹스럽게 여긴 점은 무슬림이든 비(非) 무슬림이든 모두 아이덴티티 문제와 그 권력 작용에만 몰두하여 무함마드 관련 민간 봉헌 행위에 나타난 종교성의 개념(conception of religiosity)에 거의 주의를 기울이지 않은 것이다. 마흐무드가 보기에 이런 종류의 종교성을 간과한 것은 특정 기호 이데올로기에 파묻혀서 의미와 커뮤니케이션에 대한 한정(限定)된 관점을 당연하게 여기기 때문에 생긴다. 언론자유와 종교자유에 관한 법률적 언어로 제시되는 도덕적 주장도 그 소산이다. 이른바 세속적인 것을 상정함으로써 말미암은 증상이라고 볼 수 있다. 이런 점을 지적한다고 문화주의자라고 부를 수 있는가? 버틀러는 언론자유에 관한 유럽의 법률이 공공질서를 언급하면서 실상 다수파의 권리를 공고히 하며 편파적 사용된다는 점을 부각하였으나, 마흐무드는 자신이 문제로 삼는 것은 그런 사용법이 아니라, 공공질서의 언어가 의존하고 있는 윤리적 감수성이라고 지적한다.[141]

버틀러는 마흐무드가 윤리적인 측면을 강조하면서 정치에는 등을 돌림으로써 유럽 법의 테두리 안에서 무슬림을 보호하거나 법의 변경을 도

모하지 않는다고 비판한다. 이에 대해 마흐무드는 유럽 법의 개정을 통해 무슬림의 처지를 정치적으로 바꾸는 것에 대해 회의적인 태도를 보이는데, 버틀러의 주장을 전거(典據)[142]로 삼아 그 이유를 밝힌다. 혐오 발언을 규제하고 소수 집단을 보호하기 위해 법의 힘에 의존하게 되면 의도하지 않은 역효과가 발생할 수 있다고 버틀러가 자신의 책에서 주장한 적이 있었기 때문이다. 국가 사법 권력은 양쪽 날을 가진 칼이라는 것이다. 마흐무드는 이런 점에 관해서 자신의 입장이 버틀러와 다름이 없다고 주장한다. 그가 누누이 강조하는 것은 세속권력을 지지하는 법이 종교성의 상이한 개념과 프랙티스를 중재할 만큼 결코 중립적이지 않으며, 오히려 특정한 종교 규범의 개념과 종교 주체성을 생산해 내는 기제로 작용한다는 것이다.[143]

마흐무드는 정치와 윤리가 서로 분리된 것이 아니라 겹쳐져 있는 것이며, 이런 정치-윤리적 문제를 법적인 문제로 환원하여 버리면 안 된다고 주장한다. 그렇게 되면 외통수로 국가 사법체계에 함축되어 있는 특정 종교적 관점만 강화(强化)하는 꼴이 되기 때문이다. 이 때문에 마흐무드는 자신이 성급하게 법률에 호소하는 대신에 좀 더 어려운 방향, 즉 사회-윤리적 변혁의 방향이 필요하다고 주장하였으며, 이런 변혁이 정치적이라는 것은 물론 따로 거론할 필요가 없다고 보았다. 여기서 마흐무드는 자신의 입장이 정말 버틀러의 주장대로 정치 행위에 투신하는 대신 책상머리에 물러앉아 한가한 소리만 하는 것인가 하고 자문한다. 답변은 그렇지 않다는 것이다.[144]

마흐무드는 서구에서 무슬림이 처해 있는 사회, 정치적 상황을 바꿔 나가기 위해서는 사회-경제적 변혁, 정치-문화적 변혁 등 다양한 종류의 변혁이 요구되며, 이렇게 상황을 개선하는 데 법도 분명 한몫을 할 수 있을 것으로 본다.[145] 반면 학문 활동의 경우에는 다른 측면이 있다. 학문 활동은 기존 상태를 고정 항수(恒數)로 놓고 그대로 가는 것이 아니라, 그와는 다른 세상을 상상하고 만들어내며 이루어진다는 점에 특징이 있다. 마흐무드가 보기에 여기에서 크리티크에 관한 버틀러의 논의가 의미가 있다. 크리티크에 필요한 것이 지식 가능성을 구조화하는 규범적 전제를 고정화하지 않고, 변화하고 이동하는 것이라고 버틀러가 주장하였기 때문이다.[146]

하지만 주변을 둘러보면서 마흐무드는 이것이 결코 쉬운 일이 아님을 줄곧 깨닫는다. 많은 학자가 자신에게 익숙한 규범적 틀에서 좀처럼 벗어나려고 하지 않는다는 것을 발견하게 된 것이다. 아무리 문제가 무엇인지를 이야기해도, 그들은 다른 방식의 관점을 불편해 하고, 두려워하며 결국 자신의 기존 관점을 고수하는 것으로 귀착할 뿐이다. 이런 모습을 본 마흐무드는 그들의 의구심과 타성(惰性), 반발을 헤쳐나가려면 크리티크만으로는 부족하다고 느낀다. 마흐무드가 몸의 감각과 그것의 권력 작용 및 윤리적 중요성을 주장하게 된 이유이다.[147] 마흐무드는 이와 같이 감수성 및 윤리적 차원의 변혁에 관심을 기울이면서, 법적인 행동으로 이어져 그런 변혁이 공고히 되는 측면에 주목하는 것이다.

5. 이후의 논의: 두 가지 단면

앞장에서 다룬 책이 2007년 가을에 열린 심포지엄의 내용을 바탕으로 했다는 점은 이미 언급한 바가 있다. 출간된 것은 2009년이었지만, 심포지엄의 내용은 이미 학계에서 화제로 떠올라 활발하게 의견이 개진되고, 논쟁이 오고 갔다. 이런 점은 〈내재적 프레임〉[148]이라는 온라인 사이트에서 많은 학자들이 참여하여 이 주제에 관해 논의한 것에서 잘 나타난다. 논의의 시작은 심포지엄을 주관했던 존홉킨스 대학 영문학 교수 크리스 닐론이 심포지엄에서 거론되었던 내용을 소개하면서 이루어졌다. 여기서 닐론은 10월 19일 하루 동안 열린 심포지엄에서 참석자가 탈랄 아사드, 사바 마흐무드, 주디스 버틀러뿐만 아니라, 에이미 할리우드(Amy Hollywood), 콜린 재거(Colin Jager)도 있었음을 말하고, 그들의 위상에 대한 대강의 의미를 전해 주었다.[149]

특히 '크리티크는 세속적인가?'라는 제목이 의도적으로 도발을 꾀하려고 붙인 것이며, 심포지엄을 하고 난 다음에는 누구나 그 질문에 대해 이전처럼 쉽게 대답하지 못하게 되었을 것이라고 말한다.[150] 이후 2011년 3월에 앤드류 마치(Andrew March)가 마지막 글[151]을 올리며 마무리될 때까지 11명의 학자들이 15회에 걸쳐 의견을 주고받았다. 그 내용에 대해서는 다른 기회에 할리우드와 재거의 소론을 포함하여 따로 살펴보도록 하고, 이 장에서는 비판(크리티크)에 관한 논의 가운데, 최근의 짧은 글 두 개를 골라 비판 논의의 흥미로운 단면(斷面)을 알아보는 것으로 그치고자 한다. 하나는 세실 라보르드(Cécile Laborde)가 쓴 〈종교연구의 세 가지 접근법〉이라는 글[152]이고, 다른 하나는 리타 펠스키(Rita Felski)의 〈인문학이 왜 중요한가: 브루노 라투르에게 배운다〉라는 글[153]이다.

세실 라보르드는 옥스퍼드 대학 정치이론 교수로서, 2017년에 리버럴리즘에 함축되어 있는 종교 개념에 대해 탐구한 『리버럴리즘의 종교』라는 책을 낸 학자이다. 이 글은 릴리지오웨스트(ReligioWest)라는 연구 프로젝트[154]의 "크리티크를 넘어서"(Beyond critique) 모임에서 발표된 것이다. 주요 내용은 종교 개념에 대한 크리티크로서, 종교 개념에 비판적 태도를 보인 일군의 학자의 관점 역시 극복될 필요가 있다는 주장을 펼치고 있다.

처음에 라보르드는 "종교가 과연 학문적 탐구에 타당한 범주인가?"라는 질문을 던지며 종교 연구의 세 가지 방식을 서술하고 있다. 그 가운데 그가 옹호하려는 것은 세 번째 접근법이다. 그가 거론하는 종교 연구의 세 가지 방식은 종교를 비판하는 것, 종교를 지지하는 것, 그리고 종교의 여러 요소가 엉켜 있는 것을 푸는 것이다. 다음은 세 가지 접근 방식에 대한 라보르드의 주요한 논지이다.[155]

첫째, 종교를 비판하는 관점에서 라보르드가 뜻하는 바는 학문적 범주로서의 종교 개념에 대한 비판이다.[156] 푸코와 포스트콜로니얼리즘 등에 영향을 받은 이런 관점은 종교 범주에 서구의 제국주의와 국가주의가 깊이 스며들어 있어서 비판적이고 회의적인 시각을 견지할 수밖에 없다고 주장한다. 이런 주장이 내세우는 근거는 두 가지다. 하나는 종교가 서구의 가장 특징적인 개념으로서, 서구 아이덴티티의 근간이 되어 왔다는 것이다. 기독교의 "진짜 종교" 옹호와 19세기의 발명품인 "세계종교" 사이에는 깊은 연관성이 있으며, 종교 개념이 겉으로는 보편주의를 표방하지만, 속으로는 위계적인 분류를 작동시킨다는 주장이다. 그래서 종교-만들기가 식민주의 및 신식민주의 정책과 긴밀하게 연루되어 온 바도 이상하지 않다는 것이다. 이 주장에 따르면 종교 개념은 서구의 통치를 원활하게 하기 위해 서구가 비서구사회에 수출한 효과적인 수단이었다. 또 하나는 종교라는 것이 세속적이라는 서구의 아이디어를 규정하는 데 사용되었으며 지금까지도 깊이 연루되어 있다는 점이다. 이는 세 가지의 다른 방식으로 나타난다. 첫째 종교가 무엇인지를 규정하는 것은 세속국가로서, 사적(私的)이며 초자연적인 것으로 종교를 규정하면서 국가의 관할 영역인 자연적인 것과 합리적인 것과 구분한다. 둘째 세속 근대성 자체가 개신교의 독특한 인간학에 바탕하고 있으면서, 근대적인 리버럴 주체성을 함양한다. 셋째 종교의 사적 영역과 정치의 공공적, 사회적, 사회적 영역으로 분리함으로써 국가, 민족, 그리고 법이 '근대적인 성스러움'(modern sacred)으로 작동하는 방식을 드러내지 않게 만든다. 예컨대 기독교는 종교인 반면, 민족주의는 종교가 아니라고 함으로써, 기독교인이 공적으로는 민족국가에 충성할 수밖에 없도록 한다. 개인의 거룩한 충성심을 교회로부터 민족국가로 이동시키는 것이다. 첫 번째의 관점이 환기하는 바는 이처럼 서구가 종교 개념 및 그와 다른 개념들(전통, 문화, 이성, 민족 등)의 구분을 통해 식민국가 및 주권국가의 권위를 확고히 하는 데 사용해 왔으므로, 그런 개념들이 마치 원래 그렇게 안정적이고 정합적인 양 간주해서는 안 된다는 것이다.

종교 연구의 세 가지 방식 가운데 두 번째는 종교 개념의 유용성을 지지하는 것[157]이다. 여기에는 첫 번째의 비판적 관점에 대한 두 가지 반론이 있다. 하나는 종교 개념이 단지 서구 제국주의 및 신식민주의 프로젝트에 연루된 것으로만 볼 수 없다는 것이다. 설혹 처음에는 그런 측면이 없지 않았다 하더라도 그런 점을 가지고 종교 개념의 사용 자체를 불신할 필요는 없다는 주장이다. 원래 성격에서 벗어나기도 하고, 혹은 전복하면서 사용할 수도 있기 때문이다. 두 번째 관점에 따르면, 종교 개념 안에 매우 복합적이고 다양한 요소들이 포함되어 있다는 점을 인지하는 것이 중요하다. 또한 종교 및 다른 여타 개념들(전통, 문화, 이데올로기, 신앙, 이성

등) 사이의 구분이 분명치 않다고 해서 문제가 있다고 주장하는 것 또한 설득력이 없다고 본다. 어떤 개념이든 유사성과 차이성이 복합적으로 연속체를 이루고 있으며 서로의 경계선에는 늘 모호한 틈이 자리 잡고 있기 때문이다. 비트겐슈타인의 가족유사성에는 이런 측면이 잘 나타나 있다. 또 하나의 반론은 규범적인 것으로, 그동안 리버럴 세속국가가 이루어낸 업적을 소홀하게 취급해서는 안 된다는 주장이다. 세속주의 및 종교자유는 헌정 민주주의, 정교분리뿐만 아니라, 개인의 자율성, 도덕적 자기(自己) 결정, 양심의 자유의 중요한 가치와 연결되어 있는데, 종교 개념을 제거해 버리면 이런 소중한 가치를 지키고 나타낼 수 없게 되지 않겠느냐는 것이다. 이런 관점에 찬동하는 이들 중에는 종교 자유에 대한 옹호가 더 포괄적인 "선(善)의 개념"의 하위 범주에 속할 뿐이고 리버럴 국가는 양심의 자유를 수호하는 더 큰 목표를 지향하면서 도덕적 관심사를 확대해 왔다고 주장하면서 종교 개념의 비판적 관점에 반박하는 이도 있다. 하지만 라보르드는 종교를 "선(善)의 개념"에 유비시키는 것이 만족스럽지 않다고 보면서 세 번째 대안을 제시한다. 그것은 바로 종교 개념 속에 어지럽게 얽혀있는 요소들을 잘 풀어내는 것[158]이다.

이제 처음에 제기되었던 질문, "종교는 학술적인 연구에 적합한 개념인가?"에 대해 라보르드가 내놓는 답변을 들을 수 있게 된다. 여기서 라보르드가 짚어야 한다고 지적하는 점은 세 가지다. 즉 종교 개념에 대한 비판적인 관점을 진지하게 경청해야 한다는 것, 이와 동시에 종교 경험과 신념에 담긴 생생하고도 복합적인 리얼리티에 둔감해서는 안 된다는 것, 그리고 종교 자유의 법적 토대를 이루는 규범적 이상(理想)을 지켜야 한다는 삼중(三重)의 과제이다. 라보르드는 종교 개념에 얽혀있는 타래를 푸는 것에서 그 해법을 찾는다.

우선 출발점은 종교 개념이 사물이 아니라 상이한 맥락에서 다른 의미를 지니는 용어라는 것을 환기하는 것이다. 종교 개념은 고정된 방식이 아니라 여러 방면에서 서로 다른 방식으로 사용될 수 있다. 이런 맥락에서 라보르드가 던지는 질문은 "리버럴 민주주의 국가의 법을 다룰 때, 어떤 종교 개념이 필요한가?" "종교 자유와 국교(國敎) 배제의 규범적 가치를 어떻게 해야 가장 잘 지킬 수 있을 것인가?" 같은 것이다. 이럴 때 개인의 양심이라든지 선(善)의 개념이라는, 논란의 여지가 있는 것이 어쩔 수 없이 등장하게 된다. 그래서 비판자들은 리버럴리즘에 프로테스탄티즘의 편향과 개인주의적인 편견이 스며 있어서 복합적인 종교 경험의 전모를 파악할 수 없게 된다고 지적한다. 리버럴 국가의 법률로는 도저히 종교의 복합성, 포괄성, 다면성을 제대로 담을 수 없다고 비판하는 것이다.

라보르드는 이런 비판이 경청할 만하지만, 종교의 모든 것을 법이 다 포괄하려는 것이 아니라, 종교의 특정 측면에 관심을 기울이는 것이라는 점을 강조한다. 예컨대 개인의 양심이라는 측면에 관심을 보인다고 해서 종교를 그 면으로만 봐야 한다거나 환원해 버리는 것은 아니라는 것이다.

법은 종교 자체를 파악하려는 것이 아니라, 법적인 보호에 적합하며, 규범적으로 두드러지게 나타나는 측면에 주목하려는 것이다. 따라서 종교가 무엇이냐를 서술하는 경험적 탐구와 법적인 영역에서 종교의 위치를 설명하려는 규범적 추구는 구별되어야 한다. 그런데 여기서 질문이 생긴다. 이처럼 유독 개인의 양심만을 강조하는 것이 과연 타당한 것인가? 그럼으로써 종교적 삶의 다른 규범적 차원이 간과되는 일은 없는 것인가? 예컨대 전통으로 내려온 집단의 의례를 준수하는 것이 신자들에게는 매우 중요한 일일 수 있지 않은가? 라보르드는 여기서 종교 안에 함축된 여러 가지 가치를 헤아려보는 일이 중요하다고 지적한다. 바로 리버럴 국가의 법에 연관되어 있는 종교 안의 여러 가치를 풀어서 헤아리는 작업이다. 복합적인 종교 개념 안에 얽혀 있던 여러 요소와 가치 가운데, 민주적 법률로 보호할 충분한 이유가 있는 것을 혹시 빠뜨리지 않았는지 살펴보는 것이다. 이처럼 풀어서 가려내는 세 번째 접근법은 종교 그 자체의 전모(全貌)를 파악하려고 하거나, 법으로 종교를 규범화해서 특정한 가치나 관심으로 좁게 종교를 가두고자 하는 것이 아니다. 그런 변혁이 공고히 되는 측면에 주목하는 것이다.

두 번째로 다루고자 하는 것은 리타 펠스키의 글이다. 리타 펠스키는 미국 버지니아 대학 영문학 교수로서 그의 책 가운데 이미 한글 번역본[159]이 나온 것도 있다.

펠스키는 이런 문장으로 시작한다; "인문학이 사라지면, 우리가 잃는 것은 무엇인가? 아마 많은 이가 '크리티크'(혹은 비판)이라고 대답할 것이다."[160] 비판을 없앤다는 것은 인문학의 '창자'를 빼버리는 일과 같다고 한 학자(테리 이글턴)도 있으며, 대학이 시장 만능주의에 점령당하고, 연구자는 관료제의 톱니바퀴로 기능할 것이 강요받고 있는 상황에서 비판의 중요성이 필수적이라는 이들이 더욱 증가하고 있다. 이처럼 비판은 인문학에서 매우 중요한 위치를 차지하고 있다고 간주되지만, 펠스키는 크리티크에 많은 문제가 내포되어 있다고 주장한다.[161] 펠스키가 주장하는 바는 비판을 지도 원리로 삼으면서, 비판이냐 아니냐의 양자택일을 강요할 필요가 없다는 것이다. 왜냐하면 인문학은 비판보다 더 포괄적인 것이기 때문이다. 양자택일에 몰두하는 이들은 현 상태를 거부하지 않을 경우, 기득권에 협조하는 꼴이 될 수 있는 것을 두려워한다. 하지만 이거냐 저거냐 하라는 것은 학술 활동을 너무 단순화하여 생각하는 것이다. 그건 그렇게 쉽게 나누어지지도 않고, 애매한 구석이 많으며, 그중간에 흥미로운 부분들이 많기 때문이다. 여기에서 펠스키는 브루노 라투르의 글[162]이 큰 도움을 준다고 생각한다. 라투르에게 배움을 얻어, 펠스키가 던지는 질문은 이런 것이다. "'비판적 사고'에만 의지하는 것이 아니라, 다른 가치와 방식으로 인문학의 필요성을 말할 수 있을까?" "'해체-의문-전복하기'뿐만 아니라, '형성-구성-창조하기'와 연관되는 인문학이 과연 어느 정도 가능할 것인가?" "인문학의 사회적 관련이 영웅적 항거 아니면 비겁한 타협의 이분법과는 다른 방식으로 이루어질 수 있을까?" "다차원적으로 인문학의 옹호가 필요한 것이 아닌가?" 펠스키가 이런 질문에 나름대로 내놓은 답변은 4가지 C[163]로서, 명사가 아니라 동사로 구성되어 있다. 행위와 실천을 강조하고 싶다는 의미가 담겨 있다. 다음은 각 네 가지 실천이 지향하는 내용이다.

1) 큐레이팅[164]: 이는 사라진 과거를 보살피고, 부서지기 쉬운 것, 시간의 풍화에 해체되어 버린 것을 보호하며, 망각 속에 빠진 텍스트를 건져 올리는 일을 하는 인문학이다. 요즘처럼 변화와 혁신을 외치고 있는 때에 이런 큐레이터 작업이 일견 보수적인 일로 비치기 쉬운 것은 사실이다. 하지만 새로운 테크놀로지에 의한 신상품이 끊임없이 나타나서 이전 것을 버리고 새것으로 갈아타라고 곳곳에서 유혹하는 판에서 보존의 윤리가 지닌 중요성은 새롭게 부각되고 있다. 인문학이 아니면 어디에서 과거의 목소리를 들을 수 있겠는가? 낭만주의 열정에 휩싸여 현실 제도를 비난하고 그로부터 해방되어야 한다는 우상파괴적 주장이 만연하지만, 제

도는 그렇게 단순히 없애 버릴 수 있는 것이 아니다. 제도적 네트워크는 하나의 중요한 행위자로서 우리의 과거와 뗄 수 없이 얽혀 있다. 과거를 보존하고 보살피는 작업은 결코 소극적이거나 부정적으로 취급될 만한 일이 될 수 없다. 보존한다는 것은 수구(守舊)가 아니다.

2) 나르기[165]: 현재의 관심사와 연동하여 활발하게 움직인다, 나른다, 의사소통한다는 뜻이 들어 있다. 보존이라는 말에서 야기되는 오해는 밀폐되고 캄캄한 골방에 그대로 보관한다는 이미지를 낳는다. 하지만 인문학은 그런 이미지와 연관이 없다. 다양한 청중과 공중(公衆)의 관심사와 이해(利害)에 따라 시공간을 가로질러 항상 움직이며 새롭게 번역되기 때문이다. 매개와 변화를 거치지 않은 번역이란 없다. 보존한다는 것에도 소중함을 지키기 위해 알맞게 바꾼다는 것, 변형한다는 뜻을 내포하고 있다. 최근 대학을 효율적인 지식공장이나 주식회사로 바꾸려는 신자유주의의 시도에 맞서 인문학은 그야말로 시장성 없는 것, 쓸모없는 것을 연구하는 영역이라고 외쳤던 적이 있다. 너희들이 시장에 팔 것을 만들라고 하는데, 우리가 만드는 것은 시장에 내놓을 물건이기는커녕, 너희들에게 퇴짜 받을 것뿐이라는 항변이다. 그러나 이런 주장이 지니는 위험이 있다. 그럼 인문학은 우리 맘대로 할 테니 너희들은 건드릴 수 없다는 '노터치'의 특권 영역이라는 말인가? 펠스키가 보기에 인문학이 하는 일과 그 중요성에 대해 그렇게 막무가내로 주장하면 문제가 생긴다. 귀족 엘리트의 문화적 고상함과 세련된 매너 함양을 위해 동원되던 지식을 인문학과 연관시키려고 하면서 그런 지배층의 특권을 꿈꾸는 이들도 없지 않지만, 인문학을 지배층의 장식품으로 간주하던 시대는 이미 종식된 지 오래되지 않았는가? 펠스키는 인문학의 청중이 다양한 구성의 평민일 수밖에 없

으며 이를 '지적인 이방인'(intellectual strangers)이라고 풀이하면서, 인문학의 진로는 이들을 향하여 가는 길뿐이라고 주장한다. 하지만 비판을 인문학의 주요 업(業)이라고 간주하는 이들은 이런 방향으로 가는 것을 꺼리는 경향이 있다. 자신들은 대다수의 몽매한 대중 및 계몽의 대상이 못 보고 있는 것을 일깨워주는 우월한 존재라고 생각하기 때문이다. 하지만 펠스키는 인문학이 '지적인 이방인'과 함께 불편한 곳과 예측하지 못한 길로 기꺼이 들어서야 한다고 주장한다.

3) 비판하기[166]: 펠스키는 명사형보다는 동사형이 더 낫다고 본다. 명사형 '크리티크'가 근대성 체제의 지적 전통 (칸트-마르크스-푸코-페미니즘)을 이루고 있음에 비해, 동사형(criticising)은 철학적, 정치적 비판의 역사를 포함하며, 다른 형태와 장르의 '동의하지 않음'이라는 뜻으로 사용한다. 즉 '크리티크'와는 다른 방식의 '동의하지 않음'을 말할 수 있는 것이다. 명사형 '크리티크'에는 남이 못 보는 것을 꿰어 본다는 우월성, 더 나은 곳에서 조망(眺望)한다는 의미가 내포되어 있다. 남들이 미망(迷妄)과 환상에 빠져 있는 반면, 자신은 진리를 보고 있다는 자신감(自信感)이 그것이다. 후기 구조주의처럼 진리라는 것을 깨 버린 경우에도 그렇다. 남들이 여전히 깨닫고 있지 못한 것을 자신을 스스로 성찰하고 있다는 의미에서 암암리에 우월성을 주장하고 있으므로, 여전히 기울어진 권력관계, 불균등한 관계를 상정하고 있다. 예컨대 이런 자세를 취한다; "나는 숨겨진 것을 본다. 심층을 훑는다. 남들이 지나친 것을 나는 파악할 수 있다. 나는 근원에 박혀 있는 것, 궁극적인 것을 알 수 있다." "너는 신자유주의 체제의 볼모 노릇을 하고 있지만, 나는 권력에 저항하며 진리를 말하고 있다!" 펠스키는 이런 주장에서 자신감으로 무장한 전위(前衛)대의 모습을 보며, 이

런 식의 '크리티크' 개념은 포기하는 게 낫다고 본다. 너희들이 모르는 것을 나만이 안다고 주장하면, 그들과 서로 이야기하기보다는 그들에게 훈계를 하게 된다. 매를 들고 그들을 가르치려고 드는 것이다. 펠스키가 그 대신 강조하는 것은 '상상적 공감'의 확장과 '폭넓은 감응성'의 증진을 시도하는 것이다. 보다 쌍방적 대화의 성격을 가지면 덜 독단적이어서, '지적인 이방인'으로 하여금 귀를 기울이게 만드는 데 기여할 수 있다고 본다. 그렇지만 '크리티크'의 역할이 사라지지는 않는다. 일방통행의 전제적 성격이 제어되어야 할 뿐이다.

4) 구성하기[167]: 크리티크는 탈신비화하고 해체 작업을 통해 딛고 선 기반을 허무는 일에 일가견이 있다. 하지만 잠시나마 서 있을 곳을 만들어주는 일에는 별로 도움을 주지 못한다. '구성'하는 일에는 실패하기 십상인 것이다. 여기서 구성(構成)이라는 아이디어는 여러 이질적인 부분을 모아서 공통의 세계를 만들고자 모색하는 것을 말한다. 허무는 것보다는 만드는 것이고, 빼기보다는 더하는 것이며, 분리하기보다는 번역하는 일이다. '구성'은 예술과 정치, 이론과 실천의 구분이 없이 동시에 이루어진다. 요약하자면 접두사 'de' 대신 're'를 붙여서 하는 작업[168]이다. 이런 태도는 음악, 회화, 디자인, 건축, 소설 등 다른 영역에서 활동을 하는 이들과 좀 더 활발하게 협업하게 한다. "인문학은 인간을 더 인간답게 만든다."라고 주장하며 인문학의 필요성을 힘주어 강조하는 이들과 다른 점이다. 펠스키가 보기에 인문학만 그렇다고 주장하는 것은 우스꽝스럽다. 이런 관점은 인간종(種)의 예외적 특권을 주장하는 시대착오를 저지르기 쉽다.

펠스키는 글을 마무리하면서, 자신이 비판의 우월성 및 우선성을 중심으로 하지 않은 인문학의 가능성을 모색하고자 했으며, 인문학은 비판뿐만 아니라, 큐레이팅의 실행에 관한 것이기에 보존하고 보살피는 일이 중요하게 포함되어야 한다고 주장한다. 지적인 이방인에게 전달되고 의사소통되는 것이기에 그 과정에서 번역, 오역, 변형이 이루어질 수밖에 없음도 염두에 두어야 한다. 펠스키는 끊임없이 해체하고 벗기는 에토스보다는 만들기, 세우기, 연결하기의 측면을 적극 포함하는 것이 중요하다고 강조한다.[169] 인문학의 프레임을 이 방향으로 설정할 때, 좀 더 강력하고 설득력 있게 인문학이 왜 중요한지에 대해 답할 수 있다는 것이다.

6. 나오는 말

이 글은 한국종교문화연구소가 발행하는 『종교문화비평』의 제목을 거론하며 시작하면서, 종교연구와 비평 그리고 비평에 내포된 세속성의 문제를 중심으로 살펴보고자 하였다. 종교문화비평이란 제목은 끊는 방식에 따라 여러 가지 의미가 가능하다고 본다. '종교-문화-비평'으로 나눌 수도 있고, '종교-문화비평' 혹은 '종교문화-비평'으로도 해석할 수 있다. 문화비평이든 그냥 비평이든 비평의 요소는 중요한 자리를 차지하고 있기에 비평에 대한 논의의 필요성이 제기된다고 본다. 2장에서 다룬 것은 그동안 문화비평에 관해 종교학 분야에서 거론된 논의이다. 필자는 이 주제에 관해 논의를 선도하고 지속적으로 문제를 제기한 정진홍의 중요성을 인정할 필요가 있다고 생각한다. 그리고 정진홍의 소론에 반응하여 이어지는 후학들이 평가와 논의를 검토하는 것도 앞으로의 생산적인 논의를 위해 요청되는 일이다. 이런 작업을 통해 비판이라는 것에 대해 성찰의 기회가 마련된다는 것은 의문의 여지가 없다.

3장의 주제는 한국의 세속성과 종교연구이다. 마이동풍의 보수신학이 판을 치는 곳에서 종교연구가 설 곳은 협소하기 마련이다. 이미 기득권을 누리고 있는 신학의 위세에 조금이라도 저항의 몸짓을 시도하고, 불평을 말할 수 있는 것은 보수신학보다 더 큰 세력에 의지할 때이다. 그것은 바로 세속 영역이다. 종교학은 세속 영역에 소속되어 있음을 과시하며 신학의 기득권에 맞서 보려고 한다. 보수신학이 세속을 초월하여 그 위에 있노라고 뽐내고 있지만, 그 위세는 세속권력이 보장하고 있는 것이기에 보수신학도 무시할 수는 없을 것이라는 계산이다. 하지만 언제나 이런 권력다툼의 장기판에서 말 신세 노릇을 하는 것에 그칠 수는 없다. 종교학은 신학에 대항하는 의지처로서의 세속이 아니라, 전체의 판도를 가늠할 수 있어야 한다. 『문학과지성』 창간사는 샤머니즘에 대한 관점을 통해 당대의 비평과 세속성의 연관성을 보여준다는 점에서 의미 있으며, 길희성의 글은 종교학과 세속성의 관계에 대한 두 가지 진동하는 관점을 보여준다는 점에서 흥미로운 사례라고 본다.

　　2장과 3장이 한국의 경우에 초점을 두었다면, 4장과 5장은 서구에서 이루어지고 있는 비판(비평)에 관한 논의를 언급하고 있다. 4장은 도발적인 질문, 즉 "비판(크리티크)은 세속적인가?"라는 물음을 던짐으로써 그때까지 누구도 묻지 못했던 지평을 연 책을 검토하였다. 이 책은 해당 연구에서 중요한 전환점을 마련한 텍스트이기 때문에 그 내용을 잘 살피는 것이 필요하다. 주요 내용은 3개의 관점으로 나눌 수 있다. 아사드는 현재라는 시대에서 비판이 누리는 어마어마한 후광과 권위에 주눅 들지 않고, 심층을 파헤치며, 근본적인 질문을 제기한다. 끝까지 그 권위에 도전하면서 인류학적 관점의 쓸모를 잘 보여준다. 하지만 그 대신 대안과 해결책이 무엇이냐는 힐난을 받는다. 마흐무드는 자신의 작업이 비판의 소산임을 받아들일 용의가 있고, 또 비판의 힘도 충분히 인정할 수 있다. 하지만 지금 모습의 비판보다는 개정판을 원한다. 현재의 비판의 모습은 너무 유럽 중심적이고 뇌(腦) 중심의 지적 편중이 심하다. 비서구 문화에 대한 감수성을 함양해야 하고 머리 중심이 아니라 몸 중심의 관점이 중요하다는 점을 깨닫게 하려고 마흐무드는 애를 쓴다. 버틀러는 퀴어 운동을 하면서 언론자유와 크리티크의 핵심적 중요성을 내세워 온 만큼, 그것을 비판하는 아사드와 마흐무드의 주장에 당혹스럽다. 그가 마련한 돌파구는 크리티시즘과 크리티크를 구별하여 크리티크를 구출하는 것이다. 아사드와 마흐무드의 작업도 크리티크의 실천에 다름이 아니라면서, 버틀러는 어쨌든 크리티크의 자리를 마련하려고 한다. 그래도 그대로의 크리티크는 안 되며 갱신해서 변화해야 한다는 문제가 남는다.

5장은 좀 더 최근의 연구 경향을 알 수 있는 두 가지의 논의를 소개하였다. 하나는 종교 개념에 관한 연구 성과를 바탕으로 한 것이고, 다른 하나는 포스트-크리티크의 경향을 잘 보여주는 것이다. 첫 번째 논의에서 라보르드는 리버럴리즘이 이룬 성과를 어떻게든 음미하려는 입장에 있으면서 리버럴리즘에 가해지는 여러 크리티크에 대응하며, 그 탄력성을 높이고 있다는 점에서 검토할 필요가 있다. 두 번째 논의를 한 펠스키는 포스트-크리티크 진영의 대표 주자 가운데 한 명으로서, 그의 관점 역시 주목할 만한 가치가 있다.

비판은 근대적 연구자가 거의 '무의식적' 차원으로 전제하고 움직여 가는 지향성이라고 볼 수 있다. 관성대로 움직여 가는 연구자는 그를 밀어낸 힘이 다하면 설 수밖에 없다. 하지만 자기를 움직이는 힘에 대해 성찰하는 연구자는 그 힘에 의해 밀려만 가지 않고 방향을 바꾸거나 강약의 조절을 할 수 있다. 그래서 종교연구와 비판, 그리고 세속성에 대해서 생각하는 것은 결코 사소한 일이 아닌 것이다.

세속화에 대한 저항

— 동학에서 한살림까지

조성환

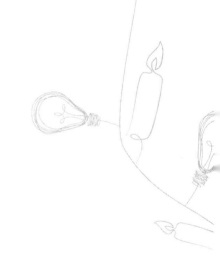

1. 세속화된 자연

근대 동아시아 문명론의 선구자로 알려진 후쿠자와 유키치는 1875년에 쓴 『문명론의 개략』에서 다음과 같이 말하였다.

> 시험 삼아 묻겠다, 덕행의 군자들아. 나날이 먹고 입는 물건이 어디에서 왔느냐. 하느님[上帝]의 은택이 아무리 넓고 크다고 한들 옷은 산에서 생기지 않고 음식은 하늘에서 떨어지지 않는다. 세상의 문명이 차츰 나아지면 그 편리함은 단지 의복과 음식뿐만이 아니라 증기와 전신의 이로움도 있고, 정령(政令)과 상업의 편리함은 말할 필요도 없다. 이 모두 지혜의 선물이 아닌 것은 없다.[1]

여기에서 후쿠자와는 하느님[上帝]과 문명을 대비시키면서 인간에게 이로움을 가져다주는 것은 하느님이 아니라 인간의 '지혜'라고 주장하고 있다. 그 이유는 전기나 기차와 같이 편리함을 가져다주는 도구는 인간의 지혜의 산물이라고 생각하기 때문이다. 그리고 이와 같은 도구의 발전을 '문명의 진보'라고 평가하고 있다. 이로부터 후쿠자와가 말하는 '지혜'란 인간의 '이성'을 가리킴을 알 수 있다. 그중에서도 기술을 발달시킬 수 있는 '과학적 이성'을 말한다.

그렇다면 자연과 문명의 관계는 어떠할까? 후쿠자와는 자연을 "하느님의 은택"이라고 말하고 있지만, 후쿠자와의 문명론에서 자연은 적극적인 의미를 부여받지 못한다. 그의 관심은 오로지 인간에게 편리함을 가져다주는 지혜에 쏠려 있기 때문이다. 그래서 후쿠자와의 문명론에서 자연은 '인간의 노예'로 전락한다.

> 인지(人智)로 천연(天然)의 힘을 범하고 (…) 지용(智勇)이 나아가는 바는 천지(天地)에 대적할 것이 없으며, 사람으로 하늘을 부리는 것과 같다. (…) 산·못·강·바다·바람·비·해·달의 부류는 사람의 노예라고 할 수 있을 뿐이다. 이미 천연의 힘을 속박해서 내 범위 안에서 농락하고 있기 때문이다.[2]

여기에서 '지용'은 앞에 나온 '지혜'의 다른 표현이다. '용(勇)'이라는 개념을 사용함으로써 "인간 이성으로 자연에 용감하게 맞선다"는 뉘앙스를 나타내고 있다. 후쿠자와의 표현을 빌리면, "천지에 대적한다," "하늘을 부린다," "농락한다" 등이 그것이다. 그래서 후쿠자와에게 있어 자연은 '인간의 노예'에 불과하다.[3] 이러한 자연관에서는 한나 아렌트가 설파한 것과 같은 "인간의 조건"으로서의 자연 개념은 찾아볼 수 없다.[4] 뿐만 아니라 현대철학자 제인 베넷이 제안한 "생동하는 물질"로서의 자연 개념도 희박하다.[5] 후쿠자와에게 있어 자연은 인간의 편리를 위해 존재하는 자원이나 도구 이상의 것이 아니기 때문이다.

이상의 자연관은 그 기원을 거슬러 올라가면 프랜시스 베이컨 (1561~1626)에게까지 도달한다. 베이컨은 인간은 자연을 관찰하고 조사함으로써 자연의 법칙을 발견할 수 있고, 그것을 통해서 자연을 활용할 수 있다고 보았다. "아는 것이 힘이다"라는 그의 말에는 이러한 함축이 담겨 있다. 이때부터 자연은 신의 현현, 즉 신성의 계시가 아니라 이용해야 할 상품으로 전락하였다. 이러한 자연 개념을 종교학자 카렌 암스트롱은 "세속적인 자연 개념"(secular concept of nature)이라고 하였다. 그리고 이와 같이 세속화된 자연 개념은 "자연의 신성성"(sacrality of nature) 관념이 뿌리 깊은 비서구 지역에서는 전폭적으로 받아들여지지 않았다고 보았다.[6] 실제로 일본 최초의 환경운동가인 다나카 쇼조(1841~1913)는, 『문명론의 개략』이 나온 지 30여 년 뒤에 "참된 문명은 자연을 황폐화하지 않는다"는 생태적 문명관을 제창하였다. 서구 근대를 지향한 후쿠자와의 세속적 자연관과 문명론을 정면으로 비판한 것이다.

다나카 쇼조 이후 1세기가 지난 지금, 기후변화 문제가 대두됨에 따라 베이컨이나 후쿠자와와 같은 자연관이 새롭게 비판받고 있다. 인류세철학자 시노하라 마사타케는 "근대 일본의 과제는 자연의 불안정성과 부자유스러움을 극복하는 것이었다"라고 지적하면서, "인간의 작위를 자연과 대립시키면서 인공적인 것을 만드는 작위를 '근대화'라고 생각한 마루야마 마사오의 근대론"을 비판하였다.[7] 여기에서 "작위와 자연의 대립"은 동아시아 철학의 개념으로 표현하면 '천인분리'에 해당한다. 자연을 인간의 거주지로 보는 것이 아니라 인간에게 위협적인 존재이자 정복되어야 할 대상으로 간주하는 것이다. 그래서 후쿠자와는 도학(道學)이 아닌 과학이야말로 진짜 학문으로서의 '실학'이라고 생각하였다. 이어서 마루야마는 그것을 "후쿠자와에 있어서 실학의 전환"이라고 평가하였다.

후쿠자와의 문명론이나 마루야마의 근대론에서는 자연의 신성성이나 자연에 대한 경외심은 찾아보기 어렵다. 인류세 인문학을 열었다고 평가받는 디페시 차크라바르티는 이것을 근대의 본질로 보았다. 즉 "근대가 된다는 것은 자연에 대한 외경을 상실하는 것"을 의미한다는 것이다.

> 19세기와 20세기의 근대화의 물결에서 전기와 기술의 조합과 도시와 시민의 증가를 통해, 인류는 인간 이외의 생물들에 대한, 그리고 자신들에게 주어진 것들에 대한 두려움의 감각을―그리고 외경의 감각을―극복하였다. 근대가 된다는 것은 근본적으로 두려움을 극복하는 것이다.[8]

이에 의하면 "근대가 되었다"는 것은 과학 기술의 발달로 인해 "자연에 대한 두려움을 극복하고 외경의 감각을 상실했다"는 것을 의미한다. 후쿠자와 유키치의 표현을 빌리면, "인간 지혜의 발달을 과신하고 자연을 노예로 간주하기 시작한 시대"이다. 그래서 근대화되었다는 것은 달리 말하면 "자연이 세속화되었다"(secularization of nature)[9]라고 바꿔 말할 수 있다. 자연으로부터 신성이나 외경의 감각이 탈색되었기 때문이다. 자연은 이제 과학적 탐구의 대상으로밖에 의미를 지니지 못하게 되었다.

그렇다면 이러한 '세속화'의 도전에 대해서 한국에서는 어떻게 대응했을까? 후쿠자와와 같은 일본의 근대화론자를 통해 문명화 개념이 확산되기 시작한 19세기말~20세기에 한국에서는 어떤 사상적 움직임이 일어났을까? 이 장에서는 1860년에 탄생한 동학과, 그것을 생명사상으로 현대화한 윤노빈, 김지하, 한살림운동을 중심으로 이 문제를 살펴보고자 한다.

2. 신성한 자아의 발견

1860년 4월, 경주 지방의 무명의 지식이었던 수운 최제우는 '동학(東學)'이라는 독창적인 사상운동을 전개하였다. 이 운동의 핵심에는 '시천주(侍天主)'라는 새로운 인간관이 깔려 있었다.[10] 시천주는 "하늘님(天主)을 모신다(侍)"는 뜻으로, 모든 인간은 자기 안에 '하늘님'으로 지칭되는 신적인 존재를 모시고 있다는 뜻이다.[11] 최제우에 이어 동학을 이끈 해월 최시형은 한편으로는 최제우의 인간관을 계승하면서, 다른 한편으로는 "사람이 하늘이고 하늘이 사람이다. 사람 밖에 하늘 없고 하늘 밖에 사람 없다"[12]라며 인간과 하늘을 일치시켰다. 인간을 신성화하고(人是天) 신성을 인간화한 것이다(天是人). 그리고 이러한 인간을 '천인(天人)', 즉 '하늘사람'이라고 명명하였다.[13]

이와 같은 인간관은 조선 유학의 그것과는 근본적으로 다르다. 유교에서는 인간은 성인(聖人)이 될 수 있는 '가능성'을 가지고 있다는 것까지만 말했기 때문이다. 이른바 '성선설'이 그것이다. 뿐만 아니라 조선의 유교는 사회적 차등이라는 신분 질서를 전제로 하고 있었다. 그래서 현실적으로는 누구나 성인이 될 수 있다는 명제는 일부 계층에 한정될 수밖에 없었다. 즉 노비나 농민과 같은 하층민에게는 성인이 되는 길은 처음부터 막혀 있었다.

반면에 최제우는 시천주의 인간관을 자각하자마자 자신이 거느리고 있던 노비 두 명을 해방시켰다. 그리고 한 명은 수양딸로, 다른 한 명은 며느리로 삼았다. 최시형 역시 사람은 이미 그 자체로 천인(天人)이라고 하면서, "어린아이를 때리는 것은 하늘님을 때리는 것"[14]이라고 하였다. 훗날 천도교에서 소파 방정환이 '어린이운동'을 전개한 것은 여기에 뿌리를 두고 있다. 천도교의 근대적인 어린이 인권운동은 동학의 인간관에서 시작된 것이다.

최제우의 동학 창도와 후쿠자와의 『문명론의 개략』은 불과 15년밖에 차이가 나지 않는다. 공간적으로도 그리 멀리 떨어져 있지 않다. 그러나 두 사람의 인간관은 하늘과 땅 차이이다. 후쿠자와가 인간의 본질을 '이성'으로 보고, 인간 이성을 통해서 자연을 정복할 수 있는 대상으로 보았다면, 최제우는 인간을 '신성'한 존재로 보고, 세상에 대한 '외경'의 태도를 강조했기 때문이다.[15]

최시형의 경우에는 최제우에서 한 걸음 더 나아가서 인간뿐만 아니라 만물도 "하늘님을 모시고 있다"고 하는 만물-시천주 사상까지 설파하였다.[16] 그리고 만물을 하늘님처럼 공경하라는 경물(敬物) 사상을 말하였다. 아울러 경물에 이르러야 인간의 도덕이 완성된다는 포스트휴먼적 도덕론을 말하였다.[17] 최제우의 시천주를 만물에도 적용하여, 인간 중심으로 논의되어 왔던 도덕의 범위를 자연의 영역으로까지 확장시킨 것이다. 그래서 최시형에 이르면 이 세상에 존재하는 것 중에 하늘 아닌 것이 없게 된다. 살아 움직이는 모든 것이 하늘처럼 신성한 존재로 여겨진다. 심지어는 동물끼리 서로 잡아먹는 행위조차도 "하늘의 작용"이라고 말하고 있다.

> 내 항상 말할 때에 만물이 하늘이요[物物天] 만사가 하늘이라[事事天] 하였나니, 만약에 이 이치를 인정한다면 모든 것이 다 (하늘이 하늘을 먹는) 이천식천(以天食天)이 아님이 없을 것이다. 이천식천은 어찌 생각하면 이치에 부합하지 않는 것처럼 들리지만, 이것은 인간의 편협한 이성[人心으

로 보기 때문이다. 만약에 하늘 전체로 본다면 (⋯) 이천식천으로 서로 기화(氣化)를 통하게 하는 것이다. (⋯) 이천식천은 하늘의 기화 작용으로 볼 수 있다. (⋯) 천지의 지극히 묘한 법칙은 모두 이 기화에 있다.[18]

여기에서 키워드는 '이천식천'이다. 그리고 그것을 설명하는 개념으로 '기화(氣化)'가 사용되고 있다. '이천식천'은 "하늘로(以天) 하늘을 먹는다 (食天)"는 뜻이고, '기화'는 '기(氣)의 변화'라는 말이다. 지금으로 말하면 '에너지의 변화' 정도로 이해할 수 있다. 이 말이 나오게 된 계기는 누군가 다음과 같은 질문을 했기 때문일 것이다: "만물이 하늘님이라면 '먹는' 행위는 하늘님을 죽이는 것이 아닐까요?" 즉 불교에서 말하는 '살생'의 문제를 제기한 것이다. 이에 대해서 최시형은 "그것은 하늘이 하늘을 먹는 기화 작용"이기 때문에 문제가 없다고 답하고 있다.

내가 무언가를 먹는다는 행위는 그 음식에 있던 기(氣)가 나에게로 이동하는 현상이다. 2009년에 개봉한 제임스 카메론 감독의 영화 〈아바타〉에서는 이것을 "너의 몸은 여기에 남아서 우리의 일부가 될 거야"라고 표현하였다. 사냥감이 된 동물의 생명력이 사냥을 한 사람들(나비족)의 몸으로 이동한다는 뜻이다. 그래서 나비족은 사냥을 한 직후에는 쓰러진 동물에 대해 미안함과 고마움을 표시하는 간단한 의식을 치른다. 자기를 위해 먹이가 되어준 피식자를 '희생자'로 간주하고, 그들을 성스럽게 하는 '희생제의'를 거행하는 것이다.[19]

최시형이 말하는 "하늘이 하늘을 먹는다"는 이러한 맥락에서 이해될 수 있다. 나를 위해 먹이가 되는 대상은 나의 생명을 유지하게 해 주는 신성한 '하늘'이다. 동학사상가 윤노빈의 표현을 빌리면, "사람은 한울님을 먹음(食天)으로써 한울님이 되는 것이다.”[20]

그래서 최시형은 무언가를 먹을 때에는 하늘님에게 알리는 '식고(食告)'의 의례를 행하라고 말한다. 〈아바타〉 식으로 말하면, 음식이 되어준 대상에 대한 미안함과 고마움을 하늘님에게 대신 알리라는 것이다. 여기에서의 '하늘님'은 개개의 하늘님을 포괄하는 전체로서의 하늘님을 말한다. 즉 희생이 되어준 동물도 하늘님이고 그것을 먹는 주체도 하늘님이지만, 그 하나하나의 하늘님들을 통칭할 때에도 '하늘님'이라고 말한다. 이때의 하늘님은 한자로 표현하면 천지(天地)가 된다. 천지는 지금으로 말하면 지구 시스템을 가리킨다.

지구 시스템의 차원에서 보면, 먹고 먹히는 자연계의 현상은 지구라는 생태계를 유지하기 위해 없어서는 안 되는 요소이다. 먹히는 자가 있어야 먹고 살 수 있고, 또 먹었던 자는 언젠가 먹히는 자로 전환되어야 자연계가 순환한다. 그런데 인간도 과연 그러할까? 자연계에서는 지구 시스템의 범위 안에서 먹고 먹히는 행위가 일어나는데, 인간도 그 법칙을 지킨다고 말할 수 있을까? 가령 미야자키 하야오 감독의 애니메이션 〈센과 치히로의 행방불명〉에는 목욕탕에서 닥치는 대로 집어삼키는 '가오나시'가 등장한다. 이 괴물로 둔갑한 가오나시가 먹는 행위를 “하늘이 하늘을 먹는다”고 말할 수 있을까? 이에 대해서 최시형은 구체적으로 설명하지 않는다. 다만 그의 설법에서 유추할 수 있을 뿐이다.

이천식천(以天食天)의 앞부분에 해당하는 '이천(以天)'은 직역하면 “하늘로서”라는 뜻이다. 여기에서 '로서'로 풀이되는 이(以)는 '자격'이나 '주체'를 나타내는 전치사이다. 그래서 “하늘로서”는 “하늘의 자격으로”나 “하늘의 태도로”라는 뜻이다. 좀 더 쉽게 말하면 “하늘답게”라고 바꿔 쓸 수 있다. 최시형이 보기에 자연계는 모두 "하늘의 기화 작용"에 부합하는 삶을 살고 있다. 문제는 인간이다. 인간은 탐욕으로 인해 기화의 법칙을 어기기 때문이다. 가오나시는 그러한 인간을 상징하고 있다. 실제로 동학농민혁명이 일어난 계기도 당시의 부패한 관료들의 지나친 '탐욕' 때문이었다. 윤노빈은 이것을 시천(侍天)이 아니라 시천(侍賤)이라고 하였다. 하늘님을 모시는 것이 아니라 "천함을 모신다"는 뜻이다.[21]

이처럼 '먹는다'는 행위는 자기 하나로 끝나는 문제가 아니다. 최시형이 "하늘 전체"라고 말했듯이, 그것은 천지의 기화와 관계되는 우주론적 의미를 띠고 있다. 항상 먹는 입장에만 있던 인간도 언젠가 죽게 되면 '먹히는' 자리로 이동해야 한다. 이때에는 인간을 먹는 미생물이 주어로서의 '하늘'(以天)이 되고, 인간은 반대로 먹히는 대상인 목적어 자리의 하늘로 옮겨가게 된다(食天). 주객이 전도되는 것이다. 이것이 자연의 법칙이다. 그래서 최시형은 "하늘이 하늘을 먹는다"를 "천지의 기화 작용"이라고 말한 것이다.

먹는 행위가 신성성을 띠는 이유가 여기에 있다. 그것은 우주 전체와 관계되는 행위이기 때문이다. 그래서 최시형의 철학에서는 식사와 제사가 구분되지 않는다. 먹는 행위 자체가 제사와 같은 성스러운 의식으로 간주된다. "이천식천"과 짝이 되는 "향아설위" 설법은 이러한 맥락에서 이해될 수 있다.

임규호가 물었다: "(나를 향해 제사를 지내는) 향아설위는 어떤 이유에서 말씀하신 겁니까?"

최시형이 답했다: "나의 부모는 시조(始祖)에서 시작해서 몇 만대를 거쳐

서, 그 혈기가 대대로 계승되어 지금의 나에게 이른 것이다. 부모의 심령 (心靈)은 <u>하늘님[天主]</u>으로부터 몇 만대를 계승하여 나에게 이른 것이다. 부모가 죽은 뒤에도 혈기는 나에게 남아 있고, 심령과 정신도 나에게 남아 있다. 그러므로 제사를 받들고 신위를 세우는 것은 자손을 위하는 것이 본위가 되어야 한다. <u>평상시에 식사를 하듯이</u> 신위를 세운 이후에는 정성을 다해서 <u>심고(心告)</u>하고, 부모가 살아계실 때의 교훈과 유업(遺業)을 생각하면서 맹세하는 것이 옳으니라."[22]

여기에서 맨 앞에 나오는 향아설위(向我設位)는 "나를 향하여 신위를 세우라"는 뜻으로, "향벽설위(向壁設位)"와 대비되는 개념이다. 향벽설위는 "벽을 향하여 신위를 세운다"는 뜻으로, 전통적인 유교적 제사법을 말한다. 유교에서는 돌아가신 조상을 제사의 대상으로 여기고, 조상이 벽에 앉아 있다고 가정하며 제사상을 차린다. 이것이 일반적인 향벽설위 제사법이다. 반면에 향아설위는 최시형이 새롭게 제시한 제사법으로, 나를 제사의 대상으로 삼는 제사이다. 그렇다면 내가 제사의 대상이 된다는 것은 어떤 의미일까? 이것을 이해하기 위해서는 최시형이 생각하는 '부모'와 '시조' 개념을 알아둘 필요가 있다.

먼저 최시형의 대답에서 맨 처음에 나오는 두 문장, "나의 부모는 시조 (始祖)에서 시작해서"와 "부모의 심령은 하늘님으로부터"에 주목해 보자. 여기에서 '나의 부모'가 한편으로는 '시조(始祖)의 후손'으로, 다른 한편으로는 '하늘님[天主]의 후손'으로 위치 지워지고 있다. 이로부터 시조와 하늘님이 동격으로 사용되고 있음을 알 수 있다. 나의 부모를 '시조로서의 하늘님'의 후손으로 간주하고 있는 것이다. 그 이유는 최시형의 철학에서는 만물의 진정한 부모는 '천지(天地)'라고 여겨지기 때문이다.[23] 한나 아렌트 식으로 말하면, 천지야말로 만물이 생존할 수 있는 조건이기 때문이다. 그래서 천지를 만물의 시조로서의 하늘님으로 모셔야 한다고 말하고 있다.

여기에서 최제우의 하늘님[天主]이 최시형에게로 오면 천지(天地)로 재해석되고 있음을 알 수 있다. 즉 최제우의 "하늘님을 모신다"(侍天主)는 명제가 최시형에서는 "천지를 (부모처럼) 모신다"(侍天地)로 이해되고 있는 것이다. 이처럼 부모 개념이 조상에서 천지로 확장된 이상, 조상에게 제사를 지낸다는 것은 결국 시조로서의 천지, 즉 하늘님에게 제사를 지내는 것이 된다. 따라서 최시형 철학에서는 조상제사가 '제천의례'적 성격을 띠게 된다.[24]

그런데 '조상제사=제천의례'라는 등식은 이미 최제우의 시천주적 인간관에서부터 예정되어 있었다. 그 이유는 지금 이 순간 하늘님을 모시고 있는 것은 죽은 귀신이 아니라 살아 있는 '나'이기 때문이다. 그리고 지금의 '나'에게 하늘님의 흔적이 가장 잘 남아 있기 때문이다("혈기는 나에게 남아 있고 심령과 정신도 나에게 남아 있다"). 그래서 "제사를 받들고 신위를 세우는" 본위는 지금의 '나'가 되어야 한다. 즉 죽은 조상이 아니라 살아 있는 내가 제사의 대상이 되어야 한다. 이것이 최시형의 향아설위의 논리이다.

여기에서 우리는 조선 유학에서는 찾아보기 어려운 '나[我]' 개념이 대두되고 있음을 알 수 있다. "나를 향해 제사를 지내라"는 말이 그것이다. '조상'이라는 가장(=가문의 대표)이 아니라 '내'가 주인으로 등장하고 있는 것이다. 그런 의미에서 동학은 '자아의 발견'이라고 해도 과언이 아니다. 그러나 이때의 자아는 서구 근대적인 '개인'으로서의 자아는 아니다. 내 안에 하늘님을 모시고 있는 '신성한 자아'(sacred self)이다. 내 안의 하늘님은 내가 어떻게 할 수 없는 절대적인 타자를 가리킨다. 그래서 모시지 않을 수 없다. 그리고 그 타자는 내 안에만 있는 것이 아니라 내 밖에도 있다. 나아가서는 전체로서의 하늘님, 즉 천지(天地)와 연결되고 있다. 그래서 나와 세계는 '신성성[天]'으로 이어진다. 그리고 세계를 대하는 나의 태도는 외경[敬]의 관계로 전환된다. 이것을 최시형은 '경천(敬天)'이나 '경물(敬物)' 개념으로 나타냈다.

마지막으로 위의 설법에서 주목할 만한 구절은 "평상시에 식사를 하듯이 신위를 세운 이후에는 정성을 다해서 심고(心告)하라"는 말이다. 여기에서 "평상시에 식사를 하듯이"라는 말로부터 최시형이 제사를 식사의 형태로 생각하고 있음을 알 수 있다. 즉 식사를 할 때 하늘님에게 마음으로 고하는 심고(心告)를 하듯이(이것을 특별히 '식고(食告)'라고 한다), 제사 역시 나를 위해 제사상을 차리고 하늘님에게 고하는 식고의 일환으로 보고 있는 것이다.

다만 제사와 식사가 다른 점은, 제사에서는 나와 하늘님 이외에도 나를 낳아준 부모, 즉 인간 부모에 대해서도 생각한다는 점이다("부모가 살아 계실 때의 교훈과 유업(遺業)을 생각하면서 맹세하는 것이 옳으니라"). 그러나 이미 내가 하늘님이 되었고 천지가 부모로 여겨진 이상, 전통적인 조상제사는 큰 의미를 갖지 못한다. 오히려 일상의 식사가 더 중요한 의례로 자리 잡게 된다. 동학에서 식고 의례를 중시하는 이유가 여기에 있다. 훗날 김지하가 최시형의 향아설위 설법을 논하면서 "식사가 제사이다"라고 한 것도 이러한 맥락에서 이해될 수 있다.[25]

한편 최시형은 위의 문답에 이어서 "상(喪)을 치르는 기간은 얼마나 되어야 하는가?"라는 질문에 다음과 같이 답하였다.

> 조재벽이 물었다: "상을 치르는 기간은 어느 정도로 하면 좋습니까?"
>
> 최시형이 답했다: "심상백년(心喪百年)이 옳다. 천지부모를 위하는 식고(食告)가 '심상백년'이다. 사람이 살아있을 때 부모를 잊지 않는 것이 (최제우가 말한) "영세불망"(영원히 잊지 않는다)이고, '천지부모' 네 글자를 지키는 것이 (최제우가 말한) "만사를 분명하게 안다(萬古事蹟分明)"는 말의 의미이다."[26]

여기에서 '심상백년'은 "마음으로 100년 동안 상을 치른다"는 뜻이다. 100년은 인간의 한평생을 가리킨다. 그래서 '심상백년'은 "평생 동안 마음으로 상을 지낸다"는 의미이다. 그리고 심상백년의 구체적인 예로 '식고'가 제시되고 있다. 즉 하루 세끼 밥을 먹을 때 천지부모인 하늘님에게 마음으로 고하는 식고가 '심상백년'이라는 것이다. 이러한 이해를 바탕으로 최시형은 최제우가 말한 "영세불망"을 "심상백년"으로, "만사지(萬事知)"를 "천지부모"로 각각 재해석하고 있다.[27] 이와 같이 최시형은 최제우의 '시천주'의 인간관을 확장시켜, 인간뿐만 아니라 천지와 만물까지 '성화(聖化)'하는 철학과 운동을 전개하였다. 그리고 해방 이후가 되면, 1970년대의 윤노빈, 1980년대의 김지하와 장일순으로 이어지게 된다.

3. 일상의 성화(聖化)

최시형의 철학은 그로부터 100여 년 뒤에 윤노빈과 김지하, 그리고 장일순과 한살림운동으로 부활한다. 먼저 윤노빈은 1974년에 쓴『신생철학』에서 동학의 탄생을 "人乃賤(인내천)에 대한 人乃天(인내천)의 혁명"이라고 규정하였다. "인간은 천하다(人乃賤)"는 생각을 "인간은 하늘이다(人乃天)"는 생각으로 뒤집은 코페르크쿠스적 혁명이라는 것이다.

> 인내천은 '인내천'에 대한 혁명(革名, 革命)이다. 인내천 사상이 혁명적인
> 것은 인간이 인간을 천대하던 과거 역사에 종지부를 찍었기 때문이다.
> (⋯) "사람이 바로 한울이다"라는 한마디의 웅변이 가짜 인본주의의 온갖
> 교언들을 침묵시키는 것이다. (⋯) 서양 군함에 실려 온 로고스적 과학기
> 술의 유물주의적 인간 천대의 대포 소리를 수운(=최제우)은 들었다. (⋯)
> 인내천 사상은 전통적 동양사상의 최첨단에서 탄생한 것인 동시에, 로고
> 스적 살인기(殺人機)를 능가한 활인기(活人機)로서 등장한 것이며⋯[28]

여기에서 "로고스적 과학기술의 유물주의"는 후쿠자와 유키치가 찬양한 서구 근대의 과학문명을 가리킨다. 그런데 윤노빈이 보기에 그것은 사람을 살리는 활인(活人)의 문명이 아니라 사람을 죽이는 살인(殺人)의 문명이다. 과학기술을 앞세워 이른바 제3세계의 국가들을 식민지 지배하는 도구로 사용했기 때문이다. 반면에 동학은 "사람이 하늘이다"는 인간관을 바탕으로 신분체제와 제국주의에 맞서 일어난 '활인' 사상이라고 평가한다. 여기에서 서양의 살인과 동학의 활인이 대비되고 있는데, 이러한 대

비는 최시형의 다음과 같은 설법에서 유래하고 있다.

> 서양의 무기는 세상 사람들이 대적할 수 없다. 무기는 살인기(殺人器)이고
> 도덕은 활인기(活人機)이다.[29]

여기에서 '살인기(殺人器)'는 '살인하는 도구'라는 뜻이다. 후쿠자와가
"문명이란 지혜를 사용해서 인간에게 편리한 '도구'를 만드는 것"이라고
할 때의 도구를 말한다. 그런데 최시형은 문명의 또 다른 측면인 '전쟁 도
구'를 경계하고 있다. 그리고 그것에 반대하는 입장으로 '활인 도덕'을 제
시한다. 여기에서 활인(活人)이나 도덕(道德)은 톨스토이 식으로 말하면
'비전(非戰)'의 입장이고,[30] 지금으로 말하면 '평화사상'으로 바꿀 수 있다.
최시형은 전쟁을 반대하고 평화를 지키는 '도덕'이야말로 진정한 문명이
라고 생각하였다.[31] 이러한 입장은 최시형이 동학 조직의 리더였을 때 일
어난 동학농민혁명(1894)에서도 유지되었다. 가령 전봉준은 자신이 이끄
는 동학농민군에게 "가급적 살생하지 말라"는 당부를 하였다.[32] 이러한
사실을 안 일본의 다나카 쇼조는 "동학당(東學黨)은 문명적이다"라고 평
가하였다.[33]

한편 최시형이나 윤노빈 또는 다나카 쇼조와 같은 문명관은 앞서 소개
한 영화 〈아바타〉에서도 이어지고 있다. 〈아바타〉는 새로운 자원을 찾아
미지의 행성 판도라로 떠나는 지구인의 이야기를 그리고 있다. 판도라 행
성에는 자연을 신성시하며 생태적으로 사는 나비족이 살고 있었다. 그런
데 지구인은 첨단 무기를 앞세워 나비족의 삶의 터전을 무차별하게 파괴
한다. 여기에서 지구인은 식민지 지배를 떠나는 백인들을, 나비족은 백인

들에 의해 삶의 터전을 빼앗기는 북미 인디언을 상징하고 있다. 동아시아 근대사로 말하면, 동학농민전쟁 당시의 일본군과 동학농민군을 연상시킨다. 당시 일본군은 '스나이더 총'이라는 첨단 무기로 동학농민군을 살육하다시피 하였다. 그 대표적인 현장이 '공주 우금티'이다. 그래서 스나이더 총은 최시형이 말한 '살인도구'(殺人器)에 다름 아니다. 윤노빈은 이와 같은 죽임의 행위에 저항하는 살림의 행위를 '신성하다'고 보았다. 그리고 인간을 죽임과 억압에서 해방 '하는' 행위가 바로 '하느님'이라고 하였다. "하는 님이 하느님이다"는 그의 유명한 테제가 여기에서 나온다.

한편 윤노빈은 동학의 인내천 사상을 '성화'라고 하는 종교적 개념으로 표현하였다. "인간의 사회적 성화(聖化)"가 그것이다. '사회적'이라는 수식어가 붙은 것은 동학이 기존의 사회적 질서에 반대하는 '혁명성'을 띠기 때문이다.

> 인내천(人乃天) 혁명의 내용은 소극적인 측면에서 볼 때 人乃賤(인내천)의 철저한 거부이지만, 적극적인 측면에서 볼 때 <u>인간의 사회적 성화</u>이다. 인내천 사상은 인간의 행위를 신적 행위에로 고양시켜 놓고자 한다. 한울님을 모시는 인간의 신적 행위(侍天)(…)야말로 인내천의 적극적 혁명성을 제시하고 있다.[34]

여기에서 윤노빈은 동학의 '인내천 혁명'에 담긴 의미를 "인내천(人乃賤)의 부정"이자 "인간의 사회적 성화"라고 설명하고 있다. 즉 人乃賤(인내천)의 세속화를 부정하고 人乃天(인내천)의 신성화를 지향한 종교혁명이라는 것이다. 여기에서 처음으로 '성화'라는 종교적 개념이 등장하고 있다.

동학운동을 세속화에 반대하는 종교운동으로 이해하는 것이다.

윤노빈의 동학 해석은 이후에 김지하로 이어진다. 김지하는 윤노빈으로부터 동학을 배웠다고 고백하면서,[35] 동학의 핵심은 생명을 회복하는 '활인(活人)'에 있다고 하였다. 그리고 윤노빈의 문제의식을 이어 받아서 「인간의 사회적 성화」(1984)라는 글을 썼다. 김지하의 동학 해석의 특징은 인간의 일상에 집중하고 있다는 점이다. 대표적인 예가 "밥이 하늘이다"라는 생명시이다.[36]

> 밥이 하늘입니다. 하늘을 혼자 못 가지듯이 밥은 서로 나눠 먹는 것.
> 밥이 하늘입니다. 하늘의 별을 함께 보듯이 밥은 여럿이 갈라 먹는 것.
> 밥이 하늘입니다. 밥이 입으로 들어갈 때에 하늘을 몸속에 모시는 것.
> 밥이 하늘입니다. 아아, 밥은 모두 서로 나눠 먹는 것.[37]

여기에서 김지하는 밥을 먹는 행위를 "하늘님을 모시는 것"이라고 말하고 있다. '밥'을 '하늘'로 간주하고, 밥을 먹는 행위를 하늘이 하늘을 먹는 '이천식천'으로 이해하고 있는 것이다. 그리고 밥을 먹는 행위가 "하늘이 하늘을 먹는 것"으로 인정받기 위해서는 혼자만 먹으려 해서는 안 되고 서로 나눠 먹어야 한다고 말하고 있다. 이것은 밥에 담긴 '사회적 성격'을 말한다. 윤노빈의 표현을 빌리면, 밥을 나눠 먹는 것이 '인간의 사회적 성화'이다. 이처럼 김지하의 동학 해석에서는, '밥' 그 자체는 물론이고 밥을 먹는 '행위'와 '방식'까지도 신성성과 사회성을 띠게 된다. 이것을 김지하의 표현을 빌리면 "신과 혁명의 통일"이다.[38] 밥을 신성한 것으로 여기는 데에서 밥을 나누는 혁명을 시작하고 있는 것이다.

김지하는 1980년대에 감옥에서 나온 뒤에 장일순과 한살림운동을 시작하였다. '한살림'은 "모두를 살린다"는 뜻으로, 그 사상은 1989년에 나온 〈한살림선언〉에 집약되어 있다.[39] 이 선언은 최혜성이 대표 집필을 하고, 김지하, 장일순, 박재일 등이 참여한 공동 작품이다. 분량은 A4로 16장 정도이고, 구성은 총 5장으로 이루어져 있다.

이 선언에서는 기계주의[40]와 자본주의로 대변되는 산업문명을 '생명소외' 체제라고 비판하면서, 기계문명이나 산업문명을 생태문명으로 대체할 것을 주장하고 있다.[41] 최시형이나 윤노빈 식으로 말하면, 생명을 죽이는 '살인문명'에서 생명을 살리는 '활인문명'으로 전환해야 한다는 것이다. 그런 의미에서 〈한살림선언〉은 〈신문명선언〉 또는 〈문명전환선언〉이라고 할 수 있다. 〈한살림선언〉의 첫머리는 "산업문명의 위기"라는 제목으로 시작되고 있다.

> 오늘날의 문명세계는 물질적 풍요를 가져다 준 반면 인간을 억압하고 소외시키고 나아가서 인류의 생존 기반이 되는 지구의 생태적 질서를 훼손시키고 파괴하고 있다. 일찍이 자연의 주인임을 자처하고 자연을 지배해 왔던 인간이 자연지배의 도구로 사용했던 기계와 기술에 사로잡혀 하나의 부품이나 계량적 단위로 전락해 버렸다. (1. 산업문명의 위기)

여기에서는 근대적 문명관과 자연관을 비판하면서, 그것으로 인해 인간이 기계와 기술에 의해 지배당하는 결과를 낳았다고 진단하고 있다. 즉 인간이 자연을 지배하기 위해 사용한 기계와 기술이 오히려 인간을 지배하게 되었다는 것이다. 동시에 지구를 "인류의 생존기반"으로 간주하면서, 산업문명이 지구의 생태적 질서를 파괴하고 있다고 고발하고 있다. 달리 말하면 후쿠자와 유키치 식의 문명론을 비판하면서 한나 아렌트 식의 자연관을 지지하고 있는 것이다.

그렇다면 기계문명을 대신하는 생태문명의 철학은 어디에 있을까? 〈한살림선언〉에서는 그것을 동학에서 찾고 있다.

> 동학사상은 하늘과 사람과 물건이 다같이 '한생명'이라는 우주적인 자각에서 시작해서 우주의 생명을 모시고(侍天) 키워 살림으로써(養天) 모든 생명을 생명답게 하는 체천(體天)의 도를 설파하였다. (4. 인간 안에 모서진 우주생명)

여기에서는 '시천주'의 '천주'(하늘)를 '우주생명'으로 해석하면서, 시천에 이어서 양천(養天)과 체천(體天)을 말하고 있다. 즉 동학의 실천을 '시천-양천-체천'의 세 단계로 정식화하고 체계화하고 있는 것이다. 그런데 이와 같은 분류법은 윤노빈의 『신생철학』(1974)에도 나온다. 따라서 윤노빈의 동학 해석이 〈한살림선언〉에도 반영되어 있음을 알 수 있다.[42]

〈한살림선언〉에서는 이어서 최시형의 철학을 '생태철학'으로 재해석하는 작업을 시도한다. 특히 그가 설파한 '밥' 철학에 주목하고 있다.

> 식고(食告)는 한울과 땅과 이웃으로부터 받은 생명의 양식을 다시 되돌려주겠다는 보은(報恩)의 의리(義理)를 맹세하는 일이다. 밥을 먹는 일은 성스러운 우주생명에 바치는 제사라 할 수 있을 것이다. 왜냐하면 자기 안에 계시는 한울님 앞에 생명인 밥을 바치기 때문이다. (…) 향아설위 사상

은 매일 매일의 일상적인 식사를 성스러운 제사로 그 본래의 의미를 찾게
하였다. 그러므로 '지금 여기' 우주생명을 모셔 기르는 산 사람 앞에 생명
의 근원이 되는 밥을 공양해야 할 것이다. (4. 인간 안에 모셔진 우주생명)

여기에서는 밥을 먹는 일을 자기 안의 우주생명에 바치는 제사라고 해
석하면서, 식고 의례는 그 밥을 제공한 우주 전체에 대한 보은의 표시라
고 말하고 있다. 나아가서 최시형의 '향아설위'를 "식사가 제사이다"라고
해석하면서, 식사라는 일상에 담긴 성스러운 의미를 되찾게 해 준 것이라
고 평가하고 있다. 이로부터 이 대목은 김지하의 생각을 정리한 것임을
알 수 있다. 이처럼 〈한살림선언〉에서는 동학을 생명사상으로 재해석하
여, 산업문명을 생태문명으로 전환하는 철학적 자원으로 삼고 있다.

한편 〈한살림선언〉이 나온 지 13년 뒤인 2002년, 한살림에서는 '모심과
살림연구소'를 설립하여 '한살림철학'을 체계화하는 작업을 진행하였다.
예를 들면 '모심과살림 총서'가 그것인데, 이 총서의 세 번째 책인 『살림
의 말들』(2004)은 일종의 '한살림철학 개념 사전'이라고 할 수 있다. 즉 '모
심', '한살림', '위기의 산업문명'과 같이 〈한살림선언〉에 나오는 키워드들
을 해설하고 있다. 이 외에도 〈한살림선언〉에는 안 나오지만 한살림철학
을 이해하는 데 중요한 개념들도 소개되고 있다. '일상의 성화(聖化)'가 그
것이다.

서구 근대는 신적(神的)인 영역, 즉 성(聖)의 세속화를 특징으로 하고 있습
니다. (…) 인간의 삶 속에 신적인 영역을 배제하고 인간 독자의 세계를 구
축했던 것입니다. 신이 창조한 자연의 신비를 거둬내는 과학기술의 진보

는 계몽주의의 지향점을 정확히 반영하면서 인간에게 풍요로운 미래를 약속했습니다. 그 약속의 실현이 기계론과 요소론을 기본으로 하는 산업문명으로 드러났던 것입니다.

이 글은 『살림의 말들』에 수록된 "일상의 성화"라는 문장의 첫 머리이다. 여기에서는 서구 근대의 특징을 '세속화'로 보고, 그 결과가 기계론을 토대로 하는 산업문명으로 드러났다고 진단하고 있다. 다음에는 이에 대한 대안으로 동학운동이 소개되고 있다.

> 그런데 19세기 말 동학(東學)의 사상이나 운동은 서구 근대의 계몽주의와는 정반대의 운동방향, 즉 세속과 일성을 성화(聖化)하는 것을 목표로 삼습니다. 사람을 하늘처럼 여기라 하고(事人如天), 밥 먹고 똥 싸고 잠자고 일하는 일상 속에 한울님을 모시지 않는 것이 없다(日用行事 莫非侍天主也)하고, 모든 일, 모든 물건이 한울님(物物天 事事天)이라 합니다. 천지만물 속에 거룩한 신성(神性)이 있다는 것을 깨닫고 그렇기 때문에 천지만물 모두를 공경해야 한다고 합니다. 생명운동은 동학의 문제의식과 사상을 그대로 이어받아 일상의 성화를 운동의 지향으로 삼습니다.

여기에서는 동학운동의 지구사적 의미를 서구 근대의 세속화 경향에 반대하는 '일상의 성화' 운동이었다고 평가하고, 자신들의 '생명운동'은 동학의 문제의식을 잇고 있다고 천명하고 있다. 이상의 현실 진단과 문제의식을 바탕으로 결론에서는 한살림운동의 목표를 다음과 같이 밝히고 있다.

서구 근대 계몽주의가 인간의 물질적 풍요를 위해 만물을 도구화했다면, 생명운동은 만물이 가진 독자적 가치를 인정하고 더 나아가서 공경함으로써 인간 자신의 삶을 성화시킵니다. 그리하여 인간과 자연, 만물이 조화로운 삶을 실현하려고 합니다.[43]

여기에서는 '일상의 성화'를 통해 산업문명의 한계를 극복하고, 천지인이 조화로운 생태문명을 이루고자 한다는 포부를 밝히고 있다. 이상이 『살림의 말들』에 수록된 "일상의 성화"의 거의 전문이다.

이상을 통해 알 수 있는 사실은 '일상의 성화'야말로 한살림운동의 정체성을 보여주는 핵심 키워드라는 사실이다. 나아가서 그것은 한살림운동이 계승했다고 하는 동학사상과 운동의 키워드이기도 하다. 특히 "동학은 서구 근대의 세속화 방향과는 정반대의 방향으로 나아갔다"는 표현은 핵심을 찌르고 있다. 이 글의 서두에서 밝혔듯이, 동학은 후쿠자와 유키치가 지향했던 서구 근대의 인간관과 자연관과는 정반대의 인간관과 자연관을 표방했고 있기 때문이다.

이처럼 동학은 '세속화'로 대변되는 서구 근대의 틀로는 도저히 설명될 수 없는 또 다른 세계를 지향하였다. 그리고 그 지향성은 윤노빈과 김지하를 거쳐 한살림으로 이어지고 있다. 이 흐름들을 묶는 공통의 키워드는 '일상의 성화'이다. 그런데 생태위기와 기후변화로 인류의 생존이 위협받는 인류세 시대에 '성화'가 다시 주목받고 있다. 카렌 암스트롱의 『성스러운 자연』이나 디페시 차크라바르티가 강조한 '외경의 회복' 등이 그것이다. 동학이 꿈꿨던 '일상의 성화'는 이제 전 인류의 과제가 되고 있다.

3부

세속주의의 전개
: 나라별 접근

세속-종교-미신의 3분법을 통해 본 신사참배의 정치학

─ 근대 일본을 중심으로

이진구

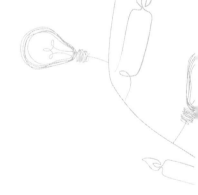

1. 들어가는 말

메이지유신 이전 대부분의 일본인은 천황(天皇, 텐노), 우두천왕(牛頭天王, 고즈텐노), 사천왕(四天王, 시텐노)을 유사한 형태의 초자연적 존재로 인식하였으며 세 용어를 혼용하기도 하였다. 그러나 제국헌법 시행 이후 정부의 공식 정책에 의해 세 텐노의 운명은 결정적으로 달라졌다. 천황의 신성한 계보는 역사적 사실로 간주되어 누구나 믿어야 하는 의무가 되었고, 우두천왕에 대한 믿음은 미신으로 여겨져 금지되었고, 사천왕에 대한 믿음은 종교로 간주되어 개인의 선택에 맡겨졌다.[1]

식민지 시대 이전 한국 사회에는 다양한 신앙이 존재하고 있었다. 오랜 역사를 지닌 불교를 비롯하여 서구에서 들어온 기독교, 서학(천주교)의 대항마로 등장한 동학(천도교), 그리고 일본 거류민을 따라 들어온 천리교 등 다양한 신앙 형태가 각축을 벌이고 있었다. 그런데 식민지로 편입된 이후 조선총독부가 제정한 포교규칙(1915)에 의해 이들의 법적 위상은 달라졌다. 불교와 기독교, 천리교는 종교로 간주되고 천도교는 유사종교(종교유사단체)로 분류되었다. 이로 인해 일반인의 눈에는 비슷한 종교시설로 보였던 경성역 부근의 세 건물은 총독부에 의해서는 서로 다른 범주로 취급되었다. 남산의 조선신궁(1925)은 비종교시설, 경운동의 천도교 대교당(1921)은 유사종교시설, 경성역 건너편의 천리교회당(1917)은 종교시설로 간주된 것이다.

제국 일본과 식민지 조선이 보여주는 이 두 풍경은 동아시아 사회에 새로운 분류체계가 탄생하였음을 의미한다. 천황의 신성한 계보를 '역사적 사실'로 간주하고 조선신궁을 '비종교시설'로 간주한다는 것은 양자를 '세속'의 범주에 포함시킨다는 것을 의미한다. 따라서 제국 일본의 분류체계는 세속-종교-미신, 식민지 조선의 분류체계는 세속-종교-유사종교의 3분법으로 각각 표현할 수 있다. 후술하겠지만 유사종교는 미신의 범주와 중첩되거나 포섭되는 경우가 많으므로 세속-종교-유사종교의 3분법은 세속-종교-미신의 3분법에 포함될 수 있다.

그런데 이러한 3분법은 무엇을 의미하며 그 배후에 존재하는 것은 무엇일까? 본고에서는 이를 세속주의(secularism)로 규정한다. 세속주의는 매우 포괄적인 개념이기 때문에 그 성격을 한마디로 규정하기는 힘들다. 그렇지만 종교자유와 정교분리가 세속주의의 핵심이라는 점에 대해서는 별다른 이의가 없을 것이다.[2] 역사적으로 세속주의는 '종교전쟁의 해결사'라는 후광을 지니고 부상하였다. 주지하다시피 종교개혁 이후 전 유럽사회는 종교전쟁으로 초토화되었고 그때 해결책으로 등장한 것은 교회와 국가의 분리를 통한 양심의 자유 보장이었다. 그 후 종교자유와 정교분리는 근대 국민국가의 기본 규범 및 통치 원리로 자리잡았다.[3] 그런데 여기에는 공사 이분법이 전제되어 종교는 사적 영역, 정치는 공적 영역에 배치된다. 따라서 종교는 공적 영역인 정치에 개입하지 않는 조건하에서 자유를 보장받으며 국가는 사적 영역인 종교에 개입하지 않는다는 것이 세속주의의 기본 전제다.

이렇게 보면 세속주의는 종교-세속 이분법에 근거해 있다. 기존 연구도 이러한 이분법의 형성 과정과 작동방식 및 효과를 규명하는 데 초점을 맞춰 왔다.[4] 그렇지만 심층적으로 보면 종교-세속의 이항구조에는 제3의 범주가 작동하고 있다. 미신의 범주가 그것이다. 미신은 종교의 타자인 동시에 세속 영역을 대표하는 과학의 타자로 존재하기 때문이다. 근대 사회에서 널리 통용되는 종교-미신, 과학-미신, 종교-과학의 이분법은 이를 증명한다. 따라서 세속주의의 작동 방식을 좀 더 입체적으로 파악하기 위해서는 이러한 이항구조들을 포섭하는 세속-종교-미신 3분법에 주목할 필요가 있다.[5]

19세기 후반 동아시아 사회는 서구 세력의 영향으로 국민국가 체제를 출범시키게 된다. 메이지유신을 통해 동아시아 국가 중 가장 먼저 근대 국민국가로 탄생한 일본은 식민지 건설과 전쟁을 통해 제국주의의 길로 나아갔지만 세속주의를 그 기반으로 하였다. 제국헌법에 천명된 종교자유의 원칙과 그것의 제도적 장치로 마련된 정교분리가 그 증거다. 물론 그 배경에는 세속-종교-미신의 3분법이 작동하고 있었으며 이는 식민지 사회에도 해당한다.

제국 일본과 식민지 조선에서 일어난 사회적 갈등 가운데 세속주의의 3분법과 관련하여 주목할 필요가 있는 사례는 신사참배 문제다. 주지하다시피 일제는 신사참배를 국가의식 내지 국민도덕이라고 주장하면서 본국만이 아니라 식민지에서도 국민의 의무로 받아들일 것을 요구하였다. 그로 인해 종교자유의 권리와 국민의 의무 사이의 관계를 둘러싸고 사회적 갈등을 빚게 되었다. 특히 기독교의 경우 신사참배 문제를 계기로 국가권력과의 관계에서만이 아니라 내부에서도 심각한 갈등을 겪게 되었다. 이러한 갈등에는 세속-종교-미신의 3분법이 작동하고 있었고, 이러한 분류체계는 각 주체에 의해 담론 투쟁의 주요 무기로 활용되었다. 이는 분류체계가 단순한 지적 추상적 관념이 아니라 정치적 효과를 발휘하고 있음을 의미한다.[6]

이 글에서는 먼저 일본에서 근대 국민국가가 형성되는 과정을 세속주의와 관련하여 살핀다. 즉 메이지유신을 통해 탄생한 근대국가가 전통적인 '교' 개념에 근거한 초기의 신도국교화 노선을 포기하고 근대적인 '종교' 개념에 근거한 국가신도체제로 재편되는 과정을 살핀다. 이어서 국가신도체제가 '신사비종교론'에 근거하여 신사참배를 국가 통합의 엔진으로 삼는 동시에 종교 통제와 미신 타파에 나서는 과정을 살핀다. 마지막으로 국가권력에 의한 신사참배 강요에 대해 일본 기독교계가 어떠한 대응을 하였는가를 신사종교론(신사참배거부론), 신사종교+비종교론(조건부 신사참배수용론), 신사비종교론(신사참배수용론)으로 나누어 살핀다. 이러한 작업을 통해 신사참배 논쟁에서 세속-종교-미신의 3분법이 차지하는 위상과 그것의 효과를 검토한다.

지금까지 신사참배 문제에 대해서는 적지 않은 연구가 진행되어 왔다. 특히 한국 기독교사 연구자들을 중심으로 일제의 신사참배 강요와 그에 대한 기독교계의 대응 양상을 조명하는 작업이 적극적으로 행해져 왔다. 이러한 선행연구를 통해 일제의 종교정책을 비롯하여 미국 정부와 해외선교부, 복음선교와 교육선교, 선교사와 한국 기독교인, 교리와 신학 등의 변수가 신사참배 문제에 끼친 영향과 효과가 다각도로 조명되었다.[7] 그렇지만 일본 본토에서의 신사참배와 기독교의 관계에 대해서는 충분한 관심이 주어지지 않았을뿐더러[8] 이를 세속주의와 관련하여 접근한 연구는 보기 힘들다. 따라서 이 논문은 근대 일본에서의 신사참배 문제를 세속주의의 3분법과 관련하여 조명함으로써 국내 학계의 신사참배 연구를 확장, 심화하는 데 일조하고자 한다.

2. 국가신도체제의 성립과 세속-종교-미신의 3분법

1868년 메이지유신에서 1945년 패전에 이르는 80여 년의 일본 근대사는 다양한 각도에서 조명할 수 있지만 '국가신도체제의 형성과 해체'로 특징지을 수 있을 것이다. 물론 국가신도라는 용어는 전후 일본을 점령한 미군정에 의해 본격적으로 사용되었기 때문에 용어의 적합성에 대한 문제 제기만이 아니라 이 용어가 가리키는 대상과 성격 등에 대해서도 견해가 분분하다.[9]

이러한 한계에도 불구하고 이 용어가 본고의 관심사를 논의하는 데 유용성을 지니고 있다고 보고 사용하고자 한다. 이소마에 준이치에 의하면 국가신도란 "신사를 통해 천황제 내셔널리즘을 일본국민에게 교화하려고 했던 전전(戰前)의 사회체제"다. 다시 말하자면 "일본사회가 서양 근대화의 물결 속에서 기독교에 대항하는 형태로 일본 토착신앙과 전통적인 궁중제사를 결합하면서도, 동시에 그것을 서양적 정교분리 및 국민국가의 이념과 합치시키려고 했던 종교적 정책"이다.[10] 이 정의에 등장하는 '서양 근대화', '정교분리', '국민국가의 이념'과 같은 용어는 국가신도가 세속주의의 자장 속에 존재하고 있음을 암시한다.

그러면 국가신도체제는 어떠한 과정을 거쳐 성립하였는가? 이 부분은 기존 연구를 통해 널리 알려져 있기 때문에 간략히 검토한다.[11] 메이지정부의 초기 정책은 신도국교화로 규정할 수 있다. 이는 두 측면으로 전개되었다. 하나는 불교와 기독교 세력의 견제이고 다른 하나는 고대 신기제도의 부활이다. 불교에 대해서는 '신불판연령'(1868)을 통해 신도로부터 불교의 색채를 제거하는 전략을 취했고, 기독교에 대해서는 막부시대의 기독교 사교관(邪敎觀)을 계승한 반기독교 전략을 취했다. 한편 고대의 신기제도를 부활하여 신기관을 설치하고 국민 대상의 신도적 교화에 나서는 동시에 전국 신사의 사격(社格)을 제정하고,[12] 전국 신사를 국가의 관할하에 두었다. 그러나 이러한 신도국교화 작업은 실패로 끝났다. 그러자 메이지정부는 1872년 신기관의 후신이었던 신기성을 폐지하고 교부성(敎部省)을 설립하였다. 1877년까지 지속된 교부성 시기에는 교도직(敎導職)을 신설하고 신관이나 국학자만이 아니라 불교 승려 등도 포함한 국민교화운동을 전개하였으나 이 역시 성공하지 못했다.

10여 년에 걸쳐 국가가 주도한 신도 중심의 국민교화운동이 실패하자 커다란 궤도수정이 이루어졌다. 이른바 '제교분리'(祭敎分離)가 새로운 대안으로 등장했다. 이는 신도의 요소 중 '제사'의 측면과 '교화'의 측면을 분리하는 것으로서, 신도를 신사신도와 교파신도로 이원화하는 전략이기도 하다. 이에 따라 신사신도는 제사에 관여하고 교파신도는 교화에 관여하게 되었다. 그리고 신사신도는 국가의 관할하에 들어가고 교파신도는 관장이 책임을 지고 포교에 임하도록 했다.[13] 1882년 신관과 교도직(敎導職)의 분리 및 1884년 교도직 제도의 완전 폐지는 이러한 '제교분리'의 산물이다.[14]

그런데 이때 '제교분리'는 사실상 '정교분리'를 의미한다. 그럼에도 불구하고 정교분리 대신 이 용어가 사용된 것은 이때까지만 하더라도 근대적인 '종교'(religion) 개념 대신 전통적인 '교'(敎) 개념이 널리 통용되고 있었기 때문이다. 즉 '교의 패러다임'이 아직 잔존하고 있었기 때문에 '교화'라고 하는 전통적인 용어가 종교 개념을 대신하고 있었던 것이다. 그렇지만 '종교의 패러다임'이 정착하게 되면서 정교분리가 일반적 용어로 자리 잡게 된다.[15]

앞서 이소마에 준이치가 국가신도의 성격을 "서양적 정교분리 및 국민국가의 이념"과 관련하여 파악했듯이 국가신도체제에서 정교분리는 핵심 요소다. 이 글의 서두에서도 국민국가의 지배 이데올로기인 세속주의가 종교자유와 함께 정교분리를 핵심으로 하고 있음을 지적한 바 있다. 정교분리와 종교자유에 확고한 법적 권위를 부여한 것이 제국헌법 (1889)[16]이다. 따라서 근대 일본의 세속주의와 관련하여 국가신도의 성격을 좀 더 분명하게 파악하기 위해서는 제국헌법의 관련 조항을 면밀히 검토할 필요가 있다.

제국헌법의 종교자유 조항은 제28조로서 "일본신민(臣民)은 안녕질서를 방해하지 않고 신민의 의무에 위배되지 않는 한 신교(信敎)의 자유를 가진다."로 되어 있다. '안녕질서와 신민의 의무' 그리고 '신교의 자유'라는 표현을 통해 종교자유와 정교분리의 원칙을 추론할 수 있지만 헌법 조문이기에 다소 추상적이다. 이 조항의 의미를 좀 더 분명하게 파악하기 위해서는 헌법 기초자의 의도에 주목할 필요가 있다. 제국헌법의 기초 및 제정 과정에서 가장 핵심적인 역할을 한 이토 히로부미는 헌법 반포와 동시에 헌법의 취지와 내용을 밝히는《帝國憲法皇室典範解義(제국헌법황실전범해의)》(1889)[17]를 발간하였다. 이 책은 그 후 종교자유에 관한 논쟁이 일어날 때마다 해석의 가이드 역할을 하였다. 따라서 이 텍스트에 나타난 종교자유 조항을 세밀히 검토할 필요가 있다.

제28조를 해설한 부분은 크게 두 부분으로 되어 있다. 앞부분은 종교자유가 등장하게 된 역사적 배경과 그 의미를 논한 것이고 뒷부분은 종교자유의 범위와 정교의 관계에 대한 것이다. 앞부분의 내용을 요약하면 이렇다. 서구에서는 과거에 종교가 번성하였으나 정치와 결합하는 바람에 "유혈의 참극"이 일어났는데 4백 년 전부터 "신교자유설의 맹아"가 발생했다. 프랑스 혁명과 미국의 독립 이후 이 설이 널리 확산되어 현재 각국은 국교 제도를 채택하거나 특정 종교에 우월한 지위를 부여하는 경우는 있지만 법률적 차원에서는 모든 개인에게 신교의 자유를 부여하고 있다. 따라서 종교가 다르다고 하여 살육·모욕하거나 사적 공적 차원에서 권리를 차별하는 것과 같은 "누습(陋習)"은 "역사의 뒤안길"로 사라졌다. 그러면서 신교의 자유야말로 "근세문명의 일대미과(一大美果)"라고 예찬한다.[18]

종교자유의 범위와 정교 관계를 논한 뒷부분에서는 종교자유를 내심의 자유와 외적 차원의 자유로 구분하여 설명한다. 요약하자면 이렇다. "본심의 자유" 혹은 "무형의 권리"에 해당하는 내심의 자유는 국법이 간섭할 수 없다. 따라서 "국교를 세워 특정 신앙을 강요하는 것"은 "인지자연(人知自然)의 발달과 학술진보(學術競進의 運步)의 장애"가 되고 어떤 나라도 정치상의 권위를 이용하여 "교문무형(教門無形)의 신의(信依)"를 제압할 권리나 기능을 가질 수 없다. 그렇지만 예배·의식·포교·연설·결사·집회의 경우처럼 신앙이 외부로 표현되는 경우에는 법률과 규칙으로 제한할 수 있다. 요컨대 어떠한 종교도 "신명(神明)에 봉사하기 위해 법헌을

벗어나 국가에 대한 신민의 의무를 피할 권리"를 갖지 않는 것, 이것이 정치와 종교의 경계선이다.[19]

이 헌법 해설서의 특징은 두 측면에서 찾아볼 수 있다. 첫째는 국교제도의 거부다. 앞서 보았던 이토의 서술에서 나타나듯이 당시 서구 국가 중에는 국교제도를 채택한 국가들이 있었을 뿐만 아니라 당시 그가 자문을 구했던 유럽의 헌법학자들로부터 국교제도 채택을 권유받기도 했다. 그렇지만 그는 이를 단호히 거부했다고 한다.[20] 전시체제로 접어들면서 일부 신도주의자를 중심으로 신도를 국교화하려는 움직임이 있었지만 정부 측은 이 조문 해설을 근거로 국교 제정을 막았다. 물론 국가신도 연구의 초석을 닦은 무라카미 시게요시처럼 국가신도의 본질은 국가종교였다고 말할 수 있다.[21] 그렇지만 엄밀하게 보자면 국가신도(State Shinto)와 국교(state religion)는 다른 범주에 속한다.[22] 국교제도는 법적 차원에서 특정 종교를 국가종교라는 '종교'의 범주에 넣는 반면, 국가신도 체제는 법적 제도적 차원에서 국가(신사)신도를 '비종교'의 범주에 넣기 때문이다. 물론 이는 '신사비종교론'에 근거한 것으로서 뒤에서 다루게 될 신사숭경의 의무화와 신사참배 논쟁의 배경이 된다.

둘째는 신앙(belief)/행위(practice)의 이분법이다. 인간의 내면에 있는 신앙은 국가가 간섭할 수 없지만 그것이 외부로 표현되었을 경우에는 법에 따라 규제할 수 있다는 논리다. 사실 이러한 이분법은 '내면의 법정'(forum interrum)과 '외면의 법정'(forum externum)이라는 비유에 근거한 것으로서 대부분의 국민국가가 공공질서의 수호를 내세워 채택하고 있다.[23] 그렇지만 인간의 내심과 외적 행위는 완전히 분리될 수는 없다. 따라서 신성불가침한 것으로 간주되는 내심의 자유는 외적 자유의 억압에 의해 침해될 수 있다. 그러므로 국민국가가 보장하는 종교자유의 약속은 종교규제의 현실로 이어진다.[24] 종교자유를 천명한 제국헌법의 발포 직후 메이지정부가 종교규제 활동에 나선 것은 이 때문이다.

1899년 내부(內部)는 포교 활동에 종사하려는 자들에게 거주지 등록 의무 및 새로운 교회의 설립이나 종교 목적의 단체를 조직할 때 정부 허가를 받도록 했다. 허가 없이 활동한 경우 구속되거나 투옥되었다. 식민지 조선에서는 서두에서 언급한 포교규칙(1915)을 제정하여 공인종교를 대상으로 한 통제를 시도하였다. 1939년에는 종교 관련 규정들을 통일한 종교단체법이 제국의회를 통과하였다.[25] 이러한 종교통제는 신사국, 종교국, 경무국이라는 세 부서의 명칭과 역할을 통해 그 성격을 짐작할 수 있다. 신사국은 신사신도, 종교국은 공인종교(불교, 기독교, 교파신도), 경무국은 유사종교를 관장했는데 이는 세속-종교-유사종교의 3분법을 보여준다.[26]

제국헌법에는 미신에 관한 규정이 없지만 정부는 미신 퇴치와 미신 척결을 체계적으로 전개하였다. 여기서 잠시 미신과 유사종교의 관계에 대해 살펴볼 필요가 있다. 미신이 신념(belief)의 형식으로 존재한다면 유사종교는 조직(organization)의 형태로 존재한다. 미신이 허용된 믿음(permitted belief)의 위험한 타자로서 잘못된 믿음(errant belief)이라면 유사종교는 공인종교의 위험한 타자다.[27] 유사종교의 경우 정치단체라는 혐의만이 아니라 미신성을 이유로 공격을 받는 경우가 많으므로 유사종교와 미신 개념 사이에는 중첩지대가 존재한다.

국가가 미신 퇴치를 위해 취하는 주요 방법은 계몽이라는 이름의 교육이다. 메이지정부는 수신교과서에 미신 목록을 게재하고 학생들에게 그것들을 믿지 말라고 가르쳤다. 이때 유령이나 괴물과 같은 비가시적 존재는 실재하지 않는 것으로 배제되지만 비가시적 세계가 전적으로 제거되는 것은 아니다. 국가의 신들과 전사자의 영(靈)은 숭배의 대상이 되었다. 또한 개-신, 날개달린 고블린, 인간-여우 등 부정적 연상을 지닌 초자연적 존재들은 제거의 대상이 되는 반면, 조상령, 신들, 보살, 천사처럼 제도종교와 긍정적 관련을 맺고 있는 존재들은 미신 목록에 오르지 않는다. 국가는 '이성의 빛'에 의해 '악'으로 판단되는 존재들은 추방하고 '선'으로 판단되는 존재는 선택사항으로 남겨 놓는 것이다.[28] 물론 이때 '악'은 미신, '선'은 종교와 관련된다. 이처럼 과거에는 주술적 동물, 악마, 신들, 부처들과 같은 영적 존재들 사이에 연속성이 있었지만 과학의 권위가 등장하면서 '허용된 존재'와 '제거되어야 할 존재' 사이에 쐐기가 박힌 것이다.[29] 이것이 세속(과학)-종교-미신의 3분법의 작동 방식이자 효과다.

이처럼 국가신도 체제로 특징지어지는 근대 일본 국민국가는 신사신도와 과학과 도덕으로 세속의 영역을 채우고, 공인종교(불교, 기독교, 교파신도)로 종교 영역을 관장하게 하고, 유사종교를 미신의 영역과 관련지으면서 세속주의의 3분법을 작동시켰다. 그런데 이러한 3분법은 신사참배 논쟁에서 주역을 담당하는 기독교의 대응 담론에서도 그 모습을 드러낸다.

3. 일본 기독교계에 나타난 신사참배 담론의 세 유형

메이지시대에 신사비종교론이 등장한 이후 국민도덕의 증진과 충군애국의 방편으로 신사숭경이 강조되었다. 이는 신사참배의 장려로 나타났고 시간이 갈수록 신사참배는 강제적 형태를 띠었다. 신사참배가 본격적인 사회 문제로 부각한 것은 1930년대 들어서이다. 1932년 가톨릭 계통의 조치(上智)대학 학생들이 야스쿠니신사 참배를 거부하고, 1934년 개신교 계통의 미노(美濃)미션 산하 소학교 학생들이 이세신궁 참배를 거부하면서부터 신사참배가 사회적 쟁점으로 부각하였다.[30]

여기서는 당시 일본 기독교계의 주요 잡지에 등장한 신사참배 관련 논의들을 살펴보고자 한다. 그 전에 먼저 1930년 일본 기독교계가 55개 단체의 이름으로 신사제도조사위원회에 제출한 〈신사문제에 관한 진언〉을 살펴보자. 이 건의안은 신사가 본래 '종교'인데 정부가 이를 '비종교'로 취급하는 바람에 혼란과 모순이 생긴 것이라고 하면서 그에 대한 해결책을 다음과 같이 제시하고 있다.

1. 신사에 관한 본질적인 연구조사를 수행하여 신사가 종교인지 아닌지의 문제를 명백히 해결하고 초종교(超宗教)나 그 이외의 어떤 명목으로도 이것을 애매하게 하지 말 것.

2. 신사를 종교권 밖에 두는 것이라면 그 숭배의 의의 및 대상을 분명히 하여 교파신도와의 혼동을 막고, 제사의식의 종교적 내용을 제거하고, 기원, 기도, 신찰호부(神札護符)의 수여, 장례집행, 그 외 모든 종교적 행위를 폐지할 것

3. 신사를 종교권 내에 두기로 하면 직접적 간접적으로 종교행위를 국민에게 강요하지 말 것.

4. 사상 선도 및 교화 사업 등의 영역에서 국민 각자의 양심의 자유를 존중하고 이른바 학생 참배 강제 문제, 가미타나 문제 등과 같은 한탄스러운 일이 일어나지 않도록 할 것.

5. 제국헌법이 보장한 신교자유의 본의를 밝혀 본 문제 해결의 기조로 삼

을 것.[31]

요컨대 신사의 정체를 '초종교' 등의 용어를 사용하면서 모호하게 하지 말고 분명히 밝히라는 것이다. 만일 신사가 종교라면 신사참배를 강요하지 말고 종교가 아니라면 신사에서 종교적 요소(기원, 기도, 신찰호부의 수여, 장례집행 등)를 제거하라는 것이다. 여기서 주목할 만한 것은 정부가 '초종교' 등의 용어를 사용하면서 신사의 정체성을 흐리고 있다는 지적과 함께 종교(양심)자유를 신사문제 해결의 기본 원칙으로 삼으라는 요구이다. 이 건의문은 신사참배 문제에 대한 당시 일본 기독교계의 인식을 대변하고 있다고 할 수 있지만 소략하기 때문에 다른 자료들을 통한 보완적 검토가 필요하다. 따라서 이하에서는 당시 일본 기독교계 주요 잡지에 나타난 신사참배 관련 자료에 대한 분석을 통하여 일본 기독교의 신사참배 담론의 지형을 그려보고자 한다.

당시 일본 기독교계는 신사참배 문제에 대응하는 과정에서 다양한 담론을 생산하였지만 크게 보면 세 유형으로 나누어 볼 수 있다. 첫째는 신사를 종교시설로 간주하면서 신사참배를 거부하는 신사종교론(신사참배 거부론), 둘째는 신사를 종교적 요소와 비종교적 요소가 혼재된 공간으로 보고 종교적 요소의 제거를 전제로 신사참배를 수용하는 신사=종교+비종교론(조건부 신사참배수용론), 셋째는 신사를 비종교시설로 보면서 신사참배를 수용하는 신사비종교론(신사참배수용론)이다.

앞서 살펴보았듯이 신사참배 강요의 배후에는 신사비종교론이 있고 신사비종교론은 세속주의 담론인 정교분리 및 종교자유와 연계되어 있다. 따라서 신사참배에 대한 기독교계의 대응에도 종교-세속의 이분법 혹은 세속-종교-미신의 3분법이 작동하게 된다. 이 점을 유념하면서 차례대로 살펴보기로 하자.

1) 신사종교론(신사참배불가론)

이 입장은 신사를 명백한 종교시설로 간주하면서 기독교인의 신사참배 불가를 주장한다. 대표적인 글은 일본 성공회 사제 츠라타미(貫民之助)[32]가 교단 기관지《基督敎週報(기독교주보)》에 게재한 글이다. 이 글의 논지는 크게 세 측면으로 나누어 볼 수 있다. 첫째 신사의 종교성이다. 그에 의하면 대부분의 국민은 종교적 동기로 신사를 찾는다. 신사 의식에서 등장하는 '노리토'[祝詞]가 단순한 봉고문(奉告文)이 아니라 대부분 기도문인 것은 하나의 증거다. 역사적으로 보아도 신사는 명백하게 종교시설이다. 이는 신도가 일본인의 토착종교로 존재해 왔음을 의미한다. 야스쿠니신사만은 종교시설이 아니라는 주장에 대해서도 반박한다. 전몰장병의 영혼이 국가와 국민을 수호한다는 믿음 자체가 종교적 신앙이며 그 영혼들에게 기원하는 것은 종교적 행위라는 것이다.[33]

둘째는 종교와 도덕의 구별을 통한 신사참배 거부의 정당성이다. 그에 의하면 신을 우주의 원리로 보는 입장에서는 종교와 도덕이 서로 통하지만 신을 우주의 주재자로 믿는 입장에서는 종교와 도덕이 명백히 구별된다. 우주(신)와의 합일을 목표로 하는 수행 중심의 전통에서는 종교와 도덕의 일치가 가능하지만, 유일신 전통에서는 신-인 관계에 근거한 종교의 길과 인-인 관계에 근거한 도덕의 길이 명확하게 구별된다는 의미로 들린다. 그러면서 기독교인은 조상에 대한 경외와 전몰자에 대한 존숭을 종교적 신앙이 아니라 도덕의 정신으로 행한다고 주장한다. 그런데 신사에서는 종교적 신앙과 도덕을 혼동시키고 있기 때문에 참배하지 않을 뿐 기독교인 나름의 '경외존숭의 형식'을 지니고 있다는 것이다. 따라서 기독교인이 신사에 참배하지 않는 것은 "국체 위반"이 아니며 신사참배 강요야말로 신교자유를 보장한 "헌법 위반"이라는 것이다.[34]

셋째는 기독교인들을 염두에 둔 주장으로서 기독교인의 '형식적인' 신사참배가 지니는 문제점과 양심의 자유에 대한 논의다. 당시에는 정부가 신사를 종교로 취급하지 않고 있었으므로 실제로는 신사를 종교로 여기면서도 '신사는 종교가 아니다'라고 생각하면서 참배할 수 있다는 주장이 기독교인들 사이에 존재하였다. 사실 이러한 입장을 가진 기독교인은 적지 않았을 것이다. 처음에 신사참배를 거부하다가 외적 압력에 의해 신사참배를 받아들여야만 하는 상황에 처할 경우 이러한 논리를 통해 자신의 입장을 정당화할 수 있기 때문이다. 그런데 이러한 행동은 세상 사람들이 기독교인들을 오해하도록 만들 뿐만 아니라 세상과 타협하는 "비겁한 행위"라는 것이다.[35]

이처럼 신사참배 문제에 대해 비타협적 입장을 취하면서도 그는 이 대목에서 기독교 전통에서 중요한 위상을 점하고 있는 '양심의 자유' 문제를 거론한다. 사실 제국헌법에서 신교의 자유를 보장하기 이전에도 기독교의 역사에서는 양심의 자유가 오랜 전통으로 내려왔다.[36] 따라서 만일 어떤 기독교인이 진실로 신사참배를 종교가 아닌 것으로 판단하고 참배에 임한다면 그가 지닌 양심의 자유를 존중하겠다는 것이다. 물론 그 경우 자신의 견해를 기독교의 "입각지"로 주장하거나 타인에게 강요하는 것은 용납되지 않는다는 단서 조항을 붙인다.[37]

이처럼 국가권력에 대항하여 신사참배 강요의 부당성을 주장하는 이성공회 사제의 글에는 종교/세속(도덕)의 이분법과 종교(양심)자유라고 하는 세속주의의 논리가 작동하고 있음을 알 수 있다. 특히 종교/도덕의 이분법을 가지고 신사불참배의 정당성을 확보하는 동시에 양심의 자유를 가지고 기독교 내부의 분열을 억제하려는 몸짓을 읽을 수 있다. 따라서 그의 주장에서는 세속-종교-미신의 3분법이 잘 드러나지 않고 있다.

그렇지만 일본 기독교계에서 신사참배를 반대할 때 주된 근거로 등장하는 것은 우상숭배다. 1914년 제30회 일본조합기독교총회와 1917년 제31회 일본기독교회대회는 신사참배 강요 금지를 정부에 요청하였다. 그 이유는 신사참배가 우상숭배를 금지하는 기독교 교의에 저촉되기 때문이었다.[38] 물론 기독교인들에게 우상숭배는 미신의 범주에 속한다. 이는 식민지 조선에서 신사참배를 거부하다 옥사하여 순교자로 추앙되는 주기철 목사의 설교에 잘 나타난다.

> 미신의 인생이 저 석불(石佛)을 숭배하는 것을 보아라. 복을 받고자 하야 우상에게 수십 차씩 경배하고 자식을 얻기 위하야 부처 공경함은 인간의 타락이 어찌 극도가 아닌가? 천지만물을 창조하신 하나님은 경배하지 않고 사람의 손으로 만든 우상은 숭배하는 세상 사람의 무지와 허망함이 어떠하며 그 수가 얼마나 되는가? 도처에서 이런 가련한 자를 보는도다.[39]

따라서 신사종교론에 근거한 신사참배 반대론은 종교-세속의 이분법보다는 세속-종교-미신의 3분법으로 접근할 때 좀 더 심층적인 이해가 가능할 것이다.

2) 신사=종교+비종교론(조건부 신사참배수용론)

역사적으로 보면 일본 기독교계는 처음에는 신사종교론에 근거한 신사불참배론의 입장이 강했지만 점차 신사참배를 수용하는 입장으로 바뀌어 갔다. 이는 식민지 조선의 경우도 마찬가지다. 그렇지만 신사참배를 무조건적으로 받아들이기보다는 신사의 개혁을 요구했다. 즉 신사에 현존하는 종교적 요소의 척결을 요구하고 신사가 정화되면 신사참배를 수용하겠다는 태도를 취한 것이다.

'TW生'(티더불유생)이라는 필명으로 기독교 잡지에 기고한 어느 기독교인은 신사의 종교 여부가 모호하지만 현재의 상황에서는 신사비종교론을 받아들이는 것이 현실적이라고 말한다. 앞서 살펴본 성공회 사제의 경우처럼 신사종교론에 근거한 신사참배 거부는 비현실적이라는 판단이다. 그렇지만 신사가 비종교 시설로 운영될 수 있도록 철저한 감시 작업이 필요하다고 주장하면서 세 가지 제안을 한다. 첫째, 신사비종교론에 의하면 신관은 정부의 관리이기 때문에 그가 수행하는 제사가 종교적 행위가 되지 않도록 유의해야 한다. 만일 경제적 이익이나 참배자 증가를 목적으로 "종교적 권화교도(勸化敎導)"를 하면 배임행위로 처벌받아야 한다.[40] 이는 당시에 신사에서 '종교적 행위'가 암암리에 행해지고 있었음을 의미한다. 둘째는 신체(神体)와 관련된 사항이다. 그는 이른바 "음사사신"(淫祠邪神)과 "유래를 알 수 없는 신체(神体)", 그리고 뱀이나 호리(狐狸)를 신체(神体)로 삼는 경우를 예로 들면서 이러한 "유치하고 난잡한", "미신"은 모두 폐지하거나 변경해야 한다고 주장한다.[41] 셋째는 단체 참배가 가능한 신사의 범위에 관한 것이다. 그에 의하면 학생과 아동을 인솔하여

참배할 수 있는 신사는 "황실과 지극히 친밀한 신사"에 한정하고 그 이외의 신사는 강제경례를 시행하지 말고 자유롭게 방임해야 한다.[42] 이처럼 신사의례의 주체인 신관, 예배의 대상인 신체, 그리고 의례 수행 공간으로서의 신사와 관련한 문제점이 개선되어야 신사참배의 정당성이 확보될 수 있다는 것이다.

이와 비슷한 논리가 미노미션 사건이 일어났을 당시 그 지역 신문에 실린 어느 목사의 기고에서도 발견된다. 그는 "우리는 신사(神社)와 음사(淫祠)를 구별한다. 우리는 역적 다이라노마사카도(平將門)의 무덤과 몸통(胴)을 제사지내거나 호리사(狐狸祠)에서 배례하지 않는다."[43]고 하면서 음사나 호리사를 신사(참배)의 범주에서 배제한다.[44] 그가 신사의 범주에 포함하는 것은 이세신궁 및 메이지신궁으로부터 향촌사에 이르기까지 조상과 국가의 충신을 제사하는 신사다. 후자의 신사들에 대해서는 머리를 숙여 심심한 경의를 표하는데 그 이유는 그렇게 하는 것이 기독교 신앙에 전혀 저촉되지 않기 때문이다.[45]

이러한 논리의 연장선에서 아예 "자격 있는 신사의 명단"을 공개하자는 방안도 등장한다. 일본기독교연맹은 "건국의 역사나 국가 및 공공을 위한 위훈(偉勳) 등의 사적(事蹟)"[46]을 지닌 제신(祭神)을 모신 신사만을 도덕적, 교육적 차원의 참배지로 삼고 그 명단을 공개해야 한다고 주장하였다. 이는 앞에서도 나왔듯이 제사의 대상이 불명확하거나 역사적으로 그 공적이 의심스러운 인물을 제사지내는 신사가 적지 않다는 현실 인식에 근거한 제안이다. 요컨대 유래가 명확하고 역사상의 인물이고 국가에 대한 높은 공헌도라고 하는 세 가지 조건을 갖춘 경우만 '비종교'의 신사로 간주하고 '교육 및 도덕상의 대상'으로 참배하자는 것이다.[47]

일본 감리교회는 신사참배를 교단 차원에서 수용하였다. 그렇지만 신사숭경의 참된 의미는 조상의 영혼을 숭배하고 나라를 위해 죽은 충혼을 공경하는 등의 정신을 옹호하고 조장하는 것이라고 하면서 "사사(邪祠)와 혼동하거나 신사의식을 종교화하면 헌법의 신앙 자유에 배치되는 것"이라는 내용의 성명서를 발표하였다.[48] 이는 신사의 미신화나 종교화에 대한 경계다.

이처럼 두 번째 입장은 신사에 종교적 요소와 비종교적 요소가 혼재해 있다고 보고 종교적 요소가 제거되어야 신사참배를 받아들일 수 있다는 조건부 신사참배수용론이다. 그렇지만 실제로는 신사참배를 먼저 수용하고 사후적으로 신사의 개혁과 정화를 요구하는 것으로 보인다. 선후 관계가 어떻든 이들의 신사개혁론에는 세속-종교-미신의 3분법이 뚜렷하게 나타나고 있다. '음사사신'이나 '사사'(邪祠)라는 용어로 대변되는 미신의 범주, '종교적 권화교도'라고 하는 용어로 대변되는 종교의 범주, 그리고 '역사상의 인물'로 대변되는 세속의 범주가 병치되고 있다. 따라서 이들의 목표는 신사에서 나타나는 미신과 종교적 요소의 척결을 통한 신사의 비종교화다. 이는 국가가 내세우는 신사비종교론의 내용이기도 하다. 차이가 있다면 국가는 신사비종교론을 표방하면서도 관료행정 등의 문제로 현실을 방관하는 경향이 있는 반면, 기독교계는 구호와 현실의 일치를 목표로 한다는 점이다. 구호와 현실의 불일치는 기독교인의 종교자유 침해로 이어진다고 보기 때문이다. 결국 두 번째 입장의 궁극 목표는 기독교인의 '종교자유에 근거한 충군애국의 길'과 '국민의 의무로 부여된 신사참배'의 일치다.

그런데 기본적으로는 두 번째 입장에 속하지만 신사신도의 종교화 과정에 좀 더 주목하고 있는 두 편의 글이 있다. 하나는 식민지 조선의 상황을 배경으로 한 것이고 다른 하나는 신사신도의 종교 영역 진출을 경계하는 글이다. 첫 번째 글은 1930년대 후반 식민지 조선의 풍경을 다음과 같이 서술하고 있다.

> 비상시 이후 특히 눈에 띄는 것은 신사참배의 융창이다. … 시민들 사이에 참배자가 격증하고 … 눈부시게 경내가 미화되고 새로운 도리(鳥居)나 타마가키(玉垣)가 서 있는 모양은 아마도 일본 내지(內地)와도 같은 풍경일 것이다. 이같은 대중적 움직임, 그것은 과연 종교의 신앙이 아닐까? 그들에게 과연 신사는 윤리적 대상인가? 이 움직임이 기독교 및 불교에 대하여 하나의 대립적 종교를 낳을 위험은 없는가?[49]

식민지 조선에서 신사 건설의 증가 및 신사참배의 대중적 확산이 기독교나 불교와 같은 기성종교에 도전하는 새로운 종교의 움직임으로 등장하고 있음을 경계하고 있는 글이다. 신사의 종교화는 정부의 방침에 위배되는 현상이기 때문에 정부와 신사 관계자가 "올바른 인식과 자각"을 갖고 이 문제에 대처해야 하는데도 불구하고 그들은 수수방관하고 있다는 것이다.[50]

나아가 현실의 신사는 "개인을 위해 항해 안전을 기도하고 장사 번창을 기원하고 오곡풍양을 빌고 무병식재(無病息災)를 기원하고 무운장구를 빌고 부적도 발행한다"고 하면서 정부의 신사비종교론에 부합하지 않는 현실을 지적하고 있다. 그러면서 신사불참배 문제를 해결하려면 신사에서 종교행사의 제거가 선행되어야 한다고 주장한다. 식민지 조선에서의 가

미다나 확산 현상도 경계하고 있다.

> 비상시 풍경의 하나는 가미다나의 진출이다. 체신정신작흥(遞信精神作興)
> 이라고 하여 각 우편소에 가미다나가 모셔진다. 경찰정신진기(警察精神
> 振起)라고 하여 각 파출소에도 그것이 안치된다. 이곳저곳의 학교 안에도
> 봉안된다. 그리고 박수를 치며 예배할 수 있도록 강요되는 곳도 있다. 이
> 와 같은 것은 일종의 종교 강제가 아닐까? 종교자유의 헌법 위반이 아닐
> 까?[51]

이러한 현상은 일종의 "종교강제"로서 "종교자유의 헌법 위반"이 아닌
가라고 묻고 있다. 이처럼 신사의 종교화를 경계하는 한편 당시 일본 신
종교의 조선 진출에 대해서도 위기의식을 표명하고 있다. 특히 '히도노미
치'(ひとのみち)와 '생장의 가'(生長の家)의 진출을 예로 들면서 이들은 "사
람의 눈길을 끌기에 충분"하며 불교에 가장 위협적이라고 말한다.[52] 물론
이 신종교들은 종교로서는 너무나 뿌리가 얕기 때문에 "물거품 몽환"처럼
사라질 것으로 판단한다. 그렇지만 '보라색은 주홍색을 빼앗고 저급품은
고급품을 구축한다'는 논리를 내세우면서 이 종교들을 "진리의 적"으로
배격해야 한다고 주장한다.[53]

이러한 기독교계의 인식에는 신사신도=비종교, 기독교=종교, 신종교=
미신의 3분법이 작동하고 있다. 신사신도가 대중으로 파고드는 것에 대
해서는 신사의 종교화로 규정하여 법률 위반으로 견제하고, 신종교의 확
산에 대해서는 '진리의 적' 즉 '미신'으로 규정하여 배제하는 전략을 구사
하고 있는 것이다. 이러한 담론 전략은 신직들의 태도를 비판하는 두 번

째 글에서도 잘 나타나고 있다.

> 요즈음 신사신도가 대단한 세력으로 여러 방면에서 활약하고 있는듯하
> 다. 신직 · 신관 중에는 매우 무모한 사람들이 있어 오늘날 국가의 제사인
> 신사가 마치 다른 종교의 영역을 침범하여 세력을 부식할 수 있는 것같이
> 생각하는 경향이 있다. … 만일 신사신도를 표면에 내세워 종교에 맞선다
> 고 하면 … 스스로 일종일파(一宗一派)의 종교의 입장으로 떨어지는 것이
> 나 다름없다.[54]

요컨대 신직과 신관들이 '국가의 제사'라고 하는 신사의 고유한 영역을
벗어나 종교의 영역으로 진출하려고 하는데 이는 스스로를 하나의 종교
로 귀착시키는 결과를 초래한다는 것이다. 그렇게 되면 신사는 신사신도
의 권리를 포기하는 것일 뿐만 아니라 그때부터 "사도"(邪道)로 끌려 들어
가게 된다는 것이다.

이 논설에 의하면 신사신도가 종교의 영역으로 진출하려면 적어도 두
가지 조건을 갖추어야 한다. 하나는 신직들이 종교에 관한 전문적 지식을
갖추어야 한다는 것이다. 대부분의 종교가는 어린 시절부터 종교계에 몸
담고 오랜 교육과정을 통하여 전문적 지식을 갖춘 전문가다. 그런데 신직
의 경우는 축사와 홀(笏)을 잡는 방식 및 장신구를 착용하는 방법을 익히
면 그날부터 직무를 수행하게 되어 종교에 관한 전문적 지식이 부족할 수
밖에 없다. 기독교나 불교와 같은 종교의 신학이나 교학 전통이 신도에는
부족하다는 점을 지적한 것이다. 따라서 이들이 종교가들과 논쟁을 하게
되면 "상식 정도의 아마추어가 큰 칼로 전문가를 치는 것"과 같은 비참한

사태가 예견된다는 것이다.[55]

또한 오늘날은 종교도 학문적 논의의 대상이 되는 세상이기 때문에 신사신도가 종교로 행세하려면 '종교과학'의 검토 대상이 되는 것을 피해서는 안 된다고 주장한다. 신사신도만 "학문상의 치외법권"을 주장할 수는 없다는 것이다. 나아가 신직을 "종교의 아마추어"라고 부르면서 이들이 자신의 지위를 망각하고 종교에 대해 언급하는 것을 보고 있노라면 "식은 땀"이 흐른다고 하면서 냉소적 태도를 표출하고 있다.[56]

요컨대 이 논설은 신사를 "종교적 정서를 초월한 윤리상 국민정신적 대상", 즉 "국민사상의 통일점"이자 "애국심의 응집점"으로 규정함으로써 신사신도의 종교화를 차단하는 한편[57] 신사신도의 종교화는 "사도"(邪道)의 출현이라는 경고를 하고 있다. 이러한 담론 전략에서도 세속(애국심)-종교-미신(사도)의 3분법이 작동하고 있음을 알 수 있다.

신사신도의 자중을 요구하는 기독교계의 목소리는 당시 신도계의 일부 세력이 군부와 연대하여 신도의 국교화를 추진하려는 움직임에 대한 견제와 맞물려 있다. 사실 신도계에서는 정부의 신사비종교 정책에 불만을 가진 신직이 적지 않았다. 조선신궁 초대 궁사였던 다카마쓰 시로(高松四郎)의 경우가 대표적이다. 그는 조선총독부가 조선신궁에서 암묵적으로 행해지던 종교 관련 의식의 거행 중지를 요구하자 이에 대해 강한 불만을 드러냈다.[58] 그의 입장에서 볼 때 참배자들의 열성적 참여를 위해서는 신사의 종교성이 필요하다. 이처럼 정부관료 중심의 공식적인 신사비종교 노선과 현지 신사에서 활동하는 신직들의 신사종교화의 열망 사이에 존재하는 긴장과 갈등은 신사=종교+비종교론의 입지를 강화시키는 한 요인으로 작용하였다.

3) 신사비종교론(신사참배수용론)

  지금부터 살필 세 번째 담론은 국가의 신사비종교론에 동조하면서 신사참배에 적극 임하는 입장이다. 이 입장을 대변하는 인물은 기독교 사회주의자 시라이시 기노스케(白石喜之助, 1870~1942)다.[59] 그는 미노미션 사건이 일어났을 때 다음과 같은 말로 자신의 이야기를 시작한다.

> 신사예배는 종교가 아니다. 그것은 단지 국가의 예식이라는 것이 문부성과 내무성의 해석이다. 그런데 이 해석이 맞다. 그렇다면 국민으로서 그것을 예배하는 것은 당연하다. 신사는 결코 종교가 아니다.[60]

  신사비종교론과 그것에 근거한 신사참배수용론을 확실하게 보여주고 있다. 그는 미노미션이 신사예배를 "서물숭배"로 공격하고 있는데 이는 잘못이라고 말한다. 서물숭배는 "야만인이 나무나 돌에 절하는 숭배"이지만 신사숭배는 "조상숭배이자 영웅숭배"라는 것이다. 비유하자면 신사숭배는 미국인이 워싱턴의 무덤에 참배하고 링컨의 분묘에 경의를 표하는 것과 같다는 것이다.[61] 이는 당시 신사참배를 수용한 측에서 자주 활용하던 비유다. 식민지 조선에서 신사참배수용론에 서 있었던 언더우드 2세도 신사참배는 "국가적 영웅을 기념하고 애국정신을 함양하는 것을 목적으로 하므로 신사는 미국의 무명용사의 묘 또는 링컨 기념관과 같은 성격"의 것이라고 주장했다.[62]
  이와 관련하여 시라이시는 신사예배의 종교 여부는 마음가짐에 달려 있지 예배의 대상이 되는 사물에 있지 않다고 주장한다. 신사 자체를 예배하면 우상숭배가 되지만 단순히 조상의 덕을 존경하는 마음가짐으로 예배하면 종교가 아니라는 것이다. 요컨대 종교라는 것은 예배자가 예배 대상을 향해 명복을 기원하고 이로 인해 섬긴다고 하는 생각이 일어났을 때 시작되는 것이다. 단지 고개를 숙이고 허리를 숙였다고 해서 우상숭배나 서물숭배가 되는 것이 아니라는 주장이다.[63] 물론 이때 그는 우상숭배와 서물숭배를 미신의 범주로 간주하고 있는 것이다.

나아가 각 국가의 관습이 지니는 중요성을 언급한다. 그에 의하면 미국은 국기를 중요시하는 관습을 지닌 반면 일본은 국가에 공을 세운 조상을 제사하는 신사숭배의 관습을 지니고 있다. 따라서 미국에 가면 외국인도 미국 국기에 최상의 경의를 표하고 일본에 외국 사신이 오면 메이지신궁부터 참배하는 것은 양국의 관습에 따른 것이다. 이러한 것은 각자의 신앙에 아무런 지장을 초래하지 않고 할 수 있는 예배라는 것이다.[64] 이는 미노미선이 미국에서 들어온 선교단체이기 때문에 미국과 일본의 관습 비교를 통해 신사참배의 정당성을 호소하려는 전략으로 보인다.

신사참배와 기독교 신앙의 양립 가능성을 주장하는 논리는 이외에도 자주 발견된다. "우리 기독교 신자는 정부의 방침을 준봉하고 신사에 대해서는 국민도덕의 입장에서 존경의 뜻을 표하며 종교로는 기독교를 믿는 것에 일본 국민으로서 아무런 지장도 없다."는 감리교계의 발언은 그 하나의 예다.[65] 한편 주변에 신사를 종교로 취급하는 자가 많기 때문에 기독교인의 입장이 흔들리면 안된다는 주장도 나오고 있다. 신사숭경의 성서적 정당성을 찾으려고 했던 한 기독교인은 "이웃이 어떤 정신으로 신사를 대하든지 우리는 정성껏 공경해야 할 조상으로 여기고 신중하게 이에 처신하면 좋다."[66]고 말했다.

이처럼 신사비종교론과 그것에 근거한 신사참배수용론은 국가의 노선과 동일하기 때문에 이 입장에 선 사람들은 국가보다는 신사참배를 거부하는 기독교 진영을 상대로 신사의 비종교성과 신사참배의 정당성을 옹호하는 데 주력하였다. 따라서 이들에게서는 종교자유가 중심적 의제로 떠오르는 대신 우상숭배와 신사참배의 차이가 강조되었다. 그리고 그러한 논리에는 세속/종교/미신의 3분법이 작동하고 있었다.

4. 나오는 말

지금까지 살펴보았듯이 19세기 후반 메이지유신을 통해 근대 국민국가로 성립한 일본은 서구의 도전에 대항하는 과정에서 국가신도라는 독특한 사회체제를 출범시켰다. 메이지유신 초기의 주도 세력은 전통적인 '교의 패러다임'에 의존하고 있었기 때문에 신도국교화를 추진하였으나 근대적인 '종교의 패러다임'이 담론의 장에서 헤게모니를 장악하면서 그 힘을 잃게 되었다. 그 대안으로 선택된 것이 서구 세속주의의 산물인 정교분리와 종교자유를 근간으로 하는 국가신도체제다.

국가신도체제는 이 두 원칙을 통해 전통적 신도를 신사신도와 교파신도로 분화시켰다. 신사신도는 국가가 관장하는 공적 영역에 배치되어 국민 만들기 프로젝트의 역할을 맡고, 교파신도는 국가의 간섭에서 벗어난 사적 영역에 배치되어 기독교나 불교와 같은 종교들과 경쟁하였다. 이는 국민의 의무가 부과되는 공적 영역과 양심의 자유가 보장되는 종교 영역의 분화를 의미한다. 이렇게 보면 국가신도체제는 종교-세속의 이분법으로 충분히 설명 가능한 것처럼 보인다.

그러나 종교-세속 이분법의 배후에는 미신이라고 하는 제3의 범주가 작동하고 있다. 과학의 타자인 동시에 종교의 타자로서 미신이 숨어 있는 것이다. 따라서 세속주의에 입각한 국민국가의 작동 방식은 종교-세속의 이분법보다는 세속-종교-미신의 3분법으로 파악할 필요가 있다. 특히 국민국가가 국민 만들기의 핵심 장치로 활용하는 교육의 장은 종교-세속의 이분법만으로는 그 성격이 잘 드러나지 않는다. 국가가 '과학'의 이름으로 어떤 것은 '미신'으로 지목하여 제거하고 어떤 것은 '종교'의 범주에 포함시켜 온존시키는 이러한 메커니즘에는 2분법이 아니라 3분법이 작동하고 있기 때문이다.

앞서 살펴보았듯이 이러한 3분법에 근거한 국가신도체제는 신사참배를 국민도덕이나 애국행위라고 주장하면서 제국의 신민들에게 강요하였다. 이에 대해 일본 기독교계는 크게 세 유형의 담론을 생산하면서 대응하였다. 첫째는 신사를 종교로 간주하면서 신사참배를 거부한 신사종교론(신사참배불가론)이다. 이 담론에서는 도덕, 종교, 우상숭배가 주요 범주로 등장하고 있는데 이는 세속(도덕)-종교-미신(우상숭배)의 3분법에 근거한 것이다. 이 담론의 주창자들에게서는 신사참배가 종교이건 미신이건 거부의 대상이었다. 둘째는 신사에 종교적 요소와 비종교적 요소가 혼합되어 있다고 보고 신사에서 종교적 요소가 제거되면 신사참배를 수용하겠다는 조건부 신사참배론이다. 이 담론에서는 신사를 음사, 사신(邪神), 사사(邪祠), 사도(邪道) 등과 같은 부정적 의미를 지닌 용어와 연계시키고 있는데 이러한 것들은 모두 미신의 범주에 속한다. 그리고 신사참배는 애국심이나 국민사상의 근간이 되어야 한다고 하면서 세속의 범주에 포함시키고 있다. 따라서 조건부 신사참배론 역시 세속-종교-미신의 3분법에 근거한 담론 투쟁을 전개하고 있음을 알 수 있다. 셋째는 신사는 종교가 아니라고 하면서 신사참배에 적극 임하는 신사참배수용론이다. 이 담론에서는 신사참배를 우상숭배나 서물숭배와 구별하면서 조상숭배나 영웅숭배의 범주에 포함시키고 있다. 나아가 신사를 미국의 무명용사의 묘나 링컨 기념관에 비유하고 있다. 물론 이때 우상숭배와 서물숭배는 미신의 범주에 속하는 반면, 조상숭배와 영웅숭배, 무명용사의 묘와 링컨 기념관 참배는 세속의 범주로 편제된다. 따라서 이 담론에서도 세속-종교-미신의 3분법에 근거하여 신사참배의 정당성을 확보하고자 하는 몸짓을 읽을 수 있다.

이처럼 세속-종교-미신의 3분법은 단순한 지적 추상적 분류체계가 아니라 신사참배논쟁으로 대변되는, 국가권력과 종교의 대결 과정에서 각 주체가 자신들의 이념적 물질적 이익을 관철하기 위해 적극적으로 활용한 담론 투쟁 도구였다. 이것이 신사참배의 정치학에 주목해야 하는 이유다.

물론 이 논문에서는 담론의 유형화 작업에 초점을 두었기 때문에 담론 투쟁의 구체적 전개과정이나 그 배후에 있는 제도적 차원의 분석은 시도하지 못했다. 그리고 신사참배 논쟁과 밀접한 관련을 맺고 있는 동시에 그 전사(前史)라고도 할 수 있는 중국에서의 전례논쟁에 대해서도 비교의 관점에서 논하지 못했다.[67] 이러한 작업들은 차후의 과제로 남겨 놓고자 한다.

기울어진 세속주의

— 독일의 통일국가 만들기 과정에서 세속주의가 작동되는 방식

최정화

1. 서구 세속주의의 작동 방식 들여다보기

현대 국가 운영의 '상식'으로 간주되는 원칙 두 가지가 있다. 첫째, 국가와 종교는 분리되며, '정치'는 '종교'에 대해서 중립적이고 종교적 세계관으로부터 자유롭다. 둘째, 국가는 시민들의 '종교'와 양심의 자유를 최대 보장한다. 이 두 가지 원칙은 바로 자유주의적 세속주의(liberal secularism)라는 정치철학에서 나왔다.[1] 유럽 종교개혁과 계몽주의를 거치며 등장한 이 정치철학은 유럽과 북미뿐 아니라 비서구 국가들을 운영하는 기본 강령이 된 지 오래되었다.

그러나 종교로부터 자유롭고자 하는 국가가 사실 '중립적'이지 않다는 비판이 많다. 근래 자유주의적 세속주의에 대한 비판자들은 스스로 '자유주의적'이라고 천명하는 국가는 사실 반종교적 편견을 가지고 있거나, 소수 종교에 대해서 다수결적인 무관용적 태도를 보이는 세속주의자들에 의해 운영된다고 말한다. 세속주의의 비판자들은 세속주의가 다양성을 제약하고 공공의 영역을 균질화한다고 말한다.[2] 다양한 문화적 배경을 가진 이주민들이 모여 사는 현대 서구 사회에서 기존의 자유주의적 세속주의가 이주민들의 생활방식과 가치관을 폭넓게 담아내지 못한다는 것이다. 또한 자유주의적 세속에서의 종교 개념은 사회학적으로 단순하고, 자문화중심적이고, 개신교적임을 지적한다. 그리고 종교 정의와 그 규제는 임의적인 주권 세속 권력의 운용과 관련된다고 비판해 왔다.[3] 필자는 이러한 세속주의 비판과 결을 같이 하며 본 연구를 진행한다. 현대 독일 정치와 미디어에서 세속주의가 어떻게 '통일' 국가 담론에서 구 동독인과 무슬림이라는 타자에게 운용되는지 보면서 서구 세속주의가 한계에 직면했고, 모순적이라고 보았기 때문이다.

'세속주의가 어떻게 작동하는가?'라는 물음을 던져 본다. 헌법과 법률에 세속주의에 해당하는 항목이 있는지를 확인하자는 것은 아니다. 자유주의적 세속주의를 표방하는 21세기 현재 서구 사회에서 실제 '세속주의'가 어떠한 식으로 작동하는지에 대한 질문이다. 탈랄 아사드는 『세속의 형성: 기독교, 이슬람, 근대』(Formations of the Secular: Christianity, Islam, Modernity, 2003)에서 정치적 독트린으로서의 세속주의(secularism) 이전에 "현대적 삶에 드러난 행동, 지식, 감정을 아우르는" 용어로서의 '세속'(the secular)을 이야기한다.[4] 사바 마흐무드 역시 『세속 시대 종교적 차이: 마이너리티 리포트』(Religious Difference in a Secular Age: A Minority Report, 2016)를 통하여 정치체제를 넘어서 정서까지 포함하는 넓은 범위의 '세속'을 다루며, 서구 사회 전반이 기반하고 있는 '세속'의 암묵적 전제를 물었다. 서구사회에 만연한 이러한 '세속적'(secular) 거버넌스는 보편주의인 척 하는 서구의 지역적 교리에 불과하다고 지적한다. 그러나 이러한 '세속'을 인지하는 것은 쉽지 않은데 아사드의 제자 찰스 허쉬킨드의 말을 빌리자면 세속은 현재 "우리가 헤엄치고 있는 물"[5]과 같기 때문이다. 이러한 비판들은 주로 이슬람과 같은 사회 속 종교·문화적 소수자 집단의 입장에서 서구의 주요 가치로서의 세속주의를 겨냥하는 입장을 취한다. 세속주의가 보편적이 아님을 지적하고, 서구의 특수한 역사적 발전 과정으로 한정 짓는 전략이다. 세속주의가 타문화에 적용될 때의 비적합성과 폭력성에 관심을 가진 듯하다. 실제로 세속주의는 현재 서구 사회에서 이슬람 공동체와 개인들과의 관계에서 이념적, 실천적 갈등을 일으킨다. 이슬람의 관점에서 보면 서구의 정치사회적 기반으로서의 세속주의가 잘 보인다. 필자 또한 독일 무슬림들을 통하여 이 문제를 구체화시킬 계획이다.

본고에서는 이슬람과의 관계에 하나 더해서 '사회주의'에 대한 '서구 세속주의'의 관계를 본다.[6] 사회주의라는 '세속주의'가 또 다른 '서구 세속주의'에 어떻게 포섭되는지를 구체적인 사건들을 통해 분석할 것이다. 본고에서 독일의 사례를 보는 이유는 자유주의적 세속주의라는 정치 시스템이 시차를 두고 한 국가의 두 '타자들'에 적용되기 때문이다. 베를린 장벽이 무너진 후 독일에서 어떠한 식으로 구동독 지역에 서독의 '민주주의'의 잣대가 적용되었는가? 불행하게도 1990년 통일은 서독(BRD)의 '민주주의' 체제가 동독(DDR)에 '이식'되는 방식으로 이루어졌다. 통독 후 30년이 지난 오늘날까지 이어지고 있는 통일의 산파 과정 속에서 최근 무슬림 이민자들의 수용이라는 새로운 변수가 생겼다. 2015년 무조건적 난민 수용 이후 독일은 또 한 번 통합의 진통을 겪고 있다. 여전히 '통일 프로젝트'는 진행 중이라고 할 수 있다.

세속주의는 '공평'하고 균일한 방식으로 동독과 무슬림에게 적용되는가? 세속주의와 연관된 범주가 현재 독일에서 어떻게 작동하는지, 그리고 통일 국가 프로젝트 속에서 세속주의의 레퍼토리가 어떤 방식으로 사용되는지 연구한다. 이런 방식으로 서구 세속주의 내부의 틀을 인지하고 그

균열을 들여다본다.

2. 통일 후 독일의 세속주의: 내부와 외부의 논리

1) 내부의 도덕적 가치 강화 - 구동독인에 대한 태도

(1) 유아 살해범 자비네 하(Sabine H.) 사건과 해석

2005년 여름, 자비네(Sabine H.)라는 여성이 10년간 직접 낳은 9명의 영아들을 방치하여 살해한 사건이 발각되었다. 2006년, 사건 발생지인 프랑크푸르트 오더(Frankfurt a. d. Oder) 법정에서 15년 구형을 받았다. 이 사건을 해석하는 과정에서 특정 개인이 신이 주신 '생명의 소중함'과 '사랑과 모성애'의 가치를 저버렸다는 기독교적 윤리에 근거한 설교풍의 해석은 일견 편협하고 지루해 보일 수 있지만 보편적 '인간'의 관점에서 범죄자를 보고 있다는 점에서 오히려 사건의 본질에 가까울 수 있다. 이어지는 사례들에서 보이는 정치인들과 범죄학자들이 내놓은 이른 바 '중립적'이고 전문가적 해석들은 상당히 편협한 '문화적 해석의 틀'에서 나온다.

2008년 일간지 《슈피겔》(*Der Tagesspiegel*)에 기민당(CDU) 소속 브란덴부르크 내무부 장관 요르크 쇤봄(Jörg Schönbohm, 1937~2019)이 의견을 실었다. 그중 '프롤레타리아화'(Proletarisierung) 주장은 큰 논란을 불렀다.

이 사건에서 보이는 도덕적 황폐화와 폭력은 본질적으로 동독 사회주의 통일당(SED)이 강요한 프롤레타리아화와 관련이 있다고 생각한다. '프롤레타리아화'는 무엇을 말하는가? 50년대 사회주의 통일당이 추진한 농업의 집단화는 **자기 소유와 가치 창출에 대한 책임감의 상실**이라는 결과를 가져왔다. 자유롭고 스스로 책임을 짓는 농부들의 정신이 궁지에 몰렸다.[7]

그의 주장을 요약해 보자면, 도덕적 황폐화와 폭력성은 동독 지역 주민들의 프롤레타리아화의 결과다. 농업의 집단화와 같은 구동독 시절의 정책으로 인해 사람들은 책임지는 법을 배우지 못했다. 프롤레타리아화란 자기 소유에 대하여 온전한 책임을 못 지는 상태로 나타나며, 바로 이 점이 범죄자 자비네의 특징이다. 그녀에게는 자신의 가장 소중한 소유이자 가치인 친자식을 책임지려 하는 생각이 결여되어 있다. 이상은 동시대 일어난 유아 살해 사건의 뿌리를 동독 정치 체계와 그 영향에서 벗어나지 못하는 동독인들의 정신문화에서 찾아낸 한 중견 정치인의 분석이다. 그러나 이 독특한 분석은 한 정치인의 개인적이고 일탈적인 생각이 아니었으며 여러 원로, 중견급 정치인들과 범죄학자들이 이후 비슷한 풍의 '문화적' 해석들을 쏟아냈다.

2013년은 브란덴부르크에서 일주일 안에 세 번의 유아살해 사건이 일어난 해였다. 범죄학자들은 서독에 비해 동독 지역의 영유아살해율이 3~4배 높다면서 '동독의 문화'와 '영유아살해'를 활발하게 연결시켰다. 작센 안할트 주지사이자 전직 산부인과 전문의인 볼프강 뵈머(Wolfgang Böhmer)의 2013년 11월 13일 잡지 인터뷰를 그 예로 들 수 있다. 뵈머는 살해 사건들을 마주하면서 임신 12주까지의 여성들이 임신중절 수술을 자유롭게 결정했던 동독 시절을 상기했다. 병원에 당당하게 찾아가서 "떼어 달라"(wegmachen)고 말하는 여성들은 "흑해 연안 휴가를 앞두고" 있었다. 뵈머는 동독 시절의 이런 관습이 오늘날까지 구동독인들에게 이어지고 있으며, "아이를 죽이는 것도 가족계획의 수단"인 것처럼 보인다고 말했다.[8]

많은 논란을 불러일으킨 정치인들의 일련의 발언은 유아살해를 동독 지역의 '문화인 것처럼 만들기'(Kulturalisierung)의 일환이다. 그들은 자신들이 만드는 그 거시적 틀을 인지하지 못하고 있을 가능성이 높으며 큰 악의가 없을 수도 있다. 사회적 '담론'은 반드시 계획적인 통로를 이용하거나 특별한 악의를 담고 만들어지지 않는다. 독일 언론매체에서 유아 살해 담론을 분석한 카트린 헤프트는 동독인들과 그들의 '문화'가 다루어지는 방식을 분석하며 "오시 만들기"(Ossifizierung)라는 말을 사용했다.[9] '오시'(Ossi)는 구동독 지역의 주민들을 지칭하는 말로, 폄하적으로 사용될 때가 많다. '오시 만들기'는 '동독인 만들기'(Ostdeutsch-Machen)와 '동독인 되어지기'(Ostdeutsch-Gemacht-Werden) 양쪽을 포함한다.[10]

'오시 만들기'에서 '동독의 아동 살해' 담론은 1999년 다니엘라(Daniel J.) 사건으로부터 시작되었다고 볼 수 있다. 23살짜리 다니엘라가 남자 친구 집 방문차 2주간 아이 둘을 놔두고 집을 비웠다. 집에 먹을 것을 두고 나갔다고 하지만 2살과 3살짜리 남자 아이들은 아사하고 말았다. 동독 시절의 영유아 돌봄 시스템이 이런 비극을 초래했다는 비판들이 등장했다.

사회주의에서는 여성들의 자유로운 사회 진출을 목적으로 국가에서 어린 시절부터 아이들을 책임지고 돌보는 양육 시스템이 발달되어 있다. 동독은 이런 양육 시스템 덕택에 서독과 비교가 되지 않을 정도로 여성들의 권리가 신장된 사회였다. 출산과 육아에 대한 국가적 책임은 여성을 양육으로부터 자유롭게 하면서 활발한 사회적 진출과 활동이 가능해졌다. 사회주의를 회고했을 때 여전히 자부심을 가질 수 있는 이 제도는 그러나 동독 지역에서 유아살해 사건이 일어나면서 다르게 해석되기 시작했다. 집단으로 아이들을 키우는 방식에 길들여진 동독인들은 개인적으로 자녀들을 돌보고 책임지는 방법을 모른다는 것이다. 탁아소에서 아이들을 맡겼던 그 시절의 양육 방법이 국가의 '돌봄 독재'(Fürsorgediktatur)로 이해되었다.

동독 시절 발달된 탁아 시설을 범죄적 인성 문제와 연결시킨 범죄학자 크리스티안 파이퍼(Christian Pfeiffer)는 '요강 테제'(Töpfchenthese)로 유명하다. 이른 아침부터 늦은 오후까지 부모와 떨어져서 탁아소에서 자라는 동독 시절의 아이들은 정해진 시간에 일률적으로 볼 일을 본다는 점에서 '요강'을 동독 양육 방식의 상징으로 사용한 것 같다. 이 테제는 1999년 8월 동독 지역의 네오 나치들이 망명자들을 잔인하게 폭행한 사건에 대한 해설로 등장했다. 동독지역에서 일어나는 극우적이고 인종주의적 폭력은 이전 동독 시절의 전체주의적 양육 방식과 관련이 있다는 '아동심리학적' 해석이다.

> 동독에서 자란 아이들은 너무 일찍, 그리고 너무나 오랜 시간 엄마로부터 떨어진다. 탁아소에서 아이들은 너무 이른 시절부터 오랜 시간을 집단적으로 훈련 받으면서 질서, 청결, 권위에 복종하는 법을 배운다.[11]

동독에서 자라난 아이들은 서독과는 근본적으로 다르게 아무 때나 배소변마저 자유자재로 볼 수 없이 전체적 권위에 의하여 개인의 욕구를 조절해야 하는 사람으로 자라고, 어린 시절부터 어머니와 보내는 시간이 적어 결과적으로 폭력적 인성으로 클 수밖에 없다는 것이다. 필자의 입장에서 보았을 때, 이런 아동 양육 방식이 폭력적인 인성을 가진 어른으로 성장케 한다는 파이퍼의 주장은 서독보다 '발달된' 동독 시절 보육 문화에 대한 가치전도적 해석이다.

이상의 논의들을 정리하면, 동독 시절부터 현재까지 이어지는 동독의 프롤레타리아 문화는 책임, 자유와 같은 민주주의적 가치가 결여되었다. 이러한 프롤레타리아화는 경우에 따라서 끔찍한 범죄로 이어질 수 있다. 구동독 지역에서 일어나는 사건에 대하여 자주 '윤리적 황폐화'(sittliche Verwahrlosung)라는 말이 등장한다. 이 용어는 과거 기독교 성직자들이 반종교적으로 '타락'한 인간들을 부를 때 사용했던 말이다. 강력한 도덕적 잣대를 전제로 하고 있으며, 이 잣대는 근본적으로 기독교 윤리에 근간해 있었다. 동독 문화에 가장 비판적인 해석을 한 정치인들이 대부분 기독민주당(CDU) 소속들임은 우연이 아닐 수 있다. 그들은 동독 지역 주민들에게 민주주의의 개인이 가지는 도덕적 가치판단이 부재하다고 보았다. 이 논리대로라면 사회주의의 프롤레타리아 문화는 현대 민주주의의 가치를 따르지 않고, '비윤리적'이다. '자기 소유에 대한 책임'과 같은 자유주의적 가치는 세속주의를 지탱하는 '정당화의 덮개' 역할을 한다. 동독에 대하여 서독의 정치인들이 주장하는 윤리적 우위는 자유주의 논리에서 나온다.

(2) 동독 '종족'(Ethnie)의 '민속 무신론'(Volksatheismus)
통일 후 한참 시간이 흐른 뒤에야 역으로 과거의 '동독 문화'의 정체성이 형성되고, 동독인들의 특징이 거론되었다. 통일 직후인 1990년대 초에는 아직 '오시 만들기'가 진행되지 않았다. 동독에 대한 규격화되고 정형화된 해석의 틀이 존재하지 않았거나 아직 강화 단계를 거치지 않았다. 그 당시의 언론을 분석한 토마스 아베의 연구에 따르면 90년대 초에 지금보다 훨씬 동독에 대하여 다양하고 이질적인 점들이 묘사되었다.[12] 또 다른 학자 율리에테 베들은 오랜 기간에 걸쳐서 '베시'(Wessi)와 '오시'(Ossi)라는 용어가 미디어에서 사용되는 방식을 연구했다. 베시에 비해서 오시는 동독인 전체를 지칭하는 경우가 많으며, 동독인의 어떠한 '본질적' 특징을 묘사할 때 사용된다. 베시는 동독에서만 그렇게 불리지만, 오시는 어디서나 항상 '오시'로 남아 있다.[13]

'오시'의 '종교 없음'이 서독에서 '문제'로 인식되고, 논쟁을 불러일으킨 사건도 이 맥락에서 논의될 수 있다. 2010년 동독 출신의 구직자 에스씨(Frau S.)는 슈투트가르트 회사 서류 전형에서 거절되었다. 돌려준 서류에 '오시'(Ossi)라고 적혀 있었다. 구직자는 회사를 상대로 고소했다. 이 때 고소인의 변호사가 적용했던 차별 범주가 '종족적 차별'(ethnische Diskriminierung)이었다. 슈투트가르트 노동재판소는 이 범주를 받아들이지 않았지만 이 사건은 미디어의 공방을 탔다. 영어 'ethnic'의 명사형에 해당하는 '에트니'(Ethnie)는 같은 문화를 공유하는 인종이나 종족이다. 보통 언어, 역사, 전통과 종교가 종족을 구별하는 문화적 지표로 사용된다. 서독과 동독 사람들은 하나의 언어를 사용하고, 역사를 공유하며, 중부유럽이라는 동일공간에 거주한다. 동독인을 하나의 '종족' 개념으로 볼 수 있는가, 그렇다면 그 종족을 구별할 수 있는 특징은 무엇인가?

이 과정에서 동독 '종족'의 특징을 구별 짓기 위해 등장한 단어가 흥미롭게도 '민속 무신론'(Volksatheismus)이다. 가톨릭 신학자 에버하르트 티펜제(Eberhard Tiefensee, 1952~)가 처음 사용한 '집단적 무신론'은 동독인들의 종교적 무관심(religiöse Indifferenz)을 지칭하는 말로 고안되었다. 종교 의례에 참여해 본 적이 없고, 기독교와 문화적으로 거의 연관성 없이 살아가는 현상이다. 종교와 관련하여 어떠한 생각도 떠올려 본 적이 없다는 점에서 '호모 아렐리기오수스'(homo areligiosus)라고 할 수 있다.

1999년 라이프치히 중앙 기차역에서 "기독교 신자인가, 무신론자인가?" 하는 질문을 받은 청소년들에 대한 이야기다. 동독에서 자라난 청소년들은 "둘 중 아무것도 아니에요. 그냥 정상인데요."라고 답했다.[14] 이 답은 종교적이든 무신론이든 '종교적인 범주'가 청소년들에게 '비정상'적으로 보이며, 이런 물음 자체가 그들에게 전혀 중요한 문제가 아니라는 점을 보여준다. '민속종교'의 실천자가 스스로를 '종교인'으로 인지하지 못하고 외부에 의해서 '종교'라는 범주로 묶이는 것처럼, '민속 무신론'자들에게는 '종교와의 관련 없음'이 너무 당연해서 종교를 매개로 정체성을 묻는 질문이 물음으로 성립되지 않는다.

상당수의 동독 지역 사람들은 '종교적'인 주제에 대해서 아예 생각해 본 적이 없는 사람들로 스스로를 설명하곤 한다. 통계적으로 동독과 체코는 세계에서 종교 인구가 가장 없는 곳, 즉 유럽 속에서도 가장 '세속화'된 지역으로 알려져 있다. 통일 이후 동독인들의 종교적 '무지'를 '우려'하는 목소리들이 있었다. 동독의 오랜 기간 종교적 공백으로 인해서 가치관이 혼란하고, 신종교들이 판을 칠 것이라 예상했다. 90년대 동독 지역에서 신종교 단체들이 상당한 노력을 했던 것으로 보이나 서독에서 우려한 바대로 구동독이 '신종교들의 소굴'이 되지는 않았다.

(3) 다시 돌아오는 '교회' – 라이프치히 '대학 교회' 설립 사건

그런데 종교적으로 '무관심'해 보이는 이러한 장소에 통일 후 교회가 다시 세워지는 경우가 있다. 대표적으로 라이프치히의 파울리너 교회(Paulinerkirche)다. 통일 후 재건 과정에서 과거의 유서 깊었던 건물이 다시 세워졌다. 도서관, 오페라 하우스, 백화점들이 올라가고 단장되었다. 동독 시절 '이전'의 도시 모습으로 돌아가야 한다는 강박에 걸린 것과 같았다.

라이프치히 중심지에 있던 대학 교회는 사회주의 정권이 맹위를 떨친 1968년 폭파된 후 흔적

〈그림1〉 라이프치히(Leipzig)의 파울리눔/파울리 교회.
ⓒ저자

을 감추었다. 이 교회가 도시 중앙에 다시 세워진다면 랜드마크가 될 정도의 큰 규모를 자랑한다. 건축이 진행 중인 2009년, 사람들의 반대에 부딪쳐서 공사가 중단되었다. 작은 '문화 전쟁'이라고 할 수 있을 정도로 두 입장이 팽팽하게 맞섰다. 한편에서는 동독 시절 시민들의 동의 없이 정치 지도부에 의해서 '야만'적으로 폭파된 건물을 새로 짓는 행동을 '잘못된' 역사에 대한 수정이라고 생각했다. 다른 쪽의 팽팽히 맞서는 주장은, 기존의 교회도 하나 둘씩 없어지거나 다른 용도로 변경되는 '세속'의 시기에 새로운 교회 건축은 시대망상적이라는 것이다. 그런데 첫 번째 입장이 힘겨루기에서 이겼고, 건축은 재개되었다. 건축 과정에서도 건물이 얼마만큼 '교회' 건물로, 어느 정도 '세속 건물'로 보여야 하는지에 대해 의견이 대립했지만, 결과적으로 들어선 건물은 '종교적'이거나 '세속적'인 관심을

다 아우르는 이름을 가진 '교회와 대학 복합 건물'이다. 첫 번째 입장을 지지하는 그룹에서는 '대학 교회 상 파울리'(Universitätskirche St. Pauli)로, 두 번째 입장에서는 '파울리눔'(Paulinum)으로 부른다. 어떤 이름으로 불리든 이 건물은 교회 같은 자태를 가지고 현재 도시 중앙에 버젓이 자리잡고 있다. '종교'와 '세속'이 여전히 줄다리기를 하고 있다.

교회가 들어서는 현상은 이어지는 장(2) 외부로 향하는 세속주의–이슬람에 대한 태도)에서 다루게 될, 이슬람이라는 종교에 대한 세속주의의 작동 방식과 반대의 움직임이다. 세속주의는 종교에 대한 중립성을 내세우며 보편적인 정치철학임을 자부하나, 실상 그 뿌리는 기독교로부터 자유로울 수 없음을 보여준다. 기독교를 상징하는 교회 건축은 종교라기보다는 서구 문화의 '전통'으로 여겨지며, 사회주의라는 '잘못된' 방향으로 나아간 세속주의에 대한 일종의 '교정'으로 여겨진다. 이러한 사실은 무슬림들을 세계관적으로 '중립'적인 국가 체제로 편입시키고자 하는 자유주의적 세속주의에서의 종교 개념이 임의적이고 편파적임을 시사한다.

2) 외부로 향하는 세속주의–이슬람에 대한 태도

(1) 독일 거주 무슬림의 다양성

독일에 거주하는 무슬림 이주민들의 유입 과정은 세 단계로 설명될 수 있다. 첫 번째 단계는 1960년대부터 70년대에 걸친 시기이다. 터키, 스페인, 그리스, 모로코 등 지중해 연안에서 온 외국인들이 서독으로 이주했다. 이들은 노동 계약 기간이 끝난 후 고국 귀환을 전제로 이주했다는 점에서 이른바 '손님'으로 온 노동자(Gastarbeiter)였지만 상당수 독일에 남았고 고향의 가족들이 합류하였다. 1980년대 후반에서 1990년까지의 두 번째 단계에서는 팔레스타인과 보스니아 난민들이 유입되며 터키인 중심의 무슬림 이민 사회에 변화가 생겼다. 1990년대 말까지만 해도 이러한 이슬람 국가 출신의 이주민들을 바라보는 시각의 틀이 오늘날과 달랐다. 외국인 노동자에 대한 공적 논의에서 종교는 중요한 역할을 차지하지 않았다. 무슬림과 비무슬림 이주자 양쪽 다 지중해 문화권에서 온 '노동자'나 '난민'으로 인식되었다. 1990년대 말 '무슬림 문화'(Muslim culture)가 독립적인 범주로서 다루어지기 시작했고, 2000년에 들어서 본격적으로 '이슬람 연구'(Islamic studies)의 주요 대상으로 부각되었다.[15]

이에 발맞추어 유럽 종교학계에서도 2000년대부터 본격적으로 유럽에 거주하는 무슬림을 연구하기 시작했다. 특히 대도시의 이슬람 공동체, 독일에서 태어나 무슬림 정체성을 지니는 이주 2세대와 3세대 청소년들, 그리고 무슬림 여성들에 대한 종교사회학적 연구들이 이루어졌다. 이 중에서 유럽에 거주하는 무슬림들을 그 정체성에 따라서 여덟 가지로 나눈 연구에 주목한다. 사이드 레자 아멜리(Saied Reza Ameli, 2002)는 영국 거주 무슬림에 대하여, 아디스 두데리자(Adis Duderija, 2022)는 서유럽 무슬림의 특징을 유형별로 설명했다. 현재 독일 무슬림의 지향성을 이해하는데도 적절하다고 판단하고 아래 도표로 정리한다.[16]

〈표1〉 서유럽 무슬림의 유형

순번	명칭	특징
1	전통주의자(Traditionalist)	사회적 보수주의, 의례 집중, 정치적 무관심
2	이슬람주의자(Islamist)	이슬람에 근거한 정치 강조, 삶의 방식 전반을 규정하는 이슬람 이해

3	현대적 개혁주의자(Modernist)	현대적 삶의 방식과 이슬람 교리의 절충, 현대적 사고 방식에 맞추어 종교적 사고를 개혁
4	세속주의자(Secularist)	이슬람의 정치화와 전통의 준수 거부, 세속 정치와 사회 활동에 활발하게 참여
5	민족주의자(Nationalist)	부모의 출생국 문화와 동일시하며 애국심을 가짐
6	서구 세속주의자 (Western Secularist)	종교적 지향이 거의 없고, 이슬람 문화에 동화되지 않고, 서구의 세속 문화를 따름
7	혼성주의자(Hybrid)	출생 문화와 서구 문화 어느 쪽과도 연관된 굳건한 지향성 없음
8	미결정자(Undetermined)	다양한 문화와 종교에 직면하여 혼란스러움, 뿌리 없음과 무기력

여덟 가지 유형이 보여주듯이 무슬림 공동체는 다양한 스펙트럼에 놓여 있다. 이슬람 역사에서 세속적 움직임이 존재했듯이, 현재 서구에 거주하는 다양한 이민 공동체 내부에서도 세속주의에 대한 입장 차이가 있다. 스스로를 강하게 종교적으로 규정하거나, 정치적 이슬람과 연관시키는 독일 무슬림들 내부에서도 집단 별로 신학적 해석의 차이가 있다. 세속적 무슬림과 비세속적 무슬림 사이의 갈등과 차이점만큼이나 다양한 무슬림 이민자 공동체의 문화적 다양성이 공존한다. 그러나 한 가지 흥미로운 사실은 무슬림 이주자 1세대에 비하여 2세대, 3세대와 같은 젊은 무슬림 사이에서 1번 전통주의자, 2번 이슬람주의자, 5번 민족주의자와 같은 경향이 두드러진다는 점이다. 독일에서 태어나고 자란 2세대나 3세대 이민자들이 그 정체성을 '이슬람'에서 찾는 경우가 많기 때문이다. 서구 사회에서 태어나고 자란 이들이 그들의 뿌리를 찾아가는 과정에서 이슬람은 더 전통적이고 보수적인 관점에서 수용되는 경향이 있고, 부모들이 출생한 고향의 이슬람 운동과 연관되는 모습을 보이기도 한다.

(2) 2010년 이후의 정치적 배경과 이슬람

이어지는 논의를 이해하기 위해서 2010년 이후 독일의 정치적 배경을 네 가지로 정리해 볼 수 있다. 첫 번째는 유럽 내 반이슬람 정서의 확대이다. 넓게 보아서는 2001년 9·11 사건 이후의 흐름이 지금까지 이어지고 있다고 볼 수 있다. 이후 미국의 이라크 침공부터 이어지는 중동 지역의 전쟁으로 유럽에 난민이 유입되며 반 이슬람 정서가 확산되었다. 두 번째로 2010년 틸로 사라친 책의 성공을 들 수 있다. 이어지는 장에서 상세하게 다룬다. 세 번째는 서구의 이슬람화에 저항하는 애국적 유럽인 '페기다'(Patriotische Europäer gegen die Islamisierung des Abendlandes) 설립이다. 마지막으로 2015년 시리아 난민들의 무조건적 수용과 무슬림 난민들의 유입이다. 최초 도착하는 나라에서 망명 신청을 하도록 정한 더블린 협약을 예외로 하고 메르켈 총리는 조건 없이 난민을 수용하기로 결정했다. 시리아, 아프가니스탄, 그리고 이라크 전쟁 난민들이 대거 독일로 수용되었다. 터키인이 대다수를 점하던 독일 무슬림 공동체는 '아랍 무슬림'으로 그 중심이 이동되었다.

유럽 대부분의 이슬람 정책이 나라 전체의 차원에서 이루어진다면, 독일 이슬람 정책의 특수성은 이슬람 회의를 제외하고는 연방주(federal states) 단위에서 결정되는 점이다.[17] 독일은 다른 유럽 국가에 비하여 무슬림 이민자들을 적극적으로 받아들이고 무슬림들에 대하여 상대적으로 포용적인 정책을 펴고 있다. 하지만 이러한 공식적인 정책 기조와는 반대로 독일에서 주변 국가들에 비하여 반이슬람 정서가 높게 나타난다.[18]

이러한 흐름은 결국 극우정당의 승리로 이어졌다. 특히 구동독 지역에서 이 흐름이 두드러진다. 2017년 독일 대안당(Alternative für Deutschland)

은 12.6%라는 높은 득표율을 얻고 독일연방의회에 진입했다. 기민련(CDU, 기독교민주연합)과 기사련(CSU, 기독교사회연합) 연정, 사민당(SPD, 사회민주당)과 같은 전통의 당에 이어 2013년에 창당된 신생 정당이 초고속으로 제3당에 등극한 순간이었다. 이러한 초고속 성장은 많은 사람들의 예상을 뛰어 넘는 결과였고, 샤이 극우 지지자들이 독일 정치에서 흐름을 만들어 내고 있음을 보여주는 사건이었다. 이웃 국가인 네덜란드, 오스트리아 등에 비해서 늦은 '우경화'이기는 하지만 르펜이 이끄는 프랑스 극우 정당 민족연합의 성공을 비웃을 수 없는 지경에 이르렀다.

대안당은 반난민 정서를 이용한 대중적 정책을 펼쳐서 2015년 무조건적으로 수용된 난민들에 대하여 매년 일정 비율을 추방하고, 국경을 폐쇄해서 차후 난민들이 더 들어오는 일을 막는다. '다문화'와 '통합'을 강조하는 기민련/기사련 연정에 대하여 반이슬람주의를 내세운다. 이슬람을 독일의 가치에 대한 위협으로 보는 입장이다.[19]

그러나 대안당의 이러한 입장은 독일 사회를 대변하는 합리적 목소리로 볼 수 없다. 세속주의와 연관된 논의들을 분석할 때 누구의 목소리를 대표로 넣어야 하는가? 이어지는 장에서는 세속주의를 둘러싼 다양한 행위 주체자들의 입장을 보여줄 것이다.

(3) '올바르지 못하게 솔직한' 목소리
 – 틸로 사라친의 『스스로 없어져 가는 독일』(Deutschland schafft sich ab)
Deutschland schafft sich ab은 '스스로의 모습과 멀어지는 독일', '사라져가는 독일' 등으로 번역될 수 있다. 2010년 출간 직후 백만 부 이상이 팔렸으니 독일어로 된 논픽션 분야에서 가장 많이 팔린 책으로 기록된다.[20]

2000년 이후 공론의 장에서 가장 많은 논쟁의 대상이었다. 이 책은 결국 반이슬람 정서에 '논리'를 제공하면서 극우들의 결집을 이끌어 냈다고 볼 수 있다. 저자 틸로 사라친은 예상 외로 우리나라의 민주당에 해당하는 중도파 사민당(SPD) 출신의 중앙은행장이다. 책의 발간과 성공 이후 중앙은행장에서 해임되었다는 사실은 이러한 주장이 대중들에게는 설득력이 있음에도 불구하고 정부에서 표방하는 포용적 난민 정책 방향과 큰 간극이 있음을 보여준다.

사람들은 꽤나 두꺼운 이 책을 왜 사서 읽었으며, 지금까지 큰 화제성을 가지고 끊임없이 공공의 장에서 이야기되고 있나? 적지 않은 독일인들이 '생각'은 하고 있었지만 대놓고 하지 못하는 말들을 속 '시원하게' 해 주었기 때문이다. '정치적 올바름'을 염두에 두지 않고 대중들이 의문과 불만을 가지고 있었던 부분들을 '체계적'으로 설명해 주기 때문이다. 다른 정치인들은 이주자들에 의한 폭력적 상황을 해명할 때 섣불리 직접적으로 '이슬람'이라는 말을 꺼내지 않는다. 이어지는 내용에서 이 책의 중심 내용을 분석해 본다.

'지금까지 이민자들이 야기한 사회적 고충에 대해서 말을 꺼내는 것을 터부시해 왔다'고 사라친은 운을 뗀다. "똑똑한 사람들이 있는가 하면 재능이 없는 사람들이 있고, 열심히 노력하거나 게으른 사람들이 있는가 하면, 윤리적으로도 차이가 있다. 이런 점은 교육과 기회의 균등으로 전혀 달라지지 않는다"[21]는 사실을 말하는 것이 지금까지 금기시되어 왔다는 것이다. 그가 이러한 주장을 하는 데에는 독일이 머지않은 미래에 자멸하게 되는 이유가 바로 이주자들로부터 온다는 본격적인 주장을 펼치기 위함이다. 이 책의 논조에 따르면 독일의 미래가 어두운 이유는 독일 내부의 사회적 문제 때문이 아니라 주로 터키, 아랍, 유고슬로비아에서 온 사람들에게서 찾아야 한다. 그리고 이들이 학교, 직장, 사회 전반에 걸쳐 어려움을 겪는 까닭은 독일 사회 때문이 아니라 그들 자신의 문제점에서 기인한다.

독일은 왜 '멍청'해지는가? 저자는 '이슬람'에서 답을 찾는다. 통계지표가 보여주듯 이주자들은 독일인들에 비해서 더 많은 자식을 낳고, 그 중심에는 이슬람 국가 출신들이 있다. 이들로 인해서 교육 수준은 낮아지고, 복지재정에 의존하는 사람들이 증가한다. 이러한 '하층화' 현상은 이주 독일인들의 교육수준과 지능의 저하로 인해서 더 부정적인 미래의 시나리오를 낳는다. 하지만 현재 독일의 다문화와 통합 부처, 이슬람 연구자, 사회학자, 정치학자, 이주 관련 협의원들이 손에 손을 잡고 이슬람 관련 문제를 순화하고 스스로를 기만하면서 문제의 심각성을 부인하고 있다고 말한다. 이슬람에 대한 비판은 '이슬라모포비아=인종주의=반유대주의=극우파=나치'의 도식으로 간다.[22] 이스라엘 비판 정도는 아니지만 이슬람 비판이 '얼음판 위에서 걷기' 같으며, 손쉽게 '나치 도식'으로 연결된다는 사실은 필자도 공감한다. 그러나 사라친의 다음의 주장에 대해서는 선을 그을 수밖에 없다.

유럽 전체가 무슬림에 대하여 다음과 같은 편견을 가지는 데는 나름의 이유가 있다.

유럽 내의 어떤 다른 종교도 그처럼 도전적으로 스스로를 드러내지 않는다.

- 어떤 다른 이주민들도 그들처럼 사회 복지와 범죄와 연관되어 있지 않다.

- 어떤 다른 집단도 공공에서 그처럼 다름을 강조하지 않는다. 특히 여성

들의 의복 문제가 있다.

- 어떤 다른 종교도 그처럼 폭력, 독재와 테러리즘으로 가는 연결고리가

유연하지 않다.[23]

이대로 나간다면 '독일이 왜 망할 수밖에 없는가'를 독일 이주민들의 문제와 연관시키면서 '이슬람+프롤레타리아' 도식으로 이끄는 점이 이 책의 가장 강력한 논의 중 하나라고 할 수 있다. 그의 주장을 따르자면, 이슬람 국가에서 온 이주자들은 자신들의 고향으로 돌아가지 않는다. 고향에서의 임금이 낮을뿐더러 독일과 달리 충분한 실업지원과 아동수당도 없다. 그 결과 본국에서 낮은 사회적 위치를 가지고 있는 무슬림들이 독일에 남는다. 그래서 "독일은 출신국가에서 기회가 없고 독일의 사회보장제도가 매력적으로 다가오는 무슬림 프롤레타리아의 일부분을 재정 지원하는 나라"가 되어 버렸다.[24] 미래에 이런 형국의 최종적 결과는 어떠할지, 책에서 교육, 사회 복지, 범죄율 등의 통계를 사용해서 '독일이 스스로 자멸을 초래하고 있다'고 주장한다.

'내가 살고 싶은 미래의 독일'에 대한 청사진으로 책은 마무리된다. 대안당 같은 극우 정당들이 인용하기 좋아하는 부분이다.

내게는 유럽이 유럽적 서구로서 문화적 정체성을 유지하고, 독일은 프랑스인, 네덜란드인, 덴마크인, 폴란드인, 그리고 다른 이웃들과 협력하여 독일 전통을 유지하면서 유럽의 한 나라로서 독일어를 보존하는 것이 중요하다.

이주가 이루어져야 한다면, 이주자들이 이에 맞추거나 통합되어 살아가

야 한다. 100년 후 나의 증손자가 원한다면 여전히 독일에서 살 수 있기를 바란다. 내 손자와 증손자가 상당 부분 이슬람화 되기를, 사방 곳곳에서 터키어와 아랍어가 들리기를, 여성들은 히잡을 쓰고, 기도 시간에 맞추어서 일상의 리듬이 맞추어지기를 원하지 않는다. 그런 경험을 하고 싶다면 동방으로 가는 휴가를 예약하면 된다.[25]

　'이방인이 독일인이 되고, 자국민들은 오히려 지역적으로 취급되는 나라에서 살고 싶지 않다'는 사라친은 현재 종교적인 성격을 더 강하게 띠어가는 독일의 무슬림 젊은이들에 대하여 걱정한다. 무슬림 이민자들의 높은 출생률로 유럽이 세속적, 문화적으로 선도하는 삶의 형태가 바뀔 것으로 추측한다. 그럼에도 불구하고 이주민들이 미래 독일 사회에 가지는 불만족은 지속될 것이며, 독일의 사회 보장 시스템은 능력 없이 '기생'하려는 이민자들을 흡수하는 역효과를 낳을 것이다.[26]

　8년 후 출간된 두 번째 책 『적대적 수용-이슬람은 어떻게 진보를 방해하고 사회를 위협하는가』(Feindliche Übernahme. Wie der Islam den Fortschritt behindert und die Gesellschaft bedroht, 2018)는 『스스로 없어져 가는 독일』에 쏟아진 비판들을 담고 있지만 기존의 주장에서 바뀐 점은 없다. 이슬람을 불변하는 무언가로 보지 않아야 하고, 이슬람 내부의 다양성과 역동성을 보아야 한다는, 종교학자나 종교를 연구하는 사회과학자들이 했음직한 비판에 대하여 그는 이렇게 반박한다. 여전히 중요한 사실은 무슬림들이 무엇을 믿기에 그렇게 행동하는지 제대로 알아야 한다는 것이다. 사람은 믿는 것에 의해서 그 행동이 결정되기 때문이다. 종교의 본질은 그것을 믿는 종교인들의 실체와 분리될 수 없기에 종교의 본질에 대한 질문은 여전히 의미가 있다.[27] 이 같은 이유에서 두 번째 책은 이슬람 신앙의 내용을 담은 꾸란 텍스트를 분석하고 무슬림이 이해하는 이슬람이 무엇인지를 밝히는 데 할애하고 있다.

유럽의 세속주의와 비교하며 '이슬람 세계는 아직 계몽주의를 경험하지 않았다'는 점을 강조한다. 이 말은 이슬람 신학에 대해서도 마찬가지다. 기독교 신학은 계몽주의와 점진적인 세속주의의 결과로서 발전해 온데 반해서 이슬람 신학은 그러한 발전을 거치지 않았다는 것이다. 신앙의 내용과 계시 관련 텍스트들을 분석함에 서구의 신학들이 사용하는 역사 비평적인 방법을 사용하지 않는다. 이란이나 이집트는 비평적인 관점을 가진 신학자들에 대해서는 자리를 뺏는 방식 등으로 억압한다. 이런 사라친의 주장에서 계몽주의를 거치지 않은 이슬람은 '전근대적'(vormodern)이다.[28] 이슬람 사회와 이슬람 신학을 비판하는 잣대가 서구의 계몽주의에 근거한 자유주의적 세속주의다. 이는 사라친 개인을 넘어서 미디어, 학계와 같은 공공의 장에 깔린 암묵적 전제다. 이처럼 자유주의적 세속주의의 가치는 어디에서나 관여한다.

(4) '실패한' 거국적 '대화'? – 독일 이슬람 회의

독일 이슬람 회의(German Islam Conference)는 2006년 9월 27일 당시 내부장관 볼프강 죠이블레(Wolfgang Schäuble)에 의해 발족되어 현재까지 이어지는 이슬람 관련 최대 규모의 모임이다. 주최 측 문구에 의하면 '독일에 있는 무슬림들과 이슬람 단체들이 주체가 된 대화의 장'이다. 회의 설립의 배경에는, 거슬러 올라가면 9·11 사건 이후 불거진 이슬람 관련 테러, 이슬람 국가 출신들의 이주, 독일의 다문화 혹은 '평행 사회'론이 있다. 설립 1년 전인 2005년, 쿠르드 출신 독일 여성이 가족에 의해 명예 살인된 사건이 있었다. 2006년에는 무슬림들이 많이 거주하는 베를린 노이쾰른의 뤼틀리 중등학교(Rütli-Hauptschule) 교장과 교사들이 폭력적이고 학습 태도가 전혀 갖추어지지 않은 학생들을 감당하지 못하고 학교 폐쇄를 요청한 사건이 발생했다. 해당 학교는 34.9%가 아랍 출신의 학생들로 구성되어 있었다. 2003~2006년은 독일뿐 아니라 유럽의 다른 국가들도 이슬람과 대화하는 정부의 소통 창구를 마련하는 시점이기도 했다.[29] 대대적인 국가의 지원을 받는 사업으로 "독일 내부와 독일로부터 그리고 독일을 위한 이슬람을 장려"하는 목적을 가진다.[30] 독일 헌법에 기초하여 국가와 이슬람 단체들 간의 대화를 통해서 공공 학교에서 이슬람 관련 교과 과정 정립, 이맘 교육, 대학의 이슬람 신학과 설치, 모스크 설치와 운영을 논의하고 의사 결정한다.

회의는 독일에 거주하는 무슬림들이 독일 사회에서 겪는 실천적인 문제들에 관심으로 가진다고 설정되어 있다. DIK(Deutsche Islam Konferenz, 독일 이슬람 회의) 책자에 "실천 지향적(praxisorientiert)", "일상적(alltagspraktisch)"과 같은 단어들이 여러 번 등장하는 이유는 국가 주도의 사업이 '종교적 가치'와 '신앙' 문제에 개입한다기보다는 시민들의 사회 문제를 다루고 있다는 점을 보여주기 위함 같다. 국가는 이슬람 '교리'와 '세계관'의 문제가 아니라 독일인들의 사회 문제와 관련이 있을 때 개입한다는 것이다.

독일 연방 내무부(Bundesministerum des Innern)와 이주와 망명자 부(Bundesamt für Migration und Flüchtlinge)에서 지원하는 방식으로 지금까지 38개의 연구와 활동 보고서들이 일반에 공개되어 있다.[31] 독일에 사는 무슬림 현황, 청소년, 교육기관, 젠더, 종교 시설 등을 주요 의제로 다루었다. 이어지는 부분에서는 세속주의 논의와 관련해서 이슬람 회의의 근본적인 성격에 대하여 생각해 본다.

현재까지 진행되는 이슬람 회의에 대하여 어떤 평가를 내릴 수 있을까? 자료의 측면에서는 유용하다. DIK가 생산한 자료들은 역대 가장 큰 규모로, 방대한 비용을 투자해서 현재 독일 내 거주하는 무슬림들의 현황을 연구했다. 현황 조사 자체는 신뢰할 수 있고, 독일 내 이슬람 관련 연구를 할 때 챙겨 보아야 하는 자료들이다. 그러나 대화 자체의 '성공' 여부에 대해서는 회의적이다. 대화들과, 그 대화의 전개를 기록한 자료들에는 몇 가지 특징이 있다. 이 특징들은 이슬람 회의에 대한 비판점이기도 하다.

무엇보다도 이슬람이라는 종교를 독일 사회 통합에 걸림돌이 되는 '문제'로 간주하는 전제를 지적해야 한다. 이슬람을 종교로 가진 사람들을 독일 사회에 '통합'하면 많은 문제들을 미연에 방지할 수 있다는 생각이다. 이 회의에서 무슬림들의 출신 국가는 거의 고려 대상으로 작용하지 않는다. 왜냐하면 무슬림들은 '이슬람'(Islam)을 종교로 가지는 '균일한' 집단으로 간주되기 때문이다. 다양한 이슬람 국가 출신의 독일 이주자들은 '무슬림'이라는 단일한 대상이 되어 테이블에 앉아 있다. 결과적으로 다문화 사회 속 상이한 가치를 지닌 사람들의 통합의 문제가 '이슬람의 문제'가 되어 버렸다. 다양한 이슬람 국가에서 온 사람들의 언어, 이슬람을 제외한 문화적 전통과 역사, 그들이 가지고 온 사회적 사항들은 거의 문제시 되지 않는다.

이런 점에서 볼 때 이슬람 회의를 주도하는 내무부 장관이나 총리 같은 정부 주요 인사들이 사라친의 입장과 거리를 둔다고 하지만 근본적으로는 유사하다고 볼 수 있다. 사라친의 테제 '무슬림 이주민들로 인한 독일의 이슬람화'(Islamisierung der muslimischen Einwanderer)는 '통합 논쟁의 이슬람화'(Islamisierung der Integrationsdebatte)라는 결과를 초래했다.[32] 이슬람 회의는 이런 점을 반영한다. 통합 담론에서 단일하게 구성되는 문화적 주체(Kultursubjekt), 즉 "무슬림 주체"(das muslimische Subjekt)에 집중하게 만들었다.[33]

두 번째로, 회의에 적극적으로 참가한 무슬림 단체들의 성격을 짚어볼 필요가 있다. 독일 내 이슬람을 제도화하는 데 국가의 도움을 받으려는 단체들이 대표적으로 '대화'에 적극적으로 참여했다. 독일 내에서 가시적으로 조직화된 단체들이 회의에 초청 받았다. 1단계(2006~2009년)에서는 독일 이슬람 자문위원회(Islamrat, IRD)와 무슬림 중앙자문단(Zentralrat der Muslime, ZMD)이 참여했고, 2단계(2010~2013)에서는 위 두 단체가 빠지고 더 작은 단위의 단체들이 참가했다.[34] 이 단체들은 회의에 '초대'되고 적극적으로 '참여'함으로써 나름의 정치적 영향력을 확대하려는 의도가 강하다. 그러나 독일 내에 있는 다양한 무슬림이나 시민들의 관점을 대표한다고 보기 힘들다. 이슬람을 대변하는 단체들이 선거 등 어떤 합리적 절차를 거치지 않고 정부 측에서 임명하고 초청하였기에 얼마만큼 무슬림들을 대표할 수 있는지에 대해 당시에도 논쟁이 있었다.[35]

세 번째는 국가 주도의 탑 다운(top-down) 대화 방식의 문제점이다. '이슬람'을 세속주의 국가의 테이블에 앉힌다면 '문제'가 해결될 수 있을까? 이슬람 회의를 초창기부터 관찰해 온 베를린 자유대학 이슬람학과 교수 쉬린 아미르-모아자미(Schirin Amir-Moazami)는 이슬람 회의가 세속주의적 정부의 통치 기술(governmental technique)을 보여주는 예라고 보았다.[36] '왜 유독 무슬림들이 독일 헌법과 가치에 맞다는 노력을 보여주어야 하는가?' 되묻는다. 이와 관련된 사항으로, 아미르-모아자미는 합의를 지향하는 대화(consensus-oriented dialogue) 방식이 문제라고 본다. 합의를 도출하기 위한 '대화'의 과정이 위계적으로 조직되어 있다. 일방향적 아젠다 세팅에서 정부가 원하는 대화 상대를 초대한다. 이런 종류의 대화의 장은 스스로를 정당화하는 기능을 가질 수밖에 없다.[37] 그녀의 이러한 입장에 대해서 물론 반론이 있을 수 있다. 한 사회 안에서 함께 살아가기 위해서 '동의'가 지니는 필요성이 있지 않은가? 필자는 정부와 이주자들 사이의 만남의 실질적인 필요성은 있다고 생각하는 입장이다. 그러나 정부와 이주민 양쪽 다 '합의할 수 없는' 지점이 있다는 것도 현실적으로 인정하고 열린 카드를 내 보여야 한다. 정부와 이주자라는, 힘의 균형이 맞지 않은 대화일 경우 보통 그 대화는 '설득'이나 '종용'으로 끝날 가능성이 높다. 그렇다면 '이슬람이 주체가 되는 대화'라기보다는 국가 초청 대화라는 솔직한 슬로건을 쓰는 편이 좋겠다.

일반에 공개된 문서를 통해서는 드러나지 않은 DIK의 협상 과정을 아미르-모아자미의 글을 통해서 이해할 수 있었다. 이슬람 회의 세 번째 모임에서 정부 측은 독일에 사는 무슬림들이 '독일 가치 공동체'(German value community)에 합의한다는 내용의 문서를 제시했다고 한다. 독일 헌법을 따르는 행동을 넘어서서, 그 가치에 '내면적 충성'을 보여야 한다는 것이다. 이 '독일적 가치'에는 특히 무슬림들의 젠더 관념과 성(sexuality)과 관련된 민감한 사항들이 문제시되었다고 하나 자세하게 설명되어 있지 않다.[38]

국가는 종교적으로 민감한 문제들에 대하여 규제하고, 규범들과 일탈들에 대하여 판단하는 주요 활동자(chief actor)로 등장한다. 그럴 때 국가는 특별한 종교적 모델을 하나의 패턴으로 사용한다. 무슬림은 그 모델에 따라서 세속적 대상(secular subjects)으로서 모습을 맞추거나 스스로를 변형해야 한다.[39]

필자는 이전에 이슬람 회의 공개 문서를 하나씩 읽어 보다가 좋은 말들로 가득 차 있음에도 불구하고 늪에 빠지는 기분이 들어서 멈추었던 적이 여러 번 있다. 이 글 작성을 계기로 아미르-모아자미의 위 인용문을 읽은 후, 이전에 느낀 늪 속에 빠진 듯 답답한 느낌의 정체가 무엇인지 알게 되었다. 무슬림들이 초대 받은 그 대화의 장이 자유주의적 세속주의에 의해 조형된 정형화된 틀이기 때문이다. 그 안에서 반복적으로 사용되는 '어울려 살아가기', '평화', '자유', '개인 의사의 존중', '평등', '민주주의적 가치'와 같은 단어들은 자유주의적 세속국가의 '종교적 강령'과 같다. 무슬림들은 세속국가의 '민주주의' 가치에 자신들을 바꾸어 나가야 하고, 공공성을 위협하지 않는 '선량한' 시민이 되기를 바란다. 세속국가가 내부의 이질적인 존재들을 이와 같은 방식으로 훈육하고 있다. 종교가 '어떠해야 하는지'를 세속국가가 규정하고 있다는 점에서 세속국가는 종교보다 상위적 가치를 점령한다.

자유주의적 세속주의에 대한 현실주의적 비평(Realist critique)에 따르면, 자유주의는 스스로 부정하는 것을 끊임없이 생산한다. 세속적 국가 자체가 신념과 가치가 되어 버리면서 종교와 국가 간의 의미 있는 분리가 존재하지 않는다.[40] 세속적 국가권력의 이익 안에서 종교를 변경하고 규율하는 것이다.[41]

(5) 무슬림 세속주의자들의 목소리

연방의회의장 노베르트 야메르트(Norbert Jammert)는 '독일은 이제 문화적 동질성과 이별해야 할 때가 되었다'고 말한다. 연방대통령 크리스티안 불프(Christian Wulff)는 '이슬람도 그 사이 독일 문화의 하나에 속한다'고 말한다. 이처럼 독일 정치인들은 '친(親) 이슬람'적인 메시지를 반복적으로 내놓는다. 유럽에서 무슬림들이 야기하는 문제에 대해서 조심스럽게 접근하고, 이슬람을 종교로 가지고 있는 사람들에 의해 발생하는 소위 '테러' 등의 이슈에서 '이슬람'이라는 말을 쓰지 않고 '사회를 위협하는 이데올로기' 등의 말로 대신한다. 여기에는 여러 이유가 있다. 첫째, 독일의 외교와 경제는 사우디아라비아, 터키와 같은 이슬람 국가들과 밀접하게 연결되어 있다. 둘째, 현재 독일의 이민자 포용 · 통합 정책의 기본 방향과 어긋나지 않으려고 한다. 마지막으로, 독일에 거주하는 무슬림들을 자극하지 않으려는 의도가 보인다. 공식적인 정책, 그리고 극우 정당을 제외한 '전통의 당'들에 소속된 정치인들의 발언은 앞서 분석한 사라친의 책이나 인터넷을 뜨겁게 달구는 대중 담론과 격차를 보일 때가 많다. '옆집의 무슬림'(The Muslim Next Door)을 '원주민'들이 마음으로 받아들이지 못하는 면이 있다고 할 수 있다.

이렇게 무슬림들을 '어루만지고' 사회와 조화시키려는 기조는 오히려 이슬람이 서구의 기본 가치와 얼마만큼 긴장 관계에 있는가를 보지 못하게 한다고 지적하는 무슬림들이 있다. 이들은 '〈표1〉 서유럽 무슬림의 유형'에서 현대적 개혁주의자(Modernist)와 세속주의자(Secularist)에 걸쳐 있다고 볼 수 있다. 이집트 출신의 독일 정치학자 하메드 압델–사마드(Hamed Abdel-Samad, 1972~)는 유럽에 사는 무슬림들이 종교의 자유는 누리면서 무함마드 만평과 같은 이슬람 비판은 거절한다고 꼬집는다. 그러나 종교의 자유와 종교에 대한 비판은 하나의 세트다. 무슬림들은 현재 자신들이 원하는 것만 선별적으로 누리자는 주장을 하고 있다는 것이다. 유럽의 젊은 무슬림들은 100% 무슬림이면서 100% 독일인이 될 수 있을 것이라고 생각하지만, 사실 이러한 희망은 실현될 가능성이 거의 없다. 이슬람과 '원주민' 독일 문화가 만나려면 양쪽의 어떤 사항들은 과감하게 포기되어야 하기 때문이다. 사회생활에서 이슬람 법 샤리아의 개입, 젠더의 엄격한 구별과 여성 차별이 그에 속한다. 피해자가 아닌데도 무언가를 '요구하는 정서'도 포기해야 하는 무슬림의 정서로 지적한다. 유럽의 이슬람은 '소수'라고 하지만 '가장 큰 목소리를 내는 문제적 소수'다.[42]

이처럼 이슬람과 세속주의 담론에서 후자 편에서 무슬림들이 내는 목소리가 있다. 세속주의 사회의 가치를 인정하면서 그 안에서 살아가기 위해서는 이슬람이 먼저 바뀌어야 한다고 주장하는 무슬림들이다. 터키 출신의 여성 이슬람 개혁가들인 세이란 아테쉬(Seyran Ateş, 1963~)와 네클라 켈렉(Necla Kelek, 1957~)이 대표적이다.

대중적으로 인지도가 있는 인권 변호사 아테쉬는 2017년 베를린 '이븐 루쉬트 괴테 모스크'(Ibn-Rushd-Goethe-Moschee)를 설립했다. 이 모스크는 진보적 이슬람을 지향하는 사람들을 위해 만들어졌다. 의례는 여성과 남성이 자리 구별 없이 합석하여 진행되며, 성소수자 무슬림들을 허용한다. 꾸란과 하디스 강론에서 자유주의적 해석을 권장한다. 이 모스크를 중심으로 결집된 자유주의적 무슬림들은 이슬람이 정치적이고 세속적인 영역을 구별해야 하고, 이슬람 경전이 시대에 맞게 해석되어야 함을 주장한다. 아테쉬는 젠더 문제와 관련해서 현대 사회에 걸맞게 이슬람 교리를 이해해야 한다는 공적 발언으로 항시적 살해 위협 속에서 24시간 경찰의 보호를 받는다.

이론적인 방면에서 더 비중 있는 인물은 활발한 저술활동을 펼치는 사회학자 네클라 켈렉이다. 『타지에서 온 신부』(*Die fremde Braut*, 2005), 『잃어버린 아들들』(*Die verlorenen Söhne*, 2006) 등으로 독일 사회에서 이슬람과 통합의 문제에 대하여 무슬림의 입장에서 화두를 열었다. 2020년부터 '함부르크 세속주의 이슬람 연합'(Verein Säkularer Islam Hamburg e.V.) 대표로 활동한다. 켈렉은 종교로서의 이슬람에 귀의하지 않고 스스로를 무슬림 여성(Muslima)으로 규정하지 않는다. 이슬람을 '문화'로 보며, 그 자신은 '문화로서의 이슬람'에 속한다고 말한다. 11세기의 모습이 지금까지 이어지는 듯한 변화 없고 과거 회귀적 종교로서의 그러한 이슬람은 현재 독일 체제와 독일에 살고 있는 무슬림들과 맞지 않는다고 본다. 스스로의 정체성을 문화로서의 무슬림이기 앞서서 독일 시민으로 이해한다. 세속주의와의 관계에서 큰 목소리를 내는 지점은 청소년 교육에 관련된 부분이다. 전통적인 무슬림 가족 구성원들 속에서 양육되는 소녀와 소년들이 정규교육을 받지 않는 경우 독일 사회가 가정 교육의 일환으로 여기고 넘어가는 풍토에 반대한다. '잘못 이해된 관용'으로, 정부와 무슬림 가족들 양쪽을 설득시켜야 한다고 말한다.

압델-사마드, 아테쉬, 켈렉을 비롯해서 이런 입장을 가진 사람들이 2018년 '세속적 이슬람'(Initiative säkularer Islam)을 설립했다. 지금까지의 이슬람은 '민주주의'와 맞지 않고, 무슬림들은 희생자의 역할에서 빠져나와 스스로를 성찰해야 한다고 촉구한다. 독일 사회의 더 많은 관용을 바라지 않아야 하며, 무슬림 자체가 '세속적'인 사회의 변화에 맞추어야 한다는 입장이다. 이 목소리에 속하는 사람들은 대부분 이슬람 문화권에서 온 지식인들로 자유, 평등, 정교 분리와 같은 세속주의의 가치들을 이슬람과 결합시킨다. 이슬람에 대한 비판이 반드시 인종차별적, 외국인 적대적, 극우적인 것과 등치될 수 없는 새로운 흐름이다.[43]

3. 세속주의의 이중 잣대

이상 독일의 세속주의가 정치적 통일과 문화적 통합의 과정에서 동독 주민과 무슬림 이주민들에게 적용되는 두 가지 방향을 살펴보았다. 세속주의 체제인 자유민주주의 '서독'이 '동독'에 대하여 비판을 가하는 방식은 여전히 '종교적'이다. 독일 속 사회주의적 '타자'에 대하여 실제 도덕적, 정치적 담론이 작동하는 방식은 전통적 독일의 기독교적 가치관에서 그다지 바뀌지 않았거나 사회주의 비판적이다. 서독 정치인은 이해불가의 범죄가 발생하는 시점에서 동독인들에게 윤리 의식이 부족하다고 비난하며, 그 원인을 동독의 문화에서 찾는다. 프롤레타리아화나 민속 무신론이 '동독 종족'의 특징으로 설명된다. 그러나 동시에 통일 후 기독교에 대한 수요가 별로 없는 동독 지역에 새로 교회가 들어선다. 교회는 과거 사회주의 정권이 무너뜨린 독일 '전통'의 되살리기로 이해되기도 하며, 그를 둘러싼 공방은 뜨겁다.

그러나 외부적으로는 상당히 다른 논리가 펼쳐진다. 서구와 이슬람을 병치시키면서 무슬림 이주민들을 마주할 때는 세속주의의 논리로 포섭하며, 서구가 그에 비해 가지는 정치, 사회, 문화적 우월성을 세속주의에서 찾는다. 그러나 21세기 무슬림들의 유럽 이주로 야기된 문화적 갈등은 종교적 '중립'을 이상으로 하는 세속국가에 도전이 되고 있으며, 자유주의적 세속주의의 한계를 보여준다.

베를린 장벽이 무너진 후 서독인들의 동독인에 대한 태도와 감정 분석은 정치적 세속주의(political secularism)를 넘어서 감수성의 영역으로서 세속성(secularity)을 포착하는 하나의 방법론적 시도였다. 미디어에서 '오시'의 전형적인 모습이 만들어지고 강화된다. 다름은 만들어지고, 그 차이는 통일 직후보다 그 이후에 두드러진 패턴으로 자리 잡았다. 짝패에 의해서 서로가 규정되는 관계에서 형성되는 상대방에 대한 정체성을 '상호 타자화'(alterity)라고 부른다. 통일 후 삼십 년에 걸쳐서 동독과 서독은 정치인들의 발언과 미디어의 부추김을 통해서 '상호 타자화' 과정을 거쳤고, '문화적 타자'(cultural others)를 생산했다. 영유아 살해와 같은 사건이 생길 때 이런 전형화된 '다름'은 오시의 '종교'와 '윤리'의 부재와 연결된다.

그런데 이 문화적 차이는 어느 정도 실제적인가? 45년간 동독과 서독은 분단되었지만, 그 전에도 독일은 통일된 국가로 존재한 역사가 오래되지 않았다. 동서보다 남북의 지리적 차이에서 오는 문화적 특징들이 더 눈에 띈다. 동독과 서독의 '문화'적 경계는 사실 흐릿하다. 그에 비해서 '서류상 독일인'이라 부르는 무슬림 이주민들과 '원주민' 독일인들과의 차이는 확실히 존재한다. 대표적으로 언어적 차이는 한 국가에서 살아가는 데에 소통의 장애가 된다. 그러나 갈등에 있어 인종과 종교의 차이는 과장되었다. 무슬림 이주자들과 '원래 독일인'들은 각각 내적으로 더 분화되어 있다. 이주자들은 다양한 이슬람 국가 출신들이기도 하다. 예를 들어, '터키 이슬람 유니온'에서 만난 터키인들이 있다면 그들 사이에 문화적 차이가 별로 없다고, 서로를 더 잘 이해할 수 있다고 말할 수 있을까? 앙카라에서 온, 고등 교육을 받은 중산층 터키 이주자들은 시골에서 온 터키 농부보다 중산층 독일인들과 더 많은 유사점을 공유할 것이다. 마찬가지로 세속주의 이슬람 협의회 소속 무슬림들은 대화 상대를 독일 원주민들 안에서 구할 것이다. 현대 사회 속 갈등의 상당수는 희소성이 있는 사회 경제적 자원에 대한 분배와 관련된다. 이슬람 이주민들과 '오시'의 경우 갈등 관계와 범죄를 분석할 때 문화와 종교적 차이보다 사회 경제적 요인이 더 큰 의미가 있다고 생각한다. 그러나 범죄 사건과 갈등이 생기는 시점마다 동독 문화나 이슬람 문화의 특수성은 강조되고, 그 문화적 차이는 넘을 수 없을 듯이 절대화되는 경향이 있다.

동독의 '동쪽'(Ost)은 지역과 지점이 아니고, 경계와 구분 짓기의 의미를 띤다. 그 '동쪽'은 특정 지역이라기보다는 '민주주의와 시장 경제에 뒤처진' 사람들이다. 이 사람들은 콘크리트 슬래브 아파트 건물(Plattenbau)에 산다. 플라텐바우는 사회주의 시기에 서민용 아파트 공급을 위해서 값싼 건축자재로 빠른 시일에 지을 수 있는 비슷한 모양의 대형 아파트 건물이다. 이런 종류의 건물은 구동독 지역에 남아 있는 일종의 '문화적 잔재'로, 동독 문화의 집단적이고 획일적인 과거를 상징한다. 9명의 친자녀들을 방임 살해했던 자비네(Sabine H.)의 사건 보도 기사는 이러한 플라텐바우에서 살인 사건이 일어났음을 생생하게 묘사한다. '똑같이 생긴 아파트 안에서 아이들이 죽어 가도 사람들은 모른다'는 묘사는 앞으로 비슷한 공간에서 그와 같은 일이 또 일어날 수 있을 것 같은 뉘앙스를 풍긴다. '서로 다름화'는 위기와 이해 불가능한 사건을 해석할 때 낯선 공포의 메타포가 될 수 있다.

마찬가지로 이슬람 이주민들이 온 '동방'(Morgenland)은 '종교적 자유'와

〈그림2〉 켐니츠(Chemnitz)의 마르크스 동상이 남아 있는 플라텐바우. ⓒ저자

'근대화'를 경험하지 못한 공간으로 여겨진다. 근대화의 공간인 독일로 넘어간 무슬림들은 '종교적 자유'와 '세속주의'를 새롭게 배워야 한다는 입장이 설득력을 가지는 경우가 많다. 그러나 자유주의자들이 말하는 정치와 종교 분리는 서구의 특수한 역사적 발전이다. 서구와 다른 역사적 과정을 경험한 무슬림 이주민들에게 그러한 '자유'의 논리는 과거에 속해 있던, 그리고 현재도 가족친지를 통해서 속해 있는 자신들의 공동체 문화의 가치에 대한 불확실성과 패배감을 안겨줄 여지가 많다.

어떤 점에서 본다면 세속주의의 종용을 깔고 대화하자는 독일 이슬람회의보다 사라친의 거친 주장들에 현실적이고 솔직한 면모들이 보인다. "자유주의자들이 순진하거나 편안하게 믿고 있는 듯 보이지만 사실 대화는 모든 것과 모두를 위한 묘약이 아니다. 어떤 부분들에 있어서는 협상 불가능하다!"[44] 또 하나. "이슬람 비판이 자유주의성의 결핍이 아니다."[45] '진정한 자유주의자'는 이슬람마저 비판할 수 있어야 한다는 말이다. 이런 점에서 사라친이야말로 자유주의적 세속주의의 면모를 솔직하게 드러낸다고 볼 수 있지 않겠는가? 사실 그의 저작은 역설적으로 현재 서구의 자유주의적 세속주의가 직면한 한계와 짙은 패색을 보여준다.

4. 세속주의의 두 가지 작동 방식과 '길들이기'

독일의 통합 과정에서 세속주의는 두 가지 방식으로 작동한다. 내부와 외부에 대한 다른 지배 전략(strategy of state governance)을 구사한다. 사회주의라는 타자와 이슬람이라는 타자에 대하여 세속주의는 선별적으로 작동한다. 그러나 두 가지 다 '길들이기'다. 한편으로는 이슬람을 길들이고, 다른 한편으로는 사회주의를 길들인다. 독일 내 무슬림들에 대해서는 "'종교'를 우선하는 너희들은 계몽주의를 아직 거치지 않은 전근대적 단계에 놓여 있다."고, 그러나 구동독인들에 대해서는 "민주주의의 '자유와 책임'을 모르는 너희들은 도덕적 가치와 양심 의식이 결여되어 있다"고 말한다.

근대성의 핵심 가치라고 여겨지는 '자유'는 그 자체로 나쁘지 않아 보인다. 자유라는 말 앞에 쉽게 반기를 들 사람은 없을 듯하다. 종교적 자유 역시 세속 국가의 기본적 가치로 '평등'이라는 말과 더불어서 일상과 정치적 삶에서 다른 가치들의 우위를 점하고 있다. 그러나 수사 뒤편을 보면 이야기가 달라진다. 그 '자유'의 잣대로, 이주민들이 온 국가의 종교적 자유의 문제를 재단한다면 어떤가? 세속국가가 내세우는 정치와 종교의 분리, 그리고 개인의 종교 자유는 이주민들을 예속시키는 권력으로 작동한다. 세속주의가 담론과 제도, 그리고 태도와 감정으로서 사람들의 일상에 권력으로 작용한다는 뜻에서 '세속 레짐'(secular regimes)이라고 부를 수 있다. 이러한 때 '자유주의적 세속주의를 넘어서는 모델을 생각할 수 있는가?', '세속주의 말고 대안은 있는가?'와 같은 질문을 던질 수 있을 것이다. 현재 국가 모델에 대한 새로운 상상력을 요하는 영역이다.

세속주의에 대한 비판이 나온 지 20년이 흘렀다. 자유주의적 세속주의는 다른 모든 가치의 우위에 서서 사태를 해석하고 갈등에 개입한다. '다원주의'를 표방하는 독일 이슬람 회의에서도 세속주의적 가치를 밑바탕에 둔 채 '대화'가 이루어진다. 이 글의 서두에서 세속주의의 정치 철학에 대하여 이야기하였다. 여기서 우리는 정치와 국가가 분리되어 있고, 국가가 세계관적으로 '공정'하다는 도식에 대해 다시 묻게 된다. 세속주의를 넘어서는 정치철학의 제시는 필자의 역량을 넘어선 일이다. 그럼에도 불구하고 다음과 같은 질문들 속에서 현재의 세속주의를 다시 생각해 보는 계기를 만든다. 한 국가 안에서 문화적, 인종적으로 상이한 집단이 살아가는 2022년, 근대 국민국가가 만든 테두리를 벗어나서 저항할 수 있는 사유의 가능성이 전보다 더 높아지지 않았는가? '다원주의적 사회'를 원한다면 자유주의적 세속주의를 하나의 옵션으로 두어야 하지 않는가? 그러기 위해서는 일단 국가의 기본적 테두리인 자유주의적 세속주의의 전제를 보아야 한다. 합의를 도출하는 데만 관심을 가지지 말고, 다양성 속에서 세속주의에 대한 '비동의'를 수용하는 대범성이 필요하지 않을까?

독일의 사례에서 보듯이 서구 세속주의는 한 시스템 내에서 균일하게 작동하지 않는다. 세속주의라는 기울어진 운동장에서 선수로 뛰는 '오시'들과 '무슬림 이주민'들은 상이한 게임의 규칙을 받는다. 그들은 곧 자신들이 뛰어다니는 운동장이 기울어져 있음을 알아차릴 것이다. 내부의 틀과 모순점을 알아차린다면 새로운 게임의 규칙을 모색할 가능성이 생긴다. 독일의 상황은 한국에도 시사하는 바가 있다. 현재는 새터민과 조선족, 통일 후에는 북한 출신과 다양한 이주민들과 함께 살아갈 때 한국의 세속주의는 어떤 모습을 보일 것인가? 서구 정치문화의 확산을 바뀔 수 없는 보편적 민주주의와 계몽주의로 보는 시각을 먼저 다시 점검해야 할 때다.

4부

세속주의와
현대 사회

생태 위기에 대한 지구학적 대응

― 성스러운 지구와 세속화된 가이아

조성환

1. 들어가는 말

1967년에 역사학자 린 화이트가 〈생태적 위기의 역사적 기원〉에서 인간에 의한 자연 파괴는 그리스도교의 자연관에 기인하였다고 선언한 이래로, 서구 신학계에서는 생태 위기에 대응할 만한 새로운 자연관을 모색하려는 움직임이 활발하게 전개되었다. 그중 하나가 1970년대에 제임스 러브룩이 제안한 '가이아' 이론을 수용하여, 지구를 살아 있고 신성한 존재로 보는 유기체적 지구론의 대두이다. 대표적인 예를 들면, 로즈마리 래드퍼드 튜너의 『가이아와 하느님: 지구 치유를 위한 생태 여성 신학』(1992)[1]이나 안느 프리마베시의 『성스러운 가이아: 통전신학과 지구 시스템과학』(2000),[2] 또는 로이드 기링의 『지구로의 귀환: 신들에서 하느님으로 가이아로』(2009)[3] 등을 들 수 있다. 여기에서 지구는 살아 있는 유기체이자 모든 생명의 어머니로서의 '가이아'로 이해되고 있다. 이와 같은 자연관과 생태운동은 신학적 토대 위에 전개되고 있다는 점에서, 커먼(Kirman)의 분류를 참고하면, "종교적 관점에서 자연을 이해하는 생태운동"으로 자리매김할 수 있다.[4]

반면에 프랑스의 철학자 브뤼노 라투르는 이와 같은 지구 인식을 비판하면서, 가이아를 철저하게 '세속화'할 것을 주장하였다. 2013년 기포드 강연에서 제시한 "가이아, (최종적으로 세속적인) 자연의 모습" 개념이 그 것이다. 라투르에 의하면 가이아는 "조화의 상징도 아니고 어머니 같지도 않다." 그것은 오히려, 원래 그리스 신화에서 묘사되고 있듯이, 무자비하고 예측불허하다. 따라서 라투르에게 있어 지구란, 생태신학자들이 주장하는 것처럼 공경의 대상도 아니고 성스러운 존재도 아니다. 그런데 이런 지구 인식은 생태신학자들의 입장에서 보면 불만족스러울 수 있다. "그렇다면 우리는 지구를 어떻게 대해야 하는가?"라는 윤리적 물음에 대한 대답이 없기 때문이다. 흥미로운 것은 그럼에도 불구하고 라투르가 여전히 '가이아' 개념을 사용하고 있다는 점이다.

이 글에서는 생태 문제에 대한 위기의식이 고조됨에 따라 '지구' 개념이 어떻게 대두되게 되었는지, 그리고 그것의 일환으로 '가이아' 개념이 생태신학자들에 의해 어떻게 수용되었는지, 그리고 그것이 오늘날 어떻게 비판받고 있는지를, 한나 아렌트에서 토마스 베리를 거쳐 브뤼노 라투르에 이르는 지구 인식과 가이아론의 전개를 중심으로 살펴보고자 한다. 그리고 이러한 흐름들을 토마스 베리의 개념을 원용해서 '지구학'이라는 범주로 포괄하고자 한다. 여기에서 '지구학'이란 "생태위기 문제를 지구에 관한 논의를 중심으로 접근하는 인문학"을 지칭한다. 달리 말하면 "지구를 어떻게 볼 것인가?"에 관한 철학적, 종교적 담론을 말한다.[5]

서양에서 지구학의 대두는 지구를 지칭하는 개념이 globe, Earth, Gaia, planet 등으로 다양하게 분화되고 병행되어 왔다는 사실로부터도 짐작할 수 있다. 이 개념들은 지구를 하나의 '사물'로서 인식한다는 점에서 '환경'이나 '생태' 개념과 차이가 있다. 이러한 지구 담론은 대략 1990년 전후에 대두되기 시작하였고, 그것이 최근의 라투르의 가이아론까지 이어지고 있다.[6] 지구학의 관점에서 보면, 1990년 전후로 종래의 생태 담론에 지구 담론이 추가되고 있음을 알 수 있다. 그 구체적인 증거가 이 글에서 다루고자 하는 제임스 러브록의 『가이아』, 토마스 베리의 『지구의 꿈』, 브뤼노 라투르의 『가이아와 마주하기』이다.

2. 인간의 조건으로서의 지구

20세기 후반부터 고조되기 시작한 생태 위기는 인간과 자연, 지구와 만물에 대한 새로운 인식을 촉구하였다. 그 이유는 서구 근대적인 인간과 자연의 이분법, 인간을 위한 자원으로서의 자연관, 단순한 환경이나 물체로서의 자연 이해 등이 생태 위기의 원인으로 지적되었기 때문이다. 그런데 이러한 위기의 원인을 단순히 근대에만 한정시키지 않고 좀 더 넓게 서구 그리스도교 전통에서 찾으려는 시도도 있다. 1967년에 린 화이트가 쓴 〈생태계 위기의 역사적 기원〉이 그것이다. 또한 생태 문제를 직접적으로 거론하지는 않았지만, 훗날 생태학과 관련된 담론에 적지 않은 기여를 한 저작들도 있다. 1958년에 나온 한나 아렌트의 『인간의 조건』과 1979년에 나온 제임스 러브록의 『가이아: 지구 생물에 대한 새로운 관점』이 그것이다. 이들은 각각 50년대(한나 아렌트), 60년대(린 화이트), 70년대(제임스 러브록)에, 지금까지도 적지 않은 영향력을 끼치는 중요한 논의와 개념들을 제시하였다. 그리고 이들의 문제의식과 통찰이 전부 수렴되어 있는 저작이 1988년에 나온 가톨릭 신부 토마스 베리의 『지구의 꿈』이다. 이 저작을 통해 베리는 종래의 자연이나 환경 담론을 '지구' 담론으로 전환시키는 중요한 역할을 하게 된다. 그가 자신을 '신학자'(theologian)가 아니라 '지구학자'(geologian)로 자처한 이유이기도 하다.[7]

이러한 일련의 흐름을 염두에 두면서 이 절에서는 50년대에서 80년대에 이르는 한나 아렌트(Hannah Arendt, 1906~1975), 린 화이트(Lynn White, 1907~1987), 제임스 러브록(James Lovelock, 1919~2022), 그리고 토마스 베리(Thomas Berry, 1914~2009)의 논의를 '지구론'의 관점에서 고찰하고자 한다. 베리의 개념을 빌리면, 이들은 모두-린 화이트는 제외-지구학적 차원에서 생태 위기에 대한 대안을 모색했다고 할 수 있다(후반에 다룰 브뤼노 라투르도 마찬가지)

먼저 독일의 정치철학자 한나 아렌트는 1957년에 인류 최초의 인공위성 스푸트니크(Спутник)가 발사되는 장면을 보면서 다음과 같은 물음을 던졌다.

> 꼭 하느님은 아니라고 할지라도 하늘에 계신 인류의 아버지인 신을 거부하는 것으로 시작되었던 근대의 해방과 세속화는 하늘 아래 모든 피조물들의 어머니인 지구를 거부하는 매우 치명적인 결과로 끝이 나야만 하는가?[8]

여기에서 아렌트는 지구를 피조물들의 '어머니'에 비유하면서, 근대의 해방 개념과 세속화 과정이 '어머니 지구'를 거부하는 결과로 끝날지도 모른다는 우려를 표명하고 있다. 그리고 이러한 근대적 속성을 다른 곳에서는 '지구 소외'(Earth alienation)라는 말로 개념화하였다.

지구의 결정적 축소는 비행기 발명, 즉 지구 표면으로부터 떠날 수 있는 도구 발명의 결과이다. 이 사실이 상징적으로 말해주는 것은 인간이 지구로부터 더더욱 멀어지고, 따라서 인간이 자신의 지구적 거주 환경으로부터 결정적으로 소외되는 희생을 치르고서만 지상에서의 모든 거리 축소가 이루어질 수 있다는 일반적 현상이다.[9]

세계 소외가 근대 사회의 방향과 발전을 규정했다면 지구 소외는 근대 과학의 기호가 되었다.[10]

아렌트에 의하면, 인간에 의한 도구의 발명은 한편으로는 인류에게 지구로부터의 자유라는 '편의'를 가져다 주었지만, 다른 한편으로는 인간이 자신의 거주환경이자 만물의 어머니인 지구를 소외시키는 '희생'을 수반하게 된다. 이러한 지적은 오늘날 우리가 겪고 있는 상황에 빗대어 말한다면, 인류가 자신의 편리를 위해 자동차와 비행기를 발명했지만 그것이 결국 지구의 대기를 오염시켜 기후변화를 일으키는 결과를 초래한 것과 상응한다. 아렌트는 이와 같은 현실 인식을 바탕으로 지구를 '인간의 조건'이자 '유일한 거주지'로 규정한다.

지구는 가장 핵심적인 인간의 조건(human condition)이다. 우리 모두가 아는 것처럼, 지구는 우주에서 (…) 유일한 인간의 거주지(human habitat)이다.[11]

여기에서 '인간의 조건'이란 다른 말로 하면 '인간의 생존 조건'이나 '인간의 거주 조건'으로 바꿀 수 있다. 아렌트에 의하면 지구야말로 인간이 살아가는 데 빼놓을 수 없는 필수적 조건이고, 그런 의미에서 '거주 환경'이라고도 할 수 있다. 지금과 같은 기후변화나 대기오염이 심각한 시대라면 당연한 말로 들리겠지만, 미소 간에 군비경쟁이 한창이었고, 전 지구적 차원에서 근대화가 진행되던 1958년에 이런 지적을 했다는 사실에 놀라지 않을 수 없다.

이상의 고찰로부터 아렌트의 『인간의 조건』에는 지금까지 우리가 알고 있던 것과는 사뭇 다른 이야기가 숨어 있음을 알 수 있다. 그것은 '인간의 조건으로서의 지구'에 관한 논의이다. 한국에서 '아렌트'라고 하면 공공성이나 전체주의 비판 또는 '악의 평범성' 개념을 제시한 정치철학자로 알려져 있다. 그런데 이상의 고찰에 의하면 아렌트의 『인간의 조건』은 '지구'에 관한 선구적인 논의를 제기한 지구철학서의 성격도 겸하고 있음을 알 수 있다. 실제로 영어 원문을 검색해 보면 『인간의 조건』에는 'earth' 라는 말이 무려 200회가 넘게 나오고 있다.

또한 아렌트가 『인간의 조건』에서 지구를 형용한 용어들, 가령 '어머니'나 '인간의 조건' 또는 '거주 환경' 등은 이후에 생태신학이나 인류세 철학에서도 중요하게 사용되는 개념들이다. 가령 '어머니 지구'(Mother Earth)는 2020년에 나온 프란치스코 교황의 책 제목에 등장하고,[12] '인간의 조건'은 2015년에 예일대학에서 행한 디페시 차크라바르티의 강연 제목 "인류세 시대의 인간의 조건"에 나오는 말이다.[13] 또한 차크라바르티는 종래의 '지속가능성'(sustainability)을 대체하는 '거주가능성'(habitability) 개념을 제기했는데,[14] 이 역시 아렌트의 '거주 환경'이라는 말과 상통한다. 마찬가지로 아렌트가 지구를 인간의 거주 환경으로 본 점은 이후에 등장하는 토마스 베리의 '고향'으로서의 지구나 모랭과 케른의 '조국'으로서의 지구 개념의 원형으로 볼 수 있다. 토마스 베리는 1988년에 쓴 『지구의 꿈』에서 지구를 '우리의 고향'(our native place)이라고 표현하였고,[15] 에드가 모랭과 엔느 케른은 1993년에 쓴 『지구는 우리의 조국』에서 지구를 '인류의 조국'에 비유하였다.[16] 이러한 유사성과 상통점은 아렌트를 지구철학자로, 『인간의 조건』을 지구철학서로 다시 읽어야 하는 필요성을 제기한다.

그런데 아렌트는 지구철학에서 한 걸음 더 나아가서 인류세철학이라고 할 만한 언급까지 하고 있다. 그것은 인간의 조건이자 거주지로서의 지구가 인간의 인위적 활동에 의해 변하고 있다는 지적이다.

> 인공적 세계를 가진다는 점에서 인간 존재는 모든 동물의 환경과 구별된다.[17]

> 인간은 자신이 만든 조건, 즉 지구가 제공하는 조건과는 전적으로 다른 조건에서 살아야만 한다는 사실이다.[18]

여기에서 아렌트는 인류가 종래와는 다른 '새로운 조건'을 만들고 있다고 지적한다. 그리고 그 원인을 과학 기술의 발달로 인한 인공세계의 창조로 보았다. 그 창조로 인해 지구라는 '인간의 조건'이 변하게 되었고, 바로 이 점이 인간과 동물의 차이라는 것이다. 이제 지구는 자연 그 자체로서의 지구가 아니라 '인간에 의한, 인간을 위한, 인간의 지구'가 된 것이다. 따라서 아렌트의 분석에 따르면, 우리는 산업혁명 이전과는 '다른 지구'에 살고 있는 셈이다. 그 다른 지구에는 자연으로서의 지구와 인공으로서의 기술이 공존하고 있다. 문제는 인간이 만든 인공이 인간의 조건인 자연을 파괴하고 있다는 점이다.

> 목재를 얻기 위해 나무를 파괴하는 경우처럼 생명 과정을 없애거나, 또는 지구의 모태에서 철과 돌과 대리석을 채굴하는 경우처럼 자연의 느린 과정을 중단시킴으로써, 인간의 손은 재료들을 그것이 원래 있던 자연적 환경으로부터 떼놓았다. 이런 침해와 폭력의 요소는 모든 제작에 현재한다. 그리고 인공세계의 창조자인 제작인은 언제나 자연의 파괴자였다. … 신이 창조한 자연을 파괴함으로써만 인위적 세계가 건설될 수 있기 때문이다.[19]

아렌트에 의하면 인공과 자연은 상극적이다. 인간이 인공 세계를 만들면 만들수록 자연은 파괴될 수밖에 없기 때문이다. 그 파괴와 변형이 극에 달해 마침내 대기의 조건까지 변화시킨 것이 오늘날의 기후위기다. 그리고 이러한 변화를 지칭하는 지질학적 개념이 '인류세'(anthropocene)이다. '인류세'란 "산업혁명 이래로 인간의 활동으로 인해 지구 환경이 바뀐 시대"를 가리키는 최근의 용어이다. 아렌트는 그것을 "지구가 제공하는 조건과는 다른 조건"이라고 표현하고 있다. 이런 점에서도 아렌트는 오늘날 대두하고 있는 인류세라는 시대 인식을 예견했다고 볼 수 있다. 나아가서 지구를 인간의 거주 조건으로 보았을 뿐만 아니라, 그 거주 조건이 인간의 과학 기술로 달라지고 있다는 사실까지 지적했다는 점에서 인류세 시대의 지구학을 선취했다고 평가할 수 있다.

한편 "신이 창조한 자연을 파괴함으로써만 인위적 세계가 건설될 수 있다"는 아렌트의 지적은, 신학적으로 보면, 인간에 의한 인공세계의 창조가 신이 창조한 자연 세계를 파괴하는 행위에 다름 아니라는 말이다. 즉 인간의 창조가 신의 창조를 파괴하고 있는 것이다. 바로 여기에 신학적 문제가 개입되는데, 이에 대해서 아렌트는 위의 인용문의 각주에서 다음과 같이 말하고 있다: "성서의 어디에도 인간이 지구의 주인이자 지배자라는 말은 없다."

아렌트는 이어서 루터는 구약성서에 따라서 "인간이 지구의 지배자가 아니라 근본적으로 지구에 의존하는 존재임을 강조하였다"고 덧붙이면서, "우리는 우리의 모든 노동이 신의 재물을 발견하여 보관하는 것 외엔 아무것도 아니며, 어떠한 것도 만들어서는 안 된다는 사실을 알게 된다"는 구약의 말을 인용하고 있다.

따라서 아렌트적인 성서 독법에 의하면, 인간이 인공세계의 창조에 의해 자연을 지배하고 파괴하는 행위는 성서에 반하는 것이 된다. 바로 여기에 과학과 신학, 인간과 자연의 조화 문제가 대두하는데, 이 문제를 정면으로 다룬 이는 『인간의 조건』이 나온 지 10여 년 뒤의 린 화이트(Lynn White)이다.

역사학자 린 화이트는 1967년에 〈생태계 위기의 역사적 기원〉이라는 논문을 발표하는데,[20] 여기에서 아렌트와는 다른 관점에서 인간에 의한 자연 파괴의 원인을 설명하였다. 즉 아렌트가 인간의 과학적 창조 활동에서 그 원인을 찾았다면, 린 화이트는 그리스도교의 자연관에서 찾은 것이다. 뿐만 아니라 성경에 대한 해석에서도 아렌트와는 정반대의 입장을 취하였다.

하나님은 아담을 창조한 후 그를 외롭게 하지 않으려고 이브를 창조했다. 인간은 모든 동물에 이름을 부여했고, 그래서 그들을 지배하게 되었다. 하나님은 인간을 이롭게 하고 인간이 다른 피조물을 지배하도록 하기 위해 이 모든 것을 계획했다. 모든 물리적인 창조물들은 단지 인간의 의도에 봉사할 뿐 다른 목적은 가지고 있지 않다. 인간의 몸이 흙으로 만들어졌을지라도 인간은 단순한 자연의 일부가 아니다. 인간은 신의 형상을 따라 만들어진 것이다. 기독교는 특히 그 서양적 형태에 있어서 지구상에 나타난 종교 가운데 가장 인간중심적이다. … 기독교는 인간과 자연의 이원론을 확립했을 뿐만 아니라 인간이 자신의 목적을 위해 자연을 착취하는 것은 신의 뜻이라고 주장하고 있다.[21]

여기에서 린 화이트는 아렌트와는 정반대의 분석을 하고 있다. 즉 인간에 의한 자연 착취는 성경의 내용에 어긋나는 것이 아니라 오히려 신의 뜻에 부합된다는 것이다. 따라서 린 화이트의 해석에 의하면, 오늘날의 생태 위기는 성경의 자연관에 의한 필연적인 귀결이자 기독교 교리에 따른 당연한 결과가 되는 셈이다.

이상의 린 화이트의 분석을 아렌트의 분석과 함께 생각해 보면, '성경의 인간중심적 자연관'이 '근대의 과학적 세계관'을 만나서 전 지구적으로 확산된 결과가 오늘날의 생태 위기를 낳았다고 요약할 수 있다. 실제로 린 화이트는 이 점에 대해 다음과 같이 말하고 있다.

오늘날 증가하는 지구 환경의 파괴는 … 성 프란체스코가 항거했던 서양 중세의 세계관에 뿌리를 두고 있는 역학적인 기술과 과학의 산물이다. 지구 환경 파괴의 증가는 역사적으로 기독교 교리에 근거하고 있는 자연에 대한 독특한 태도와 분리해서 이해될 수 없다. … 자연이 인간에 봉사하는 것 이외의 어떤 존재 이유도 가지고 있지 않다는 기독교의 교리를 거부하지 않는 한, 생태계의 위기를 계속해서 약화시키게 될 것이다.[22]

린 화이트에 의하면, 오늘날의 환경 파괴는 '기독교 교리에 뿌리를 둔 과학 기술의 산물'에 다름 아니다. 그래서 그것을 멈추기 위해서는 기독교 교리를 거부해야 한다고까지 말하고 있다. 이것은 상당히 충격적인 처방이라고 하지 않을 수 없다. 린 화이트의 논문이 서구 신학계에 커다란 반향을 일으킨 이유도 여기에 있다.

논문의 마지막 부분에서 린 화이트는 또 다른 제안을 한다. 그것은 생태 위기에 대한 적극적인 해결책으로서 "새로운 종교를 발견하자"는 것이다. 종교가 야기한 문제를 종교에 의해 해결하자는 입장이다. 그런데 린 화이트가 말하는 '새로운 종교'란 기존에 없던 종교를 새로 만들자는 것이 아니라 과거의 종교를 다시 돌아보는 것이다.

더 많은 과학과 더 많은 기술은 우리가 새로운 종교를 발견하고, 옛 종교에 대해 다시 생각하지 않는 한, 현재의 생태계 위기에서 우리를 해방시켜 줄 수 없다. … 여기서 우리는 예수 이후에 그리스도교 역사에서 가장 급진적인 인물이었던 성 프란체스코를 생각해 볼 수 있다. … 프란체스코는 … 모든 피조물들의 민주주의를 확립하려고 했다. … 아펜니노 산맥의 구비오 지역은 사나운 늑대에 의해 습격을 받았는데, 전설에 의하면 성 프란체스코는 늑대와 이야기하고 실수를 설득시켰다. 이에 늑대는 후회

를 했고 신성한 향기 속에 죽었으며 성지에 묻혔다.[23]

여기에서 린 화이트는 성 프란체스코가 자연을 대했던 방식을 소개하면서, "모든 피조물들의 민주주의를 확립하려 했다"고 평가하고 있다. "모든 피조물들의 민주주의"란 아마도 프란체스코가 동물들을 대하는 방식이 민주적이었다는 의미일 것이다. 그런 점에서 김대중의 개념을 빌리면, '지구민주주의'로 바꿔 말할 수 있다.[24]

지금까지 살펴본 린 화이트의 문제 제기는 이후의 신학계에 커다란 반향을 일으켰음에 분명하다. 신학계에서는 어떤 식으로든 대응을 하지 않을 수 없었을 것이다. 예상되는 대응 방식은 린 화이트의 제안에 따라 과거의 그리스도교 전통을 재해석하든지, 아니면 린 화이트의 학설에 정면으로 반박하든지 둘 중 하나일 것이다. 하지만 이 작업도 그리 만만한 일은 아니었던 것 같다. 토마스 베리는 린 화이트의 비판에 공감하면서 이에 대한 신학계의 응답이 충분하지 않다고 지적하였기 때문이다.

가장 시급한 이 신학적 문제는, 내가 아는 한, 지금까지 단 한 번도 효과적인 방식으로 언급된 적이 없다. 단지 린 화이트가 현재의 생태학적 위기에 대하여 그리스도교에 '엄청난 책임'이 있다고 비난한 적이 있을 뿐이다. 그에 대하여 많은 대답이 씌어졌으며, 그중에는 신학자들이 응답한 것도 몇 가지 있다. 그러나 그 응답들 대부분이, 서구 사회로 하여금 그처럼 가혹하게 자연 세계를 대할 수 있게 만든 그리스도교의 어둡거나 제한적인 국면을 충분히 고찰하지 못했기 때문에, 완전한 설득력을 갖지는 못했다.[25]

베리의 지적으로부터 우리는 린 화이트의 비판에 대한 대응 과정에서 오늘날 '생태신학'이라고 불리는 새로운 분야가 형성되어 갔음을 짐작할 수 있다. 그런데 이 과정에서 중요한 통찰을 제공해 준 이가 제임스 러브록이었다.

3. 가이아, 살아 있는 지구

린 화이트의 논문이 나온 지 1년 뒤인 1968년, 영국의 대기과학자 제임스 러브록은 프린스턴 대학에서 개최된 한 학회에서 가이아 가설을 처음으로 선보였다.[26] 그리고 4년 뒤인 1972년에 두 장짜리 논문 〈대기권 분석을 통해 본 가이아 연구〉를 써서 '가이아 지구론'을 정식으로 소개하였다.[27] 이어서 1979년에는 『가이아: 지구 생물에 대한 새로운 관점』이라는 단행본으로 발전시켰으며,[28] 1988년에는 『가이아의 시대: 살아 있는 우리 지구의 전기』를,[29] 1991년에는 『가이아: 행성 의학의 실천학』[30]을 간행하였다. 또한 2000년에는 『가이아에의 경의: 한 독립과학자의 일생』을,[31] 2006년에는 『가이아의 복수: 지구의 기후 위기와 인류의 운명』을,[32] 그리고 2009년에는 『사라지는 가이아의 얼굴: 마지막 경고』를,[33] 마지막으로 2021년에는 『우리는 가이아에 속해 있다』[34]를 각각 출판하였다. 1979년부터 2021년까지 42년 동안 '가이아'에 관한 책을 총 7권 출판했다.

2000년에 나온 『가이아: 지구 생물에 대한 새로운 관점』의 개정판 서문에 의하면, 러브록은 1965년에 지구가 '살아 있는 생명체'라는 생각을 처음 했다고 한다. 여기에서 '살아 있는 생명체'란 지구가 "스스로 기후와 그 구성 성분들을 조절함으로써 살아 있는 모든 생물들에게 적합한 환경 조건을 유지시키는 존재"라는 의미이다.[35] 참고로 1965년은 시기적으로 한나 아렌트의 『인간의 조건』(1958)과 린 화이트의 〈생태계 위기의 역사적 기원〉(1967)의 사이에 위치해 있다.

러브록에 의하면, 지구는 화성이나 금성과는 달리 "생물들이 살기에 적합하도록 스스로 환경을 조절하는 능력을 지닌 존재"이고, 이러한 능력은 "지표면에서 생활하는 생물체들 때문"이다.[36] 즉 생물체들은 물론이고 대기, 해양, 암석과 같은 지구의 모든 존재들이 지구의 조절 작용에 참여하고 있고, 그런 점에서 지상의 만물은 자기조절적 실체이며, 이것이 '가이아'에 담긴 의미라는 것이다.[37]

이상의 설명에 의하면 지구상의 모든 존재들은, 그것이 생물이든 무생물이든 할 것 없이, 단지 지구 환경에 적응하며 사는 수동적 물체가 아니라 지구의 조절 능력을 만들어 내는 능동적 '행위자'로 볼 수 있고, 이러한 행위자들의 총체를 러브록은 '가이아'라고 부르고 있음을 알 수 있다. 아마도 브뤼노 라투르가 러브록의 가이아 개념에 끌렸던 이유도 여기에 있을 것이다. 왜냐하면 라투르는 '행위자 연결망 이론'의 주창자의 한 사람으로 알려져 있는데, 여기에서 '행위자'는 무생물까지 포함하고, 이런 행위자들이 서로 연결되어서 우리가 사는 세계를 이룬다는 것이 그의 이론이기 때문이다.

1979년에 러브록의 『가이아』가 출판되자 가장 큰 반응을 보인 것은 뜻밖에도 종교학계였다. 러브록은 과학에 관심 있는 사람들보다 종교에 관심 있는 사람들로부터 두 배나 많은 편지가 온 것에 놀랐다고 한다.[38] 여기에서 "종교에 관심 있는 사람들"이란 아마도 대부분 신학자들일 것이다. 그리고 신학자들이 가이아에 호응한 것은 거기에서 린 화이트의 비판에 대한 응답의 가능성을 보았기 때문일 것이다. 그 선구적인 인물 중 한 명이 토마스 베리다. 베리는 1980년대에 가이아 개념을 신학의 영역에 끌어들인 장본인이다. 이 점은 세계적인 환경단체인 가이아재단(The Gaia Foundation)의 홈페이지에 나와 있는 다음과 같은 문구로부터도 확인할 수 있다.

1990년대 후반에 가이아는 토마스 베리에 의해 영감을 받았다.[39]

가이아재단은 1984년에 에드 포세이(Ed Posey)와 리즈 호스킨(Liz Hosken)에 의해 설립된 단체로,[40] 설립 당시에 토마스 베리는 생물다양성의 보호와 지구 남부의 토착민 지원 등을 재단에 촉구했다고 한다.[41] 따라서 1980년대부터 이미 토마스 베리는 가이아에 주목하고 있었음을 알 수 있다. 그것이 1990년대 후반에 이르러 생태신학이나 생태운동 진영으로 확산되었다는 것이 위의 문장의 의미일 것이다.

홍미로운 것은 가이아재단이 설립된 1984년은 노먼 마이어즈가 편집한 『가이아: 행성 경영 도감』이 출판된 해이고,[42] 이 사실이 1988년에 나온 토마스 베리의 『지구의 꿈』에 소개되고 있다는 점이다.[43] 따라서 1984년 무렵이 되면 1979년에 러브록이 정식으로 제창한 가이아 개념이 토마스 베리나 노먼 마이어즈와 같은 일부 학자들에 의해 본격적으로 수용되기 시작하였음을 알 수 있다.

가이아재단이 설립된 지 4년 뒤인 1988년, 토마스 베리는 『지구의 꿈』에서 가이아와 러브록을 다음과 같이 소개하고 있다.

행성 지구의 내적 기능을 지속적으로 탐구한 결과, 우리는 마침내 편협한 인식을 넘어 지구 전체가 하나의 생명체라는 폭넓은 인식에 도달했다. 이 생명체는 물리적인 측면뿐만 아니라 영적이고 인격적인 성질을 지닌 존재로 부를 필요가 있다. 여기에서 고대의 신화적 통찰과 현대 과학적 인식은 서로의 진리를 확인해준다. 이제 진지한 토론에서 지구를 '가이아'라는 인격적 존재로 부르는 것은 더 이상 받아들일 수 없는 일이 아니다.(…) 지구가 살아 있는 하나의 유기체라는 인식을 과학적인 증거를 갖고 처음으로 제시한 사람은 린 마굴리스(Lynn Margulis)와 제임스 러브록(James Lovelock)이었다.[44]

여기에서 베리는 제임스 러브록과 그의 동료인 린 마굴리스를 언급하면서, '가이아'라는 호칭은 '인격적 존재'라는 의미이고, 지구가 하나의 생명체이자 유기체라는 점에서 '가이아'라고 부르는 데 동의한다는 입장을 밝히고 있다.[45] 가이아에 대한 이와 같은 우호적 입장은 그가 가이아재단과 깊게 관여되어 있는 점으로부터도 납득할 수 있는데, 문제는 베리가 지구에 '영성'까지 부여하고 있다는 점이다. 즉 베리가 말하는 가이아에는 인격성뿐만 아니라 영성도 들어 있는 것이다.(다만 이 '영성'이 구체적으로 무엇을 말하는지에 대한 설명은 찾기 어렵다) 바로 이 점이 러브록의 가이아론과 베리의 가이아론이 달라지는 지점인데, 그 이유는 베리가 신학적 입장에서 가이아를 이해하기 때문일 것이다. 그런 점에서 베리의 가이아 개념은 '영성적 가이아' 또는 '신학적 가이아'라고 할 수 있다.

토마스 베리는 그로부터 12년 뒤에 쓴 『위대한 과업: 미래로 향한 우리의 길』(2000)[46]에서도 가이아를 언급하고 있다.

통합적으로 지구를 연구하지 않을 경우, 지구의 역동성 안에서 인간 자신의 자리를 찾는 데 어려움이 따른다. 가이아 가설이라고도 불리는 지구 연구를 통해서 사람들은 지구를 통합적으로 이해하기 시작했다. 가이아 가설이란 지구 전체를 살아 있는 하나의 거대한 유기체로 보는 것이다.[47]

여기에서 중요한 점은 베리가 가이아를 언급하면서 "지구에 대한 통합적 연구"의 필요성을 강조하고 있다는 점이다. 그가 신학자(theologian)가 아닌 지구학자(geologian)를 자청한 이유가 여기에 있다. 또한 베리는 비록 '통합생태학'(integral ecology)이라는 말까지는 쓰지 않았지만, 통합생태학을 주도한 인물 중의 하나로 평가받고 있는데, 그 이유도 여기에서 찾을 수 있다.[48] 베리는 종래의 환경학 담론에 '지구학' 담론을 추가하였고, 생태학의 영역도 '통합생태학'으로 확장시켰다. 베리 이후에 '통합생태학' 개념은 프란치스코 교황이 반포한 회칙 『찬미받으소서』(2015)의 제4장 제목으로 들어가게 된다.

또한 위의 서술로부터 베리가 지구학 내지는 '통합적 지구학'[49]을 생각하게 된 데에는 러브록의 가이아 가설의 영향이 있었음을 엿볼 수 있다. 베리는 가이아 가설을 통합적 지구학의 시작으로 보고 있기 때문이다. 이처럼 베리는 비록 가이아 개념을 많이 언급하지는 않았지만, 러브록의 가이아론이 그의 학문 방법론과 지구 인식에 커다란 영향을 끼쳤음을 짐작할 수 있다.

한편, 『지구의 꿈』에는 러브록의 가이아 개념뿐만 아니라 아렌트가 제기한 '인간의 조건'에 대한 논의도 보이고 있다.[50] 예를 들면 다음과 같다.

진보(progress)라는 비전은 지난 2세기 동안 산업 시대에 이루어졌다. 자유자본주의와 마르크시스트 사회주의는 그 차이점이 무엇이든 둘 다 산업적 진보(industrial progress)를-오늘날 지구 전체에서 일어나고 있는 생태계 붕괴에 대해 다른 어떤 원인보다 가장 큰 원인인 산업적 진보를-이루어야 한다는 비전에 전적으로 헌신했다. 매우 역설적이게도 인간의 조건(human condition)을 개선하려는, 즉 '진보'하려는 노력이 오히려 지구의 기본적인 생명 체계를 폐쇄시켰다.[51]

여기에서 베리는 생태계 붕괴의 가장 큰 원인은 '산업적 진보'에 있다고 지적하면서, 이러한 관념은 '2세기 전의 산업 시대'부터 시작되었다고 말하고 있다. 아울러 여기에는 자본주의든 사회주의든 예외가 없다고 비판하고 있다. 달리 말하면 생태 위기의 문제는 '이념'의 문제가 아니라는 것이다. 이념에 상관없이 모두가 진보라는 신념을 갖고 있었기 때문에 생긴 결과이다. 그런데 문제는 이러한 진보를 이루기 위해서는 '지구의 퇴보'라는 대가를 치르지 않을 수 없었다는 데에 있다.

그러나 이제야 인간의 진보가 자연을 황폐화시키면서 이루어진 결과임을 깨닫게 되었다. 즉 지구의 퇴보가 인간의 진보를 위한 조건이었던 셈이다.[52]

여기에서 베리는 인간 진보의 조건으로 지구의 퇴보를 지적하고 있다. 아렌트가 '인간의 조건'을 사유했다면, 베리는 한 걸음 더 나아가서 '인간 진보의 조건'을 문제시하고 있는 것이다. 그렇다면 우리는 베리의 입장에서 다음과 같은 물음을 던질 수 있을 것이다; "과연 인간과 지구가 상호유익한 길은 없을까?" 사실 이 물음에 대한 해답이야말로 베리의 지구학 기획의 전부라고 해도 과언이 아니다.

참고로 베리가 말하는 '진보의 2세기'는 산업 혁명이 진행된 시기로, 오늘날 인류세 논자들이 인류세의 시점으로 잡는 시기와 일치한다. 따라서 베리의 논의를 참고하면, "산업 혁명, 진보 관념, 인류세 시대"는 모두 동시적으로 시작된 사건이라고 할 수 있다.

토마스 베리는 『지구의 꿈』이 나온 지 3년 뒤인 1991년에 토마스 클락과 함께 『지구와 친구 되기: 인간과 지구의 신학적 화해』를 출판한다.[53] 여기에서는 본격적으로 '인간의 조건으로서의 지구'에 대해 논하고 있다.

> 우리는 이 행성에서 살아야 한다. 우리의 조건 위에서가 아니라 행성의 조건 위에서 살아야 한다. 우리는 행성이 우리의 조건 위에서 존재하기를 바란다. 마침내 우리는 깨닫고 있다. 행성의 조건들(terms)이 무엇인지를 즉시 파악하는 것이 낫다는 사실을. 우리는 우리를 존재하게 하는 자연 세계의 조건들(conditions) 안에서 우리의 삶을, 인간의 존재 방식을 받아들여야 한다. 우리는 이러한 조건들을 거부한 채 소비 사회에서 파괴벽을 진화시켜 왔다.[54]

여기에서는 『지구의 꿈』에서 말했던 '인간의 조건'이 구체적으로 무엇인지를 밝히고 있다. 그것은 '행성'(planet)이라는 조건이다. 인간은 완전히 자유로운 존재가 아니라 행성이라는 조건에 의해 한계지워진 존재라는 것이다. 그런데 인류는 지난 2세기 동안 이 삶의 조건들을 거부한 채 살아왔다. 그리고 이제서야(1991) 이 조건들의 중요성을 깨닫기 시작했다.

이러한 문제 제기를 바탕으로 토마스 베리는 이 책의 제4장에서 본격적으로 "생태대의 조건들"(The Conditions for the Ecozoic Age)을 고찰하고 있다. 그 여섯 가지 조건을 요약하면 다음과 같다.

앞으로의 대안적인 세계, 곧 생태대가 어떤 매혹적인 세계인지를 설명하고자 한다 … 우리가 진실로 창조적인 미래를 선택한다면, 우리 앞에 놓여있는 그 미래 세계의 특성들은 무엇인지 하나씩 살펴보고자 한다. 이런 논의를 위하여 인류가 생존할 수 있는 조건들은 어떤 것들인가 하는 문제부터 살펴보도록 하겠다.

첫째 조건은 이 우주가 객체들의 집합이 아니라 주체들의 친교(communion of subjects)라는 것이다.

둘째 조건은 지구는 그것이 총체적으로 기능할 때에만 존재하고 살아남을 수 있다는 것이다. … 우리는 자연과의 교감을 통하여, 단순히 나무나 강물이 우리에게 말하는 것만이 아니라 지구 자체가 우리에게 말하는 것을 들을 수 있어야만 한다. 예전에는 지구를 '가이아'라고 하였는데, 이 명칭은 지구를 매우 적절하게 표현한 말이다.

세 번째 조건은 이 지구가 단 한번 뿐이라는 것이다.

네 번째 조건은 지구가 일차적이며 인간은 부차적이라는 것이다.

다섯 번째 조건은 지구의 기능의 전체적인 패턴이 신생대(Cenozoic)로부터 생태대(Ecozoic)로 옮겨가고 있다는 것이다.

여섯 번째 조건은 우리가 새로운 윤리적 원칙을 필요로 한다는 것이다.

그것은 생명계를 압살하는 종자학살(biocide)과 지구를 살해하는 지구학살(geocide)이 절대악이라는 사실을 분명히 하는 윤리적 원칙이다.[55]

이상의 여섯 가지 조건은 내용상 세 부분으로 나눌 수 있다. 첫째와 둘째는 만물과의 친교를 말하고 있고, 셋째와 넷째는 지구의 대체 불가능성을 강조하고 있으며, 다섯째와 여섯째는 새로운 윤리의 필요성이다.

이 중에서 첫 번째 조건에 해당하는 '주체들의 친교'는, 이미 『지구의 꿈』에서부터 강조했던 내용으로, 인간 이외의 존재를 단순한 대상이나 물체가 아니라 다른 존재들과 친교를 맺는, 그리고 그로 인해 지구를 지속가능하게 하는, 그런 존재로 보아야 한다는 뜻이다.[56] 달리 말하면, 모든 존재는 그것이 생물이든 무생물이든 상관없이, 상호 소통에 의해서 우주의 운행에 동참하고 있고, 그런 의미에서 하나의 '인격체'로 대해야 한다는 것이다.[57] 이어지는 두 번째 조건에서는 '가이아'를 언급하면서 자연과의 친교를 넘어서 지구와의 친교까지 말하고 있다.

이와 같은 친교에 대한 강조는 린 화이트가 〈생태계 위기의 역사적 기원〉에서 소개한 성 프란체스코를 연상시킨다. 린 화이트에 의하면 프란체스코는 동물과도 대화를 나누었고, 이것이야말로 생태계 위기에 대한 대안이라고 보았는데, 이러한 제안에 베리 역시 공감을 하고 있는 것이다. 토마스 베리는 이와 유사한 사례를 북미 인디언에서 찾고 있다. 베리에 의하면, 인디언들은 지구에 대해 감사하는 마음을 갖고 있고 자연과 친교를 맺으며 살고 있다.[58] 다만 린 화이트가 소개한 성 프란치스코의 사례가 동물과 같은 개체 생명에 한정되어 있다고 한다면, 베리는 그보다 더 큰 가이아, 즉 지구 전체와의 교감까지 말하고 있다는 점에서 차이가 있다. 이러한 차이는 베리가 종래의 생태학을 넘어서 '지구학'의 차원에서 생태 위기를 바라보는 데에서 생긴 결과이다.

한편 세 번째 조건과 네 번째 조건은 '지구중심주의'로의 전환을 촉구하고 있고, 다섯 번째의 '신생대에서 생태대로의 전환'은 19세기 동학에서 시대적 전환으로서의 '다시개벽'과 '후천개벽'을 주창한 것을 연상시킨다. 마지막으로 여섯 번째 조건인 새로운 윤리적 원칙은 오늘날로 말하면 '비인간 존재의 윤리학'(nonhuman ethics)에 상응한다.

이상으로부터 알 수 있는 점은 베리가 인간의 조건을 대단히 거대한 스케일로 고찰하고 있다는 사실이다. 즉 공간적으로는 지구와 우주, 시간적으로는 신생대와 생태대라는 장대한 지평 위에서 인간의 조건을 탐구하고 있다. 그런 점에서 베리는 지구학적으로 '인간의 조건'을 탐구한 인문학자라고 평가할 수 있다. 실제로 베리와 함께 『위대한 과업』(2000)을 썼던 브라이언 스윔은 『지구의 꿈』의 〈머리말〉에서 베리를 다음과 같이 평가하였다. "(토마스 베리는) 인간의 조건에 대한 광범위한 지식을 탐구하기 위해 온 생애를 바친 매우 드문 인물이다."[59]

스윔의 평가를 참고하면, 베리는 아렌트와는 또 다른 맥락에서 '인간의 조건'을 탐구한 사상가인 셈이다. 그의 작업은 한마디로 하면, '지구이야기와 우주이야기라는 지구학적 지평 위에서의 인간의 조건에 대한 탐구'로 요약할 수 있다. 물론 이러한 지평이 베리 이전의 떼이야르 드 샤르댕으로부터 받은 영향임은 두 말할 나위 없다. 베리는 샤르댕이 이룬 성취 중의 하나를 "인간의 이야기와 우주의 이야기를 동일시"한 점을 들고 있다.[60] 베리 역시 샤르댕의 방법론에 입각해서 우주에 대한 이야기를 새로 쓰면서, 우주 안에다 인간을 자리매김하고 있다. 동아시아적 맥락에서 보면, '천지(天地) 안에서의 인간'을 말하고 있는 셈이다. 그리고 '우주이야기'라는 관점에서 화이트헤드의 한계를 지적한다. 즉 화이트헤드 철학에는 우주에 관한 '이야기'가 없다는 것이다.[61] 베리의 입장에서 보면 화이트헤드에는 '우주사'(宇宙史)는 없고 '우주론'(宇宙論)만 있을 뿐이다.

한편 베리는 이러한 인간의 조건들의 목록에 '공동체'라는 성격까지 부여하고 있다. 그것은 『지구의 꿈』에서 제시한 '지구공동체'(Earth Community) 개념이다. 이후에는 공동체 앞에 '성스러운'을 붙여 '성스러운 공동체'라고도 하였다. 사실 베리는 지구뿐만 아니라 우주 자체를 하나의 성스러운 공동체로 본다. 1991년에 쓴 『지구와 친구 되기』에서는 다음과 같이 말하고 있다.

> 우주는 정확한 시작이 있으며 … 덜 복잡한 단계로부터 보다 복잡한 단계로, 또한 보다 커다란 의식의 단계로 발전되어 왔다는 사실이다. … 우주는 궁극적인 신성한 공동체이다(the ultimate sacred community). … 우주는 … 서로 뗄 수 없이 하나로 묶여 있는 에너지 덩어리로부터 시작되었다.[62]

> 우주의 만물은 만물에 대하여 유전학적으로 친척 관계에 있다. 우주 안에 있는 만물은 하나의 동일한 원천에서 나온 것이기 때문에, 만물은 문자적인 의미에서 하나의 가족, 한 식구이다. … 이 지구 위의 모든 생물들은 분명히 단 하나의 기원에서 파생되었다. 즉 우리는 문자적인 의미에서 하나의 공동체로 태어난 것이다. … 이 지구라는 행성 자체가 존재의 단 하나의 공동체이며 우리는 이런 상황 속에서 살아가는 것이다.[63]

베리에 의하며, 우주는 하나의 기원에서 나와서 서로 연결되어 있는 '신성한 공동체'이다. 지구 역시 마찬가지다. 따라서 우리는 이러한 공동체라는 현실 속에서 사는 존재이다. 이것은 아렌트 식으로 말하면 또 하나의 '인간의 조건'의 발견이라고 할 수 있다. 아렌트가 '어머니 지구'를 말하는 데에 그쳤다면, 베리는 거기에다 '공동체성'과 '신성성'이라는 속성을 부여하였다.

이처럼 베리가 지구적 또는 우주적 차원의 공동체성을 강조하는 이유는, 인간의 '특수성'에 대한 지나친 강조가 오늘날의 지구 황폐를 초래하였다고 보기 때문이다.

> 우리가 사는 이 지구가 오늘날 이토록 황폐하게 된 것은 성서(聖書)와 서구 전통이 이 특수성(특수한 선택)에 대하여 지나치게 과장했기 때문이다. 이 경우는 자연 세계가 아니라 인간만이 선택되었다는 선민의식이다. 우리는 더 이상 자연 세계를 무시할 수 없게 되었다. 다시 말해서 자연 세계를 포함하지 않은 채 '신성한 공동체'를 말하는 것은 더 이상 적합하지 않게 되었다.[64]

여기에서 베리는, 린 화이트와 마찬가지로 서구의 성서 전통에서 생태 위기의 원인을 찾고 있다. 그것은 자연 세계가 배제된 인간만의 선민의식이자 신성성의 추구이다. 오늘날로 말하면 '인간중심주의'이다. 신성함을 자연이 배제된 인간의 영역에서만 찾으려 했다는 것이다. 이에 대한 해결책으로 베리가 제시하는 것이 자연까지 포함된 '신성한 공동체' 개념이다. 그런 점에서 지구공동체 개념 또한 린 화이트적 비판에 대한 베리 식 처방이라고 할 수 있다.

지금까지 살펴본 바에 의하면, 토마스 베리는 린 화이트의 비판에 공감하면서 이에 대한 신학적 응답의 일환으로, 샤르댕의 우주이야기, 아렌트의 인간의 조건, 러브록의 가이아 개념 등을 수용하여 자신의 '지구학'을 구축하고 있음을 알 수 있다. 그런 의미에서 그의 신학은 전통적인 신학이 아니라 '지구학적 신학'(geo-theology)이고, 그의 지구학은 자연과학적 지구학이 아니라 '신학적 지구학'(theo-geology)으로 명명될 수 있다.

베리 이후로 가이아는 신학자들에 의해 적극적으로 수용되게 된다. 서두에서 소개한 로즈마리 래드퍼드 튜너의 『가이아와 하느님: 지구 치유를 위한 생태 여성 신학』(1992)이나 로이드 기링의 『지구로의 귀환: 신들에서 하느님으로 가이아로』(2009) 등이 그것이다. 이 이외에도 베리와 마찬가지로 과학과 신학의 화해를 시도한 안느 프리마베시의 『성스러운 가이아: 통전신학과 지구시스템과학』(2000) 등이 있다.

그러나 이와 같은 신학적 해석의 가이아론에 반대하는 입장도 있다. 대표적인 예가 브뤼노 라투르와 클라이브 해밀턴이다. 이들의 주장에 설득력이 있는 것은, 무엇보다도 러브록 자신이 가이아를 말할 때 '여신'(godness)이나 '생명체'(sentient being)를 염두에 둔 것은 아니라고 밝히고 있기 때문이다.[65]

4. 세속화된 가이아

베리와 같은 지구신학자 내지는 생태신학자들이 가이아를 신성시하고 종교적으로 이해했다면, 그와는 반대로 가이아 개념을 수용하면서도 그것을 과학적으로, 세속적으로 이해하려는 이들도 있다. 가령 소설『에코 토피아』(1975)[66]의 저자로 유명한 어니스트 칼렌바크는『생태학 개념어 사전』(초판, 1998)의 '가이아' 항목에서 다음과 같이 말하였다.

> 가이아란 이루 헤아릴 수 없이 많은 미생물과 생명체들이 서로 연결되는 활동을 의미한다. 가이아는 인간에게 특별한 관심이나 목적을 지닌 연속적인 실체가 아니다. 가이아를 초월적인 존재 내지 신을 위한 대리자로 여기는 사람들은 그릇된 정보를 알고 있는 것이다. 지구 전체를 하나의 생명으로 볼 때 다양한 개체군이 변화 속에서 성장을 이룸으로써 적절한 환경 조건을 갖추는 것은 바로 이 지구의 생명 자체를 위한 것이다. … 하지만 우리 인간은 사막과 불모지를 만들어 내고 핵 폐기물과 화학 폐기물로 생물권을 오염시킴으로써 지구 곳곳을 우리에게 무척 까다로운 서식지로 바꾸고 있다.[67]

여기에서 칼렌바크는 가이아에서 초월성이나 신성 같은 개념을 제거하고, 라투르 식으로 말하면 일종의 '지구상의 행위자들의 네트워크의 총체' 같은 개념으로 이해하고 있다. 즉 지구는 어떤 초월적인 목적이나 섭리에 의해서가 아니라 지구 자체의 생명을 유지하기 위해서 환경을 만들어 왔다는 것이다.

라투르 역시 이와 유사한 입장에 있다.[68] 그는 이미 10여 년 전부터 가이아를 논하기 시작하였다. 2011년에 런던에서 "가이아를 기다리며: 예술과 정치를 통한 공통 세계 만들기"(Waiting for Gaia: Composing the common world through arts and politics)라는 강연을 한 것을 시작으로, 2013년에는 기포드 강연에서 가이아를 주제로 강연을 하였고, 이 강연은 2017년에 『가이아와 마주하기』라는 제목으로 영어로 번역되었다.[69] 특히 이 책의 제3장 "가이아, (최종적으로 세속적인) 자연의 모습"(Gaia, a (finally secular) figure for nature)에는 그의 가이아 이해가 잘 나타나 있다. 같은 해인 2017년에는 "왜 가이아는 총체성의 유일신이 아닌가?"(Why Gaia is not a God of Totality)[70]라는 논문을 발표하였고, 2021년에 간행한 『나는 어디에 있는가: 코로나 사태와 격리가 지구생활자들에게 주는 교훈』[71]에서도 가이아를 언급하고 있다.

이상의 라투르의 논저로부터 알 수 있는 사실은, 그가 한편으로는 러브록의 가이아 개념을 수용하면서도, 다른 한편으로는 종래의 가이아론에 대해 비판적이라는 것이다. 즉 '가이아를 기다리며'라는 강연 제목에는 가이아 개념에 대한 긍정적인 태도가 담겨 있지만, '왜 가이아는 총체성의 유일신이 아닌가?'에는 생태신학자들의 가이아 이해에 비판적인 입장을 보이고 있다. 그래서 결국 그는 가이아를 '제대로 보자'는 입장에 서 있는 셈이다. 달리 말하면 제대로 된 '가이아 우주론' 내지는 '가이아 형이상학'을 정립하자는 것이다.

흥미로운 점은 가이아론의 주창자인 러브록이 최근의 저서에서 라투르의 가이아론을 극찬하고 있다는 점이다. 그는 2021년에 나온 마지막 저작 『우리는 가이아에 속해 있다』의 마지막 부분에서, 라투르의 『가이아와 마주하기』를 추천하면서, 라투르야말로 지금까지 만난 가이아론자들 중에서 자신이 생각하는 가이아 개념, 즉 "피드백 시스템에 의한 자기 조절"로서의 가이아를 가장 잘 설명하고 있다고 평가하였다.[72] 가이아론의 창시자가 라투르의 가이아론에 손을 들어 준 것이다.

그렇다면 라투르 자신은 가이아를 어떻게 이해하고 있을까? 과학자의 가이아론과 철학자의 가이아론은 어떤 점에서 다를까?

> 가이아는 불과 몇 킬로미터에 지나지 않는 아주 작은 막으로, 섬세한 봉투와 같은 임계영역이다.[73]

여기에서 '임계영역'이란 불어 'zone critique'의 번역으로(영어로는 'critical zone'), 일종의 '생존막'(couche d'existence)에 해당한다. 임계영역 또는 생존막은 인간이 장비를 가지고 다닐 수 있는 지구 표면의 몇 킬로미터 두께의 얇은 층을 말한다.[74] 떼이야르 드 샤르댕의 개념으로 말하면 '생물권'(biosphere)에 해당한다. '생물권'은 지구를 둘러싸고 있는 육지와 물과 대기로 이루어진 하나의 막(film)으로, 모든 생물이 살아갈 수 있는 유일한 서식지(habitat)를 말한다.[75]

라투르에 의하면 가이아는 우리에게 친숙한 'globe'로서의 지구가 아니다. 그렇다고 해서 전지전능한 신적인 존재도 아니다.[76] 그것은 '생존층'과 거기에 거주하는 만물이 만들어 내는 예측불가능한 힘들의 총체를 지칭하는 이름일 뿐이다.[77] 이 힘들이 가이아의 역사를 만들고 있는 것이다. 그래서 라투르는 가이아를 "사이버네틱 기계가 아니라 일련의 역사적 사건들"이자 "역사화의 힘"이라고 말한다.[78]

그런데 이 힘들의 총체로서의 가이아는, 그리스 신화에 나오는 가이아 여신이 간악하고 무자비하듯이, 결코 자애로운 어머니나 조화의 상징은 아니다.[79] 그것은 불인(不仁)한 무법자(outlaw)다.[80] 그래서 만약에 가이아가 말할 수 있다면, 예수가 그랬듯이 "나는 평화가 아니라 칼을 주러 왔노

라"(〈마태복음〉 10장 34절)라고 했을 것이라고 라투르는 말한다.[81]

심지어 라투르는 가이아가 '유기체'(organism)가 아니라고까지 말한다.

> 가이아는 유기체(organism)가 아니다. 그래서 우리는 그것을 어떤 기술적
> 모델이나 종교적 모델에 적용할 수 없다. 가이아에는 질서가 있을 수 있
> 지만 위계는 없다. 그것은 계층에 의해 질서지워지지 않는다. 그렇다고
> 해서 무질서한 것도 아니다. … 이것이 러브록의 가이아를 전적으로 세속
> 적으로 만드는 것이다.[82]

먼저 가이아가 "계층에 의해 질서지워지지 않는다"는 말은 만물 사이에
존재론적 위계를 설정하기 어렵다는 뜻이다. 라투르가 보기에 만물은 각
자의 행위성을 발휘하고 있을 뿐, 중앙의 명령이나 신의 섭리에 따라 움
직이지 않는다. 그래서 가이아는 유기체로 보기는 어렵다는 것이다.(이로
부터 라투르가 '유기체' 개념을 '계층에 의해 질서지워진 것'으로 정의하고 있음을
알 수 있다) 이상의 가이아 이해는 라투르가 '행위성의 연결망'이라는 관점
에서 존재를 바라보기 때문에 나온 것으로, 종래의 가이아 이미지에 대한
반전이자 토마스 베리의 가이아론과도 정면으로 배치되는 것이다.

그렇다고 해서 가이아가 일정한 법칙에 따르는 기계인 것도 아니다.
라투르에 의하면, '지구시스템과학자'들처럼 가이아를 일종의 '시스템'으
로 이해하는 것도 오류이다.[83] 가이아는 느끼고 감지하기 때문이다. 그래
서 인간의 행위에 신속하고 민감하게 반응한다.[84] 이와 같은 가이아의 속
성을 염두에 두면 가이아를 살아 있는 '유기체'라고 표현해도 과언은 아
닐 것이다. 다만 라투르는 '유기체' 개념을 '위계 있는 조직'으로 이해하

기 때문에 가이아는 유기체가 아니라고 말하고 있는 것이다. 그렇다고 해서 가이아가 생태신학자들이 말하듯이 영성을 가진 것도 아니다. 라투르가 보기에 그리스도교는 사물들의 행위성을 지나치게 활성화시켰다 (overanimate). 반면에 근대 과학은 사물로부터 행위성을 완전히 박탈하였다(deanimate).[85] 이런 점에서 종교와 과학은 모두 사물의 행위성을 설명하기에는 역부족이다. 그래서 종교나 과학과 같은 근대적인 범주로는 가이아를 온전히 설명할 수 없다는 것이 라투르의 입장이다.

그렇다면 가이아를 설명할 수 있는 것은 굳이 말하면 '가이아학' (gaialogy)일 것이다. 라투르가 geopolitics나 geography 대신에 gaiapolitics나 gaiagraphy 개념을 제시하는 이유가 여기에 있다.[86] 라투르의 입장에서 보면, 토마스 베리는 비록 'geologian'(지구학자)을 자칭했지만 그의 의도는 자신과 마찬가지로 'gaialogian'(가이아학자)에 있었다. 다만 토마스 베리의 가이아 이해는 여전히 신학적이라고 라투르는 비판할 것이다.

이러한 비판의 바탕에는 근대에 대한 라투르적 이해가 깔려 있다. 라투르는 흔히 우리가 알고 있는 근대적인 의미에서의 자연과 문화, 종교와 세속의 이분법은 없었다고 말한다. 이것들은 동전의 양면이고 한 몸을 공유하는 쌍둥이다. 그리고 이것이 "우리는 결코 근대인인 적이 없다"는 1991년 이래의 그의 주장이다.[87] 이로부터 우리는 그의 가이아론에 지난 30여 년 간의 그의 이론이 응축되어 있음을 알 수 있다. 바로 이 점이 라투르의 가이아론을 이해하기 어려운 이유이다. 그의 전 체계를 모두 파악해야 하기 때문이다.

이상과 같이 종교와 세속의 이분법을 거부한 뒤에, 라투르는 제3의 개념을 제안한다. 그것은 '지상적'을 의미하는 'terrestrial'이다. 'terrestrial'은 다른 말로 하면 'earthbound'로 바꿀 수 있다. 즉 '지상에 묶여 있다'는 뜻이다.

> 앞으로 전진하기 위해서 우리는 '종교적, 세속적' 개념과 '지상적' 개념 사이에 새로운 대비를 확립할 수 있어야 할 것이다. … '지상적'은 속되지도 (profane) 않고 고대적이지도(archaic) 않았으며, 이교적이지도(pagan) 않고 물질적(material)이지도 않으며 세속적(secular)이지도 않다. 그것은 단지 우리 앞에 가만히 있는 것으로, 새롭게 작동하고 있는 지구와 같다.[88]

여기에서 라투르는 종래의 이분법적 개념으로는 가이아를 설명할 수 없다고 하면서, '지상적'이라는 개념을 도입한다. 라투르가 가이아를 지상에 속하는 것으로 보려는 이유는 그리스도교의 '영성 중심의 구원관'이 지구를 상실하는 결과를 초래했다고 보기 때문이다. 그는 린 화이트의 비판에 공감하면서 다음과 같이 말한다.

> 만약에 린 화이트가 틀리지 않았다면, 그것은 그리스도교인들이 … 오직 인간의 구원에만, 인간 중에서도 영혼의 구원에만 헌신하기 위해서 우주 (cosmos)에 대한 모든 관심을 점차 포기했기 때문이다. … 자신들이 그리스도교적 영성(the Spirit)에 속해 있다고 믿는 사이에 그들은 지구(Earth)를 상실했다.[89]

여기에서 우리는 라투르가, 토마스 베리와 같은 이른바 '영성적 가이아' 개념에 반대하는 이유를 짐작할 수 있다. 그것은 초월적 영성에 대한 지나친 강조가 지구 소외를 낳았다고 판단하기 때문이다. 다만 이 책의 제3장 제목이 말해주듯이, 라투르는 가이아를 "자연을 지칭하는 최종적인 세속적 명칭"이라고도 말한다. 여기에서 '세속적'이란 '과학적'이라기보다는 "그 어떤 외적 원인이나 영적 토대를 갖지 않는다"는 뜻이다.[90] 라투르가 보기에, 러브록이 말하는 가이아는 이런 의미에서 종교적이기보다는 '세속적'에 가깝고 초월적이기보다는 '지상적'(terrestrial)이다.[91] 그래서 라투르의 가이아론의 핵심은 지구를 지상으로 끌어내리는 것, 달리 말하면 인간을 지구에 메어 두는 것으로 요약될 수 있다.

5. 나오는 말

지금까지 한나 아렌트에서 토마스 베리를 거쳐 브뤼노 라투르에 이르는 60여 년 간의 지구론의 흐름을, '지구학'이라는 범주를 상정하여 인간의 조건, 지구공동체, 가이아 등의 개념을 중심으로 살펴보았다. 이상의 고찰에 의하면, 종래에 서양에서 논의된 지구에 대한 이해는 크게 세 가지 입장으로 나눌 수 있다.

하나는 신학적으로 이해하는 입장이고(생태신학), 다른 하나는 과학적으로 접근하는 입장이며(지구시스템과학자), 마지막은 양자를 거부하고 제3의 틀로 보는 입장이다(라투르). 이 중에서 생태신학자들은 지구를 신성한 공동체로 간주하면서 '공경'할 것을 제안한다. 토마스 베리의 '성스러운 공동체' 개념이나 래리 라스무쎈의 '지구를 공경하는 신앙'이 대표적인 예이다.[92] 반면에 라투르는 지구에 대한 신학적 접근을 경계한다. 오히려 그러한 이해가 지상을 멀리하는 '지구소외'를 낳았다고 보기 때문이다. 그래서 그는 '세속화된 가이아' 개념을 사용한다.

이처럼 서양에서 가이아론이 대두되게 된 이유는 직접적으로는 린 화이트의 비판에서 찾을 수 있지만, 더 근본적으로는 종래의 자연(nature) 개념이 생태 위기를 낳은 인문학적 원인이라고 보기 때문이다. 즉 지구는 단순한 물체나 배경이 아니라, 인격적인 공동체(토마스 베리) 내지는 능동적인 행위자(브뤼노 라투르)이고, 그런 점에서 인간의 조건을 이루는 거주지이자 인간에게 반격을 가할 수 있는 행위주체라는 것이다.

이 중에서 특히 지구의 행위성을 강조하는 라투르의 가이아론은 지금과 같이 기후변화가 전 지구적 문제로 부각되고 있는 시대에는 설득력을 지닌다. 지구에는 성스럽거나 자비로운 측면만 있는 것이 아니라, 무자비하고 난폭한 야만성도 존재한다고 보기 때문이다. 그리고 그것을 인간의 산업 활동에 대한 지구의 반응(행위)이라고 설명하기 때문이다. 하지만 라투르의 아쉬운 점은 "그렇다면 우리는 지구를 어떻게 대해야 하는가?"와 같은 실천적인 문제에 대한 언급은, 적어도 그의 가이아론에서는 찾아보기 어렵다는 점이다. 지구에 대한 사실적 인식과 기후변화라는 상황의 위급성, 그리고 인류세라는 시대적 전환이 강조되고 있는 느낌이다.

내가 생각하기에, 이 문제에 대한 하나의 실마리는 동아시아의 천지(天地) 개념에서 찾을 수 있다. 동아시아에서 천지는 만물의 거주지로 이해되어 왔고(天覆地載), 인간과 감응하는 존재이며(天人感應), 그런 점에서 일종의 행위성을 지닌다고 여겨졌기 때문이다. 이 점에 대해서는 추후의 과제로 삼고자 한다.

보건의료에서의 종교와 세속

─ 건강돌봄과 영성의 만남

김재명

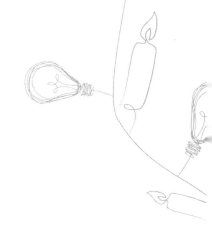

1. 들어가는 말: 세속화 담론의 재등장

최근의 세속화(secularization) 및 세속주의(secularism)를 둘러싼 담론장에서 가장 핵심적인 역할을 담당하는 학자는 탈랄 아사드(Talal Asad)일 것이다.[1] 그가 쓴 『세속의 형성』은 최근의 세속 관련 담론의 중심에 있다.[2] 아사드는 인류학의 자리에서 '종교'와 '세속주의'를 다루면서 근대 서구를 연구 대상으로 삼는데, 아사드가 중심이 된 최근의 논의는 (종교)사회학계에서 진행되었던 기존의 세속화 논쟁과 연속성선상에 있으면서도 일정한 단절을 보인다.

사회학계의 세속화 논의는 유럽의 기독교가 쇠퇴하고 있다는 주장으로부터 시작되었다. 이에 대해 미국에서 신종교운동(New Religious Movements)이 활발해지는 현상을 근거로 이른바 탈세속화론이 등장하였고, 이것이 확장되어 종교는 쇠퇴하거나 사라지는 것이 아니라 변모하고 변형될 뿐이라는 주장이 제기되어 세속화 논쟁이 진행되었다. 하지만 1980년대에 논쟁은 별다른 이유없이 잦아들었고, 1990년대 지구화론이 새롭게 등장하면서 지구사회의 맥락에서 종교의 공적인 역할에 대한 논의가 등장하기 시작하였다.[3]

사회학계에서 세속화를 바라보는 입장은 기본적으로 그것을 사회변동 과정으로 인식하면서 이와 관련된 종교의 미래를 전망하는 데 있었다. 그러나 그것은 뚜렷한 합의점을 찾기 어려웠고, 지구화론이 등장하면서는 세속화론에 대한 다양한 반성과 비판이 제기되었다. 이때 주목을 받은 것이 전 세계를 무대로 한 오순절주의(Pentecostalism) 및 은사주의운동(Charismatic Movements), 그리고 이슬람권을 중심으로 하는 종교적 근본주의(Fundamentalism) 운동이다.[4] 아사드의 세속 관련 담론은 크게 보면 이들 중에서도 특히 이슬람 근본주의와 관련된 맥락에 자리한다고 볼 수 있다. 하지만 아사드의 논의가 사회학계의 그것과 동일한 것은 아니다.

우선 사회학계와의 표면적인 차이점은 주목하는 종교적 현상이 다르다는 것이다. 사회학계의 세속화 관련 논의가 유럽의 기독교와 미국의 오순절주의 및 신종교운동을 중심으로 전개되었다면, 아사드의 논의는 전 세계를 무대로 한 이슬람을 중심에 두고 그것을 유럽의 기독교와 대비한다. 이것은 사회학계의 세속화 논쟁이 주로 1980년대까지의 주요한 종교현상을 다룬 반면, 아사드는 그 이후 전 세계를 무대로 주요한 종교현상으로 등장한 이슬람을 다룬다는 점에서 표면적인 차이를 보인다. 하지만 지구화론의 맥락에서 새롭게 등장하는 사회학계의 논의도 그중심에는 이슬람이 있다는 점에서 아사드와 결정적인 차이라 보기는 어렵다.

다음의 차이가 좀 더 주목할 만한데, 사회학계의 논의가 종교의 미래를 비롯하여 사회변동 과정에 초점을 두었다면, 아사드를 비롯한 최근의 논의는 '종교 대 세속'이라는 인식론적 개념 쌍 자체를 문제삼는다.[5] 아사드는 인류학의 자리에서 '종교-세속' 이분법에 대한 인식론적 범주 설정 자체에 문제를 제기한다. '종교' 개념 형성에 대한 계보학적 연구가 '세속주의' 개념에도 그대로 적용되고 있는 것이다.[6] 세속, 세속화, 세속주의에 대한 이러한 계보학적 접근은 그것들을 선험적으로 존재하는 실체로 전제하기보다 그것이 거론되는 맥락과 이것을 사용하는 인간의 의도를 규명하려는 데 있다는 점에서 사회학적 접근과 구별된다.

본고는 아사드를 중심으로 전개되고 있는 세속, 세속화, 세속주의를 둘러싼 담론을 보건의료계의 사례를 통해 접근해 보려는 시도이다. 근대 서양 의학은 과학적 방법론을 강조하면서 등장하였다. 이것은 비과학적이고 경험적인 치료에서 벗어나 관찰된 사실을 중시하면서 자연과학을 바탕으로 삼았던 과정을 의미한다. 그 과정에서 오랜 세월 동안 의료에서 중심적인 역할을 담당해 오던 종교는 점차 배제되거나 주변화되었다. 결국 근대 서양의학은 세속주의에 근거한 근대화와 세속화의 맥락에 자리하고 있다고 볼 수 있다.

그런데 최근 보건의료계에서 종교와 영성에 대한 관심이 다시 등장하고 있다. 특히 '영적 돌봄'(spiritual care)이라는 건강 돌봄의 차원에서 '영성'(spirituality)에 대한 논의가 활발해지고 있다. 기존의 세속주의 의학의 맥락에서는 의도적으로 배제되었던 영적인 차원이 임상 현장의 요청에 의해 다시 주목을 받고 있는 것이다. 과거에도 종교가 보건의료계에서 완전히 배제되었던 것은 아니지만, 그것에 대한 관심의 초점은 제도종교가 환자에게 제공할 수 있는 부가적인 서비스의 차원이었다. 반면 최근 보건의료계가 영성을 논의하는 맥락은 그것을 의학적인 주관심사로 다루려 하기에 의료계가 종교를 다루던 기존의 방식과 구별된다.

본 논문은 근대 임상의학이 등장한 과정을 세속화와 세속주의의 맥락에서 살펴본 후, 최근 보건의료계에서 종교와 영성을 다루는 방식을 점

검하면서, 이 현상이 세속주의 및 세속화 담론의 맥락에서 의미하는 바가 무엇인지를 살펴보고자 한다.[7]

2. 근대 세속주의 임상의학의 탄생

1) 근대 과학적 임상의학의 등장

세속화론은 근대 이전 시기에 종교가 가졌던 정치적 권력이나 사회·문화적인 영향력이 상실되는 과정을 중심으로 주로 논의되었다.[8] 보건의료 분야는 기존의 세속화 담론에서 별로 거론되지 않았던 영역이지만, 의료는 근대의 등장과 불가분의 관계에 있었다고 볼 수 있다.

오늘날 우리가 과학으로 인식하는 임상의학(clinical medicine)은 18세기 말과 19세기 초에 프랑스에서 태동한 것으로 알려진다.[9] 근대 서양의학은 과학적 방법과 더불어 인간을 기계론(Mechanism)의 차원에서 이해하였다. 즉, "모든 생명 현상을 물리적, 화학적 힘으로 환원시켜 해석"하였던 것이다. 하지만 근대 이전 서양의학은 아주 오랜 세월 동안 생기론(Vitalism)에 의존하고 있었는데, "생명에만 존재하는 특유의 힘이 있다"고 보았고, 중세 유럽에서는 이러한 생명력을 가톨릭 교리의 맥락에서 이해하였다.[10]

막스 베버(Max Weber)는 『종교사회학논총』 서문에서 "오직 서구에만 우리가 오늘날 '타당하다'고 인정하는 발전 단계의 '과학'이 존재한다"고 밝히면서 인도와의 비교를 통해 근대 서양의학에 대해 다음과 같이 돌려 말한다.

관찰의 측면에서 고도로 발전한 인도의 자연과학에는 합리적 실험-이것은 고대에 그 맹아가 있었지만 본질적으로 르네상스의 산물이다-과 근대적 실험실이 결여되었다. 그리하여 특히 인도에서 경험적 · 기술적 측면에서 고도로 발전한 의학에는 생물학적 토대, 특히 생화학적 토대가 결여되었다. 합리적 화학은 서구 이외에 그 어떠한 문화 지역에도 존재하지 않았다.[11]

베버는 인도의 자연과학과 의학을 유럽의 것과 비교하면서 '합리적 실험'과 '근대적 실험실'을 비롯하여, 특히 '합리적 화학'의 존재 여부를 두 지역 사이의 주요한 차이점으로 지적한다. 실제로 근대 이전 동양과 서양의 의학은 인간을 이해하는 철학이나 의술을 펼치는 방법에서 매우 유사하였다. 즉, 동양의학과 서양의학 모두 기본적으로 생기론의 차원에서 인간을 이해하였고, 의술도 생리학과 약초학에 대부분 의존하였다.[12] 하지만 유럽에서 과학혁명이 시작된 16세기부터 서양의학은 관찰과 실험을 통한 자연과학에 기초하고, 철학적으로도 기계론이 우세해지면서 동양과 서양의 의학은 서로 다른 경로로 발전하였다. 동양의학은 여전히 생리학에 머물렀던 반면, 서양의학에서는 해부병리학이 빠르게 발전하였다.[13]

2) 근대 서양의학과 세속화

근대 서양의학의 합리적이고 과학적인 행보는 고전적인 세속화론의 맥락에서 이해해 볼 수 있다. 즉, 종교 쇠퇴론의 강력한 주창자인 브라이언 윌슨(Bryan Wilson)이 말한 "종교적 사고, 행위, 제도가 사회적 중요성을 잃어 가는 과정"의 측면에서 볼 때,[14] 과거 의료에서 담당하던 종교의 역할이 축소되고 있는 현상을 발견할 수 있는 것이다.

(1) 가톨릭 교회의 영향력 약화

우선 세속화와 관련하여 의료에서 가톨릭 교회의 영향력이 급속히 상실되어 갔다. 서양의학은 근대 이전 시기까지 히포크라테스와 갈레노스가 정립한 '사체액설'에 근거하였다. 고대 그리스인들은 세계를 구성하는 4개의 원소(물, 불, 공기, 흙)가 있다고 보았는데, 사체액설은 인간의 몸에도 이와 연관된 4가지 체액이 있고, 이것들의 불균형이 발생할 때 병이 난다고 보았다.[15] 또한 모든 생명 현상은 프뉴마(penuma)라는 숨 혹은 영혼에 의해 지배된다고 보았는데, 이것은 중세 가톨릭의 교리와 잘 부합하였다. 즉, 중세 시기 서양의학은 가톨릭 교회의 울타리 안에 있었으며, 중세의 병원은 교회가 운영하는 일종의 자선단체로서 인간의 삶과 죽음을 관장하는 장소였다.[16]

그런데 자연과학의 발전과 더불어 변화가 일어났다. 예컨대 가톨릭 교회가 제공한 "무지한 산파" 대신 과학적 의학으로 훈련받은 "남성 산과의사"가 등장하였다. 또한 죽음을 대하는 태도에도 변화가 일었다. 당시의 의학은 오랜 세월 동안 초보적인 상태였기 때문에 중세병원에서는 현대적 의미의 의학적 치료가 충분하지 않았다. 따라서 가톨릭 교회가 운영하는 중세병원은 오늘날의 병원과 달리 일종의 죽음을 위한 영혼의 안식처로 여겨졌는데, 죽음의 공포에 처해 죽어 가는 이들을 위한 내세의 구원처로 기능하였다. 하지만 종교개혁과 과학적 의학이 등장하면서 내세에 대한 기대보다는 예정론에 근거하여 죽음을 그대로 수용할 것이 장려되었고, "필요하다면 의사들이 새롭게 사용할 수 있게 된 아편의 도움을 받아 평온한 별세"를 추구하기도 하였다.[17]

(2) 질병의 탈주술화 및 사사화

의료에서 중세 가톨릭 교회의 영향력이 표면적으로 상실되는 것과 더불어 좀 더 심층적인 차원에서 의료의 세속화도 발생했다. 베버가 말한 '세계의 탈주술화 과정'(The disenchantment of the world)이 의료 분야에서도 뚜렷하게 나타난 것이다. 베버는 세계의 탈주술화 과정을 "고대 유대교의 예언과 더불어 시작되고 헬레니즘의 과학적 사고와 결합되어 모든 주술적 구원 추구 수단을 미신과 독신(瀆神)이라고 비난했던 저 위대한 종교사적 과정"이라고 정의한다.[18] 의학의 역사에서는 특히 질병을 다루는 병리학 분야에서 이 과정이 뚜렷하게 나타났다.

병리학(pathology)의 문자적 의미는 "고통에 관한 학문"이지만 오늘날은 통상 "질병에 관한 물질적 지식"을 의미하는데, 이러한 의미의 변화는 '질병'(disease)이라는 의학적 관념이 근대 임상의학에 의해 새롭게 인식되었기 때문이다. 질병과 구별되는 '병고'(illness)는 고통을 느끼는 사람의 주관적인 입장에서 표현된 이름으로 어느 시대에나 존재했었다. 반면 질병은 고통을 일으키는 원인과 장소를 지칭하는 표현인데, 바로 이 새로운 개념이 근대에 구성되고 만들어진 것이다. 즉, 과거에는 초자연적이고 영적인 원인에서 병고의 원인을 찾거나 사체액설처럼 생기론으로 설명하던 방식에서 벗어나, 화학과 새로운 과학을 통해 질병을 어떤 독립된 실체로 여기는 방식으로 인식이 변화하였던 것이다.[19]

이러한 변화는 해부병리학(Anatomical Pathology)의 등장과 밀접한 관련이 있다. 병리학의 발전 과정에서 질병이 객관적인 실체로 여겨져 식물 분류처럼 분류가 가능한 것으로 인식되어 목록화되었지만, 이러한 질병 의 분류만으로는 임상 치료에 큰 도움이 되지 못했다. 해부학 역시 그 자체만으로는 진단과 치료에 효용성이 부족했다.[20] 그러다 질병분류학과 해부학이 접목되면서 비로소 질병은 인간의 신체에서 자리를 잡았다.

미셸 푸코(Michel Foucault)에 의하면, 해부병리학은 "개별환자에 대한 시선과 개별환자를 기술하는 언어가 모두 안정되고 가시성을 띠며, 해독 가능한 시체 위에 근거하기를 요구"하면서 질병에게 새로운 자리를 허용 했다. 그리하여 "죽음(곧, 시체해부)을 통해 인식된 질병은 완벽하게 해독 가능한 존재"가 되었으며, 마침내 "질병이 반자연적인 형태를 벗어나 개별환자들 속에서 구체화"될 수 있었다. 이것은 의학사에서 "질병을 형이상학적으로 바라보았던 수천 년 동안의 전통이 실증의학의 등장으로 깨지게 된 것을 의미"하였다.[21]

이러한 질병의 개인화 혹은 개별화 과정은 베버가 말한 탈주술화 과정 을 연상시킨다. 베버는 종교개혁으로 인해 인간은 "전대미문의 내적 고독 감"에 처하여 성례전, 교회, 심지어 신으로부터도 도움을 받을 수 없는 상황이 되었는데, 이것이 역설적으로 "탈환상적이고 비관주의적인 색채를 띠는 개인주의의 원천 가운데 하나를 형성"하였다고 보았다.[22] 즉, 세속화론에서 흔히 종교의 사사화(privatization)라 부른 현상이 발생한 것인데, 의료에서도 이와 유사한 일이 발생한 것이다. 질병은 마침내 우주적 원리 와 영적인 세계에서 벗어나 인간의 신체에서 자신의 구체적인 자리를 잡아 개별화되었다.

3) 근대 서양의학과 세속주의

아사드는 인식론적 범주로서의 "세속"(the secular)과 정치적 교리 (political doctrine)로서의 "세속주의"(secularism)를 구별하면서, 세속주의는 근대 유로-아메리카에서 발생하였고, 이것이 전부는 아니지만 "세속적인 통치 제도들로부터 종교적인 제도의 분리를 요청하는 것"으로 간단히 생각할 수 있다고 말한다.[23] 보건의료계에서도 정확히 이러한 일이 발생하였다. 예컨대 중세 병원에서 담당하던 죽음을 둘러싼 사회적 의례들에서 변화가 발생했다.

> 세속화는 또한 죽음을 둘러싼 사회적 의례들에도 침투했다. 유언에서 신에 대한 언급들은 형식적 서두로 축소되고 있었다. 전형적인 영어 유언장이 가족에게 재산을 전달하는 도구로서 거의 배타적으로 기능하게 되었다. 그리고 장황한 장례 설교는 언론의 부고에 자리를 내주고 있었다. (중략) 민간 보건에서 교육은 진보적 의사들에 의해 수행된 성전(crusade)이 되었다. 1769년에 처음 출판되어 판을 거듭한 윌리엄 버컨(William Buchan)의 『가내 의술』(*Domestic Medicine*)은 일반 독자들에게 이성과 절제, 위생, 자연의 법칙에 주의를 기울임으로써 추구해야 할 계몽된 건강 철학을 설명했다.[24]

가톨릭 교회 중심의 중세병원이 담당하던 역할이 점차 약해지는 현상을 보여준다. 그런데 이러한 현상은 사회 전 분야에 걸쳐 발생하고 있었으며, 특히 "국가 차원에서의 의학적 자각"이 일어나고 있었다.[25] 이와 관런하여 푸코의 『임상의학의 탄생』을 번역한 홍성민은 다음과 같이 설명한다.

> 18세기 근대국가의 행정기구를 전담하였던 사람들에게는 출생률이나 사망률 혹은 인구변동을 파악하지 않고서 국가를 통제한다는 것이 불가능한 것처럼 보였던 것이다. 따라서 새로운 권력기술은 인구현상을 철저히 조사하기에 이르렀고, 여기서 인구학이나 공중보건, 주택정책, 다산성 따위의 문제가 대두되었다. 따라서 18세기의 권력관계는 개인을 통제하는 데 반드시 병원만을 필요로 했던 것이 아니라, 수많은 자선단체, 종교집단, 박애단체들이 병원이 수행하는 이러한 기능을 보조했다. 다시 말해 의학은 '질병의 정치학'을 담당하는 핵심적인 장소였다. 병원의 기능은 단순히 질병을 치료하는 것에 머물고 있는 것이 아니라, 사회가 요구하는 사람을 만들고 노동력을 끌어내기 위해 사회구성원을 치료하고 교화시키는 역할까지 하게 된 것이다.[26]

근대의 서양의학이 교회 영향력의 축소나 배제, 질병의 개인화를 넘어서 근대국가의 통치를 위한 핵심적인 지위를 갖게 된 것이다. 이것은 근대 임상의학이 과학적인 발전의 결과로 등장한 것일 뿐만 아니라 세속주의의 강력한 요청과 추동에 의해 성장한 결과라는 것을 의미한다.

3. 보건의료에서 종교와 영성의 귀환

1) 과학으로서의 의학과 종교의 배제

근대에 등장한 서양의 임상의학은 오늘날 '의학'의 보편성을 획득하였다. 인도의 전통의학인 아유르베다와 중국의 전통의학인 뜸과 침술이 16세기와 19세기 사이에 유럽에서 일시적으로 유행한 적도 있었지만, 자연과학에 기초한 근대 임상의학이 자리를 잡으면서, 동양의 전통적인 의학들은 동종요법(homeopathy) 혹은 대체의학(alternative medicine)의 이름으로 불리며 경시되거나 주변으로 밀려났다.[27]

근대 서양의학이 보편성을 획득하는 과정은 지난 시기 생기론의 차원에서 유사했던 동양의학과 서양의학이 분리되는 과정이면서, 동시에 서양의학 내부에서도 종교적인 요소가 주변화되거나 배제되는 과정이었다. 마침내 근대 서양의 임상의학은 의술, 의학 교육, 의사 면허와 관련하여 독점적인 지위를 획득하였는데,[28] 1910년 북미에서 발간된『플렉스너 보고서』(*Medical Education in the United States and Canada*)는 근대 서양 임상의학의 확고한 지위와 보편성 획득의 출발점이자 마침표였다.

에이브러햄 플렉스너(Abraham Flexner)가 카네기 재단의 위임을 받아 1907년부터 1910년까지 미국과 캐나다의 155개 의과대학을 조사하여 보고서를 발간하였는데, "지금까지 미국의 의학교육은 질적으로 낮은 의사들의 거대한 과잉배출을 가져왔다"고 결론지었다.[29] 더 나아가 "타고난 직감에만 의존하기보다 지난 반세기 동안 발달되어 온 과학적인 교육과정과 방법으로 얻어진 좀더 정확하고 예리한 감각을 지니고 환자를 대"

하도록 의학교육을 바꾸어야 한다고 강조하면서, "의과대학에 입학하는 사람은 최소한 물리학, 화학, 생물학의 기본적인 지식을 갖"출 수 있도록 "과학교육을 '강조'하는 2년 동안의 학부교육이 전제되어야 한다"고 주장하였다.[30] 이 제안이 수용되어 북미의 의과대학이 개편되었고, 이 모델은 현재까지 세계 의학교육의 대표적인 모델이 되었다.

현대 의료기기 사용 권한을 둘러싼 국내 한의학계와 (서양)의학계의 논쟁에서도 짐작할 수 있듯이, 오늘날 서양 임상의학을 제외한 의학 전통들은 심하게는 주술이나 미신으로 여겨지거나 최소한 과학적 근거가 서양의학에 비해 부족한 것으로 인식되어, 끊임없이 서양의학적 검증 기준을 적용받는다.[31] 이러한 현상은 의학은 과학이고, 과학이어야 하며, 실험적으로 검증이 불가능한 요소들은 배제되어야 한다는 것을 의미한다. 이러한 검증 불가능한 요소에는 영혼이나 영적인 것과 관련된 종교적 요소도 포함된다. 그런데 의료계에서 이러한 흐름을 거스르는 현상이 등장하고 있다. 근대에 접어들면서 배제되거나 주변화되었던 종교 및 영성적 요소에 대한 관심이 지난 수십 년 사이 의료 현장에서 증가하고 있는 것이다.[32]

2) 의료계에서의 종교와 영성의 재등장

근대 의학에서도 그동안 종교적 요소가 완전히 배제되었던 것은 아니다. 비록 의학의 중심부는 아닐지라도 환자를 돌보는 의료체계 내에서는 보조적인 역할을 담당해 왔다. 특히 종교계에서 설립한 의과대학과 병원에서는 의료선교의 차원에서도 종교적 사명과 종교인의 역할이 장려되었다. 예컨대 국내 의과대학의 경우, 가톨릭대학교 의과대학은 "가톨릭 정신을 바탕으로 인류사회에 이바지할 수 있는 소명의식 있는 의사, 역량 있는 의사, 리더십 있는 의사를 양성한다"라고 사명을 밝혔으며,[33] 연세대 학교 의과대학도 "하나님의 사랑으로 인류를 질병으로부터 자유롭게 하 는 교육, 연구, 봉사를 실행하는 것"이 사명이라 하였다.[34] 또한 동국대학 교 의과대학은 "불교정신을 바탕으로 지혜(智慧), 자비(慈悲), 정진(精進)을 실천하는 역량(力量)있는 의사를 양성하여 국가와 인류에 공헌한다" 하였 으며,[35] 원광대학교 의과대학에서는 "제생의세(濟生醫世)의 원불교 정신 과 지덕겸수, 도의실천의 교훈에 입각하여 국가, 인류, 사회에 봉사하는 바른 의료인 양성을 목적으로 한다"고 하였다.[36]

종교계 의과대학과 병원에서 종교적 사명을 명시하고 있는 것을 확인 할 수 있다. 하지만 이것은 어디까지나 의학 외적인 요소에 해당하며, 의 술과 관련된 의학 교육의 내용은 철저하게 검증 가능한 과학적 방법에 의 존한다. 의학계에서는 이것을 '근거중심의학'(Evidence Based Medicine)이 라 하는데, 이 용어는 "과학적 근거에 기반을 둔 객관적이고 효율적인 진 료를 설명하기 위해" 등장하였다. 즉, 과학적 검증을 마친 진료 방법을 임 상에 적용하여야 하며, 또한 이것을 교육해야 한다는 것이다.[37] 이런 이유 로 종교와 관련된 논의는 의학계에서 거론되기 불편한 주제였다.

그런데 최근 수십 년 사이 '건강돌봄'(healthcare)과 '영성'(spirituality)의 관계에 주목하면서 이것을 의학의 내적인 요소로 다루려는 경향이 증가 하고 있다.[38] 특히 이러한 경향은 호스피스·완화의료 분야에서 두드러 진다.

호스피스(hospice)는 임종을 앞둔 말기 환자의 고통스러운 증상을 조절하고 환자와 그 가족들이 겪는 정신적, 사회적, <u>영적 문제</u>를 포함한 제반 문제를 돕기 위한 의학적 돌봄으로 그러한 돌봄의 철학을 말하기도 한다. (중략) 한편 이러한 현대적인 호스피스 운동으로부터 '완화의료(palliative care)'의 개념이 발전하게 되었다. 세계보건기구(World Health Organization, WHO)에서는 완화의료를 생명을 위협하는 질환으로 인해 통증과 여러 가지 신체적, 심리사회적, <u>영적인 문제들</u>에 직면한 환자와 가족의 문제를 조기에 알아내고, 적절한 평가와 치료를 통해 그로 인한 고통을 예방하고 해소하여 삶의 질을 향상시키기 위한 의학의 한 분야라고 정의하고 있다.(밑줄 인용자)[39]

호스피스와 완화의료에서 '영적인 문제들'을 포함하게 된 배경에는 의학을 질병 치료를 위한 의술로만 여겼던 것에서 건강 자체를 둘러싼 질병의 예방을 포함하여, 삶의 질 전반을 점차 의학이 포괄해 온 과정과 관련이 있다. 말하자면 이러한 의료계의 일련의 행보는 의료화(medicalization)의 한 형태라 볼 수도 있다. 의료화는 "라이프스타일과 관련된 문제들, 이를테면 체중, 흡연, 또는 성생활 등이 의학 전문가가 치료해야 하는 의학적 이슈로 전환되는 과정"을 의미하는데, 사회학자들에 의해 일종의 사회 통제 유형으로 여겨져 1960~70년대에 비판적인 시각에서 제기되었던 개념이다.[40] 하지만 전방위적으로 의료 영역이 확장되면서 삶의 질 향상과 관련하여 긍정적인 요소가 점차 인정되는 측면도 있는데, 호스피스와 완화의료에서 영적인 문제들에 관심을 두는 것도 이런 맥락에서 이해할 수 있을 것이다.

한편, 영적 돌봄에 대한 요청과 지원은 이미 오래전부터도 존재하던 것이라 새삼스러울 것이 없어 보일 수 있다. 종립병원에서는 이미 성직자들이 상주하거나 정기적으로 방문하여 환자와 보호자들의 종교적이고 영적인 요구에 응답해 왔다. 하지만 이것은 의료 내적인 차원에서라기보다는 외적인 서비스의 차원이었으며 의료 시스템 자체에 흡수된 것은 아니었다. 그런데 최근 호스피스와 완화의료를 중심으로 제기되는 영적 돌봄에 대한 요청은 바로 그것을 의학 내부의 문제로 삼아 의료인이 직접 그것을 제공하는 방향을 취한다는 점이 특징적이다. 이와 관련하여 흥미로운 한 조사연구가 있다.

미국의 한 조사연구에서는 생애 말기의 영적 돌봄을 제공하는 두 집단(종교공동체와 의료팀) 사이의 영향력을 비교하여 평가하였다.[41] 즉, 종교공동체는 기존의 방식대로 외부에서 전문 종교인이 영적 돌봄을 제공하였고, 의료팀은 의사나 간호사 등이 직접 영적 돌봄을 제공하였다. 그 결과 종교공동체가 별도로 영적 돌봄을 제공할 경우, 의료팀과 비교했을 때 환자가 호스피스를 수용하는 비율이 최대 3배 적었고, 생애 말기 마지막 주간에 공격적인 치료를 받는 비율이 2.5배 높았으며, 집중치료실에서 임종을 맞이하는 비율이 6배 높았다고 한다. 게다가 매우 종교적인 환자의 경우에는 그 정도가 더욱 심했는데, 공격적인 치료를 받는 비율이 11배 높았고 집중치료실에서 임종하는 비율도 22배나 높았다고 한다.

집중치료실에서 임종을 맞이하지 않고 호스피스를 수용하면서 생애 말기 마지막 주간에 공격적인 치료를 덜 받는 것은 환자가 자신의 죽음을 수용할 준비가 되었다는 것을 의미한다. 반면 호스피스를 거부하고, 생애 말기 마지막 주간에 생명을 연장하려는 공격적인 치료를 요구하고, 이를 위해 집중치료실에 들어간다는 것은 환자가 자신의 죽음을 수용할 준비가 덜 되었다는 것을 의미한다. 조사연구의 결과는 종교공동체가 영적 돌봄을 제공할 때와 비교하여 의료팀이 영적 돌봄을 제공하였을 경우 환자가 자신의 죽음을 인정하고 수용하는 비율이 높았다는 것을 보여준다. 즉, 종교공동체가 제공하는 영적 돌봄보다 의료팀이 제공하는 영적 돌봄이 생애 말기의 삶의 질이나 의료 비용의 차원에서 좀 더 효과적이었다는 것이다. 이런 차이가 나는 원인은 다음과 같이 설명된다.

> 종교적인 믿음에 관여하는 데 매우 "능수능란한" 의료전문인은 환자가 의료결정을 하는 데 보다 많은 영향력을 미칠 수 있다. 의료의 한계를 알고, 동시에 환자가 지닌 신앙에 친숙한 간호사나 의사는 영적인 감수성을 가지고 환자가 복잡한 의료 결정을 하는 과정을 안내하는 데 도움을 줄 수 있다. 의료인들은 진행된 질병에 대한 의료의 한계를 알고 있기 때문에, 완화의료나 호스피스와 같은 의료적 선택이 생애말기의 영적인 준비와 얼마나 잘 부합하는지를 보다 섬세하게 강조할 수 있다. 반면, 목사와 종교공동체 구성원들처럼 비의료전문인들은 치료와 생명연장에 대한 의학의 능력을 과대평가할 수 있다.[42]

이러한 조사 결과를 통해 종교공동체와 전문 종교인이 제공하는 영적 돌봄이 효과가 없다고 결론지을 수는 없을 것이다. 또한 의료인이 환자의 종교와 신앙을 이해하는 능력을 반드시 갖추어야 한다는 의미도 아닐 것이다. 여전히 과학적 의학이 주류인 보건의료계에서 이러한 요청은 권장사항일 뿐 아직은 필수적인 요건이라고 보기 어렵기 때문이다. 게다가 현실은 오히려 의료인의 개인적인 믿음 표출을 주의하라고 권고된다.

예컨대 〈2008년 영국의학협회 가이드라인〉에서는 "모든 보건의료 전문가들은 영적 전통이 있든 없든 상관없이 자신만의 믿음과 신념이 있으며, 이는 이들의 행동에 영향"을 미치기 때문에 "의사는 환자와 환자의 개인적인 신념에 대해 조심스럽게 접근"해야 한다고 권고한다. 동시에 "이때 환자의 종교적 혹은 그 밖의 신념에 대한 권리를 존중해야 하며, 치료 방법과 관련하여 환자의 믿음을 고려"해야 하고, "만약 환자가 자신이 개인적인 믿음에 대해 말하길 꺼리는 경우라면 그 역시 존중해야 한다"고 권고한다.[43]

결과적으로 영적 돌봄의 효용성에 대한 연구를 통해 확인할 수 있는 사실은, 지금껏 생의학적(biomedical) 관점이 지배적이었던 보건의료계에서 점차 심리적이고 사회적인 요소가 중요한 의학의 대상으로 포함되었고, 이제는 여기에 영적인 요소까지 더해지는 상황이라는 것이다. 즉, 건강돌봄에 대한 '생물 · 정신 · 사회 · 영적 모델'(bio-psycho-social-spiritual model)이 제시된 것이다.[44]

이런 맥락에서 보건의료계에서 '영성'에 대한 논의가 점차 활발해지고 있다. 하지만 종교학계와 마찬가지로 의학계에서도 '영성' 개념에 대해서는 다양한 이견이 존재한다. 그 논쟁 양상을 본고에서 직접 다루기는 어렵지만, 주목해 볼 것은 2013년 스위스 제네바에서 개최된 '전인적인 돌봄에서 영적 차원 향상에 대한 국제컨퍼런스'에서 합의된 내용이다.

영성은 인간성(humanity)의 역동적이고 본질적인 측면이다. 인간은 영성을 통해 궁극적 의미, 목적, 초월을 추구한다. 또한 인간은 영성을 통해 자신, 가족, 타인, 공동체, 사회, 자연, 그리고 의미있는 것 혹은 성스러운 것과의 관계를 체험한다. 영성은 믿음들, 가치들, 전통들, 실천들을 통해 표현된다.[45]

보건의료계에서 최근 영성에 주목하기 사작하고 나름의 영성에 대한 정의를 내리기도 했지만, 실상 더 주목할 지점은 의료계가 영성과 영적 돌봄을 대하는 태도이다. 즉, 의료계가 영성을 다루는 이유는 그것이 건강돌봄과 직접적인 관계가 있고, 환자에게 실제적인 도움과 효용성이 있다고 여기기 때문이다. 특히 의학교육에서는 1970년대 무렵부터 그동안 간과하고 있었던 의료윤리를 비롯한 환자와 의료진 사이의 의사소통, 의학의 인간성 회복을 위해 '의료인문학'(medical humanities)을 꾸준히 발전시켜 오고 있다.[46] 비록 이것이 아직은 주류적 흐름이라 보기 어렵지만, 잔잔하지만 꾸준히 지속적으로 이러한 흐름이 이어나가고 있는 현상에 주목할 필요가 있다.

4. 보건의료계와 종교 - 세속 담론

1) 의도치 않은 결과

최근 '종교-세속' 개념 구분에 대한 문제제기가 거론된 배경은 서구 사회에서 종교의 공적인 재등장과 관련이 있으며, 특히 이슬람 근본주의의 등장과 이에 대한 이른바 서구 세속사회와의 갈등이 그 근저에 있다. 이런 맥락에서 그동안 당연시되던 종교-세속 개념 쌍 자체에 대한 재고가 필요하다는 것이다.

그런데 보건의료계가 건강돌봄과 관련하여 영성과 영적 돌봄을 다루는 맥락은 이와 다르다. 보건의료계가 주목하는 것은 의료 현장의 건강돌봄 차원에서 영성과 영적 돌봄을 실제적으로 적용하는 것이지 종교-세속 개념 쌍을 둘러싼 논쟁에 직접 참가하는 것이 아니다. 다시 말해 보건의료계는 종교-세속 개념쌍을 매우 실용적이고 물질적인 차원에서 접근하는 경향이 있는데, 그 내용이 '의도치 않게' 칼 마르크스(Karl Marx)의 종교론과 유사한 측면이 있다. 마르크스는 1844년 2월에 『독불연보』에 발표한 「헤겔 법철학의 비판을 위하여. 서설」에서 다음과 같이 말한다.

> 비종교적 비판의 기저는 이것이다: 인간이 종교를 만들지, 종교가 인간을 만드는 것은 아니다. 게다가 종교는, 자기 자신을 아직 획득하지 못했거나 혹은 이미 자기 자신을 다시 상실해 버린 인간의 자기 의식이고 자기 감정이다. 그러나 인간, 그는 결코 세계 바깥에 웅크리고 있는 추상적인 존재가 아니다. (중략) 종교는, 인간적 본질이 아무런 진정한 현실성도 갖고 있지 못하기 때문에 그 인간적 본질의 환상적 현실화인 것이다. 따라서 종교에 대한 투쟁은 간접적으로, 그 정신적 향료가 종교인 저 세계에 대한 투쟁이다. 종교적 비참은 현실적 비참의 표현이자 현실적 비참에 대한 항의이다. 종교는 곤궁한 피조물의 한숨이며, 무정한 세계의 감정이고, 또 정신 없는 상태의 정신이다. 종교는 인민의 아편이다.[47]

마르크스는 종교 그 자체는 현실의 물질적 세계의 반영에 불과하지만, 그렇다고 해서 종교 그 자체를 소멸시키려 노력할 필요는 없다고 주장한다. 인간의 노동 소외가 발생하고 있는 근본 원인인 경제적 물질세계가 바뀌지 않는 한, 인민의 한숨이고 아편인 종교는 언제라도 다시 등장할 것이기 때문이다. 그런 면에서 마르크스는 종교의 일정한 용도와 효용성을 인정한다고 볼 수 있다. 모순되고 소외된 현실 물질세계의 고통을 종교가 어느 정도 감내할 수 있도록 도와준다는 의미에서 그렇다.

보건의료계가 '영성'을 대하는 태도도 이와 유사한 측면이 있다. 앞서 살펴본 스위스 제네바 국제컨퍼런스에서 합의된 '영성'의 개념에서 알 수 있듯이, 의료계는 영성을 인간의 본질을 구성하는 한 요소로 본다. 그리고 영성에 대한 이러한 합의는 건강돌봄 차원에서 영적 돌봄의 현실적 필요성에 의해 재구성된 것이라 볼 수 있다. 즉, 영성의 개념과 실체에 대해서는 여전히 논란의 여지가 있을 수 있지만, 영적 돌봄의 현실적 필요성과 효과에 대해서는 많은 공감대가 형성되고 있는 것이다.

현대 임상의학에서는 과학에 기초한 근거중심의학, 점차 그중요성이 증대되고 있는 환자중심의학, 더 나아가 인간중심의학에 대한 목소리가 높아지고 있다. 이런 상황에서 진정으로 환자와 인간을 위한 원대한 인류애의 추구에서든지, 아니면 단지 환자를 고객으로 여기는 자본주의적 경영의 고객 서비스 차원에서든지, 어쨌든 환자와 보호자에게 실질적인 도움과 효용성이 있는 것은 무엇이든지 추구하려는 움직임이 강해지고 있다. 이런 흐름이 의도치 않게 건강돌봄을 위해 영성과 영적 돌봄을 요청하고 있는 것이다.

2) 도치된 합리화 과정의 역설

보건의료계가 영성과 영적 돌봄을 다루는 이러한 실용적이고 기능적인 태도가 종교-세속 관련 담론에서 의미하는 바는 무엇일까. 인류학계를 중심으로 최근 진행되고 있는 담론에서는 종교-세속 개념 쌍의 구분이 그리 명확한 것이 아니며, 세속 속에 종교가 있고 종교 속에 세속이 있는 복잡한 관계라는 점을 주요하게 지적한다. 더 나아가 이러한 개념 쌍의 근저에는 서구 기독교의 이념이 묵묵히 자리하고 있다고, 그것이 세속주의의 이름으로 보편성을 획득하고 있다고 비판적으로 접근한다.

여기서 주목해 볼 것은 세속 관련 담론이 거론되는 맥락이 중세 기독교 유럽 세계를 출발점으로 한다는 점이다. 이른바 디폴트 값이 중세 시기의 종교에서 출발하는 것이다. 그리고 여기에서 더 나아가 인류의 역사를 종교가 우세했던 지형으로 이해하고 전제한다. 그러다 근대라는 시대적 구분선을 통과하면서 종교가 점차 약화되는 현상을 세속화라 이름지었고 그런 관념을 세속주의라 부르게 된 것이다. 아사드가 종교와 세속주의 개념에 대한 계보학을 통해 말하고자 했던 바도 이런 맥락일 것이다.

그런데 마르크스로 대표되는 물질주의 입장에서는 종교를 인간이 창조해낸 부산물 혹은 허위의식이라 본다. 이런 관점에서 보면, 이 세상은 처음부터 종교적이지 않았고 오히려 물질적이었으며, '종교'라는 이름은 사후적으로 붙여진 것에 불과한 것이다. 즉, 이 세상 인간의 삶을 종교적이라 부르든 세속적이라 부르든, 어쨌든 인간의 삶은 물질적인 존재 조건 위에서 움직인다는 것이다. 의료계의 종교-세속 이해는 바로 이러한 담론 위에 위치한다. 특히 그 초점은 인간의 '건강'인데, 이 건강은 신체, 정신,

사회, 영성을 포괄하는 것이며, 이 모든 것은 고통이라는 실재와 관련이 있는 지극히 물질적인 것 혹은 최소한 물질적인 것으로 표현될 수 있는 어떤 것이다. 건강이라는 실제적 목표를 위해 의료계는 통상적인 종교-세속 개념 쌍을 사용하면서도 의도치 않게 세속주의 의학의 맥락에서 영성을 요청하고 있는 것이다.

의료계의 이러한 행보는 베버가 개신교 윤리 명제를 통해 말하고자 했던 서구의 합리화 과정과 정확히 정반대 방향을 향하고 있다. 베버에 의하면 현세적 금욕주의를 실천했던 청교도들은 세속적 삶의 세계에 반대하면서도 역설적으로 이 세계의 물질적 삶의 중요성에 대해 눈을 뜨게 된다. 그것은 결국 종교 영역에서의 합리화 과정이었는데, 그 결과 탈주술화로 이어지는 이른바 세속화가 진행되었다.[48]

더 나아가 청교도적인 공동체를 건설하기 위해 아메리카로 건너간 사람들은 "하느님이 특별한 배려로 자신들에게 땅을 주었다고 확신했으며, 이런 성약(聖約)에 대한 믿음은 인본주의자들의 천부인권이라는 세속적 학설과 무리 없이 섞여들었"고, 그 결과 의도치 않게 미국이라는 세속 국가를 건설하게 되었다.[49] 즉, 베버가 개신교 윤리 명제를 통해 말하고자 했던 합리화 과정은 주술과 종교로부터 벗어나 세속으로 귀결되는 과정이었다. 그런데 최근 의료계에서는 그것과 정반대로 인간의 건강을 위해 과학적 의학의 이름으로 영성과 영적 돌봄을 요청하고 있는 것이다. 이것은 과학과 세속의 이름으로 진행된 합리화의 과정이 역설적으로 종교를 요청하는 것으로서, 베버의 합리화 과정이 도치된 모양새라 할 수 있다.

5. 나오는 말

현대 임상의학은 자신의 정체성을 과학으로서의 의학으로 삼는다. 그리고 그 목표는 인간의 건강돌봄이며, 모든 행보는 이 목표로 수렴된다. 오늘날 의료계는 지난 시기 과학적 의학이 의도적으로 배제했던 종교와 영성의 영역을 다시 과학의 이름으로 포용하는 추세이다. 특히 오늘날의 의료는 점차 그 포괄 범위를 전방위적으로 넓히는 과정에 있기에 의료계의 행보는 실제로 우리 인간의 삶에 직접적이고 지대한 영향을 미친다.

종교-세속 담론과 관련하여 의료계가 보여주는 최근의 행보는 지금까지 종교인이 담당하던 영역까지 이제는 의료인이 담당하는 방향으로 나아가고 있다는 깊은 인상을 준다. 의료화라는 차원에서 볼 때, 이것은 결국 종교인이 담당하던 영역조차 의료화되고 있다는 의미라 할 수 있다. 오늘날 의료인은 세속사회의 세속적 성직자의 역할까지 담당하고, 의학은 세속주의의 이름으로 종교의 영역까지 포괄하려는 듯하다. 의료계는 종교-세속 담론에 직접 가담하지도 않고, 심지어 통상적인 종교-세속 개념 쌍을 활용하면서도 그 개념 쌍을 실천적으로 넘어서고 있는 것이다. 종교-세속 담론에서 보건의료계가 중심적인 지위를 차지하지는 않지만, 지속적으로 의료계의 행보에 주목해야 하는 이유이다.

비판의 세속성에 관한 갑론을박

— 11명의 관점

장석만

1. 들어가는 말

 필자는 2022년 『종교문화비평』 통권 42호에 「한국의 종교연구와 비평 (비판)의 세속성 논의」라는 글을 게재한 바 있다.[1] 그 글의 본론은 네 부분으로 구성되어 있는데, 각각의 제목이 "한국에서의 종교연구와 비평," "한국의 세속성과 종교연구," "『비판은 세속적인가?』라는 책," "이후의 논의: 두 가지 단면"이다. 이 가운데 세 번째 부분은 2009년에 간행된 책의 내용과 그 의미를 다룬 것으로 글 전체에서 가장 많은 분량을 차지하고 있다. 그만큼 그 책의 중요성을 높이 평가했다고 할 만하다. 필자는 거기에서 11명의 학자들이 '내재적 프레임'이라는 온라인 공간에서 '비판은 세속적인가?'라는 제목으로 15회에 걸쳐 의견을 주고받았음을 지적하고, 그 내용을 따로 살펴볼 필요가 있다고 말했다.[2] 그 논의는 2007년 12월 3일부터 2008년 10월 20일까지 열네 차례 논의되었으며, 2년 반 정도 시간이 지난 후인 2011년 3월 17일[3]에 하나의 게시물이 더 올라온 다음, 마무리되었다. 책이 간행된 것은 온라인으로 논의가 이루어진 이후에 그중에서 하나의 시의적절한 주제를 잡아서 이루어진 것으로 보인다. 책의 내용이 온라인 논의를 그대로 반영한 것이 아니라, 탈랄 아사드와 사바 마흐무드의 관점 및 그에 대한 논평을 중심으로 이루어졌기 때문이다. 책의 구성은 우선 아사드, 그리고 마흐무드의 논의가 개진되고, 이에 대한 주디스 버틀러의 논평, 그리고 다시 이에 대한 아사드와 마흐무드의 답변의 순서로 되어 있다. 앞의 논문에서 필자가 온라인 모임 내용을 소개할 기회를 만들겠다고 약속했기 때문에, 이번 기회에 관련 글을 쓰게 되었다. 이 글은 먼저 '내재적 프레임'이라는 온라인 사이트의 성격과 그 용어의 출처에 관해 서술하고, 그다음에 11명이 15회 동안 게시한 글의 내용을 검토한다. 나가는 말에서는 이 모임에서 이루어진 논의를 평가하고 마무리한다.

2. '내재적 프레임'의 사이트와 그 말에 관하여

'내재적 프레임'(The Immanent Frame: TIF)은 종교, 세속주의, 공공 영역에 관해 사회과학 및 인문학 연구자들이 의견을 나누기 위해 2007년 10월 창설된 온라인 포럼 공간이다. 종교와 세속주의에 관한 통찰력 있는 공공의 논의 장소로서 여러 차례 상을 받았으며, 종교연구자 사이에서도 그 명성을 인정받고 있다. 그 출발점은 독립적인 비영리단체인 사회과학 연구위원회(Social Science Research Council: SSRC)의 '종교와 공공 영역'이라는 프로그램이었다. SSRC는 공공선을 위한 정책 마련을 위해 7개의 전문 단체가 1923년에 연합하여 만든 국제적인 조직으로서, 내재적 프레임에 개진된 내용은 SSRC의 공식 입장과는 상관이 없으며, 대체로 초청을 받은 집필자가 새롭게 쓴 것이다.

TIF의 공간은 6개 권역으로 구분되어 있는데, 책 포럼(BOOK FORUMS), 에세이(ESSAYS), 의견교환(EXCHANGES), 공지사항(HERE & THERE), 즉석

문답(OFF THE CUFF), 그리고 특별 프로젝트(SPECIAL PROJECTS) 등이다. 책 포럼은 최근 발간된 책을 대상으로 연구자들이 각자의 관점을 연이어 제시하는 곳이며, 에세이는 특정한 공통 주제에 관해 참여자들이 글을 써서 토론 거리로 삼는 곳이다. 의견교환은 사회과학 및 인문학의 지도적 사상가들을 초청하여 지속적인 의견교환을 하고 이전에는 발표되지 않았던 새로운 글을 게재하는 곳이다. 공지사항 부문은 독자들의 관심 주제에 관한 여러 가지 뉴스 및 단평을 볼 수 있는 곳이며, 즉석문답은 편집진이 현안으로 떠오르는 문제에 관해 해당 분야의 전문가에게 형식을 차리지 않고 즉석에서 질문을 던져서 짧은 답변을 얻는 곳이다. 특별 프로젝트는 특정한 시점에서 마련된 작업의 성과를 소개하는 곳으로 현재 네 차례의 연구 내용을 살펴볼 수 있다. 종교 및 세속주의 연구와 관련된 용어, 이 사이트 10주년 기념을 맞이하여 회고 및 전망, 기도(祈禱)에 관한 학술적 성과, 영성의 계보학 등이 그것이다.

'내재적 프레임'이라는 말은 찰스 테일러(Charles Taylor, 1931-)가 2007년에 간행된 『세속시대』(A Secular Age)라는 책에서 한 장을 할당하여 설명하고 있는 용어다.[4] 내재적 프레임이라는 말 대신에 현세적 프레임이라고 옮기기도 한다. 하지만 현세적이라는 말에는 죽음 이전이란 함의 등 복합적 의미가 들어 있어서 필자는 수직적 초월성과 대비되는 수평적 성격의 내재성이라는 역어가 더 낫다고 본다. 찰스 테일러는 초월적 영역과 간간이 소통이 가능했던 틈새 있는(porous) 이전의 자아와 달리 차단벽으로 가로막힌(buffered) 자아가 활개를 치고,[5] 도구적 합리성이 핵심 가치로 부각되며, 시간이 광범위하게 세속적인 성격을 지니게 된 기본 상황을 "내재적 프레임"이라고 불렀다. 이 프레임이 "자연적" 질서가 되어 초자연적인 것과 대조되고, 초월적인 세계와 대립되어 "내재적"인 세계로 구성[6]되었다고 본 것이다. 그런데 그는 두 가지의 서로 다른 갈래가 내재적 프레임 안에 있다고 주장한다. 그 차이는 초월성에 대한 닫힘이 어느 정도인가에 달려 있다. 하나는 폐쇄적이고 다른 하나는 비교적 개방적이다. 그는 전자를 일컬어 폐쇄적 세계구조(Closed World Structure:CWS)라고 부르는데, 과학주의적이고 물질주의적인 관점을 내세워 우주 질서의 비인격성을 주장한다. 후자는 전자와 같은 관점이 수직적 초월성을 상실함으로써 이 세상의 아름다움과 의미, 따뜻함이 사라지게 되었다고 보고, 일상을 넘어선 자기 변혁의 계기가 회복되기를 바란다.[7] 전자는 무엇보다도 세계 및 타인에 앞서 인식 주체의 우위성을 숭상하며, 가치중립적 사실 확보와 초자연적 '미신성'의 제거를 강조한다. 반면 후자는 인간공동체와 세계가 인식 주체보다 선행하고, 객관적 사실 파악의 중립성을 주장하지 않으며, 일상성 배후에 있는 초월적 영역의 중요성을 인정한다.

이 사이트의 이름인 '내재적 프레임'에는 이와 같은 두 가지 의미 및 관점을 둘러싸고 매우 포괄적이고도 풍부한 논의가 이루어질 수 있다는 점이 함축되어 있다. 또한 찰스 테일러의 독특한 용어를 사이트 제목으로 쓸 만큼, 그의 책 『세속시대』가 지녔던 당시의 영향력을 짐작할 수 있다. 실제로 이 책은 '내재적 프레임'의 책 포럼에서 첫 번째 논의 대상으로 선정될 만큼 그 중요성을 인정받았다.

3. 〈비판은 세속적인가?〉의 온라인 논의 내용

서론에서 언급한 대로 이 온라인 모임에서 첫 번째 글이 게시된 것은

2007년 12월 3일이고, 2008년 10월 20일에 열네 번째 글이 게시되었다. 그리고 2009년에 이 모임의 제목과 같은 제목으로 책이 간행되었다. 책은 당시 큰 논란이 되었던 무함마드 카툰 사태의 논쟁적 측면에 초점을 맞추었다. 그래서 주요 내용이 그 사태에 대해 직접 언급한 아사드와 마흐무드를 중심으로 이루어졌다. 이어서 그들 각각에 대한 버틀러의 문제제기, 그에 대한 아사드와 마흐무드의 답변으로 책의 내용이 짜였다. 그러다가 2011년 3월 17일에 앤드류 마치의 글이 마지막으로 게시되고 더는 게시물이 올라오지 않으면서 이 온라인 모임은 끝나게 되었다. 2년 반의 시간이 지난 다음에 마치가 게시글을 올린 것은 바로 2010년 11월에 있었던 종전기념일 소동이 계기가 된 것으로 보인다. 이 모임의 게시글은 사이트의 책 포럼이 아니라 의견교환 부문에 배치되어 있다.[8] 온라인 모임의 논의가 이루어진 다음에 책이 간행되었기 때문이다. 그럼 게시된 순서대로 그 내용을 살펴보도록 한다.

1) 크리스 닐론,[9] 〈비판은 세속적인가?〉(2007.12.17)[10]

"IS CRITIQUE SECULAR?"라는 제목으로 의견 교환이라는 부문에 처음 논의를 시작한 이는 크리스 닐론으로 그의 글을 통해 우리는 이 모임이 어떻게 시작되었는지 알 수 있다. 2007년 10월 19일에 캘리포니아대학 버클리 캠퍼스에서 크리스 닐론이 주도한 하루 동안의 학술대회가 열렸다. 그 제목은 "비판은 세속적인가?"였다. 그가 밝힌 바에 따르면, 이런 제목을 단 것은 청중을 도발하려는 의미였다. 어떤 이는 '당연히 비판은 세속적이다'라고 주장하고, 또 어떤 이는 '종교는 세속과는 다른 것이기에 비판과는 거리가 가장 먼 것'이라고 말하지만, 이런 주장에 물음표를 내걸고 학술대회를 함으로써 이전처럼 쉽게 대답할 수 없는 분위기를 만들려고 했으며, 결과도 성공적이었다는 것이다.

그날 회의에서는 탈랄 아사드와 에이미 할리우드,[11] 그리고 콜린 재거[12]의 논문을 참석자가 회람한 후에 각각의 발제를 듣고 토론을 펼쳤다. 그들을 발제자로 초청한 이유에 관해 크리스 닐론은 탈랄 아사드가 세속주의를 인류학적으로 성찰하기 시작한 주요한 인물이라는 점, 에이미 할리우드가 중세 신비적 영성가 연구를 통해 근대적 비판적 태도의 일방성에 문제를 제기했다는 점, 그리고 콜린 재거가 낭만주의 시대의 문학작품 분석을 통해 근대화와 세속화를 동일시하는 통상적 시각에 문제를 제기했다는 점을 들고 있다.[13] 아사드의 논문은 책에 게재된 내용과 같으므로 재론할 필요가 없지만, 에이미 할리우드와 콜린 재거의 발표문은 간략하나마 설명이 필요하다고 본다.

크리스 닐론이 밝힌 바에 따르면 에이미 할리우드가 발제한 글의 제목은 "Acute Melancholia"이다. 2005년에 발표한 글[14]과 같은 제목이어서 동일한 내용으로 추정할 수 있다. 하지만 이날 논의의 초점이 비판에 있었기 때문에 실제 그 글의 내용은 2016년에 간행된 할리우드의 책[15]의 "A Triptych"라는 서문 가운데 첫 번째 내용에 해당되는 부분이 포함되었을 것으로 보인다. 왜냐하면 '세 폭 제단화(祭壇畵)'라는 이름처럼 세 부분으로 나뉜 서문 중에서 첫 번째 내용이 비판의 가능성 및 한계를 논하고 있기 때문이다. 할리우드는 13세기의 기독교 신비주의자들의 텍스트를 과거에 그대로 머무르게 하지 않고, 현재의 우리와 대화를 나누기 바랐다. 그래서 우리가 그들에게 질문을 던지고, 그 질문이 다시 현재의 우리에게 돌아오기를 기대했다. 그 과정에서 할리우드는 우리가 비판에 관해 지녀온 익숙한 관점을 다시 생각해 볼 수 있기를 바란 것이다. 왜냐하면 당시 기독교 신비주의자들의 종교적 고행은 "내재적 초월"의 모습을 띤 것이었고, 비(非) 세속적 형태의 비판으로서 기능했기 때문이다.[16]

콜린 재거의 글은 바이런의 시에 나타난 "미혹에 사로잡힘과 성찰성"(Enchantment and Reflexivity)의 역동성을 살피고, 이를 학계에서 진행되고 있는 세속주의에 관한 설명과 비교하는 내용으로 이루어져 있다. 재거는 "매혹과 성찰성"(Enchantment and Reflexivity)을 상반된 것으로 파악하는 통상적인 관점을 따르지 않는다. 그 관점이란 성찰성을 근대성이 이룬 성취로 보고, 매혹을 과거에는 성행했으나 근대성의 잠식으로 거의 사라진 것으로 보는 상투적인 견해이다. 재거에 따르면 매혹은 근대성과 함께 상실된 것이 아니라, 근대성에 대한 한 가지 반응으로 나타난 것이고, 성찰성은 근대성의 성취가 아니라, 상이한 스토리텔링 행위의 매개를 통해 나타난 일종의 이상적인 조건에 불과하다.[17] 이와 같이 생각한다면 근대성의 총화라고 여겨진 비판에 대해서도 다른 관점이 제기될 수밖에 없다.

닐론은 이 모임의 주관자이자, 참석자로서 발제된 세 가지 내용에 대해 다음과 같이 말한다. 닐론이 보기에 세 가지 발표의 공통점이기도 하고 한계이기도 한 것은 바로 종교적 실행의 측면이 아니라, 지적인 신념의 측면에 치중하는 것이다.[18] 닐론은 이런 한계가 중세 신비가들이 실천한 바에 대해 길게 언급한 할리우드도 마찬가지로 해당된다고 본다. 할리우드의 기본틀 역시 신념에 대한 것이기 때문이다. 닐론은 이런 문제점이 세 명의 발제자에 국한되는 것이 아니라, 종교와 세속에 관한 학술적 논의에 광범위하게 퍼져 있다고 말한다. 정통인가 아닌가에 관심을 기울이고, 교리적 측면에 과도하게 몰두하면서도 몸으로 체득되는 일상의 종교적 실행의 측면에는 별로 연구가 이루어지지 않았다는 것이다. 닐론은 당시 미국에서 종교적 우파와 세속적 좌파의 언어에서도 이런 점을 확인할 수 있다고 한다. 리버럴 종교가 실천적으로 보여주는 중요한 측면을 흔히 간과하는 경향이 있는 것도 이 때문으로 볼 수 있다. 종교에 관한 세속적 좌파의 상투적 태도의 바탕에도 이런 편향성이 자리 잡고 있다. 즉 종교가 마치 모두 신학으로 귀결되는 것이라는 듯이, 또 정통의 문제로 모아진다고, 그리고 보수 정치의 문제일 뿐이라고 쉽게 생각해 버리는 태도이다. 닐론은 이런 점을 환기함으로써 그동안 연구자들이 틀림없이 근대적이고, 세속적임이 틀림없다고 자화자찬하며 당연시하던 '크리티크'에 대해서 다시 성찰하게 될 것을 기대한다.

2) 콜린 재거, 〈닫혀있음인가? 비판에서는?〉(2007.12.17)[19]

재거는 크리스 닐론이 제기한 질문, "비판은 세속적인가?"의 강력한 힘에 대해서 언급하면서 시작한다. 그 질문은 우리에게 놀라움을 던져주는 훌륭한 물음이다. 왜냐하면 여태까지 우리의 인식과 행동의 바탕에 놓여 있었던 "배후의 조건들"[20]을 동요시켜 불안감을 불러일으키기 때문이다. 아예 그 질문을 무시해 버리지 않는 한, 어떤 답변을 하든 그 질문은 떠나지 않고 머무르면서 동요의 효과를 발휘한다. 세속적인 것과 비판을 연결하던 당연함에 물음을 던지자, 다른 연결 고리에도 문제가 발생한다. 세속적인 것과 비판의 아이덴티티가 그 반대항을 상정하면서 이루어지고 있기 때문이다. 콜린 재거는 그 반대항을 각각 종교적인 것과 '미혹에 사로잡힘'(enchantment)이라고 본다. 세속적인 것은 종교적인 것과 담을 쌓아 분리를 함으로써, 그리고 비판은 '미혹에 사로잡힘'을 봉쇄하고 거리를 둠으로써 자신을 지키고 유지하는 것이다. 그래서 정교분리 원칙이라는 것이 생겼고, 종교를 사적인 영역에 '위리안치'(圍籬安置)하여 공공의 장소에서 지워 버리는 일이 벌어진 것이다. 그런 분리와 봉쇄의 전략이 성공하려면 담쌓기 작업의 합당함이 확보되어야 하는데, 그것을 담당하는 것이 세속주의라는 이데올로기-실행-정당화의 폐쇄회로 레짐(regime)이다. 거기에서 정당화 작업에 큰 기여를 해 온 것은 바로 가치중립성과 객관성의 후광으로 감싸인 이른바 비판이었다. 그런데 느닷없이 "비판은 세속적인가?"라는 물음이 등장하여, 세속주의 피드백 순환에 일종의 '모래 뿌리기'와 같은 작란이 벌어진 것이다. 그 결과 종교적인 것을 순치하여 다스리는 세속적인 것의 '통치성' 과업에 소음이 발생한다. 그동안 매끄럽게 연결되던 세속적인 것과 비판의 고리에 뭔가 '다른 감(感)'이 느껴지기 시작한 것이고, 세속주의가 눌러 놓고 있던 것, 여태 놓치고 있었던 뭔가 중요한 것이 서서히 올라오는 느낌이 생긴 것이다.

여기서 콜린 재거는 『제국』과 『다중』[21]의 공저자인 마이클 하트(Michael Hardt, 1960-)의 인터뷰 내용을 거론하며, 이 글의 제목인 〈닫혀 있음인가? 비판에서는?〉(Closure at critique?)의 뜻을 드러낸다. 인터뷰 내용에서 하트는 자신들의 책에 대한 신학자들의 반응에 관심을 가져왔다고 하면서 많은 정치이론에 대해 신학자들이 실망감을 보이는 것을 이해할 만하다고 밝힌다. 신학자들은 집단적인 변혁의 계기가 확보됨을 바라는데, 대부분의 정치이론에서는 이런 프로젝트가 불가능하거나, 이를 거부하였기 때문이다. 재거는 이와 같은 하트의 진단이 정확한지 여부는 내버려 두고, "닫혀 있는 비판"과 "변혁적 계기"[22]의 대립 구도에 초점을 맞춘다. 재거에 의하면 "닫혀 있는 비판"은 형식적이고, 공허하며, 피가 통하지 않고 엄격한 반면, "변혁적 계기"의 추구는 인간 삶의 복잡성으로 혼란스러우며, 미래의 가능성을 염원하는 등 풍부한 구체적 내용이 있다. 그리하여 콜린 재거가 다음과 같이 말한다; "그래, 비판이 세속적이라고 해. 그런데 바로 그게 문제인 거야. 사람들은 그보다 더 많은 것을 원해. 지식인들도 마찬가지지."

세속과 비판을 한쪽에, 종교와 '미혹됨'을 다른 쪽에 양극으로 나눠 단순화해 놓은 것이 무슨 소용이 있는가? 종교 및 신학적 전통에도 비판적인 차원이 있으며, 비판에도 변혁적 프로젝트가 작동할 여지가 있지 않는가? 종교를 별개의 영역에 특정해 놓고 따로 취급하려는 우리의 습관은 "비판"이라는 활동으로부터도 종교를 차단해 버리게 되지 않는가? 종교를 별세계처럼 취급하는 것이 존경심을 담아서 하는 것이든 아니면 경멸심을 품고 하는 것이든 역시 마찬가지다. 이와 함께 콜린 재거는 "세속적 좌파의 감정 구조"[23]에 대해서도 언급한다. 감정 구조는 자기도 모르게 작용하는 차원이어서, 자신은 알아채지 못한 채 저절로 휩쓸려 가는 것이다. 재거가 사용한 전(前)-성찰적 감수성(pre-reflective sensibility)이라는 말은 그런 의미를 담고 있다. 그런 성찰 이전의 감수성으로 재거가 든 사례는 지식인들이 너무나 비판적이어서 못 말리는 병통이라는 비난이다. 예컨대 시를 즐기고 음미하는 대신에, 해부하고 분석하는 통에 시를 죽이고, 감상의 즐거움도 앗아가 버린다는 힐난이다. 지식인은 모든 것을 긍정적이고 선의로 보는 것이 아니라, 부정적으로만 보고, 비비 꼬인 자세를 지녔기에 재수 없다는 이야기도 널리 퍼져 있다. "너무 비판이 승(勝)

하고 과도하니 제발 좀 적당히 하라."는 주문이다. 하지만 이렇게 비판의 지나침을 탓하는 이들을 향해 아니라고 손사래 치면서, 비판은 중요하며 나름의 가치를 가지고 있다고 구구절절이 하소연해도 통할 리가 없다. 재거가 보기에 비판이 지나쳐서 문제인 것이 아니라, 정작 비판이 향해야 할 곳을 못 찾아서 문제이기 때문이다.

무엇을 비판해야 좋을지도 모르면서, 비판의 필요성을 강조하고, 세속주의 교육의 화급성을 주장하는 것이 과연 무슨 소용이 있겠는가? 콜린 재거는 프랑스 정부가 세속주의 교육의 강화를 결정하고 시행하면서 그와 함께 저절로 묻어가게 하는 것, 너무나 당연하기에 따로 생각할 필요가 없다고 여기는 것에 주목하고 비판의 작업이 필요함을 지적한다. 이 지점을 알아채는 것이 중요하다. 바로 율리우스 카이사르가 루비콘 강을 건너려는 때이기 때문이다. "비판은 세속적인가?"라는 질문은 기존의 감수성을 불안하게 만들고, 요동치게 하는 불온성을 지니고 있다.

3) 사이몬 듀링,[24] 〈그렇다면 무엇을?〉(2008.01.07)[25]

사이몬 듀링은 세 번째로 글을 올리고 논의에 참여한다. 그가 주목하는 것은 크리스 닐론과 콜린 재거가 언급한 "세속적 좌파의 감정 구조"에 관한 것이다. 세속적 좌파들은 비판이 종교와 지속적인 관계를 맺고 있으리라고는 별로 생각하지 않는다. 기독교 내에서 진보적 비판이 이루어진 역사에 대해서도 관심이 없기는 마찬가지다. 그런 무관심과 망각으로 이득을 얻는 것은 종교적 우파 및 세속국가 옹호자들뿐이다. 듀링은 비판에는 세 가지 특징이 있다고 본다. 하나는 비판에는 특정의 태도가 포함되어 있다는 것인데, 이는 생각하고 말하고 행위하는 당대의 방식과 연계되어 있다. 또 하나는 비판을 잘하기 위해서 해석의 기제(機制)를 갖추고 있는 것이 필요하다는 점이다. 이를 확보하고 있으면 단편적 텍스트를 통해 해당 문화와 사회를 좀 더 포괄적으로 이해할 수 있기 때문이다. 세 번째는 근대적 비판이 증거 기반의 논증에 바탕을 둔 진리 '레짐'(truth regime)에 속해 있다는 것이다. 이 점에서 신탁의 예언에 바탕을 둔 레짐과는 판이한 양상을 보일 수밖에 없다.

그런데 듀링이 강조하는 것은 이런 삼중의 담론 메커니즘이 기독교에 이미 선구적으로 나타나 있다는 점이다. 그는 근대적 문화비평이 현세에 대한 종교적인 의심과 깊이 연루되어 있다고 본다. 이러한 점을 인정할 수 있다면 세속주의자들에게 당면한 문제는 세속적 비판과 기독교 역사를 어떻게 긍정적으로 연결시킬 수 있느냐 하는 것이다. 기독교 역사의 어떤 계기를 어떻게 의미 있게 파악하여 다시 해석해야 하는가? 듀링이 보기에 여기서 필요한 작업은 신앙이나 교리에 관한 일반론이 아니라, 구체적인 논의이다. 즉 크리스 닐론이 말한 바와 같은 "구체적 신학, 종교적 제도, 그리고 종교적 실행"에 관한 것이다. 이 글의 제목인 '그렇다면 무엇을?'의 물음도 여기에서 나타난다. 듀링은 신학, 제도, 실천의 세 가지 탐구영역의 중요성이 동등한 것은 아니라고 주장한다. 그중에 신학의 비중이 제일 떨어진다는 것이다. 왜냐하면 신학적인 주장이 제도에 반영이 되거나, 윤리적 실행으로 연결되는 일은 그리 많지 않았기 때문이다. 제도적인 실행의 측면에 초점을 맞추는 것이 필요하다. 그것도 복합적이고 강력한 힘을 가진 제도 안에서 이루어지는 실천적 측면[26]이다. 거기에서 근대성을 비판하고, 그 대안을 마련하고자 한 노력이 과연 무엇이었으며,

어떻게 보호받았는지 파악하는 작업이 요청되는 것이다.

　듀링은 앞으로 좀 더 천착이 필요한 두 가지 연구 방향을 제시하는데, 하나는 신학과 정치가 결합되어 있는 서구의 입헌의 역사와 이론이고 다른 하나는 영국 성공회가 민중의 교회가 아니라 명망가와 지배층의 교회가 된 맥락을 살피는 것이다. 이런 연구가 요청되는 까닭은 실제 진행된 서구의 역사에서 비판적 계기를 더욱 키워서 대안 모색으로 연결하는 데 실패함으로써 어떤 대가를 치렀는지 알고 있기 때문이다. 듀링은 종교 전통 안에 내장되어 있던 비판성의 가치가 억압되고, 체제 순종으로 기울게 됨으로써 고삐 풀린 자본주의적 시장의 지상권(至上權)에 굴복할 수밖에 없었다고 보는 것이다.

4) 탈랄 아사드,[27] 〈세속 비평이라는 아이디어에 관한 역사적 노트〉(2008 .01.25)[28]

　이 글은 2009년 발간된 책에 실린 내용이고, 2022년 『종교문화비평』에 게재되었던 논문에서도 언급[29]되었기 때문에 반복해서 말할 필요가 없을 것이다. 다만 뒤에 이어지는 글을 이해하는 데 도움이 될 수 있도록 아사드 글의 윤곽을 간략하게만 소개하고자 한다. 이 글은 에드워드 사이드(Edward Said, 1935-2003)가 말하는 세속적 비판 혹은 비평에 대해 질문을 던지며 시작한다. 2008년은 사이드가 백혈병으로 사망한 지 5년이 지난 때였지만 그의 영향력은 여전했기 때문에 비판에 대한 문제제기를 사이드로부터 시작한 것은 효과적인 방식이었다고 생각한다. 사이드는 비평이 세속적일 수밖에 없다고 보았는데, 아사드는 이 점에 대해 이견을 제시한 것이다. 글 마지막 부분에 아사드는 세속적 비평에 부여하는 이런 권위 부여가 결국 신화적 영웅주의를 만들어내는 것에 다름 아니라고 주장한다. 이어서 아사드가 비판에 관한 푸코의 관점을 서술한 것은 푸코가 칸트의 계몽 개념과 비판을 동일시했으므로 혹시 그가 비판을 근대 서구에만 국한해서 보는 것이 아닌가 하는 의구심이 들었기 때문이다. 아사드가 강조하려는 점은 비판적 태도에 한 가지 스타일과 방식만 있는 것이 아니라는 것이다.

아사드에게 비판적 태도란 무엇인가? 그것은 바로 인간이 자신의 미래를 개척하도록 허락하는 방식으로 "초월적인 돌파"를 가능케 하는 태도다. 이게 한 가지뿐이라는 건 말이 안 된다. 그 이후에 아사드가 서술하는 내용은 그의 제목처럼 크리티시즘 (및 크리티크)[30]에 대한 역사적인 스케치이다. 고대, 중세, 근대를 거치면서 그 용어가 서구 사회에서 어떤 의미상의 변화를 해 왔는지, 20세기에는 어떠한 사상적 분위기에서 사용이 되었는지 간단하게 설명한다. 특히 아사드는 크리티시즘 혹은 크리티크가 보편적 이성이라는 기준을 담지하며, 포퍼의 반증주의에 잘 나타나듯이, 20세기 자연과학 및 인문과학의 징표적 원리로서 등극하게 된 것에 대해 약술한다. 아사드 글의 마지막 사례는 근대 신학에 내포된 세속적 비판의 측면이다. 아사드에 의하면 신학은 크리티시즘 없이 존재한 적이 없다. 19세기 서구 신학은 세속비평을 흡수하면서 시작된 것이다. 그는 베네딕토 16세의 레겐스부르크 강론을 분석하면서 그런 점을 드러내고자 한다.

아사드가 이런 역사적 흐름을 약술한 것은 세속비평이 어떻게 지금의 우월한 자리를 차지하게 되었는지, 자유와 이성의 후광과 함께하게 되었는지를 약간이나마 깨닫게 하기 위함이다. 그는 세속비평과 종교비평을 나누고, 전자에는 표현의 자유, 후자에는 불관용과 몽매함의 딱지를 붙이는 것이 얼마나 단순 무식한 것인지를 보여주려고 했다. 세속비평이 누리고 있는 지상권은 저절로 생긴 것이 아니라, 여러 가지 담론과 제도가 뒷받침해주기 때문에 만들어져 유지되고 있는 것이다. 세속비평의 권위를 이성의 객관성이나 자유의 아름다움을 찾으며 당연함의 분위기에서 시작할 것이 아니라, 권위의 헤게모니가 만들어진 과정과 맥락을 추적하여야 한다. 세속비평은 우리 논의의 기반이 되는 당연한 출발점이 아니라, 우리가 분석해야 하는 논의의 표적 대상이 되어야 한다. 이런 것이 아사드의 주장이다.

5) 스타티스 구르구리스,[31] 〈세속적인 것을 탈-초월화한다〉(2008.01.31)[32]

구르구리스는 첫머리에 "비판은 세속적인가?"라는 질문을 던지고, 곧바로 "그렇다, 비판은 세속적이다."라고 단호하게 답한다. 그와 함께 그가 덧붙이는 것은 "세속적 상상력이 비판을 추구하고 실행하지 않으면 이미 세속적이기를 멈춘 것"이라는 말이다. 여기서 세속적 상상력이 거론된 것은 그가 나중에 시학(poetics)을 말하는 바와 연결되기 때문으로 보인다. 구르구리스에게 세속적인 것은 결코 양보할 수 없는 것이다. 그가 문제로 여기는 것은 세속주의와 어떤 관계(옹호, 반박, 재개념화)를 설정하느냐 하는 것뿐이다.

그는 세속주의를 언급하기 전에 우선 비판에 관한 자신의 생각을 밝힌다. 비판은 하나의 관점을 선택하는 것이기에 다른 관점과 구별하고 차이성을 드러내는 행위이다. 그래서 당연히 중립적이지 않고, 늘 정치적인 행위일 수밖에 없다. 의도적으로 한쪽으로의 쏠림을 선택하고, 그런 결정에 대한 자신의 근거를 제시한다. 여기서 그는 비판의 중요한 측면을 강조한다. 모든 기존 진리에 대해 가차 없이 묻고 성찰하는 태도이다. 이는 자신에게도 향해야 한다. 비판이라는 것은 어떤 선험적 자리에 의해 보장되는 특권이 아니다. 자기비판은 비판이 빠질 수 있는 독소, 즉 스스로 자신을 권위화하는 폐단을 제거하기 위한 것이다. 권위화하고자 하면 본질주의에 귀착하기 마련이어서, 비판의 자리는 늘 역사적 맥락에서 벗어날 수 없다.

역사적인 관점의 중요성을 말하면서 구르구리스는 다음의 두 가지 용어를 혼동해서 사용해서는 안 된다고 주장한다. 세속화(secularization)와 세속주의(secularism)는 반드시 구별되어야 한다는 것이다. 한마디로 말해서 세속화는 신학적인 관점을 바꾸고 변화시키려는 역사적인 과정인 반면, 세속주의는 세속에 관한 특정한 관점을 재생산하고 공고히 유지하려는 제도적인 기획이다. 신학적인 것의 의미가 늘 바뀌고 계속 변화해 가기 때문에 세속화에는 종착 지점이 없다. 처음 있던 것이 계속 남아 있는 일은 벌어지지 않는다. 반면 세속주의는 자신의 관점을 초월적인 실재인 양 꾸미는 일에 골몰한다. 기독교적 관점에서 벗어나려고 애쓰면서 결국은 기독교와 닮은 초월적 관점을 만드는 데 여념이 없다. 그래서 구르구리스는 "세속주의가 도그마가 되면, 세속화의 과정은 끝장나는 것이다."라고 말한다.

그다음에 자연스럽게 나타나는 질문이 있다. 바로 "'세속적인 것'(secular)은 무엇인가?"이다. 구르구리스는 '세속적인 것'이 고정적이고 실체가 있는 것은 아니라고 한다. 잠정적으로 존재하고 유동적인 개념 영역으로, 거기에서는 늘 스스로에 대한 비판이 이루어지고 다양한 방식으로 표출되는 곳이다. 그 근거를 다른 곳에 손 벌려서 얻으려고 하지 않고 스스로에서 구한다. 여기서 다른 곳이라 함은 유일신론의 신이나 민족주의자의 민족, 혹은 계몽주의자의 이성과 같은 것이다. 세속적인 것 밖에서 정당성을 찾으려는 것을 그는 '헤테로노미'(heteronomy)라는 용어를 사용하여 나타낸다. '타율성'으로도 번역이 되는 이 용어를 사용하여 구르구리스는 내부가 아니라 외부의 힘에 의해 좌우되는 경우의 난맥상을 보여주고 한다. 구르구리스에게 '세속적인 것'은 그 자체로 자신의 근거를 마련할 수 있는 자족적인 영역이다. 그 안에서는 환기(換氣) 시스템처럼 늘 자기비판이라는 신선한 바람이 불어야 한다. 그래서 그에 따르면 세속주의라는 형이상학이나 반(反)세속주의의 도그마 어느 쪽이든 세속적인 영역에서는 머물 곳이 없다. 구르구리스는 세속주의나 반세속주의 모두가 초월성에 구명줄을 대고 있다고 본다. 반면 세속적인 것은 늘 비판을 통해 자신을 탈(脫)-초월화하고 있다. 그래서 그는 세속주의와 반(反)세속주의 모두 싸잡아 못마땅하게 여기지만, 좀 더 만만치 않게 여겨지는 이른바 반(反)세속주의에 초점을 두고 비판의 화살을 날린다. 그는 서구 제국주의 및 식민주의 비판이 어째서 세속주의 비판으로 연결되어야 하는지 알 수 없다. 탈-서구화와 탈-기독교화에 정당한 측면이 있다는 것은 인정하지만 그게 탈-세속으로 연결되는 것은 심히 잘못이라고 보는 것이다. 그럴 경우에는 원래 있었다고 주장하는 종교나 토착문화로 회귀할 뿐이 아닌가?

구르구리스가 반(反)세속주의의 옹호자로 간주하고 표적으로 삼은 이는 사바 마흐무드다. 탈랄 아사드와 길 아니자르도 사바 마흐무드와 별반

다름이 없다. 그가 보기에 세속주의를 반대하는 이들은 결국 포스트식민
주의의 예봉(銳鋒)을 무디게 하면서 보수주의적 정치신학에 봉사하게 될
수밖에 없다. 그들은 서구의 오류를 세속주의 탓으로 돌리는 우를 범하였
으며, 지금의 서구사회와 문화 안에 반-세속주의에 의해 이루어진 잘못도
적지 않음을 간과하였다. 구르구리스에 의하면, 세속화라는 것은 고정된
것이 아니라 계속 변화해 가는 과정인데, 그들은 그 과정에 내포된 변혁
의 요소를 제대로 파악하지 못했으며, 마냥 동일한 것처럼 잘못 생각하였
다. 그들의 반-세속주의, 반-서구주의는 나이브하다. 그들은 싸워야 할 적
을 세속적인 것으로 잘못 잡았다. 그래서 실제로 그들과 손을 잡는 것은
우익 기독교 세력과 제국 부흥을 외치는 전쟁광들뿐이다.

　또한 구르구리스는 세속주의에 초월적 도그마가 있다고 해서 종교와
동일시하는 것은 잘못이라고 주장한다. 세속주의의 형이상학을 지적하
는 것과 그것을 일종의 종교라고 보는 것은 서로 다른 것이다. 그에게는
종교와 세속의 차이점을 뭉개 버리지 않는 것이 중요하다. 그래야 초월적
형이상학이나 유일신을 상정하지 않고도, 세속적 세계관이 어떻게 성립
할 수 있을지 논의할 수 있기 때문이다. 세속화라는 것은 그동안 서구사
회를 지배해 왔던 기독교의 종말론적 경로에서 벗어나려는 것이다. 저세
상에서의 구원을 더는 바라지 않는다. 이 세상에 사는 인간의 비극적 유
한성을 긍정하면서, 오히려 거기에서 해방감을 맛본다. 그 대신 인간 상
상력의 무한한 가능성을 열어젖힐 수 있다. 저세상에서 이 세상으로 삶의
자리를 옮겨 온다는 것은 우리 몸과 주변 사(事)의 유한성과 불안정함을
긍정하고, 어떻든 이 세상 안에서 의미를 만들며 살겠다는 것이다. 이 세
상을 떠나서 '다른 곳'에서 의미의 정박지를 찾으려는 '헤테로노미'와는 도

저히 동행할 수 없다.

　구르구리스에 의하면 이때 이런 초월적 '헤테로노미'를 탐문하고 극복하는 일을 나서서 맡는 것이 바로 비판이다. 그 초월성이 기독교와 같은 종교에 있든 아니면 칸트의 합리적 철학 논설에 담겨 있든 상관이 없다. 이성 자체도 신학적 분위기에 휩싸여 있으며, 칸트의 철학적 기본 틀이 기독교의 도그마를 그대로 보전하고 있을 수 있기 때문이다. 그래서 비판은 세속적인 것에서 없어서는 안 될 필수 조건이다. 하지만 '세속 안의 비판'(critical-in-the-secular)을 합리적인 것과 동일하다고 보는 것은 오도하는 것이다. 그동안 합리성을 내세우면서 얼마나 많은 것이 비판을 피해 갔던가! 한마디로 세속적이라는 것은 역사적이라는 것이고, 이 세상적이라는 것이며, 언제나 비판의 가능성에 열려 있다는 뜻이다. 세속적인 것을 전면 부인하고 저세상의 참된 실재성을 주장한다고 해서 그런 주장이 세속의 영역에서 이루어지고 있다는 것을 없애지 못한다. 아무리 신비롭고 저세상적인 종교적 행위를 행한다고 해도, 그 행위가 사회적인 행위이며 그 의미 및 효과가 이 세상 안에서 맴돌고 있다는 것을 부정할 수 없다. 구르구리스가 바라는 것은 종교와 세속의 모순적 공모를 깨부수는 것뿐만 아니라, 세속을 결정짓는 종교의 규정력을 빼앗아 버리는 것이다.

　이렇게 주장하고 나서, 이제 구르구리스는 자문한다. 위에 서술한 바와 같은 관점이 바로 세속주의적 세계관을 장착하고서 이루어진 것이 아닌가? 거기에서 비로소 세속적인 것과 종교적인 것, 이 세상적인 것과 저세상적인 것이 분리될 수 있었던 것이 아닌가? 그는 이런 분리가 서구 기독교 세계의 역사적 조건 아래에서 형성되었다는 점을 인정한다. 세속적 제도가 서구 기독교 세계의 맥락 속에서 출현했으며, 서구식민주의 프로젝트의 한 부분이었다는 점도 분명하다. 맞다. 종교-세속의 분리는 특정한 역사적 맥락 속에서 이루어졌으며, 그 이전에는 나누어지지 않은 상태였다. 그런데 그가 묻는 점은 이전에 미분리 상태였다고 주장하는 것이 어떤 쓸모가 있는가이다. 미분리 상태란 종교가 사회적 의미 영역을 전부 장악했다는 것인데, 거기에서는 우리가 너무나도 명백하다고 여기는 점, 즉 사회적 의미란 특정 조건의 인간들이 역사적으로 창출해낸 것이라는 것도 나타낼 수가 없지 않은가? 그가 강조하며 말한다. 신권(神權) 정치도 이 세상을 다스리는 방식이고, 역사적 조건 아래에서 행해지며 그로부터 만들어지는 것도 이 세상의 역사가 아니란 말인가?

이처럼 구르구리스의 논리는 세속에서 출발하여 세속으로 마무리된다. 그리고 비판은 바로 세속을 세속답게 만들어주는 핵심적인 자리를 차지한다. 세속적 비판 혹은 세속비평(secular criticism)이라는 말에서 세속과 비판은 서로 뗄 수 없이 연결되어 있다. 구르구리스에게 비판 없는 세속과 세속 없는 비판은 어불성설이다. 그가 보기에 비판의 책무는 세속을 세속답게 만드는 일, 세속의 탈-초월화 즉 세속이 초월성에 오염되는 것을 막고 세속의 자족성을 지키는 것이다. 비판에 거의 성스러움의 후광이 드리워져 있다.

6) 길 아니자르,[33] 〈기회균등 비평(긍정적 팩션)〉(2008.02.15)[34]

이 글을 시작하면서 길 아니자르는 하이데거의 "형이상학이란 무엇인가?"의 인용문을 통해 모든 비평에는 모든 존재를 뛰어넘는 것이 있다는 점을 거론한다. 하이데거가 "초월"(Transzendenz)이라고 부르는 것이다.

초월은 존재하는 모든 것에 대한 신랄한 적대적 반목과 가차 없는 힐책이다. 종교도 과학도 그 앞에서는 전혀 심각한 것이 아니다. 아니자르는 그것이 '크리티크'를 좀 과장되게 부풀려 말한 것이 아니냐고 볼 수도 있겠지만 실상은 '크리티크'의 초월적 구조를 드러내고 있다고 본다. 탈랄 아사드가 '크리티크'와 세속주의의 연관성을 추적한 것처럼, 하이데거의 초월이 세속주의와 공모하고 있는 점에 대해서도 검토하는 것이 필요하다. 사이드의 세속 비평에도 하이데거의 초월과 닮은 점을 찾을 수 있다. 사이드가 세속비평가는 자신이 속한 민족적 경계 및 물려받은 유산으로부터 벗어나야 한다고 주장하면서 어느 한 곳에 정착하게 되면서 나타나는 시야의 협착을 경계하였다. 사이드는 초월성 및 '고도'(高度)라는 용어를 사용하면서 자신의 세속비평을 옹호하며, 신학적 비평과 구분했던 것이다. 반대를 노골화하는 것 못지않게 무관심을 표명하는 것이 더 효과적인 비판적 거리두기일 수 있다. 흔히 서구철학이 기독교 신학 및 신앙에 대해 취하는 태도에서 잘 나타난다. 이는 기독교를 비판하고 세속화하려는 시도에서 공통적으로 찾아볼 수 있다. 아니자르가 보기에 이런 작업을 지치지 않고 하는 것은 일종의 '기계'라고 할 수 있다. 바로 "세속화하면서도 기독교를 온존케 하는 기계"(Christian-secularizing machine)다.

'서구 기독교 전통에서 초월성을 구현하고 있는 것이 무엇인가'라는 질문에 '유일신'이라는 대답이 나온다면 별로 이상한 일이 아닐 것이다. 하지만 유일신만으로는 충분치 않다. 비판적 세속주의자가 되기 위해서는 더욱 급진적이고, 단호한 적대관계를 지녀야 한다. 비판 대상을 향한 좀 더 근본적인 적대감이 필요하다. 상대방은 그저 만만한 적(敵)이 아니다. 그것은 유일신에 필적하는 것이고 초월성의 위상을 지니고 있다. 아니자르는 이를 "초월적 프랙티스가 행해지는 특권적 장소로서의 적(敵)"(the enemy as a privileged site of transcendental practice)이라고 표현하였다. 결국 초월적 형상의 적에 '종교' 지위가 부여된 것이다. 그에 따라, 더 강력한 적대적 반목이 요청된다. 아니자르는 여기서 "'크리티크'는 세속적인가?"라는 질문을 던지고, "그렇다"고 답한다. 왜냐하면 세속 비평이 기회균등의 비평을 옹호하기 때문이다. 이 말이 뜻하는 바가 무엇인가? 그것은 그동안 서구 기독교(혹은 서구)가 아낌없이 비판을 퍼부어댔던 바로 똑같은 역사적인 적들을 표적 삼아서 계속해서 격렬한 적대를 자행하고 있다는 것이다. 그들은 적어도 번갈아 가며 수 세기에 걸쳐 서구 기독교의 적대 행위가 이루어지는 표적이 되어 온 것이다. 적을 제압하기 위한 적대적 반목으로서의 비판은 변화무쌍하게 모습을 바꿈으로써 좀 더 효과적인 무기가 된다. 고정된 본질이 있는 것처럼 머물러 있어서는 제대로 통제하기 어렵다. 적에 대한 채찍질은 때에 따라 모습을 바꾸지 않으면 안 된다. 세속적인 것, 세속주의, 세속성도 그런 변신의 산물이다. 즉 때와 상황에 맞도록 적을 만들어서 자신의 권력을 유지하는 기제(機制)의 한 부분인 것이다. 세속비평은 그 안에서 작동하는 한 요소라고 볼 수 있다. '이런 작동 체제가 바뀔 수 있을까? 다른 방식이 가능한가?' 이 물음에 대해 아니자르는 '그럴 수 있다'고 말한다. 이어서 그는 말한다; "그렇게 될까? 보는 것이 믿는 것이다. 아니면 다른 방법이 있는가?" 그러면서 그는 다음과 같은 수수께끼가 같은 문장으로 글을 마감한다.

"이것은 크리티크(가 아니다)다."(This is (not) a critique.)

이런 수수께끼 같은 언표가 뜻하는 바가 무엇인가? 그의 작업을 포함하여 서구의 권력 작동 체제에 관한 비판적 연구가 돌파구 역할을 할 수도 있고, 그렇지 못하고 오히려 체제 유지 기능에 기여할 수도 있음을 말하고자 하는 것이 아닌가? 부제인 긍정적 팩션이라는 표현도 이와 관계가 있지 않은가? 아니자르는 짧은 글에 함축된 의미를 담아 놓았기 때문에 잠시 머물러 천착하는 것이 필요하다.

7) 사바 마흐무드,[35] 〈비판은 세속적인가?〉(2008.03.30)[36]

사바 마흐무드는 크리스 닐론, 주디스 버틀러와 함께 2007년 모임을 조직한 사람이기에 처음에 어떤 동기로 이 모임이 시작되었는지 알려준다. 어째서 비판과 관련해서 세속주의에 관해 생각해 보는 것이 중요하다고 보았는지 파악하는 것이 중요하다. 우선적인 계기는 조너선 판안트베르펜[37]이 마련한 모임의 초대장이었다. 그 모임은 곧 당시 버클리에서 새롭게 결성된 '비판이론을 위한 강의 및 연구'의 첫 번째 심포지엄으로 연결되었다. 일군의 학자들이 새롭게 등장한 세속적인 것, 세속성, 세속주의의 개념에 대한 문제제기를 염두에 두고, 이를 통해 비판에 관한 전통적인 사고방식을 재고하는 데 흥미를 느꼈기 때문이다. 이러한 시도는 그동안 지배적인 비판 개념 속에 자리 잡고 있으면서 작용하던 역사, 시간성, 인과성, 윤리 등에 관한 기본적인 전제를 다시 성찰할 수 있도록 만든다. 비판이론의 전통에서는 종교에 연루되는 것에 대한 거절 혹은 의심의 분위기가 짙게 스며들어 있는데, 이런 당연시된 거부의 태도를 "비판적으로" 생각해 보고자 한 것이다. 비판에 대한 전통적 태도는 어떤 인식론과 주체에 관한 존재론적 전제를 요청하였는가? 동질적이고 무한정이며 비어 있다는 시간 개념이 서구사회에 군림하고 있고, 비판에 관한 관점과도 밀접하게 연관되어 있다면, 비판에 대한 재성찰은 다른 방식으로 시간과 관련을 맺고 경험하는 바와도 연결될 수 있으며, 세속 시간과 성스러운 시간의 엄격한 구분도 다르게 볼 수 있지 않은가? 비판의 특정한 주체가 확보되기 위해 작동되는 주체성의 규율체계는 무엇인가? 세속적 비판 개념에 내재되어 있는 자기 계발의 행위는 무엇인가? 그런 행위는 다른 윤리적 자기 수양의 행위와 어떻게 다른가?

"비판은 세속적인가?"라는 물음은 바로 앞에서 제기된 질문과 긴밀하게 연결되어 있으며, 복합적인 측면을 내포하고 있다. 그래서 마흐무드는 참석자들이 이 물음에 "그렇다." 아니면 "아니다."라고 분명히 답변하는 것을 기대하지 않았다고 말한다. 그렇게 될 경우, 풍성하게 이루어질 수 있는 논의가 사전에 차단되기 때문이고, 서구의 비판적 관점을 비(非)서구의 비판적 전통과 비교할 수 있는 여지도 없어지기 때문이다. 비판이 명실상부한 비판이 되기 위해서 필수적인 것이 모든 규범에 대한 가차 없고 그침 없는 문제제기라면 자신의 규범적 기반에 대한 성찰은 결코 면제될 수 없을 터이다.

마흐무드는 당시의 시대적 상황, 즉 9·11 사태와 뒤를 이은 아프가니스탄 및 이라크 침공, 그리고 정치세력으로 급부상한 종교집단 등으로 말미암아 종교와 세속의 문제가 더욱 첨예하게 대두되었음을 밝히고, 종교적인 것과 세속적인 것이 불변의 본질이라거나 대립적인 이데올로기인 양 여기는 것이 바로 문제적 관점임을 지적한다. 그래서 마흐무드는 2007년 모임을 통해 종교와 세속이 근대국가 및 그에 수반되어 부각된 역사적 개념이라는 점을 환기시키고 싶었다고 말한다. 이른바 세속성, 합리성은 법과 행정, 경제 관계, 그리고 지식생산의 영역을 관장함과 동시에 종교 영역에 대해서도 전면적인 변화를 이끌었다. 종교적인 개념, 실행, 제도의 측면에 걸쳐서 근대적인 감수성과 거버넌스 양식에 맞도록 대대적으로 종교가 탈바꿈하도록 만든 것이다. 마흐무드에 따르면 세속주의라는 것을 단지 정교분리라든지 교회와 국가의 교리적 분리쯤으로 보는 것은 종교와 세속이 특정한 역사적 조건 속에서 맞물려 돌아가는 이런 저변의 변화를 읽지 못한 것이다.

그러나 2007년 모임을 이끌었던 이러한 성찰적 문제의식에 대해서 못마땅하게 여기는 사람들이 나타났다. 그들은 그런 문제제기가 종교적 극단주의의 위험을 과소평가하고 있다거나, 위협에 대처하는 효과적 행동에 방해가 되고 있다고 주장하기 시작했다. 그들의 주장은 세속적 이성의 진리와 규범성을 역사화, 상대화하게 되면 종교적 광신주의에 자리를 깔아주는 꼴이 된다는 것이다. 미치광이 광신자들을 다스리기 위해서는 단호하고 확고한 판단이 화급하게 필요한 것이지, 지금 한가하게 다시 생각하고 성찰하는 것은 필요하지 않다는 것이다. "우리"가 우리의 소중한 세속적 가치와 생활양식을 지키지 못하면 조만간 "그들"이 우리의 소중한 가치와 제도를 접수할 것이니, 순진한 소리를 내뱉지 말라는 것이다. 이처럼 몰아붙이는 이들에 따르면, 선택은 "이것이냐, 저것이냐?" 하나뿐이다.

하지만 마흐무드는 이와 같은 "양자택일의 강요"를 당연한 것으로 역설하는 이들이 이미 설정된 틀에 좌우되어 움직이고 있다고 보고, 그런 이들은 틀 자체를 파악하는 것이 어렵다고 지적한다. 그들은 자신들이 당연하다고 여기는 전제 자체가 실상은 당연한 것이 아님을 깨닫지 못한다는 것이다. 따라서 마흐무드가 보기에 그들은 여러 나라에서 벌어지고 있는 종교의 정치 개입, 정치의 종교화를 제대로 파악할 수가 없다. 그들의 관점에는 심각한 장애가 있는 것이다. 그들이 이런 장애에서 벗어나려면 자신들의 생각과 느낌의 바탕이 되는 규범적 전제를 되살펴야 한다. 무엇이 세속적 리버럴 세계관에 반(反)한다고 하는지, 무엇을 종교적 극단주의라고 하는지, 누구를 거기에 포함하려고 하는지 스스로 따져봐야 한다는 것이다. 그들이 자신들의 이른바 '상식'에 따라 사고와 행동을 이끌게 된다면, 쳇바퀴 도는 다람쥐처럼 결과는 쉽게 예견될 수 있다. 그러면 종교-세속 이분법의 막다른 골목에서 빠져나올 길이 없다. 세속적 담론에 은밀하게 스며들어 있으면서 군림하는 언어적 이데올로기, 시간성, 역사에 관한 규범적 전제를 면밀하게 살피는 작업이 행해져야 비로소 그로부터 벗어날 가능성이 열리는 것이다.

그런데 이런 노력이야말로 심각한 지적, 정치적 오류라고 주장하는 이들이 있다. 그들은 너무나도 간단하게 그런 작업을 "보수적"이라고 평가절하한다. 마흐무드는 앞에 나왔던 스타티스 구르구리스의 글을 거기에 해당하는 사례로서 언급한다. 구르구리스는 확신에 가득 차서 "비판은 세속적이다."라고 답변하는 데 주저함이 없다. 그리고 그는 비판이 없는 세속이란 이미 세속적이기를 그친 것이라고 단호하게 말한다. 마흐무드는 구르구리스의 확언 앞에서 심포지엄이 의도했던 바가 설 곳이 없음을 느낀다. 어떻게 그는 그런 확신을 할 수 있었을까? 그는 과연 자신의 주장이 폐쇄회로처럼 순환하고 있다는 점을 깨달을 수 있을까? 마흐무드는 구르구리스의 주장의 근거가 종교와 세속주의의 이분법(종교는 나쁘고, 세속주의는 좋은 것이다)과 세속주의가 인간에게 베풀어준다고 하는 좋은 점(종교는 결코 줄 수 없다고 하는 것)에 관한 진부한 견해이며, 그는 자신의 순환 논법에 갇혀서 벗어나지 못하고 있다고 비판한다. 구르구리스가 세속화는 종교적 구원이 제공하지 못하는 인간의 해방적 실현을 이룩할 수 있으며 인간 상상력의 무한한 가능성을 구현할 수 있다고 주장할 때, 마흐무드는 한 치의 어김없이 종교-세속의 이분법이 작동하는 것을 본다. 그리고 도치된 머치아 엘리아데도 본다. 구르구리스가 특권을 부여한 세속의 자리에 엘리아데는 종교를 놓아서 궁극적 가치와 진리를 부여하였던 것이다.

구르구리스처럼 주장하게 되면 역사적 조건에서 살피자고 했던 종교가 어느덧 고정된 본질을 갖추고 세속주의의 승리를 돋보이게 하는 배후로서 동원된다. 저세상적이고, 초월적이며, 총체화하고, 죽음에 대처하는 미성숙한 방식이 종교라면, 이 세상적이고, 해방적이며, 인간의 완전한 자유의 공간을 창출하는 상상력의 좀 더 성숙한 방식이 바로 세속적인 것이 된다. 낯익은 계몽주의의 수사, 즉 자유, 인간 상상력, 자율성 등을 동원하여 세속주의의 도덕적 우월성을 내세우게 되면 역사적 맥락에서 이해해 보자는 모임의 의도는 사라지고 세속적 근대성에 관한 구체적인 사례 분석도 별 필요가 없게 된다. 구르구리스가 주장했던 말, "종교는 자신의 역사성을 오인한 역사의 산물이다."라는 말을 생각해 보라. 이러한 공허한 관점을 가지고 어떻게 복합적인 면모의 세속적 근대성을 제대로 파악할 수 있겠는가?

이와 같이 구르구리스를 통타(痛打)한 마흐무드는 한 가지 중요한 점을 지적하는데, 그것은 바로 세속적 세계관이 우월하다는 것을 주장하는 이들이 머리로만 하는 것이 아니라, 몸속 깊이에 숨겨진 '창자'의 차원으로 한다는 것이다. 즉 그들의 주장은 몸에 각인된 수준에서 나오는 것이라서 자신도 모르는 사이에 저절로 이루어지며, 그런 주장을 하는 순간 좋은 기분을 느끼게 된다는 것이다. 마흐무드가 이런 지적을 하는 것은 세속주의와 종교에 관한 개념적 범주가 근대의 특정한 상황 속에서 출현했다는 학문적 업적이 아무리 많이 쌓여도 구르구리스와 같은 이들은 '오불관언'의 태도를 고집하기 때문이다. 이런 강박적 집착은 두뇌 피질의 차원으로는 안 되고, 아래쪽 깊이 내려가 창자까지 살펴봐야 비로소 감을 잡을 수 있다. 세속의 서사에 집착하는 이들은 말만 들어도 저절로 가슴이 뛰게 되는 말, 예컨대 자율성, 창조성, 상상력, 그리고 자유 등의 핵심어를 스스로에게 반복적으로 주입하면서 하나의 독특한 세상을 만들어내는데, 마흐무드는 그것을 일종의 '리버럴 로맨틱 상상계'(liberal romantic imaginary)라고 이름 붙인다. 여기에서는 출발역과 종착역이 정해져 있고, 그 사이를 관성으로 왕복하면서 내장(內臟)의 편안함을 도모하는 일을 한다. 혹시 그 노선 여행의 쾌적함에 대해 '딴' 소리를 하는 누군가가 나타난다면, 그는 대화를 나눌 상대가 아니라 비난을 퍼부어야 할 대상으로 취급된다. 구르구리스가 마흐무드의 이전 글[38]에 대해 붙인 딱지는 "반(反)-세속적" "보수적" 그리고 "안이한 아이덴티티 정치" 등이다. 이런 딱지를 붙여 놓고 서로 학문적 대화를 나누기란 어려운 일이다. 구르구리스 부류에게 다른 의견을 지닌 이들은 그냥 세속 편이 아니고 종교 편에 속한 자들이다. 둘 가운데 하나뿐이고, 이런 선택 강요에는 강력한 정동이 부착되어 있다. 마흐무드가 보기에 이런 상태에서 펼치는 학문적 논리는 설득력 상실이라는 대가를 치를 수밖에 없다.

하지만 마흐무드는 이렇게 치러야 할 대가를 한 개인의 잘못만으로 돌려서는 안 된다고 본다. 왜냐하면 이런 이분법적 사고방식이 좀 더 커다란 문제와 연결되어 있기 때문이다. 즉 비판적 이성(critical reason)이라는 것을 어떻게 봐야 하는가의 문제이다. 비판적 이성임을 자처하면서 자신의 규율체계 작동에는 눈을 감고, 자신의 도덕적, 구조적 무의식에 '깜깜이'라면 그야말로 구제불능의 상태가 아니겠는가! 이런 처지에 이른바 비판적 이성이 편견에 물들어 있다던 '종교 내의 비판'과 견주어 스스로 우월감을 뽐낸다면 얼마나 우스운 일이겠는가! 비판적 이성이 이와 같은 자만의 폐쇄적 회로에서 벗어나 자신의 무의식을 점검하지 않는 한, 종교-세속의 대치 상태는 해소되지 않는다. 비판적 이성이 종교와 종교적 비평을 용납할 수 없는 적이라고 여기고, 배제하려고 하는 한, 서로 대화할 수 있는 접점은 찾을 수 없다. 종교에서는 결코 자기비판이 불가능하다고 믿어 의심치 않으며, 비판을 스스로 독점하고자 한다면 비판적 이성의 자폐 상태는 계속될 수밖에 없다. 마흐무드에 의하면 비판적 이성이 종교 영역에 관심을 두기 위해 경건해질 필요는 없다. 무엇보다 스스로를 되살피는 일이 선행되어야 하는 것이다.

8) 스타티스 구르구리스, 〈반(反)-세속주의자가 놓친 것들〉 (2008.04.19)[39]

구르구리스는 짐작은 했다고 그랬다. 유행을 추종하는 반-세속주의자들이 세속적인 것을 탈-초월화하기 위해 제안한 자신의 세속비평을 제대로 헤아리기 어려울 것이라고 예상했다고 했다. 하지만 그들이 얼마나 꽉 막혔는지에 대해서 이 정도로 심하리라고는 미처 생각지 못했다고 한다. 반-세속주의자들이 막혀 있는 점, 그들이 놓친 점은 무엇인가? 구르구리스에 따르면 그것은 세속 영역 안에서 세속주의적 전제들, 특히 세속주의에 내재된 초월적 전제들에 대해 비판을 가하고, 내적인 해체를 감행함으로써 세속 스스로 변화할 수 있다는 점이다. 구르구리스는 그런 내부적 비판을 통해 세속주의와 종교의 이분법적 대립을 넘어서 전혀 다른 사고의 지평에서 현 정치적 문제를 바라볼 수 있는 가능성을 반-세속주의자들이 거부하고 차단하고 있다고 본다. 구르구리스는 이런 반-세속주의자의 전형적인 사례가 사바 마흐무드에게서 나타난다고 보고, 마흐무드가 자신을 오독한 것이 분명하다고 단언한다. 그는 마흐무드의 2006년 논문, 「세속주의, 해석학, 그리고 제국」을 끌어들여서 좀 더 넓은 맥락에서 마흐무드가 깨닫지 못하고 있는 점을 지적하겠다고 역설한다.

　우선 그는 자신이 세속적인 것과 세속주의를 분명하게 구분하고 있다는 점을 강조한다. 세속적인 영역은 실체를 지닌 것이 아니며, 조건에 따라 성립하고, 차이를 통하여 만들어지는 이 세상적인 것이다. 반면에 세속주의는 제도적인 용어로서, 세속주의적 형이상학이라고 부를 만한 어떤 선험적이고 도그마적인 전제를 지니는 경향이 있다. 구르구리스는 자신이 세속적인 것의 해방적 잠재성을 높이 평가하며, 그 영역이 좀 더 풍요롭게 되도록 노력 중이지만, 세속주의적 형이상학에는 분명한 비판적 태도를 견지한다고 주장한다. 그리고 구르구리스는 그런 비판이 세속의 영역 내부에서 이루어지는 세속적 비평의 행위라는 것을 강조한다. 그에게는 세속 영역의 외부에 있는 것을 끌어들이는 것이 아니라, 세속 영역 자체 안에서 조달하는 것, 그것이 무엇보다 중요하다. 구르구리스가 애용하는 용어인 "헤테로노미"(heteronomy) 혹은 "헤테로노미적 정치"(heteronomous politics)는 외부에 기대어 세속 영역의 자율성에 해를 끼치는 것이므로, 반드시 차단하고 극복해야 상대이다. 그러므로 세속주의를 또 다른 종교라고 섣부르게 같이 봐서는 안 된다. 세속주의적 형이상학과 신학적 형이상학을 마치 같은 것인 양 봐서도 안 된다. 두 가지는 서로 다른 급에 속해 있다. 하나는 세속 안에, 다른 하나는 세속 밖에 있다. 구르구리스는 지치지도 않고 반복해서 이 점을 힘주어 주장한다.

구르구리스가 보기에 마흐무드는 세속적인 것과 세속주의의 구분을 못 보거나 애써 보려고 하지 않으면서, 구르구리스 자신을 세속주의 옹호자로 몰고 있다. 세속주의의 초월적 형이상학에 대한 자신의 비판적 논의가 도대체 어떻게 세속주의에 대한 열광으로 이해될 수 있는지 그는 당혹해한다. 게다가 마흐무드가 자신의 '창자까지 스며든 집착'과 정동의 구조를 거론하면서 피부은 공격이 구르구리스는 자신의 비판 의도를 잘못 읽고 엉뚱한 반응을 보이는 것이라고 느낀다. 그렇다면 정동의 구조를 거론한 마흐무드 그 자신의 정동은 어떠한가? 자율성, 상상력, 자유 등등이 정말로 비난받아야 할 것인가? 반-세속주의가 도대체 합리적이고 공정한 것이란 말인가? 마흐무드 자신은 지금 무슨 자격으로 말하고 있는 것인가? 세속적 학자로서 발언하고 있는 것 아닌가? 구르구리스는 마흐무드의 이른바 오독을 이해하기 위해 이전에 발표된 그의 논문까지 거론하며 네 가지로 구별하여 지적한다.

첫째, 마흐무드는 논의 전반에 걸쳐 세속주의와 리버럴리즘을 마치 동일한 것인 양 취급한다. 세속주의와 연결되는 것 가운데 리버럴 이데올로기 및 제도가 아닌 것이 많다. '어째서 마흐무드의 정치적 비판은 리버럴리즘을 대상으로 삼지 않는가? 왜 마흐무드는 리버럴리즘 이데올로기의 문제를 세속적인 것 대(對) 비(非)세속적인 것의 문제로 환원해 버리는가? 두 가지를 동일한 것처럼 얼버무려 놓고도 이에 대한 자기비판을 하지 않은 이유는 무엇인가? 단지 리버럴리즘을 공격하면서 반-세속주의적 논의를 펴나가는 것은 결국 미국 기독교 공화주의자들과 같은 반-리버럴 의제에 합류하는 길로 전락하는 것이 아닌가? 구르구리스는 마흐무드가 의도했든 아니든 이런 식으로 그의 주장이 보수적인 것이 된다고 주장한다. 구르구리스는 "헤테로노미적 정치"라면 가리지 않고 비판의 표적으로 삼는다. 리버럴, 비(非)-리버럴, 세속주의자, 종교적 인간 누구라도 비판한다. 또한 그는 서구 제국주의 행태를 비난하면서 반-세속주의적 주장을 확산시키려는 태도에 대해서도 언급하면서, 묻는다. '도대체 제국주의 비판이 왜 세속주의 비판으로 나타나야 하는가?'

둘째, 구르구리스가 보는 마흐무드의 중심적인 주장은 세속주의가 자신에 내재된 규범적 관성에 따라 특정한 종류의 종교적 주체성을 개조하고자 한다는 것이다. 구르구리스는 서구 제국주의 세력이 피지배자의 주체성을 강제로 만들려고 했던 일과도 마흐무드가 연결시키려고 한다고 생각한다. 하지만 구르구리스는 이런 움직임을 과연 "세속적"이라고 이름 붙일 수 있는지 회의적이다. 게다가 식민주의 및 제국주의의 사례를 끌어와서 세속주의의 잘못을 성토하는 방식도 못마땅하다. 하지만 여기서 구르구리스의 가장 큰 불만은 마흐무드가 세속주의의 규범성은 문제 삼으면서도 비-세속적 지배양식의 규범성에 대해서는 아예 묻고자 하지도 않는다는 점이다. 왜 비-세속적 정치 지배 양식에 대한 비판이 이루어지지 않는가? 마흐무드가 비판할 생각조차 하지 못하도록 만드는 것이 무엇인가?

셋째, 구르구리스는 마흐무드의 2006년 논문 내용을 거론하며 성스러운 텍스트인 경전(經典)의 힘에 대해 언급한다. 구르구리스가 우선 확인하고 싶은 점은 『쿠란』과 같은 텍스트가 신도들에게 엄청난 힘을 가지고 있을 때, 텍스트의 성스러움에 대해 왈가왈부하는 것은 별로 쓸모가 없다는 것이다. 그 대신에 중요하게 초점을 맞추어야 하는 것은 텍스트의 성스러움을 주장하면서 권위를 부여하는 방식이다. 저편에 자리하고 있는 신의 계시가 아니라, 이 세상에서 신을 내걸고 꾸며대는 제반 작업이 관심사가 되어야 한다는 것이다. 구르구리스도 종교의 막강한 힘을 부인하지 않으며, 현실 타파의 해방적 잠재력이 종교로 인해 분출될 수 있음도 알고 있다. 그는 그렇다고 해서 종교에 기반한 정치가 자율적인 사회를 만들어낼 수 있다고 봐서는 안 된다고 본다. 초월적인 것에 의존한 정치는 스스로 자신을 되묻고 결정할 능력이 없기 때문이다. 거기에서는 밖에서 주어진 권위를 그대로 받아들이고, 역사적이지 않으며, 타율적이어서 처음부터 질문을 봉쇄해 버린다.

넷째, 구르구리스가 더욱 참을 수 없는 것은 마흐무드가 이슬람 경전과 의례를 기호나 상징으로 보는 것에 거부감을 표시한다는 점이다. 구르구리스가 인용한 구절에 따르면 마흐무드는 "종교와 경전을 기호 및 상징 체계로 보면서 교양 있는 개인이 자신의 시적 재질에 맞춰 해석해 주기를 기다리고 있다는 식으로 이해하는 바가 현재 널리 퍼져 있는데, 바로 그 점이 규범적 세속성(normative secularity)이라는 단어가 나타내는 것이다." 라고 주장했다. 구르구리스는 어떻게 시적인 것이 규범적으로 된다는 것인지 기가 막힌다. 이렇게 시적인 것을 거부하면서 성스러운 텍스트의 정치적 힘을 근본적으로 이론화하는 일이 과연 가능한 일인가? 무슬림 여인의 베일을 보는 마흐무드의 관점도 마찬가지다. 마흐무드는 베일의 상징적, 기호학적 의미, 아이덴티티의 징표, 성(性)과 젠더 역할에 관한 사회적 방편 등으로 분석하는 것에 대해 반대한다. 베일을 자신의 아이덴티티를 선택할 수 있는 권리의 측면에서 보든, 기존의 체제에 저항하고 대립하는 것으로 보든, 세속적인 평가로서 밖에서 의미를 부과하는 것에 불과하다는 것이다. 마흐무드에게 중요한 점은 베일 쓰는 것이 자신의 의미결정권을 보여주는 몸동작이라는 것이다. 그것은 하나의 종교적 의무이고, 자신이 실행하겠다고 결정한 윤리적 행위이다. 구르구리스는 묻는다. 베일이 신실한 무슬림 여성의 기호가 아니라면 무엇인가? 기호라고 한다면 어떻게 그것이 아이덴티티의 형성 없이 작동될 수 있는가? 아이덴티티가 순전히 혼자 결정해서 내부적으로 만들어 질 수 있는 것인가? 구르구리스가 보기에 마흐무드는 "신과 교리가 명령했고 거기에 복종하라고 해서 무슬림 여인이 그걸 지키기로 작정한 것이다."라는 설명을 하고 있다. 구르구리스의 물음은 "왜 아이덴티티 기제가 아니라, 신과 교리의 명령에 '묻지마' 복종인가?"이다. 구르구리스는 마흐무드가 이런 질문을 아예 묻지도 않았고, 그래서 대답할 리도 없다고 생각한다.

따라서 구르구리스가 의심한다. '마흐무드는 신적 교리에 복종하는 것과 비(非)-신적 교리에 복종하는 것을 완전히 다른 것이라고 생각하나? 종교적 복종과 다른 종류의 교리적 복종을 다른 것이라고 보나? 그래서 마흐무드가 상징, 기호, 사회적 기제나 아이덴티티의 형성 원리가 작동하는 세상과는 다른 곳에 종교적인 것이 있다고 보는 건가?' 구르구리스는 이렇게 생각할 경우에 두 가지 방향의 선택지가 있다고 본다. 하나는 종교경험이 완전 이 세상을 떠나 있는 것이어서, 사회적이고 역사적인 것과 무관하다고 보는 것이고, 다른 하나는 종교경험이 마치 신비주의적 사고처럼 오직 자폐적인 해석적 영역의 관점에서만 가능하다고 보는 것이다. 어느 쪽이건 소통이 '먹통'이 되는 것은 매한가지다.

구르구리스는 비-세속적 몸동작이 정치적인 함의를 지니고 있다고 할 때, 그걸 유일무이의 고유한 것이라거나 그저 관습적인 것이라고 정리해 버리는 건 말이 안 된다고 생각한다. 어떤 종류이든 상상적 공동체에 그 몸동작이 속해 있는 것이고, 이런 점에서 아이덴티티의 형성 과정에 연루되어 있다. 하지만 구르구리스가 보기에 마흐무드는 그게 아이덴티티에 관계된 몸동작이라는 생각을 거부한다. 받아들일 능력이 없거나 받아들이려고 하지 않거나 둘 중 하나다. 왜 그럴까? 여기서 구르구리스는 은밀하게 작동하는 토착주의적 아이덴티티 정치학에 마흐무드의 반-세속적 정치학이 깊게 연루되고 의존하고 있다고 본다. 글을 마치면서 구르구리스는 다음과 같이 자신의 호기를 뽐내듯이 주장한다. 프란츠 파농이 혁명의 엄혹한 상황 속에서도 민족주의의 함정에 빠지지 말라고 경고했고, 은폐된 식민주의적, 포스트-식민주의적 이데올로기를 폭로하는 데에도 두려움이 없어야 한다고 했다. 여기에 덧붙여야 할 것이 있다. 서구적, 비-서구적 본질주의 그리고 세속적, 비-세속적 본질주의의 함정도 우리가 모두 경계해야 한다.

9) 찰스 테일러,[40] 〈세속주의자와 비판〉(2008.04.24)[41]

찰스 테일러는 글머리에 앞에 게재된 사바 마흐무드의 뛰어난 글에 각주를 달고 싶다는 말로 시작한다. "비판은 세속적인가?"라는 물음에 "그렇다."라고 답변하는 것이 현재 학계에 지배적 권력을 누리고 있고, 그런 권력에 대해 살펴보는 것이 중요하다는 것이다. 우선 테일러는 영향력 있는 사상가 두 사람의 관점을 통해 종교와 공공영역 사이의 문제에 관한 태도를 점검한다. 그들은 바로 존 롤스[42]와 위르겐 하버마스[43]다.

롤스는 공공 영역에서의 소통은 이성의 언어로 해야 하고 종교는 잠시 놔두고 와야 한다는 견해에 동의했는데, 세속적 이성이 모든 사람의 공통 언어임에 반해, 종교적 언어는 특수언어로서 오직 신자만 사용하기 때문이다. 특수언어는 통상의 세속 언어에는 없는 별도의 전제를 장착해야 한다. 그런 전제를 이미 받아들인 이가 아니면 그런 특수언어는 다른 사람들에게 별로 설득력이 없다. 그래서 그런 언어는 보편적이지 못하고 취약성을 지닌다. 종교적 이성(religious reason)이라는 것을 상정해 볼 때, 그 것이 세속 이성과 같은 결과를 내놓는다면 서로 중첩되기에 쓸모가 없고, 상반된 결과를 낳는다면 분열적이어서 위험할 것이다. 어느 쪽이든 종교적 이성이라는 것은 사라져야 한다. 하버마스도 언제나 세속적 이성과 종교적 사고 사이의 인식적 단절을 주장했고, 세속적 이성의 우월함을 강조했다. 그는 우리가 필요로 하는 규범적 결론에 도달하는 데 세속적 이성만으로 충분하다고 봤다. 나중에는 종교담론의 진리성에 조금 완화된 태도를 보였지만 기본 골자에는 변함이 없어서, 국가의 공식 언어에서 종교적 언술을 배제해야 한다고 주장했다.

하지만 찰스 테일러가 보기에 그들은 현재 세속국가의 규범적 기반에 대해 아직 이해를 제대로 못 하고 있다. 그들이 주장하는 바는 사용 언어가 중립적이어야 하는 세속국가 내의 영역이 존재한다는 것이다. 입법, 행정, 사법부에서 사용하는 언어가 거기에 해당할 것이다. 물론 그런 언어가 필요하다는 점은 누구나 동의할 수 있다. 그러나 그런 필요성을 인정하는 것과 거기에 종교 언어의 특성을 결부시키는 것은 별개의 문제이다. 국가의 공식 언어가 기독교, 이슬람, 유대교의 언어이어서는 안 된다는 것이 분명하다. 마찬가지로 마르크스주의, 칸트주의, 혹은 공리주의의 것이 되어서도 안 된다. 한데 그 가운데 어느 하나만 콕 집어서 특별한 취급을 할 필요는 없지 않은가? 왜 다른 것은 놔두고 종교만 특별하게 대접하는가?

그 점에 대해서 테일러는 과거와 현재에 리버럴 국가가 겪었던 종교와의 갈등, 그리고 종교를 별도의 특별한 것으로 구분해서 세속 이성보다 비합리적 영역으로 간주하고자 하는 인식이 영향을 미쳤다고 본다. 이런 태도가 정치적으로는 "위협으로서의 종교" 그리고 인식론적으로는 "이성의 결함 있는 양식으로서의 종교"(religion as a faulty mode of reason)라는 두 가지 방향으로 나타난다. 이와 같은 두 가지 모티브는 우리 주변에서 흔히 찾아볼 수 있다. 신적인 요소의 개입을 허용하여 정치를 논하는 것과 오로지 인간의 관점에서만 정치를 논하는 것 사이에 엄청난 간극이 있다고 역설하고, 누가 보더라도 후자가 더 신뢰할 만하다고 설득하는 것이다. 테일러는 종교를 불신하게 만드는 두 가지의 근거에 대해 신중하게 살펴봐야 한다고 주장한다. 그리고 테일러는 이런 관점을 유지할 때, 나타날 수 있는 부정적인 정치적 결과에 대해서도 발언해야 한다고 본다. 그런데 이 글에서는 지면의 제약 때문에 종교를 결핍된 것, 비합리적으로 보는 인식론적 근거가 어디에서 비롯되었는지에 국한해서 다룬다.

테일러는 그런 인식의 뿌리가 계몽주의의 신화에 있다고 본다. 계몽주의에 해당하는 구미어, "Enlightenment, Aufklärung, Lumières"는 모두 어둠에서 광명으로의 이동을 뜻한다. 허상과 오류에 함몰되어 있다가 진리의 밝은 세상을 맞이하는 것이다. 이런 전환의 방향은 타협 없는 절대적인 전진을 지시한다. 신적 계시와 종교가 인도하던 세상에서 벗어나 순전히 이 세상과 인간의 관점에서 파악되는 세상으로 옮겨가는 것이다. 칸트가 "단지 이성만"을 내세우며 계시에서 이성으로의 전환을 주장한 것에서 그 전형을 볼 수 있으며, 이 점에 대해서는 앞에 언급한 롤스와 하버마스도 별반 다르지 않다. 테일러는 그들의 기본 관점을 두 가지로 나눌 수 있다고 보는데, 하나(a)는 비-종교적 이성, 즉 세속 이성은 보편적으로 적용할 수 있고, 공공 영역의 기준에 부합한다는 것이고, 다른 하나(b)는 그와 반대로 종교 언어는 그렇지 못하고 늘 의심스러운 상태에 처하며 종교적 도그마가 있는 이들에게나 설득력을 가진다는 것이다. 그래서 공공 영역에서는 보편적인 세속 이성을 사용해야 하고, 종교 언어는 제한되어야 한다는 주장으로 이어진다.

하지만 테일러가 보기에 그들이 제시하는 두 가지 측면의 기본 주장은 아무런 근거가 없다. 합리적 신뢰성의 차원에서 종교 담론과 비-종교 담론은 동등하지 않으며, 후자의 우월성을 인정해야 한다는 주장에 테일러는 동의하지 않는다. 종교 언어에 대해서 좀 더 의혹의 눈길을 보내야 하는 이유가 무엇인가? 이 세상적인 논의라야 정직하고 명료한 사고를 하는 사람들이 납득할 것이라는 주장은 과연 얼마나 타당한가? 덧셈, 뺄셈 같은 경우에는 정직 명료한 사고를 하는 이들이 모두 납득하는 바도 있을 수 있겠지만, 지금 현안이 되는 정치적 도덕성의 경우에 그들 모두를 충분히 설득할 만한 논지가 마련될 수 있겠는가? 그렇다면 공리주의와 칸트주의와 같이 영향력 있는 세속적 철학이 어째서 그들을 설득하여 합의에 이르게 하는 데 실패하고 있는가? 이와 같은 의문을 제기한 테일러는 현 정치적 도덕성 문제의 핵심에 자리한 인권의 문제에 대해서도 다음과 같은 주장을 편다. 인권 주장의 바탕에 상정된 것이 우리가 합리적으로 움직이는 주체이고, 욕망하고, 즐거움과 고통을 느끼는 존재라는 것이다. 하지만 그런 전제가 과연 우리가 신의 이미지로 만들어졌다는 주장보다 더 확실하게 인권의 기반을 마련해주는 것인가? 현재 우리 상식의 근간에 자리 잡고 있는 것이 "우리 인간은 고통을 느낄 수 있는 존재"라는 명제라고 할 수가 있고, 이로부터 우리가 당연하게 여기는 많은 지침이 파생되는데, 이것도 실상 세속 언어의 보편성을 전제하고 나서야 수용될 수 있다. 테일러는 세속 이성의 보편적 가치를 인정하는 한편 종교에 대해서는 초지일관 신뢰성을 의심하는 태도가 바로 계몽주의 신화에서 비롯되었다고 주장한다. 그는 계몽주의 신화가 세 가지 중요한 기반을 가지고 있다고 보는데, 이 세 가지가 함께 작용하면서 세속적 이성의 우월성에 대한 환상을 만들어낸다고 본다. 그 가운데 두 가지는 확실한 근거를 마련하려는 데카르트 토대주의에 뿌리를 둔 것이고, 나머지는 근대적 도덕 질서의 개념이다. 이 세 가지 점에 대해 테일러는 글의 말미에서 스쳐 지나가듯이 말하고 있어서 매우 간략하게 서술한다. 첫째는 올바른 방법을 찾는 것이 중요하다는 신념, 두 번째는 하나의 고도로 추상적인 원리로 모든 윤리적 행위를 도출해낼 수 있다는 합리주의적 기질, 셋째 개인으로 구성되어 있는 사회가 개인의 권리를 옹호하고, 개인 상호 간의 이익을 함양하는 것에서 정당성을 찾을 수 있다는 생각이다. 이 세 가지가 서로 얽혀서 세속 이성의 지상권을 확보하고 정당화하는 작업이 이루어지는 것이다. 테일러는 그 작업의 행방을 좇아가면 흥미진진하고 깨닫는 바가 많은 이야기를 얻을 수 있을 것이라고 말하면서 글을 맺는다.

10) 사바 마흐무드, 〈세속적 지상명령?〉(2008.05.07)[44]

마흐무드는 구르구리스의 글에 응대를 해야 하나 말아야 하나 망설인다. 구르구리스가 계속해서 독을 끼얹는 듯한 어조로 자신의 글을 오독해서 서로 엮여 봐야 좋을 것이 없다고 여긴 탓이다. 논의 분위기가 이렇게 짜이면 찬성과 반대의 양극으로 나누어져서 공격과 수비의 주장만 목청 높여 주고받는 것으로 끝날 것이다. 그로 인해 나타나는 것은 서로의 적대적인 입장을 확인하는 것뿐이고, 좀 더 생산적인 결과는 기대 난망이다. 이 심포지엄을 기획한 의도와 이처럼 동떨어진 것도 없다. 이번 모임은 현재 시점에서 세속주의, 세속성, 세속적인 것을 이루고 있는 것이 도대체 무엇인지 밝히고자 하는 시도였고, 그 작업에 적합한 분석적 언어를 탐색해 보기 위한 것이었다. 그런데 편 가르기에 골몰하는 것으로 끝나면 안 하느니만 못한 것이 된다.

우선 구르구리스가 반복해서 마흐무드를 "반(反)-세속적"이라고 규정하는 것이 문제다. 마흐무드는 그렇게 시작하게 되면 "그렇지 않다."라고 반박하거나 "그렇다."라고 인정하면서 구르구리스가 설정한 프레임에 갇히게 된다고 본다. 세속과 종교의 이분법적 대립을 자연스럽게 받아들이게 되고 마치 각각이 고정된 본질을 지닌 양 논의가 이루어진다. 예컨대 세속주의의 본질적 핵심이 무엇인지 따지는 수순으로 이어지고, 그것이 과학적 합리성인지, 객관성인지, 아니면 정교분리인지 논하느라 웅성거리게 된다. 핵심을 정한 다음에는 중심적 가치로부터의 거리에 따라 좋은 요소와 나쁜 요소를 나누고, 지켜야 할 것과 배제해야 할 것을 분리한다. 하지만 실상은 그렇게 쉽게 구분될 리가 없다. 그래서 점점 더 어깨에 힘이 들어가게 되고, 세속과 종교의 상종 못 할 대립이 한층 강조된다. 이런 분위기가 만들어지면 제대로 논의가 이루어지기는커녕 소모적인 말싸움만 하게 된다.

최근의 연구성과에 의하면 세속적이란 근대적 범주는 종교라는 근대적 개념과 동반해서 등장하였다. 마흐무드에 의하면 그 둘은 서로 쌍생아처럼 붙어 움직이므로, 상대방이 없으면 자신도 존재할 수가 없는 관계에 있다. 세속주의라는 것도 마찬가지다. 리버럴 국가의 거버넌스 원칙 가운데 하나인 세속주의는 종교를 없애 버리려는 것이 아니라, 더없이 종교를 필요로 한다. 다양한 제도를 통해 종교와 동반하면서 다만 규제하려고 할 따름이다. 이 과정에서 기본 단위가 되는 종교성의 개념과 그에 수반된 종교적 주체가 등장하게 되며, 그로 인해 법적, 문화적, 윤리적, 정치적 담론 등의 다양한 세속 담론이 활성화되는 것이다. 이런 내용이 새로운 바도 아니고, 이미 널리 인정받고 있음을 생각해 본다면 세속주의에서는 어떤 신학적 혹은 종교적 요소도 찾아볼 수 없다는 주장이 얼마나 단순 소박한 것인지 알 수 있다. 또한 세속 담론에 신학적 흔적이 발견된다면 그것은 세속주의의 진정한 본질을 훼손하는 "나쁜" 것이기 때문에 없애야 한다는 주장도 마찬가지로 설득력이 없다. 구르구리스가 세속적인 것을 탈-초월화하는 사명감에 대해 계속 강조하는 것도 바로 여기에 해당한다. 마흐무드에 따르면 이런 편협한 관점을 견지하는 한, 세속주의를 역사적으로 올바로 보기 어려우며, 다양하고 상이한 세속주의에 종교적 개혁의 엄청난 힘이 내재되어 있다는 점도 간과할 수밖에 없다.

마흐무드는 자신의 2006년 논문, 「세속주의, 해석학, 그리고 제국」이 드러내고자 한 점에 관해 언급한다. 그것은 미국 정부가 무슬림 세계에 개입할 명분으로 삼은 것을 검토한 결과, 세속주의의 기본 전제가 밑바탕에 작용하고 있다는 점이다. 특히 무슬림의 종교성을 두 가지로 나누어서, 하나는 용납할 만한 계몽적 종교성인 반면, 다른 하나는 후진적이고 위험한 것이라고 규정하여, 후자를 차단하기 위한 발판을 만든다. 물론 제국주의와 세속주의와의 관계는 필연적이라거나 본질적이라기보다는 구체적인 역사적 조건에 많이 좌우되기 때문에 다양한 모습으로 나타날 뿐만 아니라, 종교와 세속의 충돌이라는 관점으로 쉽게 말하기도 어렵다.

이와 같은 마흐무드의 관점에서는 진보 좌파가 떠받드는 무슬림 리버럴 개혁가들이 미국 국무부의 견해와 별반 차이 없는 주장을 할 뿐이다. 마흐무드는 이처럼 리버럴 개혁가들을 제국주의의 볼모처럼 여기게 할 수 있어서 그들을 옹호하는 이들이 분노하며 자신을 공격할 수 있다고 본다. "어찌 우리들의 영웅을 적의 싱크탱크와 공모하고 있다고 감히 주장할 수 있는가?"라는 항변이다. 하지만 마흐무드는 리버럴 개혁가들의 의도나 동기가 아니라 그들의 개혁 프로그램과 방법에 담겨 있는 담론적 전제(지식, 역사, 언어에 관한 기본 전제)를 분석 대상으로 삼는 것이므로, 그들이 날린 화살의 표적은 이미 빗나간 것이다.

리버럴리즘과 세속주의의 관계에 관해서 마흐무드는 학계가 이 주제에 대해 좀 더 많은 관심을 기울여야 한다고 본다. 특히 단지 개념적일 뿐만 아니라, 거버넌스의 기제를 통해 실제적으로 이루어지는 양자의 관련성에 대해서 학문적인 탐구가 필요하다. 마흐무드가 논문에서 주요 관심사로 삼은 것은 리버럴 세속주의가 종교자유와 양심의 자유의 원칙에 대해서 강박적으로 보이는 특징이다. 하지만 마흐무드는 구르구리스가 자신이 강조하는 이런 점에 관해 별 관심을 나타내지 않는다고 본다.

리버럴 세속국가는 종교 활동을 규제할 때에도 반드시 국가의 개입이나 통제 없이 개인의 신앙 자유 권리를 보장한다는 것을 내세워서 앞뒤 균형을 맞추려고 한다. 자유의 행사가 무제한으로 보장되는 것은 아니고, 한계가 설정되기는 하지만 어쨌든 자유와 통제 사이에 균형을 맞추려고 애쓰는 것이 리버럴 세속주의의 특징이라고 할 수 있다. 종교의 자유는 개인의 자유를 대표하는 것으로서 이것을 빼고는 리버럴 세속주의를 논할 수 없을 정도로 핵심적 자리를 차지하고 있다. 그런데 리버럴 세속주의의 이런 특징을 분석하면서 그저 그 장단점이나 도덕적 필요성을 언급하는 것으로 그친다면 알맹이를 빠뜨린 것이라고 할 수 있다. 마흐무드는 그 분석이 양편에서 이루어져야 한다고 본다. 한쪽은 국가가 종교적 주체성, 종교 행위, 그리고 종교적 삶의 형태를 규제하면서 어떻게 권력을 행사하는가를 분석하는 것이고, 다른 한쪽은 종교적 소수파와 다수파가 자신들의 자유로운 신앙을 위해 수행 능력의 확대나 다른 신앙의 축소를 국가권력 및 법적 제도에 호소할 때, 리버럴 세속주의를 어떻게 수단으로 사용하는지를 분석하는 것이다. 세속적 리버럴 사회에서 종교 활동에 대한 국가권력의 적절한 한도가 어느 정도인지 서로 논의하고 다투면서 정해지는 것이 종교자유의 원칙이라는 판 위에서 이루어지는 일이기에 국가 및 사법 권력의 작동이 변화를 겪고 그에 관한 이의가 제기되는 바를 탐구하는 작업은 매우 중요하다. 무엇보다도 이른바 종교자유 원칙이 정치적 지배를 달성하고 시민권을 부여하기 위한 전략으로 언제, 어떻게 동원되는지 면밀하게 추적하는 작업이 필요하다.

이어서 마흐무드는 무슬림 여성의 베일 문제에 대해 언급한다. 이 주제에 대해서 구르구리스는 마흐무드에게 거친 비판을 퍼부어댔는데, 마흐무드는 "껍질을 벗겨내다" 혹은 "살점을 도려내다"라는 단어를 사용하여 그의 혹독함을 나타냈다. 마흐무드는 베일에 관한 많은 해석 중에서 옹호자 및 비판자 모두를 통틀어 가장 지배적인 관점 두 가지를 지적한다. 하나는 베일을 착용하는 것이 신이 명령한 바라는 것이고, 다른 하나는 무슬림 여성의 아이덴티티를 나타내는 상징적 표식이라는 것이다. 하지만 마흐무드는 그 가운데 어느 하나가 맞다고 편드는 일에 관심이 없다. 마흐무드가 관심을 가지고 분석하고자 하는 바는 이런 두 가지 베일에 관한 이해가 모두 언어를 통해 이루어지는 발화 행위 혹은 화행(話行) 행위(speech acts)로서, 서로 매우 다르게 종교적 주체를 만들어갈 것이라는 점이다. 베일 착용은 몸에 작용하며, 몸동작 자체인 것[bodily practice]으로서, 그것을 그저 상징 행위로 간주하게 되면 주체 실현의 표현이자 수단의 양 측면으로 베일 쓰기를 이해하는 것과는 매우 다르게 주체의 외면성과 내면성의 관계를 설정하게 된다. 마흐무드가 주장하는 바는 구르구리스가 자기에게 뒤집어씌우듯이 기호 과정을 무시하려는 것이 아니라, 의미나 아이덴티티를 나타내는 기호 모델로는 잡히지 않는 신체 행위의 측면에 연구의 초점을 맞추고 있다는 것이다. 표상 이론의 관점으로는 이런 '프랙티스'의 차원이 파악될 수 없는 것으로, 그 '프랙티스'가 언어적인 것이든 비언어적인 것이든 표상을 중심으로 놓는 관점에서는 포착되기 어렵다. 그래서 마흐무드에 의하면, 의미, 커뮤니케이션, 상징적 의미작용의 개념을 내세운 분석보다는 특정 범위 내에서 이루어지는 기호적 프랙티스에 연구의 중요성이 부여되는 이유가 여기에 있다. 이런 맥락에서 마흐무드는 자신이 『쿠란』을 역사적 텍스트로 보되, 하나의 수행적 화행 행위의 관점으로 접근한다고 밝힌다.

글을 마무리하면서 마흐무드는 "비판은 세속적인가?"라는 심포지엄이 참여자에게 여러 가지 질문을 던졌으며, 그 질문은 그동안 우리가 가장 당연하게 여기던 기본 전제에 대해 다시금 생각하도록 만들었다고 말한다. 그런 심사숙고의 요청은 우리가 옳다고 믿은 바를 옹호하고, 그를 위해 뛰어나가 정치적 행동을 하는 것을 잠시 유보하고, 거리를 두라는 것이기에 긴장의 분위기를 만든다. 하지만 마흐무드는 이런 긴장의 분위기가 생산적인 것이라고 주장한다. 정치적 행위를 하기 위해 닫아놓은 문을 열고 비판적 사고가 작동하면서, 상투적이지 않은 방향으로 이끌어가기 때문이다. 그런 긴장감을 유지하면서 탐구를 해나갈 수 있는 곳, 마흐무드는 그곳이 바로 학문의 전당이라고 말하며 글을 끝맺는다.

11) 콜린 재거, 〈세속적 침울함, 문학적 침울함〉(2008.06.22)[45]

"도대체 헤테로노미적 사고에서 무엇이 나쁘다는 거야?" 콜린 재거가 글머리에 던진 질문이다. 구르구리스는 그가 게시한 여러 글에서 헤테로노미라는 용어를 사용하면서 그에 해당되는 사례로서 찰스 테일러의 『세속의 시대』와 사바 마흐무드의 글을 거론하였다. 재거가 보기에 구르구리스는 헤테로노미적 사고에 관한 정의를 내리고 있지 않다. 그래서인지 재거는 나름대로 그것을 "결정적으로 중요한 점에서 자체적인 것이 아니라, 그 밖에 있는 것에 의존하는 사고"라고 규정한다. 구르구리스는 그런 사고가 나쁜 것이라고 주장하지만, 재거에게는 왜 그가 그렇게 생각하는지 분명하지 않다. 그래서 '헤테로노미적 사고가 불쾌함으로 이끌기 때문인가' 하고 생각한다. 그러나 그렇게 생각하는 건 결과주의적 논증이라서 별로 설득력이 없다. 그러다가는 크리스토퍼 히친스[46]와 같은 부류라고 간주되기 십상이다. 그게 구르구리스가 원하는 방향은 아니기에 다른 답변이 제출된다. 그건 헤테로노미적 사고 자체에 문제점이 내재해 있다고 보는 것이다. 하지만 이런 대답 역시 자체 안에서 이루어지는 사고가 좋은 것이라고 결론을 내려놓고 나온 것이어서 쓸모가 없다.

재거에 따르면 구르구리스는 마흐무드와의 논쟁에서 두 가지 점을 미리 상정해 놓고 논의를 진행한다. 하나는 계몽된 이성, 즉 "세속비평"은 자신에게 나타날 수 있는 헤테로노미적 성향을 깨끗하게 제거할 수 있다는 것이고, 다른 하나는 헤테로노미적 사고의 원형적 사례가 바로 종교라는 것이다. 이럴 경우, 논쟁은 계몽주의와 그 유산에 관한 것이 되기 마련이다. 구르구리스는 종교 비판이 그 자체로 비판의 원형이라고 보며, 비판적 프로젝트가 가동되면 자체 내부적으로 스스로의 오류를 교정할 수 있다고 생각하는 것 같다. 반면 마흐무드는 비판이 함축하는 바에 대해 다른 이해 방식을 따른다. 마흐무드의 푸코식 접근법은 특정의 전제(예컨대 베일을 상징으로 보는 관점에 내포된 전제)가 어떻게 특정한 종류의 주체를 만들어내는지, 그리고 어떤 작업을 가능케 하거나 못하게 만드는지에 대해 질문을 던지는 것이다. 구르구리스와 마흐무드가 문제에 접근하는 방식은 매우 다르다. 어느 편에 서야 할까? 구르구리스가 어느 한쪽에 서고자 하는 것은 확실하다. 마흐무드는 어느 편이라도 선택해야 한다고 강요하는 움직임 자체를 문제 삼고자 한다. 재거는 어느 쪽인가? 재거가 취한 방향은 그동안 충분히 주목받지 못했던 범주를 통해 이 문제를 새롭게 살펴보는 것이다. 그 범주는 바로 '문학적인 것'이다.

만약 구르구리스가 주장한 대로, 비판이라는 문제를 다루는 작업에 헤테로노미/오토노미(타율성/자율성)의 기준이 최선이라고 한다면, 어떤 지적 생활의 상(像)이 즉각적으로 그리고 자연스럽게 떠오른다. 그것은 헤테로노미의 유혹에 대항하여 온 힘을 다해 경계를 지키는 모습이다. 조금이라도 경계를 늦추게 되면, 외적 권위에 호소하고 의존하는 데 현혹되고 말 것이다. 이런 경우에 성찰성, 비판, 세속적인 것은 대강 거의 같은 가치와 의미를 지니게 된다. 콜린 재거는 헤테로노미의 유혹에 맞서 엄격하게 경계하는 자세가 바로 크리스 닐론이 게시글에서 말한 "세속적 좌파의 감정 구조"라고 부른 것과 상통한다고 본다. 게다가 재거는 이런 모습이 사도 바울과 아우구스티누스가 생각한 기독교인의 삶과 그 형태가 매우 흡사하다고 주장한다. 그들은 신도들에게 이 세상적 생각과 행동에 대항하여 경계심을 늦추지 말라고 훈계하였다. 구르구리스와는 이 세상과 저세상을 바꾸어 주장한 것이만, 그 기본 패턴은 같다고 볼 수 있다. 재거는 이런 유사성을 말하는 것이 세속성과 종교가 "비슷하다"고 주장하려는 것이 아니라고 말한다. 그가 단지 말하고 싶은 것은 이런 생각을 지니며 영위하는 지적 삶의 모습이 머리카락을 곤두세우며 긴장을 멈추지 못하는 것이라는 점이다.

하지만 인간이 늘 이런 긴장된 상태로 살아갈 수는 없다. 성찰하고 반성하는 것은 진을 빼는 일이다. 그래서 검토하지 않고 건너뛰는 일이 일어나고, 여러 가지 본질주의와 역사적인 사각지대도 만들어지며, 헤테로노미에 기대는 순간도 나타난다. 피곤하거나 정신없이 바쁠 때에도 그렇게 하고, 해서는 안 될 때에도 그렇게 한다. 우리의 의도는 아니었지만, 우리는 늘 우리가 해야 할 일을 배반하는 상황에 처하게 된다. 재거는 이럴 경우에 나타나는 것이 바로 "비평의 멜랑콜리"라고 말한다. 재거는 폴 드

만[47]보다 이런 멜랑콜리를 잘 보여주는 사람이 없다고 본다.

1969년에 폴 드 만이 쓴 에세이, 「시간성의 수사학」[48]은 재거가 당시 가장 영향력 있는 글로 평가한 것인데, 재거는 거기에서 두 가지 점을 지적한다. 하나는 낭만적 상징에 대한 기존의 관점에 폴 드 만이 반박한 내용이고, 다른 하나는 그가 알레고리와 아이러니를 비교한 내용이다. 당시 낭만적 상징에 관한 유력한 관점은 계몽주의 이성이 도입한 주체-객체 사이의 균열을 해소하기 위한 시도로 보는 것이었다. 폴 드 만은 이런 방식의 해석이 문제의 소재를 잘못 짚었다고 보고, 주체-객체의 균열이 아니라, 인간이 시간에서 벗어날 수 없다는 점이 진정한 문제라고 주장했다. 이렇게 보면 낭만적 상징은 죽음이라는 인간의 시간적 운명을 부인하여 무(無)시간적 보편성으로 달아나기 위한 것에 지나지 않는다. 폴 드 만의 이런 분석은 우리가 드디어 쉴 곳을 찾았다고 생각했는데 실상은 그렇지 않다는 것을 알려준다. 위안을 안겨주는 상징의 유혹에 넘어가는 것은 위험하다. 충족될 수 없는 헛된 만족을 주기 때문이다. 늘 정처가 없고 불안에 시달리는 것이 흐르는 시간 속의 인간이 감내할 운명이다. 특히 독서 행위는 그런 불안한 요동의 순수한 형태라고 할 만하다.

독서는 우리를 더욱 긴밀하게 스스로를 비판의 대상이 되도록 만든다. 독서를 중단하면 바로 "위험한 만족"에 빠지기 쉽다. 독서 중단의 유혹에 저항하는 유일한 방법은 계속 독서하는 길뿐이다. 하지만 독서는 단지 독서 중단을 속삭이는 유혹의 힘을 재확인할 따름이다. 여기서 재거는 "당신이 증오하는 것을 사랑하고, 당신이 사랑하는 것을 증오하기"라고 말하면서 곧이어 "이런 멜랑콜리의 곤경은 비평가의 전문가적 아이덴티티가 된다."라고 서술한다. 이 내용은 앞에서 재거가 사도 바울에 관해 언급하면서 인용한 부분과 맞닿아 있다. 그 내용은 바로 다음과 같은 「로마서」 7장 15절이다. "내가 행하는 것을 내가 알지 못하노니 곧 내가 원하는 것은 행하지 아니하고 도리어 미워하는 것을 행함이라." 재거에 의하면 폴 드 만이 말하고자 하는 것은 "비평한다고 끄집어내지 않고 정말로 그냥 그대로 내버려 두고 싶은 것이 결코 그렇게 내버려 둘 수 없는 것"이라는 점이다. 폴 드 만의 글은 그런 냉혹하고도 고질적인 사실을 끊임없이 일깨우고, 재발견하기 위해 마련된 것이다. 출구가 없는 곤경에 머물러 있어야 하는 상황은 멜랑콜리를 불러일으킨다.

폴 드 만에게 이런 멜랑콜리는 문학적인 경험이고, 비장미가 감도는 세속적 경험이다. 그리고 이런 분위기는 에드워드 사이드가 「세속적 비평」 이라는 글에서 주장한 세속 지식인의 영웅적 비장함과도 닮아 있다. 그 글에서 사이드는 "정처 없는 유배"의 신세를 받아들일 수밖에 없는 존재가 바로 비평가라고 주장했다. 사이드에 의하면 비평가는 영원한 귀양살이의 상태에 있고, 스스로 고향을 떠나 떠도는 방랑객인 것이다. 이와 같은 사이드의 주장에는 이미 세속주의와 문학의 긴밀한 관계에 대한 암묵적인 관점이 담겨 있다. 세속주의, 비평, 그리고 문학에 대한 관심이 서로 긍정적인 피드백 회로 안에 속해 있는 것이다. 여기서 재거가 흥미로운 점은 에드워드 사이드의 관점이 사도 바울과 아우구스티누스와는 정반대의 내용을 보이면서도 구조적 패턴이 서로 비슷하다는 것이다. 이 부분은 재거가 폴 드 만을 다루면서 비슷한 언급을 한 바가 있다. 결국 폴 드 만 및 사이드의 세속비평가와 사도 바울의 신앙인은 도치된 내용의 동형(同型)인 셈이라고 보는 것이다. 그리고 재거는 세속 비평에서 문학이 지니는 중요한 위상을 강조한 사이드의 관점에 문학연구자들이 호응하고 있다면서 사이드의 영향력이 강화되고 있음을 주장한다. 그러면서 재거가 언급하는 것은 길 아니자르의 새로운 책『셈족: 인종, 종교, 문학』[49]에 대한 것이다.

재거는 이 책이 탈랄 아사드와 사이드를 연결하려는 시도라고 평가하고, 마흐무드와 구리구리스와의 논쟁에도 이 두 가지 관점이 걸려 있었다고 본다. 아니자르의 논지는 간단하게 정리될 수 있는 것이 아니라서 재거도 자세한 언급은 피하고 있다. 그가 아니자르를 거론한 것은 현재의 현실적 상황을 다르게 파악할 수 있는 대안이 문학적 상상력에서 나올 수 있음을 아니자르가 보여주고 있기 때문이다. 현재 대립각을 세우고 있는 유대인과 아랍인이라는 범주가 기독교적 유럽이 계몽주의적 보편주의와 근대성의 압력에 의해 새롭게 구성한 셈족의 개념에서는 한 덩어리에 속했다는 점, 기독교적 유럽의 두 가지 주요한 적대세력으로서 한편이 될 수 있었던 유대인과 아랍인이 이제는 서로 적대하도록 판이 짜였다는 점, 그러나 아무리 희박하더라도 문학적 상상력에 불씨를 지피면서 지금과는 다른 관점을 모색할 수 있는 희망의 조짐을 찾아 나가야 한다는 점 등이 재거가 아니자르를 통해 중요하게 살피고자 하는 점이다. 이렇게 보면 문학은 지금의 적대적 대립 상태에 저항하면서 가느다란 화해의 희망을 놓치지 않고 있는 소중한 몸짓인 셈이다. 뚫고 나갈 가능성이 없어 보여도 포기하지 않고 몸부림쳐야 한다면 자기도 모르게 멜랑콜리가 엄습해 올 수 있다. 그리고 그것은 떠날 생각이 없이 주변을 배회한다. 그래서 침울한 분위기는 더불어 살아야 하는 것이 된다. 그래도 문학이 포기하지 말아야 하는 것은 지금 우리를 옭아매면서 우리에게 다른 선택의 여지를 용납하지 않는 역사에 대한 저항이다. 비평가는 물려받은 역사에 묶여 있고 제도적으로도 기존 구도에 동조하도록 압력 받고 있다. 하지만 그는 저항한다. 그의 미약한 저항이 실패로 돌아갈 것이라는 것도 안다. 그래도 그는 계속 저항한다. 자신도 어쩔 수 없다. 그러다가 그는 깨닫는다. 그러면서 조금씩 역사의 기존 체제에 틈이 생기고 있다는 것을.

이런 관점에서 보면 비평가에 대한 이미지가 생겨난다. "정처 없이 타향을 헤매는 나그네" 혹은 "누구에게도 머리를 조아리지 못하는 자" 그래서 그의 충성심을 기대한 이들에게 "배신자라고 욕먹는 사람"의 이미지다. 그가 이런 이미지를 감내하는 까닭은 물려받은 과거에 속박당하고 싶지 않기 때문이고, 다른 미래, 다른 방식의 생활방식을 그려보고 싶기 때문이다. 그의 이런 바람이 다른 사람에게는 위협이 될 수도 있고, 자신이 누리는 편안한 휴식에 방해가 될 수도 있다. 그동안 소중하게 생각했던 우리의 기본 관점과 사고의 범주조차 모두 내버려야 하는 일도 생길 수 있기 때문이다. 그런 비평가가 포기하지 못하는 것, 즉 '크리티크'에는 무엇보다 스스로를 되새겨보는 성찰성이 두드러진다. 그러나 그냥 거기에서 그치는 것이 아니다. 그 성찰성에 스며 있는 지배적인 정조를 깨닫는 일이 필요하다. 그것은 겸허함과 비극성이고, 바로 멜랑콜리의 분위기를 자아내는 것이다. 재거는 폴 드 만이 평생 낭만적 텍스트에 매달려 있을 수밖에 없던 점도 이런 것과 관계가 있다고 본다. 계몽주의 세속적 관점으로는 포착할 수도 없고, 인정하려고 하지도 않았던 텍스트에서 그 너머의 목소리를 찾아내고자 폴 드 만은 평생을 바친 것이다. 폴 드 만이 낭만적 텍스트에서 찾고, 아니자르는 폴 드 만에서 찾아 느꼈던 것, 그것을 재거는 "비-헤테로노미적 크리디크"(non-heteronomous critique)라고 이름 붙인다. 그리고 줄여 부른다면 "문학"(literature)이라고 할 수 있다. 그런데 재거처럼 부르려면 조건이 붙어야 한다. 그런 비판과 문학에 반드시 비극성과 겸손함의 분위기가 짙게 스며 있어야 한다는 조건이다. 그 밑바닥에 세속적인 침울함이 깔려 있지 않으면 곧 위험을 경고하는 신호가 울릴 수도 있다.

12) 로버트 벨라,[50] 〈극기(克己)하는 사람들〉(2008.08.11)[51]

이 글은 로버트 벨라가 어느 학술 모임에서 발표한 원고를 줄인 것으로 원래 제목은 "축의 시대와 그 이후 및 현재에 그것이 가져온 결과"이다. 독자는 벨라 자신이 이 글을 쓴 맥락이 따로 있었다는 점, 즉 여기에 게시하기 위해 이 글을 쓴 것이 아니라는 점을 염두에 둘 필요가 있다. 이 글에 나타난 벨라의 문제의식은 사고의 전환기를 맞이하고 있는 지금이 기존 질서에 대한 전면적인 성찰이 필요한 위기의 시점이라고 볼 수 있다는 것이며, 그 대안이 어떻게 가능한지 살펴볼 때라는 것이다. 현재는 그동안 위세를 떨치던 진보의 꿈이 시들해지고 임박한 생태적 재앙의 위협이 부각되는 때이기 때문이다. 이런 생각에 동의한다면 벨라는 "축의 시대"가 남긴 유산을 검토하는 것이 의미 있을 것이라고 본다. 고대에 속하는 "축의 시대"에 극기의 수행을 통해 사회적 비판이 나타났는데, 그것은 바로 시대의 전환에 대한 도전적인 반응이었기에 작금의 우리 위기 상황과 견주어 볼 수 있다는 것이다.

벨라는 하버마스의 글을 인용하면서 친족 원리로 작동되던 부족사회에서 계급사회의 성격을 띠는 초기 국가로 바뀌어 가는 모습을 보여준다. 계급사회가 되면 사회를 일사불란하게 통합하는 데에는 좀 더 효과적일 수 있지만, 강압적인 지배와 불평등이 두드러지게 되어 피지배자의 불만이 생기게 되므로, 정당성을 확보할 필요가 생긴다. 사회적 지배의 기제가 효과적으로 작동될수록 반작용으로 그에 저항하는 세력이 등장하고, 그것을 막을 권위가 필요한 것이다. 벨라는 초기 국가와 그에 수반되는 계급의 서열 구조는 축의 시대가 도래하기 전에 이미 출현했지만, 지배를 당하는 사람들의 불만과 조직적인 저항과 함께 첨예하게 정당성의 위기가 나타난 것은 축의 시대라고 주장한다. 그런데 이러한 불만을 묶어서 일관된 관점을 만들고, 비판의 얼개가 갖추어진 것은 누가 시작했으며, 언제부터 나타나는가? 벨라는 기원전 1,000년경부터 "지식인"에 대한 언급이 등장한다고 보는데, 그것이 의미하는 바가 확실하지는 않아도 대체로 "극기하는 사람"의 의미와 부합한다고 생각한다. 사제 계급과 문자를 다루는 계급도 생각해 볼 수는 있지만, 그들은 기존 권력에 너무 밀착되었기 때문에 비판의 기능을 담당하기에는 적합하지 않은 것이다.

"극기(克己)하는 사람"이라고 옮긴 단어는 원문의 "Renouncer"이다. 고대 인도에서 많이 사용하던 용어로서, "포기하다," "항복하다," "사임하다" 등의 뜻과 연결되어 있다. 현세적 권력과 거리를 두고 물러나 있는 사람 또는 내부의 동조적인 관점에서 떠나 외부의 관점에서 보려는 사람이라는 의미를 지닌다. 그는 기존 체제에 소속되어 누릴 수 있는 혜택을 거부하고 그 체제의 외부에 자신을 위치시키는 것이기 때문에 "극기"의 의미와 연결된다. 인도 베다 시대의 '극기자'(克己者)가 포기한 것, 끊어버린 것은 무엇인가? 그것은 호주의 지위를 비롯하여 모든 사회 정치적 관계이다. 불교의 출가자는 현세에 대한 집착을 풀어 놓고 외부적 시선으로 세상을 본다. 히브리 예언자는 포기자의 의미뿐만 아니라, 좀 더 공격적인

"고발자"의 의미도 담고 있어서 벨라는 두 가지 용어를 모두 사용한다. 초기 도가 사상가, 유학자, 그리고 그리스의 소크라테스와 플라톤도 각기 상이한 방식으로 외부자의 시선을 유지하면서 극기자의 모습을 보여준다. 이와 같은 극기자들은 외부자의 위치에 서서 자기 나름의 방식으로 권력을 비판하기 때문에 서로 다른 측면이 많다. 하지만 그들은 한 가지 공통점을 가지고 있다. 바로 그들이 모두 교사이고, 학파나 교단을 세운 창설자라는 점이다. 이런 제도를 만들어서 그들은 비판의 전통을 이어나갈 수 있었다. 기존 권력이 듣기 싫어하는 바를 목소리 높여 퍼뜨리는 그들의 움직임이 어떻게 만들어지고, 제도화되어 유지되었던 것일까? 극기자들은 어떻게 후원자를 모아서 외부자의 위치를 유지해 나갈 수 있었던 것일까? 벨라는 당시 국가에 대한 불만 혹은 불편함이 상당히 광범위하게 퍼져 있었고, 엘리트층에서도 이런 경향이 나타났다고 주장한다. 극기자의 비판에 공명하는 저변의 세력이 없다면 비판의 목소리는 곧장 사라지게 될 것이기 때문이다. 하바마스는 "축의 시대"의 정당성 위기가 한편으로 사회적, 논리적 발전, 다른 한편으로 도덕적, 실천적 퇴행 사이의 불협화음에서 야기되었다고 보는데, 벨라도 이에 동조한다. 그는 다양한 종류의 극기자들이 이런 정당성 위기에 반응하면서 기존 질서에 대해 비판의 목소리를 높이고, 대안이 되는 유토피아적 사회를 제시했다고 생각한다. 고대 이스라엘의 예언자, 고대 중국의 맹자는 부패한 지배층을 질타하고 새로운 정체(政體)와 도덕의 방향을 보여주었다. 플라톤과 초기 불교 경전에 나타난 이상적 사회의 모습도 현 체제에 대한 격렬한 비판과 근본적 변화가 이루어지는 유토피아의 꿈을 담고 있다.

앞에서 언급된 각각의 사례에서 벨라는 사회적 비판과 종교적 비판이 결합되어 나타나는 양상을 보이고, 비판이 이루어지는 과정에서 기축(基軸)적인 상징화의 형식과 내용이 모습을 갖추게 된다고 주장한다. 이에 대한 설명에서 그는 고대 그리스의 사례를 제의적 것에서 철학적인 것으로 바뀌는 "테오리아"(theoria)의 변화로 흥미롭게 보여주는데, 플라톤의 "동굴의 우화"는 그 과정에서 등장한다. 동굴을 집으로 여기고 살던 어떤 이가 동굴 벽에 어른거리는 그림자의 모습을 실상으로 알고 살다가, 그것이 불빛에 비춰진 것에 불과하다는 것을 깨닫고, 그림자를 만들어내는 불빛을 보기 위해 그쪽으로 고개를 돌린다. 그 순간, 그는 낯익은 것에서 벗어나 극심한 혼란과 불확실성과 대면하게 된다. 벽의 그림자는 등져서 볼 수 없고, 눈부신 빛 때문에 앞쪽은 아무것도 보이지 않는다. 갑자기 앞뒤로 모든 것이 사라진 듯하고, 오직 남은 것은 자기 혼자뿐인 듯하다. 뒤로 돌아갈 수 없고, 앞으로 나아갈 수도 없다. 그의 모습은 경계선상에 놓여 있는 것 같다. 벨라는 그리스 철학자도 마찬가지의 처지였다고 본다. 철학자는 그가 몸담았던 사회에서 이미 이방인이 되었고, 그가 제시한 유토피아적 사회에는 아직 몸담고 있지 않기 때문에 중간에 떠도는 존재이다. 쉴 고향을 잃은 그는 "토포스"(고정된 장소, 고착된)가 아니라, 이제 "아토포스"(atopos, 고정되지 않은, 정체를 알 수 없는)이다. 축의 시대에는 기존 사회 질서에서 벗어나 다른 세상을 꿈꾸는 의미심장한 일이 여기저기에서 두드러지게 나타났다. 예컨대 붓다가 세상의 감각적 쾌락과 엄격한 금욕적 고행의 양자택일에서 벗어나 제3의 길인 중도를 제시한 것은 불교적 동굴 이야기라고 할 만하다. 극기자에게는 이전과는 다른 "테오리아" 그리고 새로운 방식으로 세상을 보는 관점이 있다.

　여기서 벨라는 축의 시대에 나타난 또 하나의 주요한 흐름을 소개한다.

이 흐름에 속한 이들은 도덕적인 관점을 전적으로 배제하고 오직 유용한 것, 권력과 부를 증진하는 것에만 초점을 맞춘다. 중국 전국시대의 법가 사상가 한비자, 인도 마우리아 왕조 시기 〈아르타샤스트라〉(Arthashastra) 보고서를 작성한 카우틸랴(Kautilya)와 같은 이들이다. 아리스토텔레스는 도덕성에 무관심하거나 그것을 불필요하게 본 사상가는 아니었지만, 지식과 윤리는 엄연히 구분되어야 한다고 주장하였다. 연결되었던 "소피아"(지혜)와 "프로네시스"(도덕적 판단)를 단절한 것도 그였다. 그는 현실적인 판단이 경험과 분석에 의해 이루어져야 한다고 생각했다.

그래서 벨라는 축의 시대의 "테오리아"의 흐름을 두 가지로 정리한다. 하나는 도덕적 지혜와 유토피아적 비전을 제시한 흐름이고, 다른 하나는 도덕적 평가를 배제하고 객관적 지식을 추구하는 흐름이다. 두 흐름은 이후 인류 역사에 엄청나고, 양면적인 영향력을 행사하였다. 한편으로는 인류의 위대하고 고귀한 업적을 달성케 했으며, 다른 한편으로는 추악하고도 잔인한 결과를 낳기도 했다. 계급사회의 결점을 개혁하도록 하기도 했고, 변화를 막고 억압을 정당화하는 데 사용되기도 했다. 축의 시대에 두드러지게 나타난 "테오리아"의 두 가지 흐름은 폭발적인 잠재력을 간직한 채, 선과 악의 양쪽 방향 모두로 움직여 갈 수 있다. 벨라는 그 비판의 도구가 현재 우리 손에 쥐어져 있으니, 어느 쪽으로 어떻게 쓸 것인지는 우리에게 달려 있다고 말한다.

13) 저스틴 뉴먼,[52] 〈비판과 확신〉(2008.10.06)[53]

스타티스 구르구리스와 사바 마흐무드의 열띤 논쟁을 보면서 뉴먼이 제기하는 물음은 "특정한 관점에 확신을 갖고 있으면서 동시에 그 관점에 대해 전적으로 비판적인 태도를 유지할 수 있는가?"이다. 두 사람이 비판과 세속적인 것의 관계를 서로 다른 시각에서 다루는 것을 보며 그가 떠올린 질문이다. 확신을 하면 환원론과 상투적인 이분법에 쉽게 빠지게 되는 것인가? 방법론적 불가지론이 학자가 비판적 활동을 할 때 취할 수 있는 가장 최선의 선택지인가? 뉴먼은 비평과 확신을 양립하는 것이 가능하다고 보는 입장이다. 이 글에서 뉴먼이 하고자 하는 것은 학술적 담론에서 확신이 행하는 역할과 그 효과를 재평가해서 비판 개념에 깊이 스며 있는 통상적인 전제를 파헤쳐 보는 것이다.

뉴먼은 이 글에서 확신(conviction)과 비슷한 단어를 함께 사용하는데, 헌신(commitment), 신념(belief), 신앙(faith)과 같은 것이다. 이 단어들은 상이한 어원과 함축적 의미를 담고 있어서 조금씩 뉘앙스 차이가 있다. 하지만 함께 어울려 작용하게 되면 여러 의미가 중첩되어, 일정한 정서적 분위기가 생기게 된다. 이렇듯 말들이 서로 섞이고 엮여 특정한 정동적 분위기가 생겨나고 그 방향이 마련되면, 그 안에서 어떤 "태도"가 만들어지기 시작하고, 사고와 감정의 방식, 그리고 행동의 방식도 서서히 자리잡는다. 이른바 "에토스"라는 것도 그런 과정 속에서 형성된 것이다. 뉴먼은 앞에 열거한 4개의 단어 가운데 비판에 관한 논의에서 의미 있게 살펴봐야 할 것이 바로 "확신"이라고 주장한다. 그가 보기에 "확신"은 비평의 "텔로스"(telos, 끝)라고 부를 만하다.[54] 하지만 그것은 묘한 성격의 텔로스(목표)이다. 왜냐하면 확신을 달성하기 위한 방향으로 비판이 줄기차게 움직이지만, 끝내 확신의 선고나 선언으로 마무리하지 않고 계속 유예하기 때문이다. 그래서 "증거에 입각해서 틀림없다고 믿게 된 것"으로서의 확신은 달성된 목표이기도 하고, 무한히 유예된 과정이기도 하다. 이것이 뉴먼이 말하는 확신의 두 가지 의미이다. 확신에는 정지상태와 움직임 과정이 동시에 포함되어 있다는 것이다. 한쪽은 달성의 정지상태, 다른 쪽은 유예로 인해 끊임없이 움직이는 과정이 팽팽하게 맞서고 있으면서 서로 뗄 수 없이 연결되어 있다. 이런 이중적인 결합 양상은 발터 벤야민에서도 그리고 데리다에게도 찾아볼 수 있다. 그것이 바로 "비판은 틀림없는 메시아적 행위" 또는 "비판적 메시아주의"라는 말이 가리키는 바이다. 지속적인 과정과 과정의 중단, 폭력의 행위와 폭력으로부터의 해방, 끝없이 연기되는 재판과 선고가 떨어지는 순간의 재판이라는 이중성이 서로 중첩되어 움직이고 있다.

　뉴먼이 비판의 과정과 확신에 도달한 상태라는 이중적 중첩성을 강조한 다음에 이어가는 내용은 마흐무드와 구르구리스가 얼마나 두 가지의 양립 가능성에 대해 놀랍도록 다른 결론을 내리고 있는지 살피는 것이다. 구르구리스가 보는 비판적 행위는 취할 입장을 정하고 공격적으로 결판을 내는 것이다. 그는 적극적으로 옳고 그름을 구분하고, 확실한 방향을 정해서 행동으로 옮기는 측면을 강조한다. 그런 입장이 비판적인 자세일지 아닐지는 자신의 판단의 한계를 어느 정도로 인지하고 있느냐에 달려 있다. 수사적으로 그러는 것일 수 있고, 정말 편협한 태도를 가진 것일 수도 있는데, 비판적 자세와의 구별은 어떠한 과정을 거쳐 확신에 도달한 것이냐에 좌우된다. 사이드가 말한 귀양살이의 거리감과 불협화음은 바로 이런 비판적 과정과 연관되어 있다. 구르구리스와 같은 관점에서는 주체-객체, 자아-타자 사이의 구분을 이미 상정해 놓고 계속 유지하며 대결적인 구도를 장려한다. 찬성과 반대, 고발과 반박이 오고 가는 양상으로 진행된다. 이처럼 판결을 내리는 비평의 측면에 강조점을 두면 실질적인 "결과"를 고정화하는 위험성이 생겨서 질문을 하는 과정의 중요성이 후퇴할 수 있다. 하지만 반드시 그렇게 되는 것은 아니기 때문에 확신의 결과를 추구하는 것이 비판적 물음을 목조인다고 하거나 이분법적 사고를 조장한다고 단정할 수는 없다. 또한 뉴먼은 비평이 이루어지는 자리가 개인이 아니라, 공공 영역이라는 점을 환기한다. 비평은 당사자인 개개인의 문제로 그치지 않는다. 그들이 제기하는 주장은 공론장에서 펼쳐지고, 그 안에서 청중은 참가하여 나름의 판단을 하게 된다. 비판은 공공의 행위인 것이다.

비판과 말싸움 사이가 좀 더 가까운 것이 구르구리스의 스타일이라면, 마흐무드는 그런 스타일에 역겨움을 느끼는 모습이다. 어느 하나만의 답변을 강요하는 질문을 던져 놓고, 단도직입적으로 선언해 버리고 더는 논의가 필요 없다는 식의 구르구리스의 태도에 마흐무드는 학문적 모욕감을 느끼지 않을 수 없다. 마흐무드는 비판하는 것과 판결하는 것은 다르며, 반드시 그 구별을 해야 한다고 주장한다. 어떤 현상을 분석하기 위해 들이는 노고와 우리 자신의 정치적 편향성을 옹호하기 위한 노력은 구분을 해야 한다는 것이다. 마흐무드가 보기에, 이 양자 간의 긴장 관계는 생산적이고 우리의 생각을 상투성에서 벗어나게 한다. 하지만 뉴먼은 마흐무드와 같은 사고가 확신을 편협함으로 잘못 볼 수 있다고 걱정한다. 그렇게 볼 경우에, 아무래도 신앙인이 편협함 쪽으로 기울지 않겠는가? 뉴먼에 따르면 마흐무드처럼 분석과 확신을 엄격히 구분하는 것은 그 바탕에 어떤 등식을 상정하고 있다. 그것은 바로 판결로 마침표를 찍는 것과 확신을 등치하는 것이다. "확신에 바탕에 두고 판단을 재촉하여, 결국 최종적인 판결을 강요하고, 더는 논의가 진행될 수 없어 종료된다."는 식으로 보는 것이다. 뉴먼은 마흐무드식의 생각을 좀 더 밀고 간다면, 정치와 학문, 실천적 행동과 사고 사이의 관계를 양자택일의 대립적인 것인 양 간주할 수 있다고 경계한다. 게다가 그는 논의를 계속 열어 놓기 위해 마흐무드가 비판을 확신과 대립하는 것으로 간주하는 무리를 저지른다면 이 세상 일에 적극적으로 개입하는 것을 저평가하고, 관조적인 삶을 찬양하는 것으로 빠질 수도 있다고 본다. 이론이라는 명칭 아래 정적이고 수동적인 심사숙고에 우월성을 부여하려고 한다면 치러야 할 대가가 있다는 것이다.

뉴먼은 아도르노[55]를 언급하면서 글을 마무리하는데, 아도르노는 자신에게 정적주의라는 비판이 가해지자, 자신의 비판이론을 옹호하면서 "사고를 하는 것이 바로 현실적인 저항의 힘이다."라고 주장하였다. 한나 아렌트[56]와는 반대로 그가 행동보다는 사고 쪽에 우위에 두었음을 잘 보여준다. 뉴먼이 보기에 마흐무드는 이런 아도르노와 닮아 있다. 아도르노는 학계에서의 열려 있는 질문, 개방적인 탐구를 강조하느라고 사고 일반의 측면에 치중하여 정작 "비판적 사고"라는 말에서 "비판적"이란 형용사를 빼버리고 말았다. 뉴먼은 이 포럼 모임이 "비판은 세속적인가?"라는 질문을 던져 놓고, "개방적 사고"를 주장하는 아도르노의 쪽으로 더 가깝게 기울고자 하는 것이 아닌지, 그래서 비판과 확신이라는 이중성의 균형에서 벗어나는 것은 아닌지 생각해 보기를 제안한다.

14) 사이몬 듀링, 〈저항, 비판, 종교〉(2008.10.20)[57]

뉴먼의 바로 앞의 글을 읽고 자극을 받은 듀링은 그동안의 여러 게시글을 다시 읽고, "저항"이라는 개념을 논의에 포함해서 생각한다면 어떻게 될까 하고 궁금해 한다. 그가 말하는 저항이란 기존 사회 체제를 받아들이지 않겠다고 거부하는 것을 뜻한다. 축의 시대의 여러 종교에서 "극기" 혹은 "거절"이라는 공통분모를 뽑아낸 벨라의 글에도 고무되어 그는 숙고하게 된다. 그 공유 요소란 자기가 물려받은 사회적 조건에서 실질적으로, 개념적으로 벗어나는 것을 가리킨다. 물론 그 거절의 태도는 그대로 있지 않고 제도화됨으로써, 좋은 쪽이든 나쁜 쪽이든 폭발적으로 확산될 수 있는 힘이 억제되고 길들여진다. 그런 사회에서 비교적 자율적인 공간이 만들어져 거기에서 비판이 이루어진다.

듀링이 보기에 적어도 근대 세계에서 저항이 나타나는 모습은 두 가지다. 하나는 소극적 혹은 윤리적인 거부와 극기의 형태이고 다른 하나는 적극적 혹은 정치적인 혁명의 형태이다. 소극적 거부와 적극적 혁명은 모두 현 사회질서를 용납하지 않으며, 부분적 개혁을 추구하지 않는다는 점에서 개념적으로 한 쌍이다. 이 두 가지가 가장 쉽게 떠올릴 수 있는 저항의 양식이다. 기존 질서에서 벗어나려고 했던 다른 시도 가운데 행동 지향적이고, 비(非) 정치적인 형태는 모두 근대화의 통합적 조직에 빨려 들어가 없어졌기 때문이다.

1917년 러시아 혁명 이후, 근대의 주요 자본주의 사회에서 세속 혁명이 없었다는 것은 분명하다. 하지만 듀링은 놀랍게도 프랑스 68운동의 정신을 이은 마오쩌둥주의자들에게서 혁명적 열기를 찾을 수 있다고 본다. 크리스티앙 장베[58]와 기 라르드로[59]가 같이 저술한 책, 『천사』(L'Ange)가 신호탄을 쏘았고, 알렝 바디우[60]는 지금도 계속 그 방향으로 매진하는 유명 사상가이다. 영어권 사회에서 포스트-마오주의자의 인기는 없지만, 그들이 창의적이고, 기존 체제에 대한 저항 정신이 매우 투철하다는 것은 인정할 수밖에 없다. 그에 비교될 수 있는 우파 사상가, 레오 스트라우스[61]가 자본주의 체제에 포섭된 것과는 차이가 있다. 포스트-마오주의의 방향은 저항이 비판과 다르다는 것을 강조하는 것이다. 저항은 단지 이성에 기대어 거기에 근거를 둘 수는 없다. 왜냐하면 또 다른 질서에로의 도약, 알려지지 않은 곳으로 점프해 가는 것을 꿈꾸기 때문이다. 저항은 "파스칼의 내기"와 같은 것을 함축하고 있다. 지금 이 모양의 비참한 상황은 잠시뿐이며, 곧 새로운 질서가 예기치 않게 도래할 것이라는 데 내가 가진 판돈 모두를 걸고 있는 것이다. 저항에는 인내가 필요하다. 꺾이지 않는 희망과 자신에 대한 신뢰가 저항을 가능하게 한다. 그리고 그것은 끝이 없는 것이다. 왜냐하면 체제가 엎어진다고 하더라도 곧 체제가 제도화되고 서열화되는 과정을 밟아 나가기 때문이다. 그렇다면 새로운 질서의 분출을 준비하기 위해 필요로 하는 지적인 작업은 무엇인가?

듀링은 바디우의 사례를 들며 그 작업의 성격을 설명한다. 앞에서 언급되었던 비판, 즉 경험적 증거를 갖추고 상황에 입각한 판단으로서의 비판이 아닌 것은 분명하다, 그래서 뉴먼이 발터 벤야민이 주장했다고 한 "비판과 폭력의 인접성"에 대해서 바디우가 거부의 뜻을 표시한 것이다. 바디우에게 진실한 삶이란 저항 속에서 저항과 더불어 사는 삶이다. 비판은 이미 체제에 투항한 것이고, 진실이 아닌 삶에 가담해 있는 것이다. 바디우가 2007년 프랑스 대선에서 사르코지가 당선되자, 곧바로 간행한 책,

『사르코지의 이름은 무엇인가?』[62]가 단지 사르코지에 대한 비판서가 아닌 것도 "그 너머"를 보고 있는 책이기 때문이다.

그런데 듀링이 주목하는 것은 이런 저항적 삶에 지적인 자원을 제공해 주는 것이 종교라는 점이다. 종교적 계시 내용이 허무맹랑한 것과는 상관없이, 종교가 윤리적, 정치적으로 저항의 헌신을 해 왔다는 점이 의미심장하게 다가오는 것이다. 바디우가 사도 바울에 대한 책[63]을 쓴 것도 이런 맥락을 가지고 있다. 바리새파 유대인이었던 바울은 기독교를 핍박하다가 어느 순간 갑작스럽게 기독교로 개종하면서 이전의 모든 자기를 송두리째 버린다. 그 이후 그의 인생은 로마제국의 온갖 박해에 맞서 로마제국을 넘어서는 개방적인 공동체를 만드는 일에 헌신하는 것으로 일관하였다. 바디우에게 이런 바울의 삶은 그가 품고 있는 비전을 위해 모든 것을 바쳐 싸우는 저항적 전사의 모범을 보여주는 것이다. 더구나 바울의 지향점은 확고한 기반 위에 세워진 것이라기보다는 "허구적"이라고 말할 수 있는 가정적인 신뢰에 바탕을 둔 것이었기에 더욱 강렬한 성격을 띠었다. 갑작스런 개종과 그 이후의 삶에서 나타나는 바울의 전투적 헌신은 확실한 근거에 의한 "확신"(conviction)이 아니라, 불확실성이 지배하는 와중에 "신앙의 도약"이 이끈 것이었다.

그런데 저항에 대한 이와 같은 논의가 사바 마흐무드와 스타티스 구르구리스의 논쟁에 어떤 점을 말해줄 수 있는가? 이에 대해 듀링은 그 논쟁의 요점은 결국 제도로서의 종교와 세속 가운데 어느 쪽이 자신의 역사성과 맥락에 대해 더 신비화하고 은폐하느냐에 관한 것으로 볼 수 있다고 평가한다. 이에 대해 마흐무드는 근대 서구의 세속체제가 더 은밀하게 은폐되었다고 할 것이고, 구르구리스는 물어볼 것도 없이 종교의 몽매함이라고 대답할 것이다. 하지만 포스트-마오주의자가 보기에 그들의 논쟁은 그럴 가치가 없다. 왜냐하면 그들은 종교와 세속의 어느 쪽도 아닌 영역이 역사의 너머에, 그리고 비판의 너머에 펼쳐진다고 보기 때문이다. 계몽적 합리성의 질서를 유지하면서 진보를 거듭하면 그런 영역에 도달할 수 있을까? 그들은 전혀 그렇게 생각하지 않을 것이 뻔하다. 왜냐하면 그들은 그런 영역을 수학(數學)이나 사랑에 빠지고, 정말로 새로운 예술작품을 만들어내고, 무작정 신앙에 뛰어드는 것과 같이, 현세의 지루한 시간성을 끊어내는 결단에서 찾기 때문이다.

듀링은 포스트-마오주의자가 아니다. 하지만 그들의 관점을 진지하게 검토하는 것이 학계에 중요한 기여를 할 수 있다고 생각한다. 특히 그들이 불굴의 저항 정신을 갖고 있는 점, 그리고 차이성과 동일성의 권력관계로 만들어지는 분열과 통합의 정치학을 거절한다는 점에서 듀링은 학계가 그들을 주목할 만한 충분한 가치가 있다고 주장한다. 종교의 제도적 측면이라든지 진실 주장의 측면을 통해 종교를 살펴보는 것과는 전혀 다른 관점이 도출될 수 있으며, 종교-세속의 논쟁 구도에서 벗어나 다른 지평에서 종교를 바라볼 수 있다. 여기서 듀링은 다음과 같은 물음을 던지면서, 새롭게 열린 시야로 검토가 필요한 내용이라고 주장한다. 그것은 우리 시대의 결정적 질문인 "우리는 자본주의를 거부해야 할까?"이다. 포스트-마오주의는 그래야 한다는 입장이다. 하지만 조건이 있다. 그것은 다음과 같은 꼬임에 넘어가지 않는다는 조건이다. 듀링은 우리를 홀리기 위해 놓인 미끼가 다음과 같다고 열거한다. 계시, 혁명적 기대, 초월성, 역사적 진보, 영원한 생명, 전통, 대화로서의 철학, 의사소통적 합리성, 사회적 자본 건설…. 듀링에 따르면 이런 것에 우리가 미혹되어서는 안 될 것이며 늘 경계를 풀지 말아야 한다.

15) 앤드류 마치,[64] 〈양귀비꽃과 예언자〉(2011.03.17)[65]

앤드류 마치는 2010년 11월 11일의 종전기념일 식장에서 있었던 소동에 관해 언급하면서 글을 시작한다. 영국의 종전기념일은 우리의 현충일과 같이 전사자들의 희생을 기억하고 기리는 날인데, 1차 세계대전이 끝난 1918년 11월 11일을 의미 있게 생각하여 날을 정하였다. 이 날 기념식에서 중요한 절차는 전사자 영령 앞에 양귀비 화환[66]을 놓고, 2분간 묵념을 하는 것이다. 그런데 묵념하는 시간에 두 명의 영국 무슬림이 식장에 난입해서 커다란 세 송이의 양귀비꽃을 불태우고 영국 군인들에 대한 저주를 퍼부어대어 소동이 벌어졌다. 마치는 그들이 곧 체포되어 재판에 넘겨졌고, 2011년 3월에 공공질서법 위반죄로 주동자인 초우두리(Choudhury)가 벌금형의 판결을 받았다고 알려준다. 그런데 이런 재판 결과는 유럽의 법적인 조치를 받지 않은 루슈디[67]와 및 덴마크 카툰 사태의 처리와 비교되어 무슬림들의 불만을 샀다. 무슬림들은 유럽 법 집행의 이중 기준을 잘 보여주는 불공정 사례라고 주장하면서 재판 결과를 비난하였다. 유럽인들은 세속적 정서를 침해한다고 보는 것은 민감하게 반응하면서도, 종교적 정서에 대한 침해에 대해서는 "나 몰라라" 한다는 것이다. 비슷한 일이 덴마크의 월란스 포스텐,[68] 스웨덴의 빌크스[69] 카툰 사태에서도 일어났다.

마치는 자신의 관점을 다음 네 가지 점을 중심으로 서술하는데, 첫 번째 주장은 "유럽인들도 '도덕적 위해(危害)'의 개념을 인식하고 있다"는 제목에 잘 나타나 있다. 무슬림이 침해당했다고 여기는 그런 정서 구조를 유럽인도 지니고 있다는 것이다. 마치는 앞선 게시글에서 제기된 문제 가운데 상이한 윤리적, 문화적 규범이 문명, 이데올로기, 종교 간의 차이를 넘어서 번역될 수 없다는 점에 대해 논한다. 특히 마흐무드의 주장이 덴마크 카툰 사태에서도 그런 번역할 능력이 없음에서 도덕적 위해가 발생한다고 보는 마치는 그것이 어떤 도덕적 위해를 말하는 것인지 질문한다. 마치가 주장하고 싶은 것은 무슬림들이 카툰을 보고 침해를 받았다고 생각하는 것은 도덕적 금지의 내용이 아니라 자신이 항상 지녀온 정서 구조, 아비투스에 대한 공격이다. 이는 특정 내용을 비난했으니, 해명하고 보상하라는 주장과는 다른 차원에 속해 있다. 이런 상처에 대한 언어는 법률적인 것도 아니고, 가두 항의의 언어도 아니다. 이런 차원은 마흐무드가 주장하듯이 상이한 윤리적 규범을 번역하는 문제로 풀 수 없다. 여기서 마치는 앞에서 사례로 든 초우두리 재판의 경우에서 증인으로 나온 사람과 재판관이 보인 태도를 살펴볼 필요가 있다고 본다. 재판관은 11월 11일 종전 선포일이 영국인에게 엄청난 의미가 있으며, 기념식장에서 양귀비꽃을 태우는 행위는 국민에 대한 모욕일 수밖에 없다고 주장했다. 증인도 양귀비꽃이 바닥으로 떨어져 내리는 것을 보고, 가해자의 비열한 짓에 대하여 속에서 역겨운 감정이 치밀어 올랐다고 말했다. 영국인들도 나름의 정서적 구조와 감정의 아비투스를 바탕으로 소중한 것이 침해당했다고 느껴서 "치를 떠는" 경험을 한 것이다. 마흐무드는 세속법이 이슬람과 다른 문화적 인식론적 전제를 바탕에 두고 움직이므로 각각 주체, 종교성, 손상을 입힌다는 것, 기호의 작용 등에 관해 상이한 관점을 가지지 않을 수 없다고 보고, 판결이 결국 세속법의 정해진 전제에서 벗어나지 못할 것이라고 생각했다. 마치는 무슬림들이 재판에 나와 자신의 주장을 펴나갈 때, 아무런 문제 없이 "주체, 종교성, 손상, 기호 작용"의 개념을 사용했으며, 마흐무드의 언어와 세속 법정의 언어도 다를 바 없다고 주장한다.

마치의 두 번째 주장은 다음의 질문으로 시작한다; "유럽인의 관심이 부족하다는 것이 종교적 고통에 대한 것인가, 아니면 단지 무슬림 고통에 대한 것인가?" 사람들이 초우두리 재판의 불공정을 주장한 것은 유럽의 세속적 규범이 종교에 편견을 가지고 있어서 세속적 도덕에 위해를 가한 것에만 관심이 있고, 종교적인 침해에 대해서는 심드렁하다는 것이다. 탈랄 아사드도 그와 비슷한 주장을 했다. 그는 신성모독을 고발하는 무슬림에 대해 많은 유럽인들이 용납할 수 없다는 태도를 보이는 것은 언론에 제한을 가하려고 해서가 아니라,(유럽 사회에서도 언론에 당연히 제한을 둔다) 그 제한을 요구하는 신학적 언어 때문일 거라고 말했다. 이에 대해 마치는 구체적으로 확인해 보자며, 공공질서 유지법을 하나하나 따져 본다. 그의 결론은 법령집에서 종교적 고통을 배제하는 부분은 찾을 수 없다는 것이다. 그가 주장하는 바는 유럽에서 무슬림 차별이 없다든지 무슬림 문제 처리에 불균형한 측면이 없다는 것이 아니라, 무슬림 적대 및 배제 행위를 모두 세속적 실패의 증거로 보는 것이 타당하지 않다는 것이다. 그동안 세속주의 비판자들은 유럽법 체계와 세속주의의 공모를 주장하였다. 다양한 윤리적 규범이 존재함에도 세속주의라는 하나의 규범 위주로 법을 운영하기 때문에 다른 양식의 세계관에 충분한 공간을 내어주지 않는다는 비판이었다. 마치는 세속적 실패를 주장하는 그런 관점 역시 도그마에 빠져 있다고 반박하며, 세속주의가 마련한 윤리적 갈등 해소의 공간도 눈여겨볼 것을 요구한다.

세 번째 주장은 발언의 내용보다는 "발언의 물질성"에 주목하는 것이 중요하다는 것이다. 마치가 물질성(materiality)이라는 말로 뜻하고자 하는 바는 발언이 행해지는 방식, 그 물질적, 신체적 맥락인데, 동일한 내용이라도 그 방식과 맥락에 따라 천양지차의 다른 의미가 생기기 때문이다. 흑인에 대한 인종차별적 단어를 사용했더라도 누가, 언제, 어떤 맥락에서 사용했느냐에 따라 의미는 전혀 다르게 된다. 종전기념식장에 난입해서 양귀비 화환을 태워 벌금형을 받은 무슬림의 경우에도 묵념이 진행 중인 기념식을 중단시키고 소동을 벌였다는 점에 특징이 있다. 이런 것이 새로운 내용은 아니지만, 학자들이 종종 간과하는 점이기도 하다. 물질성을 고려하게 되면 어떤 경우가 더 절박하고 화급한 것인지 파악할 수 있게 된다. 예컨대 증오 발언의 경우에 어떤 내용인가에 그치지 않고, 얼마나 직접적인 위협인가, 신체적 거리가 어느 정도인가, 어떤 공간에서 그 발언이 행해졌는가 등을 따지게 된다. 학교, 의회 청문회장, 공공의 장소에서 그런 발언이 행해졌다면 혐오 강도의 가중치가 훨씬 높게 부여될 것이다. 이와 같이 언표가 지닌 물질성, 신체성 등을 고려하게 된다면, 발언의 주관적 내용이 예전처럼 그렇게 결정적인 중요성을 지닌 것으로 간주될 필요가 없다. 무함마드를 우스꽝스럽게 묘사한 카툰이라도 누가, 어떤 곳에 게재하였느냐에 따라 심각할 수도 있고 그렇지 않을 수도 있다. 그래서 마치가 주장하고 싶은 것은 침해를 일으킨다고 여긴 사람과 그 피해를 받는다는 사람의 관계가 일률적이지 않으므로, 하나의 일반화된 윤리로 재단할 수 없다는 것이다. 성모 마리아와 예언자 무함마드를 공공장소에서 언급할 때에는 "이런저런 하나의 에토스로 말해야 한다."라고 말할 수 없으며, 여러 다른 "에토이" 즉 복수의 에토스를 인정해야 한다는 것이다. 어떤 직책과 역할에 따라 발언하느냐에 따라 각기 상이한 발언 윤리가 요구되고, 바로 이것이 합당한 윤리적 의무라는 것이다. 그런데 마치는 세속과 종교의 갈등에만 초점을 맞추게 되면 이런 윤리적 의무에 대한 이해를 진전시킬 수 없게 된다고 본다. 윤리적 의무를 고려하는 것은 저마다 다른 권력과 도덕적 책임감의 맥락 속에서 우리가 어떻게 말해야 하는지 고민하면서 생기는 것이기 때문이다.

네 번째 주장은 어떤 다른 집단만큼이나 무슬림들이 언론의 자유를 굳건하게 보호하는 데 강력한 관심을 가지고 있다는 점이다. 더 엄중하게 말할 권리를 요청하고 옹호하기 위해 유럽 문명 중심주의적인 이데올로기의 편견에 대해 고발할 필요는 없다. 말할 권리는 종교적 신앙인 일반, 특히 유럽의 소수파 무슬림들이 강력하게 관심을 보이고 있는 주제이다. 그런데 마치는 사실상 무슬림이나 다른 종교인들만 말로 인한 증오의 표적이 되는 것이 아니라, 종교인 자체도 혐오 언어를 쏟아내는 출구가 된다는 것을 지적한다. 그가 드는 사례 두 가지는 앞서 영국의 양귀비꽃을 태우며 저주의 말을 퍼부어댄 소동과 미국의 웨스트보로 침례교회[70]의 경우이다. 말할 권리에 대한 마치의 입장은 최대한 그리고 지속적으로 보장하고, 강력히 옹호해야 한다는 것이다. 말할 권리 제한은 공공질서 유지를 위한 최소한의 조치에 국한되어야 한다고 본다. 마치는 편견에 가득 찬 시선으로 무슬림을 바라보는 현 상황에서 무슬림 집단만큼 말할 권리를 필요로 하는 곳은 없다고 생각한다. 우리는 자신의 말할 권리는 강력히 주장하면서도, 다른 사람의 발언으로 내가 피해를 입었다고 생각할 경우, 그의 권리를 억압하거나 제한하고 싶어진다. 그런 경우에, 침범해서는 안 될 신성한 영역을 주장하는 일도 생긴다. 하지만 허용되는 범위에서 그들의 말할 권리를 자유롭게 행사하여 나온 발언이 만족스럽지 않고 불쾌하다고 해서 발언의 자유라는 아이디어 자체를 편향된 이데올로기의 소산으로 몰아대는 것은 옳지 않다. 상대방이 하는 말이 비록 자신에게 상처가 되더라도, 그가 공공의 허용 범위 내에서 발언하는 것이라면, "당신은 바로 그렇게 보는구나!" 하며 받아들일 수밖에 없다. 마치는 서로 그래야 한다고 본다.

4. 나오는 말

2009년 캘리포니아대학 출판부에서 『비판은 세속적인가?』[71]라는 책이 나오기 전에, 같은 제목 아래 학자들의 모임이 두 차례 이루어졌다. 하나는 2007년 10월, 캘리포니아대학 버클리 캠퍼스에서 하루 동안 열린 대면 모임이고, 다른 하나는 2007년 12월에 시작된 온라인 모임이다. 버클리 모임을 주도한 학자는 크리스 닐론, 사바 마흐무드, 주디스 버틀러였고, 참석자들이 탈랄 아사드와 에이미 할리우드, 그리고 콜린 재거의 발제를 듣고 논의를 하였다. 온라인 모임은 같은 해 12월에 크리스 닐론의 게시글을 시작으로 11명의 학자가 참여하여 이루어졌다. 콜린 재거, 사이몬 듀링, 스타티스 구르구리스, 사바 마흐무드가 게시글을 두 번 올렸으므로, 모두 15개의 글이다.

2009년 책의 부제가 "신성모독, 침해, 그리고 자유언론"이라는 것에서 알 수 있듯이, 이 책은 2005년에 덴마크의 무함마드 카툰 사태가 불러일으킨 국제적 논란의 소용돌이를 배경으로 한다. 따라서 그 사태와 관련된 문제에 초점을 맞춰 책을 구성했다고 볼 수 있다. 2007년 10월 모임에 발제자로 나섰던 에이미 할리우드와 콜린 재거, 그리고 온라인 모임의 여러 참여자가 책에 포함될 수 없었던 것도 바로 이런 이유 때문일 것이다.

온라인 모임에 게시된 글의 내용은 좀 더 관심 폭이 넓고, 문제에 접근하는 다양한 관점을 잘 나타내고 있다. 특히 치열하게 논쟁이 붙은 경우에, 쌍방의 논거를 좀 더 뚜렷하게 파악할 수 있어서, 효과적으로 요점을 파악하게 되는 이득이 있다. 이 글에서 검토한 온라인 논의 내용은 세속성과 비판의 연관성에 대한 다양한 시각뿐만 아니라, 2009년의 책을 이해함에 도움이 될 것이며, 버클리 모임의 성격을 파악하는 데에도 쓸모가 있을 것으로 본다.

15개 글 가운데 로버트 벨라의 글은 다른 글에 비해 예외적인 특징이 있다. 우선 서술 내용이 논의 주제에 직접적인 연관성을 갖지 않는다. 벨라가 글의 게재를 자청했다기보다, 관련자의 추천을 받아 실린 것 같은 인상이 드는 것도 그 때문이다. 글의 시점도 마치 렌즈를 줌-아웃하여 2500년 전의 시대적 전환을 광각으로 보는 것같이 설정하고 있다. 이 글은 현세적 체제의 기득권을 포기하고 극기의 윤리를 체화하여 외부적 시선으로 세상을 보았던 2500년 전의 경계인을 통해 다른 종류의 시대적 전환을 성찰하는 현대인을 위해 비교 가능한 준거를 마련해 준다.

크리스 닐론의 글은 2007년 10월의 버클리 모임에 관한 정보를 준다는 점에서 유용하다. 에이미 할리우드와 콜린 재거가 초청된 배경과 그들의 기본 시각도 알 수 있다. 크리스 닐론이 강조하는 점도 숙고할 필요가 있다. 그는 학자들이 행위적인 측면보다 지적인 측면에 과도하게 중요성을 부여하는 경향이 있음을 지적한다. 몸을 움직이기보다는 머리를 쓰려고 하고, 문자를 다루는 전문가인 학자들은 자신도 모르게 교리와 같은 체계적 지식에 이끌리기 마련이다. 게다가 지적인 신념의 측면에 치중하는 개신교 문화의 영향력이 가세하면 그런 경향은 말릴 수 없는 수준이 될 것이다.

콜린 재거의 글은 모임 주최자의 문제의식과 잘 부합한다. 그의 글은 그동안 상식처럼 간주된 두 쌍의 연결항, 즉 세속-비판, 종교-미혹을 문제 삼는다. 소음이 발생하여 시끄럽게 되면 더는 안락함을 누릴 수 없게 되고 결국 세속주의의 기제가 순조롭게 작동하지 않게 된다. 안락한 시절에는 세속-비판이 서로 돌아가며 뒷배를 봐주는 상황이었다. 그런 경우의 비판을 일컬어 "닫혀있는 비판"이라고 부를 수 있다. 그런 비판은 변혁의 틈을 만들어낼 수 없다. 콜린 재거는 "비판은 세속적인가?"라는 질문을 높이 평가한다. 변혁의 계기가 그 질문으로 말미암아 조금 열리기 시작했다고 보기 때문이다.

사이몬 듀링은 두 차례 게시글을 올렸는데, 첫 번째 글의 주요 내용은 비판과 종교가 관계없다고 간주하기 쉬운 세속적 좌파의 감정 구조를 극복하여, 세속적 비판이 활용할 수 있는 변혁의 구체적 자원을 기독교 역사 안에서 찾아내야 한다는 것이다. 두 번째 글은 포스트-마오주의자 및 그 전통을 이은 바디우를 통해 불굴의 저항 정신과 대의를 위한 헌신적 삶의 자세의 소중함을 강조하고, 종교 전통에서 풍부하게 찾을 수 있는 "신앙에의 도약"이 전혀 새로운 시야를 열어주는 데 기여할 수 있음을 밝힌다. 듀링의 이런 관점은 종교와 세속의 어느 한쪽이 아니라, 양쪽을 모두 넘어서 펼쳐지는 방향을 제시한다는 점에서 주목할 만하다.

아사드의 글은 보완되어 2009년 책에 실려 있으며, 그 내용에 관해서는 필자가 2022년의 논문에서 서술했기 때문에 다시 반복할 필요가 없다고 본다. 아사드는 세속비평과 종교비평을 나누고, 세속비평의 지상권을 뽐내는 것이 얼마나 얄팍한 처사인지 밝히려고 노력했다. 그의 관심사는 세속비평이 그런 권위를 갖게 된 과정과 맥락을 분석하는 것이다.

스타티스 구르구리스와 사바 마흐무드는 온라인 논의에서 가장 격렬하게 대립했던 당사자이다. 대부분의 다른 참여자들을 두 사람의 견해에 얼마만큼 가까운지를 따져 배치할 수도 있을 정도로 구르구리스와 마흐무드는 뚜렷이 다른 관점을 보여준다. 구르구리스는 단호하고 공격적인 성정을 드러내며 세속적 영역의 자율성과 비판의 중요성을 강조한다. 세속과 비판은 정(正)의 피드백 관계에 있어서 서로의 존재를 가능케 한다. 구르구리스는 세속 영역 밖에 의존한다든지 외부의 것을 끌고 들어와 세속적인 것을 오염시키는 일을 일체 용납하지 않는다. 비판은 세속의 자율적 영역을 정화하고 순찰하는 일을 한다. 구르구리스가 보기에 반(反)세속적인 것은 가차 없이 배제해야 한다. 그것은 세속의 자율성을 위하여 반드시 해야만 하는 일이다. 그가 높이 평가하는 '포이에시스'(poiesis)의 가치도 자율성을 증진하기 때문이고, 비판을 하는 것도 그것을 지키기 위함이다. 그것을 해치는 '헤테로노미'는 소외의 징표이기에 단호하게 척결해야 한다. 세속의 자율성은 그의 출발점이다. 하지만 어째서 거기에서 출발해야 하는가? 그 점에 관해 구르구리스가 말해주는 것은 없다.

마흐무드는 심사숙고를 해야 할 질문에 양자택일적인 대답을 하는 것이 풍성할 수 있는 논의를 처음부터 차단하는 것이라고 생각한다. 구르구리스가 처음부터 자신을 "반(反)-세속적"이라고 낙인찍어 놓고, 제거 대상으로 만들어 버렸기 때문에 서로 이야기를 나눌 수 있는 자리가 사라져 버렸다고 생각한다. 마흐무드는 어떤 주장의 내용을 놓고 맞았네, 틀렸

네 하기보다는 그 말이 등장하고 유지되는 담론적, 권력적 맥락을 살피고
자 한다. 담론장에 들어가서 하나의 '놀이패'로서 휩쓸리기보다는 판 전체
를 조망하고 싶은 것이다. 마흐무드는 대학과 연구소 같은 학술적 공간이
그러라고 만들어졌다고 본다. 여기서 현실적 참여로부터 벗어나 "정적(靜
寂)주의" 혹은 "신선놀음"에 빠져드는 것이 아니냐는 지적을 받게 되는 소
지가 생긴다. 하지만 담론적 조건을 탐구하여 전체 판의 작동을 살피자는
것이 반드시 실천적 삶과의 괴리로 이어질 필요는 없다. 구르구리스는 다
음과 비슷한 논조로 마흐무드를 몰아붙인 적이 있다. "네가 서 있는 자리
가 무엇이냐? 종교와 세속, 어느 쪽이냐?" 구르구리스는 마흐무드가 세속
의 자리에서 발언하면서 아닌 척하는 것을 보여주고 싶었을 것이다. 하지
만 마흐무드는 그 질문에 함정이 있다는 것을 알고 있다. 답변하는 순간,
그는 함정에 빠질 것이다. 그래서 마흐무드는 양자택일의 어느 쪽을 선
택하는 대신, 그 사이에 서 있는 자세를 취한다. 마흐무드는 아카데미아
의 공간을 차지하고 있는 학자는 경계선 위의 불안을 기꺼이 감내해야 한
다고 본다. 바로 그런 태세를 갖추는 것이야말로 마흐무드는 학자의 존재
양식이라고 볼 것이다.

　콜린 재거가 말하는 문학적 멜랑콜리도 이와 같은 경계선의 불안과 관
계가 있다. 문학의 경험은 세속 영역에서 발생하므로 세속적 멜랑콜리로
이어진다. 이쪽, 저쪽, 어디에도 안주할 정처를 찾지 못한 이가 유배객, 고
향 떠난 방랑자의 모습으로 나타난다. 재거가 말하는 비평가는 자청해서
이런 불안을 떠안겠다고 나선 사람들이다. 쉽게 빠져나갈 수 있는 통로가
없고, 앞뒤로 길은 막혀 있다. 그래도 틈을 만들려고 몸부림이 일어난다.
헤쳐 나갈 수 있는 길이 만들어질지 아닐지는 도저히 알 수 없다. 멜랑콜

리의 배음(背音)은 포기하고, 절망으로 주저앉아 있을 때 나타나는 것이 아니라, "길이 없는 길"을 만드느라 온몸을 버둥거릴 때 낮게 깔리는 것이다. 이번에 실패해도 또다시 일어나 시도해야 하는 것을 알고 있기 때문이다. 재거가 "비(非)-헤테로노미적 크리디크"를 말하고, 문학과 연결시킬 때에도 이런 분위기를 간직하고 있다. 그래서 그것은 구르구리스의 반(反)-헤테로노미와 매우 다른 정조를 가지고 있다. 비극성과 겸손함의 분위기는 경계선의 인간에게 배어있는 것이다.

이런 맥락에서 재거가 길 아니자르를 언급한 것도 의미심장하다, 아니자르의 화두는 유대인과 아랍인의 관계를 지금처럼 적대관계로 이끈 "기본 틀"을 파악하는 것이다. 그들은 그렇게 마련된 판에서 열심히 서로 증오하며 상대방을 죽이고 있다. 홀로코스트에서 살아남은 사람들이 스스로 또 다른 홀로코스트를 만들고 있다. 이런 기막힌 상황에서 출구가 마련될 수 있을 것인가? 아니자르는 유럽에서 초월적 적대자를 만들어내며 자신의 지배를 공고히 하던 기독교가 스스로 변신의 재주를 부리며 그 영향력을 확대 재생산하고 있다고 본다. 세속성, 세속주의가 바로 그런 변신의 모습이다. 세속성의 공장에서는 여전히 막강한 적을 만들어내어 체제 유지의 발판으로 삼고 있다. 이럴 때, 비판의 역할은 무엇인가? 하나의 톱니바퀴인가, 아니면 다른 세상으로 가는 징검다리인가? 아니자르는 후자의 가능성을 아직 포기하지는 않은 듯하다.

찰스 테일러는 사바 마흐무드의 글을 지지하는 입장에 선다. 그는 세속 이성이 종교보다 우월하다는 세간의 상식을 조목조목 논박한다. 그는 뛰어난 사상가들도 왜 그런 편향적 관점에 빠져드는지 알 수 없다. 그럴 만한 아무런 논리적인 근거도 찾을 수 없기 때문이다. 다만 지나온 유럽의 역사에서 종교에 대한 트라우마가 여전히 남아 있겠거니 할 뿐이다. 테일러는 세속 이성의 우월성을 당연시하는 반면, 종교에 대해서는 신뢰할 수 없다는 태도가 어떤 배후를 가지고 있는지 살피고자 한다. 그는 그런 태도의 기반을 탐색해서 세 가지의 주요한 맥락을 거론하고, 이 흥미로운 주제에 관심을 촉구한다.

저스틴 뉴먼은 확신과 비판의 관계를 다룬다. 확신에 차서 발언하면 비판의 자세와 동떨어져 있다고 보는 통상의 관점에 동의하지 않기 때문이다. 확신은 두 가지의 방향을 가지고 있다. 하나는 마지막 판결로 끝장을 보려는 것이고, 다른 하나는 그런 결정을 끊임없이 유예해서 계속 도상(途上)에서 움직이게 하는 것이다. 뉴먼이 말하고자 하는 것은 확신의 이중성이 보여주는 균형 유지가 아닌가 한다. 구르구리스는 전자에 마흐무드는 후자에 기운다. 어느 쪽이 다른 쪽을 타박할 필요가 없다. 어느 한쪽의 중요성을 주장하는 것일 뿐이니까. 특히 뉴먼은 마흐무드가 비판을 확신과 대립하는 것으로 보는 것이 아닌지 염려한다.

앤드류 마치의 글 제목, "양귀비꽃과 예언자"는 각각 세속과 종교를 나타낸다. 거기에 댓글을 단 사람이 말한 대로 '양귀비꽃'은 그냥 세속사회가 아니라 종전기념식이라는 "시민종교"의 무대를 가리키는 것이다. 마치는 2005년 언론자유의 이름으로 무슬림의 감수성에 상처를 준 사건과 2010년 영국 종전기념일 식장에 참가한 사람들의 감수성에 무슬림이 상처를 준 사건을 나란히 놓고 독자들의 관심을 이끌고자 했다. 마치가 뒤늦게 게시글을 올린 것도 이와 같은 대조 효과를 얻기 위함이었을 것이다. 마치는 윤리적 규범의 상이함으로 인해 번역이 필요하다는 마흐무드에게 동의하지 않는다. 그런 세계관적, 정서적 단절을 상정할 필요가 없으며, 서로를 이해할 수 있는 공통의 기반이 이미 마련되어 있다는 것이다. 유럽인들도 정서적 아비투스에 상처를 입으면 똑같이 분노하고 상대방의 그런 모습에 공감할 수 있는 조건을 내장하고 있다. 더구나 무슬림들도 언론의 자유를 가장 필요로 하고 그로 인해 자신들의 견해를 효과적으로 밝힐 수 있다. 그리고 어떤 발언의 의미와 효과를 마치 단일한 것인양 말할 수도 없다. 왜냐하면 발언의 물질성을 고려해야 하기 때문이다. 마치는 발언 내용만 가지고 왈가왈부하는 것은 발언의 전체적 맥락을 놓치는 잘못으로 이어질 수 있기에 경계해야 한다고 주장한다. 마치는 종교가 세속성의 놀이판에 이미 들어와 움직이고 있으므로, 그 판의 규범에 따르는 것이 우선이라는 점을 환기하고 있다.

15편의 게시글을 통해 두 가지의 기본자세가 숨어 있음을 알 수 있다. 하나는 종교와 세속은 동일한 힘으로 대립하고 있는 것이 아니라, 세속의 조건 아래에서 종교가 움직이고 있을 뿐이므로 종교는 세속의 규칙에 복종해야 한다는 것이다. 이는 구르구리스처럼 노골적이든 앤드류 마치처럼 에둘러 말하든 마찬가지다. 다른 하나는 "세속의 규칙 안에 있는 종교"의 위상을 수용하더라도, 세속의 외부에 위치할 수 있는 종교의 힘을 인정해야 한다는 것이다. 세속 영역의 자폐 상태는 그 자체로 위험하며, 쉽사리 세속 레짐의 기능 부전(不全)으로 이어지게 된다. 여기에서 문턱의 인간이 출현한다. 그는 이쪽과 저쪽의 경계에 서 있는 자이고 온몸으로 그 이중성과 애매함을 견뎌내겠다는 인간이다. 그는 시인일 수도, 학자일 수도, 그리고 비평가일 수도 있다. 하여튼 그는 문제적 인간으로서, 우리들이 관심의 표적으로 삼기에 충분한 가치를 지니고 있다.

세속주의, 무슬림 혐오, 마르크스주의와 종교

존 몰리뉴 / 이진화 옮김

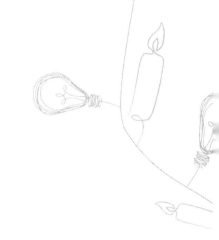

마치 캄캄한 어둠 속에 묻혀 있던 풍경이 번쩍이는 번개 한번으로 낱낱이 드러나 보이는 것 같은 순간이 있다. 2014년 8월 9일 미국 미주리 주 퍼거슨 시에서 흑인 청년 마이클 브라운이 경찰에게 총을 맞아 사망했을 때나, 프랑스 해변에서 무장 경찰이 무슬림 여성에게 부르키니를 벗으라고 요구하는 사진이 찍혔을 때가 그런 순간이었다. 이 두 순간은 단지 지난해만이 아니라 지난 20년간 프랑스 국가와 정치인이 무슬림을 향해 퍼부은 공세를 압축적으로 보여줬다.

  물론 이런 공세는 프랑스에서만 아니라 미국에서 시작돼 영국과 아일랜드 등 많은 지역에서 위세를 떨치고 있는 국제적 현상이다. 그렇지만 지금은 이런 현상이 특히 프랑스에서 극심하게 일어나고 있다. '세속주의'나 '프랑스 공화국'이라는 이데올로기적 미명 하에 자행되면서 상당히 급진적이고 정당한 것으로 위장해 '좌파'에게 세계의 다른 어느 곳에서보다 더 크게 지지와 묵인을 받고 있다는 점에서 독특하다. 그 이유는 [프랑스에서] 세속주의가 오랫동안 혁명적 사회주의자를 포함한 좌파가 방어하고 옹호해야 할 '가치'나 '원칙'으로 여겨진 데 있다. 이 글에서는 세속주의, 무슬림 혐오, 인종차별주의, 종교의 정치학 간의 관계에 대해 검토해 볼 것이다.

마침 이 문제와 관련한 아일랜드의 사례와 아일랜드 역사가 흥미롭고 유용한 시작점이 될 것 같아 그렇게 시작하려 한다.

1. 아일랜드의 사례로 보면

20세기에 아일랜드 사회에서는 가톨릭교회가 두드러지게 지배적인 위치를 점하고 있었기 때문에 세속주의 쟁점이 오늘날에도 유효하고 중요하다. 수정헌법 8조 폐지와 낙태권을 요구하는 운동에는 다음과 같은 슬로건이 있었다. "교회도, 국가도 아니고 여성이 자신의 운명을 결정해야 한다!", "교회가 내 자궁을 속박하지 말라!"

막달레나 세탁소[1], 산업학교[2], 잔인한 기독교 형제단[3]에 대한 끔찍한 기억이 여전히 많은 사람들의 뇌리에 남아 있다. 그리고 교회의 성직자들은 아직까지도 아일랜드의 학교에 과도한 권력을 행사하고 있다.

이런 문제에서 사회주의자라면 누구나 세속주의 원칙을 전적으로 지지해야 한다. 교회와 국가는 완전히 분리돼야 한다. 사회주의자는 종교의 자유와 종교적 숭배의 자유를 전적으로 지지하는데, 그 이유는 그것이 개인이 선택할 문제이기 때문이다. 어떤 종교도 국가로부터 특혜를 받거나 자금을 지원받아서는 안 된다. 마찬가지로 사회주의자 중에는 비종교인이 (전부는 아니겠지만) 상당수고, 카를 마르크스가 말했듯 사람들이 더는 '민중의 아편'에 의지하지 않아도 되는 세상이 오기를 고대한다. 그럼에도 종교를 금지하기를 바라지는 않는다.

1916년 아일랜드 혁명으로 다시 초점을 돌려 보자. 우리는 다음과 같은 주장에 어떻게 대응해야 할까?

"1916년 봉기는 가톨릭교도, 특히 광신도로 유명한 패트릭 피어스가 이끌었다. 봉기 자원자 중 가톨릭교도가 단연코 많았고 심지어 아일랜드 시민군의 지도자이자 사회주의자인 제임스 코널리도 가톨릭 계통이었다. 게다가 봉기 계획을 담은 선언서에는 '신의 이름으로' 이 선언서가 쓰였고 '우리에게 은총을 내려 주시는 지극히 높으신 하느님의 보호 아래 아일랜드 공화국의 대의가 있다'고 적혀 있다. 그러므로 이 봉기는 가톨릭의 한 분파가 주도해 권위주의적인 전통적 가톨릭 국가를 세우려는 의도가 있었다는 사실이 명백하다. 사회주의자라면 이렇게 중세 시대의 종교에서 한 발짝도 벗어나지 못한 무지몽매하고 퇴보적인 운동을 지지해서는 안 된다. 객관적으로 보면 진짜 진보를 상징하는 것은 바로 영국 군대다. 그들이 때로는 거칠었을지 몰라도 자유, 계몽, 그리고 특히 여성 인권을 중요하게 여겼으므로 지지받아야 했다."[4]

　열렬한 무신론자였던 마르크스, 엥겔스, 레닌, 트로츠키를 비롯한 모든 사회주의자가 이런 주장에 뭐라고 대답했을지는 명백하다. 제국주의를 정당화하기 위해 세속주의 원칙을 마음대로 갖다 붙인 주장이라고 했을 것이다. 1916년 봉기는 민족 해방을 위한 투쟁으로 지도자의 종교나 선언문의 단어 선택에서 나타나는 것과 달리 근본에서는 종교와 전혀 관련이 없었다. 가톨릭이냐 개신교이냐가 아니라 영국이 아일랜드를 지배하느냐 마느냐 하는 문제가 중요했다. 따라서 모든 사회주의자(와 모든 민주주의 옹호자와 진보적인 사람들)가 제국주의에 반대하고 억압받는 민족의 자주적 결정권을 옹호하기 위해 아일랜드의 독립과 봉기를 무조건 지지했어야 한다.

　이런 관점에서 아일랜드 인이나 영국인의 다수가 가톨릭이냐, 개신교냐, 힌두교도냐, 유대인이냐는 완전히 부차적인 문제고 투쟁에서 결정적 요소가 아니다. 독립 아일랜드가 이후에 반동적 정책을 펴고 여성을 억압하는 문제가 있었던 것은 패트릭 피어스 등 선언서 서명인이 가졌던 종교적 성향 때문이 아니라 독립 투쟁의 과정에서 나타나 권력을 차지한 사회 세력의 탓이다. 만약 노동계급과 그 지도자인 코널리, 마르키에비츠, 린 같은 사람이 권력을 잡았다면 아일랜드는 혁명 러시아와 함께 성 평등과 여성 해방의 선봉에 섰을 것이다.

시계를 돌려 오늘날로 오면 영국의 미디어에서는 북아일랜드 분쟁에 대한 위와 같은 주장이 다시 맹렬한 기세로 등장하고 있다. 대부분 개신교도인 아일랜드 통일주의자와 대부분 가톨릭교도인 민족주의자 간의 갈등은 주로 종교 때문인 것으로 묘사되고, 종교를 두고 갈등이 벌어진다는 점이 아일랜드의 어리석음과 후진성을 드러낸다고 여겨진다. 어쨌든 '문명화된' 영국인은 이미 18세기에 종교를 두고 싸우길 멈추지 않았는가? 게다가 영국은 이 분쟁에 있어 제3자로서, 싸우는 두 비이성적인 종족을 중재하는 한편 사악한 테러리스트(아일랜드 공화국군)를 고립시키고 물리치려 하고 있다고 주장한다.

'세속주의'라는 용어가 많이 쓰이지는 않지만, 종교에 대한 널리 퍼진 적대감과 특히 (영국에서의) 종교적 광신 때문에 이 갈등이 성변화(聖變化)[4] 교리나 교황의 무오류성과는 전혀 관계가 없고 북아일랜드가 영국에 지배받을지 아일랜드 공화국에 속할지를 결정하는 문제라는 명백한 사실이 교묘하게 은폐된다. 그리고 민족주의 공동체에 대한 사회적 · 경제적 · 정치적 차별로 이것을 더욱 부채질한다. 이런 은폐는 갈등의 진정한 성격을 흐릴 뿐 아니라 실제로는 종파적 국가와 영국의 지배를 유지하는 구실을 하는 영국군을 정당화한다.

그러나 오늘날에 억압과 영국 지배의 문제가 사라지지 않았음에도 전쟁이 끝났고 신페인당(Sinn Féin)이 민주통일당(DUP)과 정권을 잡았기 때문에 결혼 평등권, 성소수자 권리, 여성의 낙태권 등 세속주의와 관련된 문제가 더 주목받고 있다.

이런 사례를 통해 사회주의자가 세속주의를 지지해야 하지만 세속주의의 기치는 진보에서 반동까지 여러 목표에 이용될 수 있다는 점을 알 수 있다. 그러므로 세속주의 슬로건의 구실을 따질 때는 언제나 구체적 상황을 고려해 구체적으로 평가해야 한다. 세속주의는 어떤 역사적 상황에서 노동계급의 이익과 억압에 맞선 투쟁에 어떻게 연관될까?

2. 전체적 시야에서 본 프랑스 세속주의

세속주의의 역사는 길고 복잡하다. 유럽에서 세속주의의 기원은 16~17세기에 코페르니쿠스와 갈릴레오가 교회에 도전하고 "교회의 정신적 독재가 산산조각"난 과학혁명 초기로 거슬러 올라간다.[5] 1565~1600년 네덜란드 독립전쟁 시기에 반(反)종교개혁 기치를 건 스페인을 중심으로 한 합스부르크 제국에 맞서 네덜란드 인을 결속하기 위해서 네덜란드에 종교적 관용의 원칙이 세워졌을 때도 세속주의의 요소가 나타났다. 18세기 계몽주의 시대의 철학자들(디드로, 볼테르 등)에 의해 세속주의는 더 발전했고, 1789~1794년 프랑스 혁명에서 진가를 발휘했다.

1789년 8월 바스티유 습격 직후에 혁명을 통해 제1신분(성직자)과 제2신분(귀족)의 특권과 교회가 거둬들이던 십일조가 폐지됐다. 1789년의 프랑스 인권선언에서는 프랑스에서 종교의 자유를 보장한다고 밝혔다. 10월 10일 제헌국민의회는 가톨릭교회의 재산과 토지를 몰수해 공개 경매에 부쳤다. 1790년에는 국민의회가 가톨릭교회를 정부에 공식적으로 종속시켰고, 1792년 9월에는 이혼이 합법화됐으며, 교회가 아닌 국가가 출생·사망·혼인 신고를 담당하게 됐다. 1791년에 유대인이 해방돼 개인으로서의 완전한 시민권을 보장받게 됐다.(비록 집단적 권리는 인정받지 못했지만 말이다.) 혁명이 절정에 달한 자코뱅의 집권기(1792~1794)에 비기독교화 운동이 활발히 벌어져 성상과 우상이 파괴됐고 '이성 숭배'의 형식을 띤 대안 종교 같은 것이 등장하기도 했다. 또 봉기가 일어나 성직자들이 대량 학살되기도 했다.

미국 독립혁명에서도 토머스 제퍼슨이 미국 헌법에 '의회는 종교의 설립에 관계되거나 자유로운 종교 활동을 금지하는 어떤 법도 제정해서는 안 된다'고 정함으로써 세속주의의 특징을 드러냈다는 것에 주목해야 한다. 그래서 미국은 현재까지도 국교가 없다.

프랑스 혁명과 나폴레옹의 권력 장악 이후 미국의 향방과 반대로 프랑스에서는 제국이 부활하면서 교회도 부활했다. 그러나 19세기 내내 세속주의는 공화국의 이상으로 여겨져 지속됐고, 노동계급과 사회주의 혁명을 원하는 사람들도 세속주의를 이상으로 여겼다. 1871년 파리 코뮌은 정교 분리, 교회 재산 국유화, 학교의 종교적 관례 폐지를 최초의 법령 중 하나로 채택했다. 이론적으로는 교회가 저녁에는 정치적 모임을 열 수 있도록 공공에 개방해야만 종교 활동을 계속할 수 있었지만, 실제로 잘 이뤄진 것 같지는 않다.

결국 코뮌은 74일 만에 진압됐지만 1881~1882년에 프랑스에서는 가톨릭 성직자가 아니라 국가가 고용한 전문 교사가 가르치는 세속적 무료 교육 체계가 확립됐다. 그리고 1905년에는 국가와 교회를 분리하는 새로운 법이 통과돼 오늘날까지도 프랑스 법 체계의 기본이 되고 있다(라이시테).[5]

이렇게 간단히 살펴보기만 해도 세속주의를 향한 투쟁(과학혁명, 네덜란드 공화국, 계몽주의, 프랑스 혁명과 미국 독립혁명 등)이 부르주아의 등장과 봉건제에 맞선 부르주아의 민주주의 혁명에서 필수적이었음을 분명히 알 수 있다. 이 투쟁의 가장 중요한 적은 봉건 귀족, 절대군주, 봉건 반동 모두의 주요한 경제적·정치적·이데올로기적 동맹인 가톨릭교회였다. 메디치 가의 시대부터 시작해 1789년 프랑스 혁명과 스페인 내전(1936~1939)과 1948년의 독일 혁명에 이르기까지 가톨릭교회의 반동적이고 반혁명적인 역할 때문에 유럽의 노동운동도 교회에 등을 돌렸다. 이 점에서 세속주의는 그것이 특징이 된 부르주아의 민주주의 혁명처럼 철저히 진보적이었다.

그러나 이것으로 끝이 아니다. 봉건제에 맞선 부르주아 혁명은 진보적이었지만 부르주아는 정치적 권력을 장악한 순간부터 식민지 점령과 세계 정복을 시작했다. 그래서 네덜란드는 아마도 세계 최초였을 민족 독립 전쟁을 통해 합스부르크 제국으로부터 독립을 쟁취하고 당시 유럽에서 가장 진보적인 사회가 됐지만, 10년도 안 돼서 아주 잔혹한 방식으로 극동의 바타비아(오늘날의 인도네시아)에서 아메리카의 뉴암스테르담(오늘날의 뉴욕)과 페르남부쿠(오늘날의 브라질)에 이르는 식민 제국을 건설했다. 마찬가지로 영국에서는 부르주아 혁명가 올리버 크롬웰이 1649년 1월 찰스 1세의 목을 치고서는 같은 해 8월에 훗날 전설로 남게 된 아일랜드 정복을 시작했다. 이어 부르주아가 권력을 잡은 영국은 태양이 지지 않고 피가 마르지 않는 세계 제국 건설로 나아갔다.

1793년 프랑스에서 혁명을 지키기 위한 전쟁이 벌어졌지만 나폴레옹이 정복 전쟁에 나서면서 패배했고, 그 억압성과 흉포함이 고야의 〈전쟁의 참상〉에 충격적으로 기록됐다. 나폴레옹은 이집트와 시리아를 침략하고 아이티에서 노예제를 부활시키려 했다. 1830년에 프랑스는 "문화를 나누"고자[6] 알제리에서 정복 전쟁을 벌였고 그 과정에서 1870년까지 알제리 인구 3분의 1이 감소했다. 이것이 아프리카에서는 머그레브와 모로코에서 세네갈, 말리, 콩고, 마다가스카르까지, 인도차이나에서는 베트남, 라오스, 캄보디아, 태평양에서는 뉴칼레도니아, 그리고 캐리비안까지에 걸친, 영국에 버금가는 프랑스 대제국 건설의 시작이었다. 이 제국은 제2차 세계대전 이후까지 건재했지만 1954년 베트남인들의 저항으로 베트남에서 쫓겨나고 1954~1962년에는 참혹한 알제리 전쟁에서 패배하면서 마침내 막을 내렸다.

영국 제국주의가 '백인의 의무'로 묘사되듯이, 프랑스의 식민지 프로젝트도 후진적이고 미개한 민족에게 문명을 선사하는 '문명화의 임무'라는 명목을 내세웠다. 이런 맥락에서 세속주의의 의미가 억압에 맞선 진보적 가치에서 민족의 자부심과 우월성의 표지로 완전히 바뀌었다. 그리고 그에 따른 식민주의와 억압을 정당화하는 데 세속주의가 이용됐다.

프랑스에서는 '영광의 30년'이라고 부르는 제2차 세계대전 이후의 경제 호황기에 노동력 부족을 해결하고자 북아프리카에서 노동자가 대규모로 유입됐다. 같은 시기 영국에서도 비슷한 일이 벌어졌다. 두 나라 모두 이주 노동자를 과거의 식민지에서 끌어들였다.[7] 그 결과 당연히도 프랑스로

온 이주자 중 상당수가 무슬림이었다.[8] 그리고 이런 상황에서 '세속주의'는 인종차별주의자와 인종차별적 기구가 반이민·반무슬림 정서를 결집하는 데 이용한 슬로건이 됐다.

이 자체로는 프랑스가 특별할 것은 없다. 영국의 극우파도 할랄 고기나 모스크 건설 등을 인종 차별의 구실로 삼으려 거듭 노력했다. 곳곳에서 인종차별주의자들은 이민자가 전에는 어떤 사람이었건 "우리의 가치관에 순응"해야 한다는 생각을 조장해 왔다. 그러나 프랑스 역사의 특수성으로 인해 '세속주의' 개념이 이런 목적에 더 잘 맞아떨어졌다. 세속주의는 과거에 진보적 전통이었기 때문에 프랑스의 자유주의자와 일부 좌파(불행히도 극좌파 일부도 포함됐다)도 이런 생각을 받아들였다. 영국에서는 좌파가 결코 '영국적 가치'를 받아들이지 않았던 것과 비교하면 차이가 있다.

따라서 1980년대 후반에 학생들이 히잡이나 스카프를 쓰는 것이 쟁점이 됐을 때 좌파 교사들마저[9] 이런 의류의 착용을 금지하는 운동에 함께했고, 1990년대에는 이 문제로 일부 교사들이 실제로 파업에 나섰다. 내가 알기로 이런 일이 다른 나라에서는 벌어지지 않았다.

세속주의가 '진보적'이라는 믿음은 페미니즘이 섞이면서 더욱 강화됐다. 히잡을 비롯한 이슬람교 베일(니캅, 차도르, 부르카 등)은 가부장적 가족과 그들의 후진적이고 여성혐오적인 종교가 강요하는 여성 차별의 상징이라는 주장이 제기됐다. 그래서 여성 해방을 위해 공공기관에서 히잡 등의 착용을 금지할 것을 요구하는 운동이 벌어졌다.

이런 주장이 프랑스에서만 나타나는 것은 아니지만 프랑스에서 특히 강력한데, 여기에는 몇몇 요인이 있다. 첫째로 이런 주장은 히잡에 대한 일차원적 고정 관념에 기반한다. 이 문제에 대한 무슬림 여성들의 생각은 다르다. 역사적으로 여성에게 베일을 씌우는 것이 여성 차별과 관계가 있는 것은 사실이다. 그러나 오늘날에는 이것이 무슬림 정체성과도 관련이 있다.(1960년대에 '아프로' 헤어스타일이 흑인 정체성과 관련됐던 것처럼 말이다.) 따라서 무슬림 여성들은 자발적으로 베일을 착용하고 이것을 인종 차별과 배제에 맞선 저항과 자기 정체성에 대한 자부심의 표현으로 여긴다. 둘째로 이런 주장은 위로부터의 해방 개념에 기반한다. 즉, 무슬림 여성의 해방이 위로부터 주어질 뿐이지 무슬림 여성 스스로 쟁취할 수는 없다는 것이다. 셋째로 이런 주장은 누구나 자신이 입고 싶은 것을 입고 종교적 표현을 할 자유가 있다는 아주 기본적인 민주주의 원칙에 위배된다. 넷째로 이런 주장은 진보적 페미니즘과 성장하고 있는 인종차별적 파시스트 우파 세력이 같은 대의를 갖게 만든다. 다섯째로 이런 주장은 미국 정부나 다른 권력자들(힐러리 클린턴 같은 부류)이 제국주의적 개입과 전쟁을 정당화하기 위해 사용하는 페미니즘적 책략을 더욱 강화한다. "우리는 아프가니스탄 여성을 탈레반에게서 해방시키기 위해 아프가니스탄을 침공해야 한다!" 같은 주장 말이다.

불행히도 마지막으로 언급한 점의 엄청난 모순과 위선에도 불구하고 (미국의 침략은 단 한 번도 여성이든 남성이든 해방시킨 적이 없었고, 오로지 경제적·전략적 이익을 추구하기 위한 목적만이 있었다) 실제로 이 책략은 효과가 있다. 그리고 그 효과는 아주 치명적이다. 이런 주장이 세속주의와 페미니즘의 급진적 정서에 호소하기 때문에 프랑스에서 인종차별과 파시즘의 득세에 맞서 가장 선두에서 싸워야 할 진보·좌파·사회주의자가 혼란을 겪고 결집하지 못해서 인종 차별과 파시즘이 비교적 쉽게 성장하고 있기 때문이다.

그러나 이 모든 것은 프랑스에만 특수한 것도 아니고 프랑스에서 유래한 것도 아닌 현상, 즉 무슬림 혐오의 세계적 득세 현상과 동시에 일어났기 때문에 정점에 달했다.

3. 무슬림 혐오의 성장

유럽의 백인은 거의 500년간, 즉 세계를 정복하고 노예화하기 시작한 이후로 지금까지 비유럽인과 유색인을 적대감과 경멸이 섞인 눈으로 바라봤다.[10] 그래서 알렉스 캘리니코스(Alex Callinicos, 1950~)가 언급했듯 더 넓게 보면 "인종 차별은 역사에서 최근 현상"이다.[11] 그러나 인간의 사회적 의식이 발달한 역사 속에서 500년은 긴 시간이다. 그에 비해 무슬림 혐오는 정말 최근에 등장했다. 1980년 판 『간략한 옥스포드 사전』에는 '무슬림 혐오'라는 단어가 없었다.[12] 1990년의 표준 사회학 교과서 중 하나인 E. 캐쉬모어와 B. 트로이나의 『인종관계개론』에서는 무슬림 혐오에 대해 다루지 않았고, 색인에도 그런 단어를 찾을 수 없다. 알렉스 캘리니코스가 1993년에 쓴 『인종과 계급』에서도 마찬가지다. 물론 지금 무슬림 혐오를 겪는 사람들은 오랫동안 인종 차별을 겪었을 것이다. 그러나 이전에는 그들의 피부색, 국적, 민족성이 문제가 됐지 이슬람교나 무슬림으로서의 정체성은 크게 중요하지 않았다. 그들은 '아랍인', '파키스탄인', '아시아인', '유색인', '흑인' 등으로 불렸지 무슬림이라고 불리는 경우는 없었다.

그렇다면 언제, 어떻게, 왜 무슬림 혐오가 등장했는가?(이 질문들은 서로 관련돼 있다) 널리 퍼진 생각은 무슬림 혐오가 9 · 11 테러와 뒤이은 부시의 '테러와의 전쟁'으로 등장했다는 것이다. 분명히 9 · 11 테러는 중요한 전환점이었고 무슬림 혐오가 심화되는 계기가 됐다. 그러나 이것이 근원은 아니다. 새뮤얼 P. 헌팅턴의 책『문명의 충돌과 세계 질서의 재정립』은 무슬림 혐오에 대한 중요한 지적 기반을 세운 책이다. 이것은 그가 1992년에 강의한 내용을 1993년에 출판한 책이다. 1993년의 글에서 그는 다음과 같이 적는다.

> "미래에 가장 중요한 갈등은 문명을 구분하는 문화적 구분선을 따라 벌어질 것이다. 왜 그런가? 첫째로 문명 간의 차이는 단지 사실일 뿐 아니라 근본적이다. 각 문명은 역사 · 언어 · 문화 · 전통 그리고 가장 중요하게는 종교로 서로 구별된다. 이런 차이는 수 세기에 걸쳐 형성됐고 금세 사라지지는 않을 것이다. 이것은 정치적 이데올로기나 정치적 제도의 차이보다 훨씬 본질적이다."[13]

이 글은 언제, 어떻게 무슬림 혐오가 가속되기 시작했는지 보여 준다. 바로 1990년대 중반부터다. 나는 헌팅턴의 글이나 책이 무슬림 혐오의 시작점이라든가 그것에 책임이 있다고 주장하려는 것이 아니다. 헌팅턴은 타리크 알리(Tariq Ali, 1943~)의 말을 빌리면 "국가 지식인"이다.[14] 그는 하버드 국제문제센터의 소장이고 지미 카터 정부에서 백악관 안보 보좌관이었다. 따라서 그의 '이론'은 시작부터 미국 지배계급의 필요를 충족시키기 위해 만들어졌을 것이다. 그리고 그의 이론이 지배계급과 백악관의 대표자들, 미국 국방부와 미디어에서 유용하다고 여겨졌기 때문에 채택되고 전파될 수 있었을 것이다.

이 이론은 9 · 11 이후에 특히 주목받았고 점점 더 빠르고 강력하게 전파됐다. 미국 부르주아가 이 문제에 있어서 세계적 헤게모니를 쥐고 있었고 영국과 프랑스 등 유럽 제국주의 국가들의 물질적 이해관계에도 부합했기 때문에, 이슬람교와 무슬림이 우리 삶의 방식을 위협한다는 관념이 주요 정치 인사의 입에서 나왔을 뿐 아니라 전 세계의 수없이 많은 신문과 텔레비전 뉴스에서 최소한 빈정거림이나 암시로라도 헤드라인으로 다뤄졌다. 몇 년 안 돼 무슬림 혐오는 '상식'이 됐다.

'언제'와 '어떻게'를 알았으니 이제 '왜'를 물을 차례다. 1979년에 이란 혁명이 벌어지고 그 결과 이슬람교가 강화된 것과 1989~1991년에 공산주의가 붕괴하고 냉전이 종식된 것이 두 중요한 배경이다. 이란 혁명은 중동에서 미국의 중요한 동맹이자 주요 석유 매장량을 보유하고 있던 이란의 왕과 그 왕정을 타도했다. 혁명으로 등장한 아야톨라 호메이니의 이슬람 정권은 중동 지역에서 이슬람 운동을 크게 자극했다. 이전까지 중동 지역에서 우세했고 제국주의에 도전하는 데 도움이 됐던 민족주의와 공산주의(스탈린주의)가 완전히 실패하면서 중동에서 이슬람교와 이슬람 정치의 영향력은 더욱 강해졌다. 냉전기에 서구는 사악한 공산주의자에 맞선 싸워야 했기 때문에 이슬람교도를 잠재적 또는 실질적 동맹이라고 너그럽게 여겼다. 그래서 미국이 소련의 아프가니스탄 점령에 맞서 싸운 탈레반의 전신을 지원했던 것이다. 그러나 냉전이 끝나고 공산주의의 위협이 사라지면서 미국 제국주의는 이슬람 지역, 특히 석유가 풍부한 중동이 미국의 이익을 중대하게 위협한다고 여겼다.

무슬림 혐오가 9·11 테러에 대한 반응으로 등장했다고 보는 견해가 흔하기 때문에 9·11 테러 전에도 무슬림 혐오 경향이 있었다는 사실을 아는 것이 중요하다. 사실 미국 제국주의가 중동에서 벌인 횡포와 더불어 무슬림 혐오도 쌍둥이 빌딩이 공격받은 원인 중 하나다. 그러나 9·11 테러와 뒤이어 '테러와의 전쟁'으로 아프가니스탄과 이라크를 침공한 결과 전쟁이 벌어지고, 전쟁이 테러를 부르고, 다시 더 큰 전쟁이 벌어지고, 그 결과 더 많은 테러와 더 많은 인종차별과 증오가 벌어지는 악순환이 생겨났다는 것은 분명하다.

인종 차별이 어떻게 작동하는지 보자. 일단 어떤 사회에서 한 집단이 낙인찍히고 악마화 되면 그 집단은 온갖 편견과 괴롭힘의 대상이 된다. 현실에서는 아이들이 놀이터에서 따돌리고 괴롭히고 겁을 주는 것에서부터 파시스트 정당이 증오를 기반으로 성장하려 하는 것까지 그 양상이 다양하다. 파시스트에게 궁극적인 적은 노동계급 운동과 사회주의이지만, 노동계급과 좌파를 패배시키기 위해 필요한 지지를 얻기 위해서라면 누구든 속죄양 삼을 것이다. 속죄양은 유대인이 될 수도 있고, 망명 희망자, 폴란드인, 흑인, 집시 등 미디어와 지배계급이 지목한 누구든 그 대상이 될 수 있다. 미디어에서 '무슬림'이 '골칫거리'라고 다루기만 하면 파시스트들은 이에 편승해서 친이스라엘적 입장이라도 기꺼이 취할 것이다.

둘째로 인종차별적 시류가 생겨나면서 '쥐만 잘 잡으면 어떤 고양이든 상관 없다'는 식의 태도가 생겨나고 있다. 그래서 떠오르는 주장을 아무거나, 특히 이데올로기적·정치적 상대편을 당황시킬 수 있는 주장을 이용한다. 예컨대 무슬림 혐오 담론에서는 무슬림이 "우리의 가치관을 공유하지 않는" 증거로 무슬림의 동성애 혐오를 든다. 이들은 마치 성소수자 평등권이 서구의 '전통적' 가치였던 것처럼 말하지만, 10~20년 전만 해도 서구에서 대다수가 추잡한 동성애 혐오자였다는 사실에 대해서는 시치미를 뗀다. 이렇게 무슬림을 고립시키려는 해로운 목적으로 세속주의가 이용되고 있는 것은 분명한 추세다.

4. 두 개의 쿠데타

세속주의 개념을 잘못 사용해서 좌파를 잘못된 방향으로 이끌고 반동 세력을 이롭게 하는 것은 프랑스나 유럽에서만 벌어지는 일이 아니다. 최근 중동에서 일어난 두 개의 주요 사건, 즉 2013년 7월 이집트 군사 쿠데타와 2016년 7월 터키 군사 쿠데타에서도 세속주의 개념 오용이 중요한 영향을 미쳤다.

세속주의 개념 오용이 어떤 영향을 미쳤는지 이해하기 위해서는 먼저 중동이 무슬림으로만 이루어진 거대한 하나의 집단이라는 잘못된 생각부터 버려야 한다. 물론 터키를 포함한 중동 지역과 북아프리카의 압도적인 다수가 무슬림이고 아일랜드인의 압도적인 다수가 (아주 최근까지도) 가톨릭교도인 것은 사실이다. 그럼에도 20세기에 이들 지역에서 근대화를 위한 세속주의적 정치 운동이 다양한 방식으로 크게 벌어졌다. 이런 운동의 주체는 제국주의를 대리하고 그에 협력하는 우파 부르주아의 운동과 정권에서부터 어느 정도는 반제국주의적인 부르주아의 민족주의 운동과 정권, 그리고 좌파 진영의 공산주의자와 스탈린주의자에 이르기까지 다양하다. 지중해 주변을 보면 알제리의 민족해방전선, 이집트의 나세르와 나세르주의, 팔레스타인의 팔레스타인해방기구, 시리아와 이라크의 바트당, 무함마드 모사데그(1953년 CIA의 쿠데타로 전복되기 전까지 이란의 총리), 터키 쿠르디스탄의 쿠르디스탄 노동자당, 터키의 케말 아타튀르크와 케말주의 정당, 이집트·수단·이라크·이란·터키의 공산당 등이 이에 속한다.

　그러나 각 세력이 어디에 속하는지 분명하지 않고 때로는 잘못된 낙인이 찍히기 때문에 상황이 더 복잡해진다. 예컨대 케말주의 운동은 어느 정도 반제국주의적인 운동으로 시작했지만 나중에 친제국주의적으로 변질됐다. 그리고 사담 후세인의 부르주아 민족주의 운동 세력인 바트당(과 아사드 일가)은 스스로 사회주의를 지향한다고 말하고 공식 명칭에도 사회주의를 넣지만 조금도 자본주의를 반대하거나 노동계급 해방을 지지하려 하지 않는다.[15] 또 공산당은 지도부 대다수가 중간계급이거나 나세르 같은 부르주아 민족주의자에게 스스로를 종속시키는 정책을 추구하는 경우가 많다.[16] 그러나 앞서 언급한 세력 모두 자국을 '근대화'하려는 열망이 있다는 것과 농민과 노동자를 비롯한 무슬림 대중이 이런 과정에서 '후진적'인 장애물이 된다고 본다는 점에서 공통점이 있다. 평범한 사람들을 이렇게 보는 엘리트주의가 중동의 '좌파'와 '진보' 세력 대다수에게 깊이 뿌리박혀 있다.[17]

　이렇게 접근하면 무슬림 대중에게서 좌파가 고립되고, 그 결과 이집트의 무슬림형제단이나 터키 에르도안의 정의개발당 같은 이슬람주의자들이 그들 자신을 친제국주의 정권과 친서방 군대에 원칙적으로 반대하는 세력인 것처럼 묘사하는 것을 막을 수 없다. 그러나 이들 세력은 결국 2013년 7월 3일 엘시시의 군부 쿠데타를 통해 최후를 맞게 됐다.

　이집트 민중에게 무슬림형제단이 호스니 무바라크의 끔찍한 정권에 반대하는 주요 세력으로 여겨졌기 때문에 2011년 초 무바라크에 반대하는 혁명이 성공한 후에 이집트 역사상 최초로 열린 진정한 선거에서 무슬림형제단이 정권을 잡고 무함마드 무르시가 대통령이 될 수 있었다. 그러나

이 정권은 아일랜드 노동당과 여타 우파 개혁주의 정당과 마찬가지로 군부에 협조하고 이집트 국가와 자본주의를 수호하려 했으며 자신을 뽑아 준 대중을 위해서 한 일은 아무것도 없었다. 사실 경제가 악화되고 국가기구가 점점 더 제대로 작동하지 않게 되면서 대다수 이집트인에게 상황은 더 나빠졌다. 그 결과 정부에 반대하는 대중 운동이 다시 벌어졌고, 6월 30일 거대한 무슬림형제단 반대 시위에서 절정에 달했다.

이 시점에서 쿠데타는 (아마도 CIA의 도움을 받아) 미리 계획된 것이 분명했고, 군부는 대중의 불만을 기회로 활용해 쿠데타를 일으킬 수 있었다. 무슬림형제단은 민주적 합법성의 문제를 제기하면서 쿠데타에 반대해 시위에 나섰고 엘나다 광장과 라바 엘 아다위야 광장에서 두어 시간 동안 연좌시위를 조직했다. 군부는 8월 14일 아바 엘 아다위야 광장에서 800~2,000명의 목숨을 앗아간 끔찍한 대량학살로 응답했다. 국제인권감시기구는 이것이 '근래 들어 전 세계에서 하루 동안 가장 많은 시위자가 죽임을 당한' 사건이었다고 말했다.[18] 이 사건을 기반으로 엘시시 정권은 반혁명을 공고히 하고 무바라크 독재의 모든 면모를 되살려 냈다.

비극적이게도 2011년 이집트 혁명에서 주도적 역할을 했던 정치 세력과 개인 중 많은 수가 이슬람주의보다는 군부가 덜 악하다는 생각 때문에 무슬림형제단을 전복한 쿠데타를 지지하는 태도로 돌아섰다. 그중 가장 나쁜 사례는 나세르주의 지도자이자 무바라크 정권 하에서 17번이나 투옥됐고 2012년 대통령 선거에서 좌파적 색채를 띤 후보로 출마해 21퍼센트의 득표율로 세 번째로 많은 표를 얻은 함딘 사바히일 것이다. 2011년 거리 시위에서 중요한 역할을 한 4월 6일 청년운동도 쿠데타를 부분적으로 지지했다.[19] 그 결과 반혁명 쿠데타에 효과적으로 저항할 수 없었다.

이런 실패의 핵심적 원인은 계급투쟁을 중시하기보다는 '현대적' 가치인 세속주의와 '후진적' 가치인 이슬람주의 사이의 구분이 가장 중요하다는 생각이 광범하게 받아들여지는 것에 있다. 그래서 군부가 아니라 무슬림형제단이 주된 적이라고 생각하게 된다.

　이집트 좌파가 흔히 받아들이는 또 다른 관점은 '제3광장'처럼[20] 군부와 무슬림형제단 모두 똑같이 반동적인 반혁명 세력이라고 보고 반대하는 것이다.[21] 이런 관점이 사바히의 노골적인 쿠데타 지지 견해보다는 분명히 낫지만 여전히 불충분하다. 군부가 권력을 장악하고 무슬림형제단을 투옥하고 있고, 군부는 지배계급의 대변자이자 자본주의 국가의 화신인 반면 무슬림형제단은 주로 프티부르주아로 이루어져 있기는 하지만 가난한 사람들에게 지지 기반을 두고 있는 상황에서 군부와 무슬림형제단을 똑같이 반혁명 세력이라고 보는 것은 의도와는 상관없이 결국 억압자를 돕는 결과를 낳게 된다. 따라서 엘시시의 독재에 맞서 효과적으로 저항을 건설하기 위해서 사회주의자는 종교를 막론하고 억압으로 고통 받는 모든 사람들을(무슬림형제단도 포함해서) 방어해야 한다.[22]

　[2016년] 7월 15일 터키에서도 쿠데타 시도가 있은 뒤 비슷한 문제가 벌어졌다(쿠데타의 결말은 달랐지만 말이다). 터키 안팎의 좌파는 에르도안의 이슬람주의 정부가 세속적 군부 지배만큼 나쁘다고(또는 더 나쁘다고) 생각해 적극적이고 전적으로 쿠데타에 반대하기를 망설였다는 점에서 이집트의 상황과 비슷했다. 쿠데타의 전체 상황은 몇 시간도 안 돼 끝났기 때문에 정당이나 활동가들이 공식적으로 의견을 내놓을 시간이 없었다.(학자들은 특히 더 그랬다.) 그럼에도 누가 반대 시위를 위해 거리로 뛰어나오지 않았는지, SNS에는 어떤 게시물이 올라왔는지 살펴보면 내

가 말한 현상좌파가 쿠데타에 적극적으로 반대하지 않은 것이 분명했다는 것을 알 수 있다. 그날 밤 쿠데타에 분명히 반대하는 주장을 한 사람들은 '좌파'를 비롯한 수많은 사람들에게 공격을 받았다. 터키에서 1960년과 1980년에 극도로 잔혹하고 억압적인 쿠데타가 벌어진 역사적 경험이 있는데도 불구하고 말이다.

쿠데타에 반대하지 못한 것을 정당화하기 위해 제기되는 주장 중 하나는 쿠데타가 에르도안이 자신의 지위를 공고히 하기 위해서 꾸며낸 '가짜'였다는 것이다. 의회와 대통령의 거처가 폭탄 테러를 당하고 200명이 넘는 사망자가 발생하는 등 사건의 심각성을 생각하면 이런 주장은 허무맹랑하다. 그러나 이런 '이론'이 제기된 것(과 이런 주장이 터키에 대해서 제대로 알지 못하는 사람들이 제기했다는 사실)은 사람들이 쿠데타에 제대로 도전하지 않았다는 것을 분명히 보여준다.

또 에르도안이 파시스트였거나 파시스트라는 주장도 있다. 아나키스트나 자율주의 집단을 비롯해 많은 사람들이 이렇게 주장하는데, 2013년 반정부 시위 때부터 이런 주장이 제기됐고 쿠데타를 계기로 다시 등장했다. 이런 묘사는 여러 측면에서 잘못됐다. 자본주의 국가의 탄압을 전부 파시즘이라고 부르는 경향이 있는데, 그래서 마거릿 대처가 파시스트였고, 도널드 트럼프가 파시스트라고 주장한다. 그러나 현실에서 파시즘은 부르주아 민주주의와 노동계급(과 노동조합과 좌파 전체)의 운동을 단지 공격하거나 약화시키는 것이 아니라 파괴하고 제거하려는 반혁명적 대중운동이다. 이것이 무솔리니, 히틀러, 요비크, 황금새벽당, 국민전선이 대처, 트럼프, 부시, 영국독립당, 캐머런, 메르켈 등과 근본적으로 다른 점이다. 에르도안과 그의 정부는 파시즘의 기준에 전혀 부합하지 않는다. 게다가 정의

개발당을 파시스트라고 부르는 것은 크리스토퍼 히친스나 닉 코헨 같은 예전 좌파가 조지 부시와 토니 블레어에 대한 지지를 정당화하기 위해서 이슬람 혐오적 용어인 '이슬람 파시즘'을 사용한 것과 관련이 있다.

군부 쿠데타에 반대하지 않는 이유를 설명하는 셋째이자 가장 그럴듯한 주장은 에르도안이 자신의 승리를 이용해서 권력을 강화하고 점차 권위주의적인 방향으로 권력을 확장할 것이라는 주장이다. 이런 일은 실제로 벌어졌고 군부 내의 소위 귈렌주의자(온건 이슬람주의자)나 폭동주의자처럼 쿠데타에 실제로 책임이 있는 사람을 탄압하는 것을 넘어 쿠데타에 연루됐다고 보기 어려운 사람까지 탄압받고 있다는 것은 의심의 여지가 없는 사실이다. 에르도안 정부의 법무부 장관 베키르 보즈다가 자기 입으로 지금까지 3만 2000명에 달하는 사람이 체포됐다고 밝혔다.[23]

그럼에도 이런 주장은 두 가지 측면에서 사실이 아니다. 첫째로 이런 탄압의 범위와 심각성은 군부가 벌인 탄압에 비하면 새 발의 피다. 《이코노미스트》에 따르면 "터키 군대는 1960년부터 지금까지 네 차례 정부를 전복했다. 1980년 쿠데타가 가장 피 튀겼는데, 50명이 처형됐고 50만 명이 체포돼 그중 수백 명이 감옥에서 사망했다."[24] 두 번째로 진보·좌파 세력이 처음부터 쿠데타에 분명히 반대했다면 그들은 이 반민주적인 권위주의 정권에 저항하고 더 강력한 위치에 설 수 있을 것이기 때문이다.

왜 이집트에서는 쿠데타가 완전히 승리한 반면 터키에서는 성공할 수 없었을까? 터키 군대가 결속력이 약했던 탓도 있겠지만 주된 이유는 터키 민중, 특히 주로 노동계급이 7월 15일 밤 쿠데타가 일어난 즉시 대거 거리로 쏟아져 나와 탱크를 가로막고 쿠데타를 중단시켰기 때문이다. 그들은 에르도안의 요청에 따라 이렇게 움직였다.(시위자가 모두 정의개발당 지지자는 아니었지만 말이다.) 그러나 이렇게 할 수 있었던 것은 종교와는 전혀 관계가 없고 전부 경제적 이유 때문이다. 이집트에서는 경제가 침체되고 있었고 이집트의 이슬람주의 정권 지지자들은 크게 실망했다. 터키에서는 경제가 전례 없이 호황을 누렸고, 덕분에 에르도안은 제한적이지만 적절한 개혁으로 노동계급 기반을 늘리고 유지할 수 있었다. 아일랜드에 비유하자면 에르도안의 정의개발당은 1990년대 중반에서 2000년대 중반에 이르는 경제호황기인 '켈트의 호랑이' 시기의 아일랜드 공화당이라고 할 수 있고, 무슬림형제단은 2008년 경제 위기 이후의 아일랜드 공화당이라고 할 수 있을 것이다. 그렇다 해도 두 경우 모두 사회의 주요한 분할이 계급 간의 정치적 투쟁이 아니라 세속주의와 신권정치 간의 구분이라고 여기는 어리석음이 드러나기는 마찬가지다.

5. 마르크스주의와 종교

이 글은 종교에 대한 기본적인 마르크스주의적 분석을 현대의 사건에 적용하는 글이다. 그리고 종교에 대한 마르크스주의적 분석은 이데올로기에 대한 역사유물론적 분석의 일부다. 이 글에서 역사유물론을 설명할 수는 없다.[25] 그러나 결론으로 두 가지 점을 언급해야겠다.

첫째로 사람이 종교를 만들지, 종교가 사람을 만드는 것이 아니라는 간단한 사실을 얘기하려 한다. 모든 종교는 인간에게 주어진 물질적 상황에 대한 반응으로 나타난 사회적 산물이다. 따라서 사회가 바뀌고 물질적 조건이 바뀌면 종교도 바뀌고 사람들이 경전과 교리를 이해하는 방식도 바뀐다. 기독교든, 이슬람교든, 유대교든, 다른 어떤 종교든 다 마찬가지다.

크리스 하먼(Chris Harman, 1942~ 2009)은 다음과 같이 말했다.

> 그런 혼란은 흔히 종교 자체의 힘을 제대로 이해하지 못하는 데서 비롯한
> 다. 종교인들은 좋든 나쁘든 종교를 하나의 역사적 힘으로 이해한다. 대
> 다수 반성직주의(反聖職主義)[26] 부르주아 사상가들이나 자유사상가들도
> 그렇게 생각한다. 그들은 종교 제도나 반계몽주의 사상에 맞서 싸우는 것
> 자체가 인간 해방을 위한 투쟁이라고 생각한다."
>
> 그러나 종교 제도와 사상이 역사에서 일정한 구실을 하는 것은 분명하지
> 만, 물질적 현실과 동떨어져서 그런 구실을 하는 것은 아니다. 종교 제도
> 는 성직자나 설교자 집단과 함께 특정 사회에서 출현하고 그 사회와 상호
> 작용한다.[27]

둘째로 종교적 색채를 띤 (수많은) 정치적 운동에 대해 사회주의자와 마
르크스주의자가 태도를 결정할 때 그 운동의 신학 체계나 교리가 기준이
되어서는 안 되고 운동에 참가하는 사회 세력이나 운동이 대변하는 사회
세력, 그리고 그들이 계급투쟁에서 하는 구실을 봐야 한다. 마르크스주의
자는 마틴 루터 킹, 시민평등권 운동, 우익인 도덕적 다수파, 부활절 봉기,
아일랜드 공화국군, 베네수엘라의 차베스를 평가할 때 이런 기준을 보편
적으로 적용했다. 이슬람주의 운동의 다양한 형태에 대해서도 같은 기준
을 적용해야 한다. 하마스와 헤즈볼라, 알카에다와 ISIS, 무슬림형제단과
정의개발당을 모두 똑같은 이슬람주의로 묶을 수 없다. 각자 구체적인 상
황을 고려해 구체적으로 분석해야 한다. 그리고 세속주의에 대해서도 마
찬가지다.

주석

참고문헌

발표지면

찾아보기

종교와 세속주의 입문하기 / 최정화

1) Todd H. Wier, "Germany and the New Global History of Secularism: Questioning the Postcolonial Genealogy", *The German Review: Literature, Culture, Theory* 90 (1), 2015, pp. 6-20.

2) Joseph Blankholm, "Feeling out alternatives within secularity", *Religion* 51(4), 2021, p. 596.

3) 이진구, 「세속주의와 종교자유의 정치학: 일제하 신사참배 논쟁을 중심으로」, (2022년 상반기 정기심포지엄 자료집)『세속주의를 묻는다: 종교-세속의 이분법을 넘어서』, 한국종교문화연구소, 2022, 25-26쪽. 심포지엄 발표집에는 수록되어 있으나 논문과 총서에서는 빠짐.

4) 이진구, 위의 논문, 24쪽.

5) 이진구, 위의 논문, 24-25쪽. [ ]는 글쓴이 첨가.

6) 탈랄 아사드, 김정아 옮김, 『자살폭탄테러: 테러 · 전쟁 · 죽음에 관한 인류학자의 질문』(창비, 2016). Talal Asad, *On Suicide Bombing*, Columbia University Press, 2007.

7) 위의 책, 20쪽.

8) 위의 책, 22쪽.

9) 위의 책, 24쪽.

10) 위의 책, 76쪽.

11) 위의 책, 68쪽.

12) 위의 책, 77쪽.

13) 위의 책, 80쪽.

14) 위의 책, 90쪽.

15) 위의 책, 98-99쪽.

16) 위의 책, 95쪽.

17) 위의 책, 158-159쪽.

18) 위의 책, 157쪽.

19) 위의 책, 155쪽.

20) Talal Asad, "Thinking about religion, belief, and politics" in: Robert A. Orsi, *The Cambridge Companion to Religious Studies* (Cambridge University Press, 2011), pp. 36-57.

21) *Ibid.*, p. 43.

22) Charles Taylor, *A Secular Age* (Belknap Press/Harvard University Press, 2018).

23) Talal Asad, *Genealogies of religion. Discipline and reasons of power in Christianity and Islam* (Johns Hopkins University Press, 1993).

24) Marcel Mauss, "Les techniques du corps", *Journal de Psychologie Normale et Pathologique* XXXII, 1935, pp. 271-293.

25) Asad 2011, *op. cit.*, p. 42.

26) *Ibid.*, p. 49.

27) *Ibid.*, p. 51.

28) *Ibid.*, p. 52.

29) *Ibid.*, pp. 53-54.

30) *Ibid.*, pp. 53-54.

31) *Ibid.*, pp. 53-54. [ ]안은 글쓴이의 보충임.

32) Charles Hirschkind, *The Ethical Soundscape: Cassette Sermons and Islamic Counterpublics* (Columbia University Press, 2006), p. 18.

33) "Thematic issue: Anthropology Within and Without the Secular Condition", *Religion* 51(4), 2021.

34) "What Comes After the Critique of Secularism?: A Roundtable", *Journal of the American Academy of Religion* 88(1), Oxford University Press, 2020.

35) Blankholm, *op. cit.*, p. 598,

36) *Ibid.*, p. 598.

37) *Ibid.*, p. 596. 세속성(secularity)의 접미어 '-ity'는 일반적 상황을 뜻할 뿐이라고 저자가 밝히고 있다.

38) *Ibid.*, p. 602.

39) Eduardo Dullo, "On two Modalities of our Secularity: Anthropology's Immanent Frames", *Religion* 51(4), 2021, pp. 533-550.

40) Cécile Laborde, "Rescuing Liberalism from Critical Religion", "What Comes After the Critique of Secularism?: A Roundtable", *Journal of the American Academy of Religion* 88(1), Oxford University Press, 2020, pp. 60-62.

41) 존 롤스(1921-2002)는 하버드대 정치철학 교수로『정의론』으로 유명했다.

42) 비판적 종교학에 대한 라보르드의 답변이 충분하고 설득력 있는지에 대해서는 그녀의 저작 *Religion, Secularism, and Constitutional Democracy* (Columbia University Press, 2015)와 *Liberalism's Religion* (Harvard University Press, 2017)을 통해서 확인해야 할 것이다.

43) *Ibid.*, p. 67.

44) *Ibid.*, pp. 68-69.

45) John R. Shook, "Editorial Welcome to Secular Studies", *Secular Studies* 1(1), 2019, p. 1.

46) 이소마에 준이치, 「종교 연구의 돌파구. 포스트모더니즘·포스트콜로니얼 비평·포스트세속주의」, 윤해동·이소마에 준이치 엮음, 『종교와 식민지 근대. 한국 종교의 내면화, 정치화는 어떻게 진행되었나』(책과함께, 2013), 428쪽.

47) 위의 책, 427-428쪽.

48) 이 개념은 Jonathan Boyarin, "Does time stop in the world of Talmud Torah?", *Religion* 51(4), 2021, pp. 518-532에서 도입함.

엘리아데와 세속주의 담론 / 김재명

1) Udi Greenberg and Daniel Steinmetz Jenkins, "What Comes After the Critique of Secula-rism?: A Roundtable Introduction, Introduction," *Journal of American Academy of Religion* 88, no. 1(March 2020), p.2-3.

2) Talal Asad, *Formations of the Secular: Christianity, Islam, Mordernity* (Stanford: Stanford University Press, 2003). ; Talal Asad and others, *Is Critique Secular?: Blasphemy, Injury, and Free Speech* (New York: Fordham University Press, 2013).; Talal Asad, *Secular Translations: Nation State, Modern Self, and Calculative Reason* (New York: Columbia University Press, 2018).

3) Udi Greenberg and Steinmetz Jenkins, "What Comes Af ter the Critique of Secularism?: A Roundtable Introduction", p.9.

4) *Ibid.*, p.4.

5) Asad, *Formations of the Secular*: *Christianity, Islam, Mordernit*, p.16

6) *Ibid.*, p.1.

7) 『세속의 형성들』은 서문을 제외하고 총 7장으로 구성되는데, 대부분 2000년 이전에 작성되거나 강연되었던 것이다. 1장 세속주의 인류학은 어떤 모습일까는 2000년 3월 강연, 2장 행위자와 고통에 대해 생각해 보기는 2000년 5월 강연, 3장 학대와 고문에 대한 숙고는 1996년 글의 확대 개정, 4장 인권을 통한 인간 구하기는 2000년 12월 발표, 5장 유럽에서 종교적 소수자로서의 무슬림은 2000년 발표, 6장 세속주의, 민족국가, 종교는 1999년 발표, 7장 식민지 이집트에서의 법과 윤리의 재구성은 2000년 10월 강연된 것이다. 이 책은 2003년에 출간, 서문에 9·11 테러(2001년 9월 11일)에 대한 언급이 있는 것으로 보아 서문은 최소한 2001년 이후에 작성된 것으로 보인다.

8) *Ibid.*, p.2-3.

9) *Ibid.*, p.4-5.

10) *Ibid.*, p.7-8.

11) *Ibid.*, p.16-17.

12) *Ibid.*, p.9-11.

13) *Ibid.*, p.251.

14) David Swartz, *Culture and Power: The Sociology of Pierre Bourdieu* (The University of Chicago Press, 1997), p.96-97.

15) 김재명, 「종교의 지구지역화에 대한 이론적 연구: 한국개신교를 중심으로」, 서울대학교 박사학위논문, 2014, p.65-67.

16) Asad, *Formations of the Secular: Christianity, Islam, Mordernity*, p.251-252.

17) 마르셀 모스 지음, 박정호 옮김 , 『몸 테크닉』, 서울 : 파이돈, 2023, p.80-82.

18) Asad, *Formations of the Secular: Christianity, Islam, Mordernity*, p.23-24.

19) *Ibid.*, p.25.

20) *Ibid.*, p.67.

21) *Ibid.*, p.26-28.

22) *Ibid.*, p.27.

23) *Ibid.*, p.29.

24) *Ibid.*, p.30.

25) *Ibid.*, p.31-32.

26) *Ibid.*, p.32-33.

27) *Ibid.*, p.35.

28) *Ibid.*, p.36-37.

29) *Ibid.*, p.61-62.

30) *Ibid.*, p.189-191.

31) Mircea Eliade, "The Sacred in the Secular World", *Cultural Hermeneutics* 1, (1973), p.101.

32) *Ibid.*, p.110.

33) *Ibid.*, p.111.

34) 미르체아 엘리아데 지음, 김종서 옮김, 『미로의 시련: 엘리아데 입문』, 성남 : 북코리아, 2011[1978], p.100.

35) Eliade, "The Sacred in the Secular World ", p.100.

36) Mircea Eliade, *The Sacred and the Profane: The Nature of Religion*, trans. Willard Trask (New York: Harcourt, Inc., 1959[1957]), p.11.

37) Bryan S. Rennie, *Reconstructing Eliade* (Albany: State University of New York, 1996), p.19.

38) *Ibid.*, p.20.

39) 엘리아데, 『미로의 시련: 엘리아데 입문』, p.214.

40) Rennie, *Reconstructing Eliade*, p.9.

41) Bradley B. Onishi, *The Sacrality of the Secular: Postmodern Philosophy of Religion* (New York: Columbia University Press, 2018), p.175.

42) *Ibid.*, p.1.

43) *Ibid.*, p.176, 180, 181.

44) Bryan S. Rennie, "Mircea Eliade and the Perception of the Sacred in the Profane: Intention, Reduction, and Cognitive Theory", *Temenos: Nordic Journal of Comparative Religion* 43, no. 1 (January 2007).

45) 당 스페르베 지음, 김윤성·구형찬 옮김, 『문화 설명하기: 자연주의적 접근』, 서울 : 이학사, 2022, p.13.

46) *Ibid.*, p.241.

한국의 종교연구와 비평(비판)의 세속성 논의 / 장석만

1) 이 글에서는 비평, 비판이라는 용어를 별로 구분하지 않고 사용할 것이다. 영어권에서도 "criticism"과 "critique"를 구별하여 사용하기도 하고, 서로 혼용하기도 한다.

2) 「한국의 근대와 종교 개념, 그리고 연구 방향 모색을 위한 하나의 사례」, 『종교문화비평』, 통권 34호, 종교문화비평학회, 2018년 9월, p. 42.

3) 위의 글.

4) Martin Holbraad & Morten A. Pedersen, *The Ontological Turn: An Anthropological Exposition*. Cambridge University Press, 2017, pp. 288-293.

5) 신광철은 이를 두 가지 지향성으로 파악한다. 하나는 종교+문화비평이고, 다른 하나는 종교문화+비평이다. 「'종교문화비평'의 관점과 시야, 그리고 외연」, 『한국의 종교학: 종교, 종교들, 종교문화』, 한국종교문화연구소 30주년논총 편집위원회 엮음, 도서출판 모시는사람들, 2019, 111-112쪽.

6) 이 논문의 심사의견 가운데 종교학이 지칭하는 바가 무엇인지 밝히라는 요구가 있었다. 이런 경우, 흔히 거론되는 구절은 "비고백적이고 비봉헌적"인 연구이다. 이 구절이 일컫는 바는 신학 및 교학적인 연구처럼 자신의 신앙에서 출발해서 그 신앙을 정당화하는 것으로 끝나지 않는다는 것이다. 바꾸어 말하면 종교학은 닫힌 회로에서 맴돌지 않고, 자신의 전제를 되물으며 넘어설 수 있어야 열리는 영역이다. 이에 대한 논의는 문화비평과 관련해서 2장에서 좀 더 서술될 것이다. 그러나 폐쇄회로가 아니라 개방회로를 지향하는 것은 종교학에만 국한되지 않는다. 인문학을 포함하여 많은 학문이 목표한다고 볼 수 있다. 새로운 학문이 생기는 것은 기존 학문 분야가 관성에 빠져 같은 질문과 답변을 지루하게 반복할 때이다. 예컨대 서구 르네상스 시기의 인간 중심주의가 '휴머니티즈'의 탄생 배경이 되었다고 해서, 계속 거기에 머물러 있다면, 폐쇄회로의 편안한 맴돌기에 빠진 것으로, 새로운 문제의식이 태동하는 배경을 이룬다.

7) 김윤성, 「종교학과 문화비평의 관계에 대한 성찰과 전망」, 『종교문화연구』, 제33호, 2019.

8) 위의 글, 271쪽.

9) 정진홍, 「종교학의 과제」, 『종교학서설』, 전망사, 1980, 73쪽. 김윤성, 위의 글, 275쪽.

10) 박규태, 「고양이의 꿈: 종교학과 문화비평」, 『종교문화연구』, 제4호, 2002, 5-14쪽.

11) 정진홍, 「종교와 문학: "이야기"로서의 접근을 위한 하나의 시론」, 『종교연구』, 제7집, 1991.

12) 위의 글, 34-35쪽.

13) 위의 글, 34-36쪽.

14) 위의 글, 35쪽.

15) 박규태, 앞의 글, 7-8쪽.

16) 정진홍, 앞의 글, 35쪽.

17) 위의 글.

18) 정진홍, 「신학적 관심의 문화비평적 지양: 게라르드스 반 드르 레우」, 『종교문화의 인식과 해석』, 서울대학교출판부, 1996.

19) 이름 표기법이 난립하여 생기는 문제에 대해 연구자들의 논의가 필요하다는 점은 여기에서도 드러난다. 방원일은 '반 델 레우' '반 데어 레에우', '반 드르 레우후' 등 여러 가지 표기 가운데 '판데르 레이우'를 제시한다. 〈종교학벌레〉, http://bhang813. egloos.com/1875901, 2022년 4월 15일 접속.

20) 정진홍, 앞의 글, 158-159쪽.

21) 위의 글, 159쪽.

22) 위의 글, 165쪽.

23) 위의 글, 167쪽.

24) 위의 글, 171-172쪽.

25) 위의 글, 155쪽.

26) 김윤성, 앞의 글, 280-281쪽.

27) 장석만, 「문화비평으로서의 종교학」, 특집: 종교학과 문화비평, 『한국종교연구회회보』, Vol. 2, 1990, 4쪽.

28) 위의 글, 5쪽.

29) 위의 글. 정진홍, 「형이상학적 반란, 그 이후」, 『종교문화의 전개』, 집문당, 1986.

30) 박규태, 「고양이의 꿈: 종교학과 문화비평」, 『종교문화연구』, 제4호, 2002, 5-14쪽.

31) 위의 글, 7-8쪽.

32) 위의 글. 7쪽.

33) 위의 글, 10-11쪽.

34) 위의 글, 9-10쪽.

35) 위의 글, 10쪽.

36) 위의 글.

37) 위의 글.

38) 위의 글, 10-11쪽.

39) 위의 글, 8-9쪽.

40) 위의 글, 11쪽.

41) 위의 글, 13쪽.

42) 위의 글.

43) 강돈구, 「발간사」, 『종교문화비평』, 창간호, 2002, 4쪽. 이 내용에 대해서는 앞서 신광철의 글에서도 언급하고 있다. 신광철, 앞의 글, 109-110쪽.

44) 위의 글.

45) 위의 글, 5쪽.

46) 위의 글.

47) 신광철, 「종교학과 문화비평: 한국에서의 연구경향을 중심으로」, 『한국종교』, 제29집, 2005, 3-9쪽.

48) 위의 글, 7쪽.

49) 위의 글.

50) 김윤성, 앞의 글, 287-288쪽.

51) 위의 글.

52) 김명인 외, 『주례사 비평을 넘어서』, 한국출판마케팅연구소, 2002.

53) 다나 J. 해러웨이, 사이어자 니콜스 구디브, 『한 장의 잎사귀처럼: 〈사이보그 선언문〉의 저자 다나 J. 해러웨이의 지적 탐험』, (다알로고스총서 2), 민경숙 옮김, 갈무리, 2005, 183-5쪽. Donna J. Haraway, *How Like a Leaf: An Interview with Thyrza Nichols Goodeve*, Routledge, 1999, pp. 110-112. 이 부분의 제목은 번역본에서 "세속적 실천"으로 옮긴 "Worldly Practice"이다. 해러웨이의 "Worldly"는 인간의 유한성, 피할 수 없는 죽음, 신체성, 우연성, 역사성을 강조하기 위한 단어이다. 번역본에는 황당한 오역이 적지 않아, 독자의 주의가 필요하다. 인용 부분은 번역본의 문장을 참고하되, 수정하여 사용하였다.

54) 이진구, 「한국 기독교에 대한 소전 종교학의 문화비평」, 『종교문화비평』, 통권 24호, 2013. 이 글은 다음 책에 다시 게재되었다. 소전 회수기념문집편찬위원회 엮음, 『정직한 이삭줍기: 소전 정진홍교수 종교연구의 지평』, 모시는사람들, 2013, 139-165쪽.

55) Russell T. McCutcheon, *Critics Not Caretakers: Redescribing the Public Study of Religion*, Albany: State University of New York Press, 2001.

56) *Ibid*. pp. 135-139.

57) 이진구, 앞의 글, 162쪽.

58) 위의 글, 165쪽.

59) Craig Martin, Russell McCutcheon, Monica R. Miller, Steven Ramey, K. Merinda Simmons, Leslie Dorrough Smith, Vaia Touna, "Keeping "critical" critical: A conversation from Culture on the Edge," *Critical Research on Religion*, Volume 2

Issue 3, 2014.

60) 강돈구, 「한국종교학의 회고와 전망」, 『종교이론과 한국종교』, 박문사, 2011, 64쪽.

61) 장석만, 「지령 14호를 맞이하여」, 『종교문화비평』, 통권 제14호, 2008년 9월, 5쪽. 신
광철도 이 내용에 주목한 바가 있다. 신광철, 「'종교문화비평'의 관점과 시야, 그리고
외연」, 한국종교문화연구소 30주년 논총 편찬위원회 엮음, 『한국의 종교학: 종교, 종
교들, 종교문화』, 모시는사람들, 2019, 111쪽.

62) 김병익, 김치수, 김현, 「문지 창간호를 내면서」, 『문학과지성』, 제1권, 제1호, 통권 제
1호, 1970년 가을, 6쪽.

63) 위의 글, 5쪽.

64) 위의 글, 5-6쪽.

65) 「創刊 一週年 記念號를 내면서」, 『문학과지성』, 제2권 제3호, 통권 제5호, 1971년 가
을, 483쪽.

66) 위의 글, 484쪽.

67) 길희성, 「대학과 종교연구: 종교학의 역사적 위치와 사명」, 『종교연구』, 제2집, 1986.

68) 위의 글, 11쪽. 13-15쪽.

69) 위의 글, 11-13쪽.

70) 위의 글, 15-16쪽.

71) 위의 글, 19쪽.

72) 위의 글, 19-20쪽.

73) 정진홍, 「서양종교학의 미로」, 정진홍 외, 『한국종교학: 성찰과 전망』, 대한민국학술
원, 2021, 72쪽.

74) Tim Jensen, Mikael Rothstein, eds. *Secular Theories on Religion: Current Perspectives*,
Museum Tusculanum Press, 2000.

75) 위의 책, p. 7.

76) 위의 책, p. 8.

77) 강돈구, 「한국종교학의 회고와 전망」, 『종교이론과 한국종교』, 박문사, 2011, 51쪽

78) 「창간호 특별좌담회: 한국종교학의 회고와 전망」, 『종교문화비평』, 창간호, 2002,
157-209쪽.

79) Talal Asad, Wendy Brown, Judith Butler, Saba Mahmood, *Is Critique Secular?:
Blasphemy, Injury, and Free Speech*, University of California Press, 2009. 2013년의
개정판은 출판사를 Fordham University Press로 바꾸어 간행되었다.

80) 2005년 9월 30일 덴마크의 일간지 '윌란스 포스텐'(Jyllands-Posten)에 "무하마드의 얼
굴"이라는 제목으로 무하마드에 관한 12개의 카툰이 실렸는데, 이를 둘러싸고 커다
란 항의와 논쟁이 벌어졌다. 신문사는 이슬람을 비판하는데 자기검열이 있는지를 살
피기 위해 이를 기획했다고 밝혔다. 발행된 지 4개월이 지나자 무슬림의 항의 집회가
세계 곳곳으로 확산되었다. 파키스탄의 덴마크 대사관에 폭탄이 투척되었고, 시리아,

레바논, 이란의 덴마크 대사관에 방화가 이어지는 등 소동이 벌어졌고, 그 과정에서 100명의 사망자가 발생하였다. 다른 한편으로 덴마크 상품을 사서 응원하자는 캠페인이 일어나기도 했다. 당시 덴마크 수상은 제2차 세계대전 이후 덴마크가 겪는 최악의 국제적 위기 상황이라고 주장했다. 2008년에는 50여 개국에 달하는 신문에 그 카툰이 다시 실려서 논쟁이 더욱 격화되었다. 쿠르트 베스테르고르는 당시 카툰을 그렸던 작가인데, 살해 협박에 시달려 경찰의 신변 보호를 받았다. 그는 2021년에 86세의 나이로 숨졌다.

81) Wendy Brown, "Introduction," *Ibid*. pp. 7-18.

82) 종교가 배제되는 대신, 비(非)-종교 즉 세속 영역이 부각된다. 세속적인 것은 공(公)과 사(私)의 구분과 불가분의 관계에 있다. 사적 영역에 배당된 종교에 반해, 세속은 공적 영역을 관장하면서 '비'(非) 종교적인 태도를 취하여, 이른바 '관용'의 자세를 지니기도 하고 때로 '반'(反) 종교적 태도를 취하기도 한다. 하지만 세속적인 것은 균질적이고 단일한 것이 아니며, 종류도 하나가 아니라 여러 가지가 있다. 또한 세속 영역 안에서 변화가 일어나 갈등과 모순이 불거지기도 한다. 예컨대 미국의 공립학교에서 기독교식 기도를 합법화하려고 하면서 동시에 중동에서는 세속적 정권을 세우려고 하는 미국 외교 정책 같은 것이다.

83) Talal Asad, "Free Speech, Blasphemy, and Secular Criticism," *Ibid*. p. 20.

84) *Ibid*., pp. 20-21.

85) 다음의 논문에서 아사드는 언론의 자유에 관해 다음과 같이 주장한다. "언론의 자유는 말할 능력뿐만 아니라, 남을 듣게끔 하는 능력을 상정하고 있다. 아무리 말해도 들어주는 이가 없으면 공적 영역에서 말할 필요가 없어지기 때문이다. 남이 듣기 싫어해도 뭔가 실제적인 효과를 이끌어 내도록 해야 할 필요가 있다. 그리고 자유롭게 논쟁한다고 주장해도 아무나 참여하도록 허용되지도 않는다. 언론자유의 영역은 이미 어떤 한계가 설정되어 있다. 법적인 한계(중상모략 금지, 판권, 특허권 침해 불가)도 있고 비밀 준수의 관습적인 한계도 있다. 그러나 이런 외적 권력에 의한 한계만 있는 것이 아니다. 논의가 벌어지는 시, 공간상의 제약, 논의되는 내용, 말하고 듣는 이가 처한 조건도 심각하게 고려해야 한다. 그래서 누구에게나 명료하게 드러나는 자유언론의 공적 영역이란 존재하지 않는 것이다." Talal Asad, "Religion, Nation-State, Secularism," Peter van der Veer and Hartmut Lehmann (eds.), *Nation and Religion: Perspectives on Europe and Asia*, Princeton University Press, 1999, pp. 178-196.

86) Talal Asad, "Free Speech, Blasphemy, and Secular Criticism," *op.cit*. pp. 23-27.

87) *Ibid*., pp. 30-32.

88) *Ibid*., p. 32, p. 39.

89) *Ibid*., pp. 33-35.

90) *Ibid*., p. 56.

91) 이 부분은 Talal Asad, "Historical notes on the idea of secular criticism"라는 제목으로

Immanent Frame에 2008년 1월 25일 게재되었다.

http://tif.ssrc.org/2008/01/25/historical-notes-on-the-idea-of-secular-criticism/*Is Critique Secular?* 책에서 pp. 46-55에 해당한다.

92) Said, "Secular Criticism," *The World, the Text, and the Critic*, Harvard University Press, 1983, p. 15.

93) 그 대신 아사드는 연구 노트의 성격을 띤 자신의 생각을 제시한다. 여기서 아사드는 자신이 비판의 고정된 정의를 내리지 않을 것이며, 크리티시즘과 크리티크를 엄밀하게 구분하여 말하지도 않겠다고 밝히면서, 그리스어 동사, 크리노(krino)에서 출발하여 간략히 서구사회의 개념사적 변화를 추적한다. Asad, *op. cit*, pp. 47-51

94) *Ibid.*, p. 53.

95) *Ibid.*, p. 54.

96) *Ibid.*

97) *Ibid.*

98) *Ibid.*, pp. 54-55.

99) *Ibid.*, p. 55.

100) *Ibid.*

101) *Ibid.*

102) Saba Mahmood, "Religious Reason and Secular Affect: An Incommensurable Divide?," *Is Critique Secular? op. cit.* pp. 64-66.

103) *Ibid.*, p. 67.

104) *Ibid.*, pp. 71-72. 마흐무드는 웹 킨(Webb Keane)의 주장에 의거하여 이미지를 대하는 관점을 두 가지로 구분한다. 하나는 이미지를 언어나 기호에 환원, 귀속시키는 것인 반면, 다른 하나는 이미지를 언어에 환원하지 않고, 언어에 맞먹는 힘을 행사하며 사회적 실재를 만들어내는 것으로 보는 것이다. 서로 전혀 다른 모델이다. 전자는 이미지를 의미, 커뮤니케이션, 표상의 논리에 복종하도록 만들지만, 후자에서는 이미지가 거기에 따를 필요가 없이 약동할 수 있다. 마흐무드가 보기에 전자(前者)의 득세는 개신교가 자리를 잡고 전 세계에 영향을 미치게 된 것에 기인한다. 종교를 믿는다는 것이 일련의 지적인 명제에 동의하는 것이라고 보는 관점도 주로 그 영향권에서 생겨나 유지된다. 이런 개신교적 기호 이데올로기가 판을 장악하면 주체-객체, 기표-기의, 형태-본질, 실체-의미 등의 이분법이 작동하고, 언어-사물, 기호-세계, 파롤-랑그의 구분을 고정불변한 것으로 만들어버린다. 중요한 점은 바로 이런 기호 이데올로기가 카툰 담론에서도 무소불위의 지배력을 행사하고 있다는 것이다.

105) 이런 관점에서 보면, 카툰은 무하마드의 모습을 그려놓은 것일 뿐이므로, 결코 신성하다고 볼 수 없다. 그래서 그런 카툰을 보고, 노발대발하는 것이 우스꽝스럽다고 여기는 것이다. 기표와 기의의 차이를 파악하지 못하고 뒤섞어서 보기 때문에 생긴 그저 오해와 혼란에 불과하다고 보는 것이다. 이렇게 생각할 경우, 필요하게 여겨지는

작업은 이미지가 단지 물질적 기호에 지나지 않다는 것을 계몽하는 것이다.

106) *Ibid.*, p. 90. 마흐무드가 언급한 워너의 글은 다음과 같다. Michael Warner, "Uncritical Reading," in *Polemic: Critical or Uncritical,* ed. Jane Gallop (New York, 2004), pp. 13-37. 마이클 워너는 유럽 역사에서 그런 변화의 과정을 추적하여, 크리티크의 개념에 담겨있는 특유의 주체성 형성과 그 권력 작용을 훌륭하게 보여준 바가 있다.

107) Saba Mahmood, *op. cit.*

108) *Ibid.*, p. 91.

109) *Ibid.*

110) *Ibid.*

111) *Ibid.*, p. 92.

112) Judith Butler, "The Sensibility of Critique: Response to Asad and Mahmood," *Is Critique Secular?* p. 110. 버틀러는 레이몬드 윌리엄스, 아도르노, 스피박, 벤야민 등의 관점을 예거하면서 크리티크와 크리티시즘의 구분이 유용하며, 크리티크가 근대 크리티시즘에 내포된 세속적 전제를 파헤치는 데 강력한 힘을 발휘할 것이라고 본다. 크리티크와 크리티시즘은 사실 층위를 달리하는 차원에 있는 것이며, 크리티크가 놓인 차원은 우리가 생존하기 위해 없어서는 안될 것(스피박), 진실의 내용을 추구하는 것(벤야민)과 연결된다고 본다.

113) *Ibid.*, p. 110. p, 114.

114) *Ibid.*, p. 115.

115) *Ibid.*, p. 117.

116) *Ibid.*, pp. 117-118. 이사아는 침해라는 뜻으로, 위해를 가하는 말이나 행동을 일컫는다. 버틀러는 무슬림이 카툰을 신성모독(tajdīf)이라는 개념이 아니라, 신자들에게 모욕과 상해를 가했다는 개념(isā'ah)으로 책망했다는 것을 환기한다. 아사드가 의하면, 이슬람에서는 신앙을 가지지 않아도 처벌하지 않으며, 신앙을 갖도록 명령을 내리지 않는 반면, 신앙이나 불신앙을 강제하는 것은 심각하게 여기고 반대한다. 그런데 무슬림이 보기에 카툰은 신자들에게 불신(不信)을 강요한 것이다.

117) *Ibid.*, p. 118.

118) *Ibid.*, p. 119.

119) *Ibid.*

120) Judith Butler, "Mahmood: Politics of the Icon," *Ibid.* p. 120.

121) *Ibid.*, pp. 121-122.

122) *Ibid.*, p. 123.

123) *Ibid.*, pp. 123-125.

124) Saba Mahmood, *op. cit.* p. 90.

125) Judith Butler, *op. cit.* pp. 125-126.

126) *Ibid.*, p. 127.

127) *Ibid.*, p. 130.

128) *Ibid.*, p. 134.

129) Asad, "Reply to Judith Butler," p. 137.

130) *Ibid.*

131) *Ibid.*, p. 138.

132) *Ibid.* 아사드는 자신이 이런 탐구와 문제 제기가 어떤 도덕적, 정치적 목표를 향한 것인지 종종 자문한다고 밝힌다. 정의? 공감? 진리? 이 물음에 대해 아사드는 추상적 답변이 불가능하다고 주장한다. 왜냐하면 이해하고자 하는 상황은 늘 상이하고, 답변은 그런 상황 속에서 이루어진 담론과 행위에 함축되어 있기 마련이라는 것이다. 그래서 처음 목표라고 생각한 것이 나중에 귀착된 것보다 별로 중요하지 않다는 사실을 깨닫는 게 중요하다고 본다.

133) *Ibid.*, p. 139. 게다가 아사드는 중세 아우구스티누스의 비판적 관점을 예로 들면서 대상에 대한 평가와 그 대상에 관한 가능성의 조건을 확인하는 두 영역 모두에 걸쳐 있을 수도 있음을 주장한다.

134) *Ibid.*, p. 140. 또한 아사드는 푸코의 비판(크리티크)에 대한 자신의 관점에 대해 버틀러가 이의를 제기한 부분에 대해서도 반박한다. 푸코의 비판 개념이 칸드 인식론에 근거하고 있다는 주장이 잘못되었다고 볼 수 없다는 것이다. 그러면서 아사드가 보기에 비판에 대한 푸코의 관점에서 흥미로운 부분은 비판을 하나의 태도, 살아가는 방식이라고 본 것이다. 어른으로 살아가기 위해서는 외적 권위에 의존하는 것을 거부하고 스스로 생각하는 것이 반드시 필요하기 때문이다. 한 개인뿐만 아니라, 인류가 성숙한 단계로 진입하기 위해서, 인류의 진보를 위해서 비판은 필수적이라고 보며, 끊임없이 이루어져야 할 과제로서 등장한다.

135) *Ibid.*, p. 143. 제2차 세계대전 이후 유엔 인권선언으로 인해 국민국가의 주권뿐만 아니라, 개인의 권리도 절대적인 것으로서 보호해야 한다는 것이 강조되었다. 이에 따라 정부, 언론, 엔지오(NGO) 등이 쉴새 없이 크리티시즘과 크리티크를 작동하여 이 권리이자 의무가 제대로 지켜지고 있는지 감시가 이루어졌다. 아사드에 따르면 이를 위해 서구의 물질적 간섭, 즉 법률적, 재정적, 군사적 개입이 행해져 인권이라는 보편 진리의 구현이 장려되고, 비(非) 서구인들에게 성숙의 진정한 의미가 무엇인지 가르쳐주는 일이 벌어졌다. 아사드는 이런 물질적 개입과 크리티크가 결코 별개라고 볼 수 없다고 생각한다. 물질적 간섭은 비판의 가능성 조건을 증진하기 위한 것이며, 바로 크리티크에 해당하는 것이다. 무한 진보에 관한 19세기의 신념이 20세기 전반에 유럽 제국의 몰락과 더불어 붕괴되었노라고 말을 하지만, 인권이라는 초월적 판단(transcendent judgment)이 등장하고, 그로부터 해야 할 각종 세상사가 부상(浮上)함으로써 서구의 임무가 확고하게 퍼지게 된 것이 아닌가? 아사드가 던지는 물음이다.

136) *Ibid.*, p. 144.

137) *Ibid.* 이 부분의 표현은 다음과 같다. "criticism" of critique 그리고 "critique" of

critique.

138) Saba Mahmood, "Reply to Judith Butler," *Ibid.*, p. 146.

139) *Ibid.*, pp. 146-147. 이를 모듈적 배열과 프랙티스라는 용어로 표현하고 있다.

140) *Ibid.*, p. 147. 마흐무드가 말하고 있는 이슬람은 단일한 문화구성체가 아니라, 하나의 담론적 전통이다. 여기서 행위자는 무슬림으로서 살아가는 것이 무슨 의미인지를 얻기 위해 고투(苦鬪)를 한다. 그리고 그런 안간힘은 "세속적 리버럴리즘"이 상당한 힘을 행사하는 세력권 안에서 이루어진다. 덴마크 카툰 사태를 대상으로 한 마흐무드의 분석도 무슬림이 무함마드라는 인물에 어떤 식으로 연결되어 있는지를 이해하고자 한 것이지, 이슬람 문화라고 통째로 말한 것이 아니다. 왜냐하면 무함마드와 경건한 무슬림 사이의 연관성에 대해 마흐무드가 정리한 내용에 대하여 적지 않은 무슬림이 동조하지 않을 수도 있기 때문이다. 마흐무드는 자신의 글에서 무함마드와 무슬림 사이에 이루어진 이런 연관성 및 무슬림이 받은 상처의 대체적인 성격을 밝히려고 했는데, 그 목적은 결코 무슬림의 분노와 그들의 다양한 행동이 이해될 수 있도록 권위 있는 설명을 제시하고자 함이 아니었다고 주장한다.

141) *Ibid.*, pp. 148-149. 마흐무드가 보기에 그런 윤리적 감수성(ethical sensibilities)과 정동(情動)의 구조는 유럽인권재판소의 판결문에서도, 이집트의 재판에서도 볼 수 있다. 하지만 중립적이고 객관적으로 치장하는 법에는 암묵적으로 특정 윤리적 기저가 드리워져 있다. 윤리 우선성을 주장한다기보다 흔히 간과되곤 하는 법과 윤리적 구조의 관계를 인지하는 것이 중요함을 지적하는 것이다. 마흐무드는 유럽 무슬림도 이런 점을 놓치고 있는 것은 마찬가지라고 본다.

142) 주디스 버틀러, 『혐오 발언: 너와 나를 격분시키는 말 그리고 수행성의 정치학』 (Excitable Speech: A Politics of the Performative, 1997), 유민석 옮김, 알렙, 2022.

143) Saba Mahmood, "Reply to Judith Butler," p. 150. 마흐무드가 묻는다. 덴마크 카툰 사건에서 문제가 되었던 무슬림의 신앙 모델이 종교자유의 조항 아래 국가권력의 보호를 받으면 제대로 인지되어서, 갈등이 해소될 수 있겠는가? 종교자유 조항이 중립적이라고 들이대면서 과연 서구의 종교적 관점 및 행위와는 판이한 개념을 가진 종교적 관점이 이해될 수 있겠는가?

144) *Ibid.*, p. 151. 비록 학문 활동과 정치 행위가 같은 성격을 띤 것이라고 말할 수는 없지만, 정치적 관점이 개입되지 않은 지적 노력이라는 건 있을 수 없으며, 각각의 독특한 특성이 있어서, 두 가지 활동 모두 필요하다고 마흐무드는 주장한다.

145) *Ibid.*, p. 152.

146) *Ibid.*

147) *Ibid.*, pp. 152-153. 마흐무드는 이런 측면을 미국 민권운동에서도 찾을 수 있다고 본다. 여기서 법 제정의 작업뿐만 아니라, 흑인과 백인의 (몸과 습관적) 감수성을 변혁하는 다양한 노력이 이루어졌으며, 그런 노력이 지속적으로 확산될 수 있도록 자리를 마련하였던 것이다.

148) 이 사이트(The Immanent Frame)는 2007년 10월에 설립된 이래, 종교, 세속주의, 공공 영역에 대한 간(間) 학제적 연구 및 논의가 이루어지는 곳으로 유명하다. 내재적 프레임이라는 제목은 찰스 테일러가 근대의 특징을 지적하며 쓴 개념이다. https://tif.ssrc.org/about/ 2022년 2월 17일 접속.

149) Chris Nealon, "Is critique secular?" *The Immanent Frame*, December 3, 2007. 2022년 2월 17일 접속. http://tif.ssrc.org/2007/12/03/is-critique-secular/

150) *Ibid*.

151) Andrew March, "Poppies and Prophets," *Ibid*. March 17, 2011. http://tif.ssrc.org/2011/03/17/poppies-and-prophets/ 2022년 2월 17일 접속.

152) Cécile Laborde, "Three approaches to the study of religion," February 5, 2014, *Immanent Frame: Secularism, Religion, and the Public Sphere* http://tif.ssrc.org/2014/02/05/three-approaches-to-the-study-of-religion/ 2022년 3월 3일 접속.

153) Rita Felski, "Why the humanities matter: Learning from Bruno Latour," *The ABC's Religion and Ethics Portal*, Posted Tue 16 Feb 2021. https://www.abc.net.au/religion/rita-felski-why-the-humanities-matter/13161486 2022년 3월 15일 접속.

154) 이 프로젝트는 유럽과 북미의 국가기관, 재판소, 그리고 공중(public) 등의 공공 영역에서 종교가 어떻게 파악되는지를 살피는 것을 목표로 2011년부터 2015년까지 활동한 단체이다.

155) Cécile Laborde, *op. cit*.

156) 종교 비판이 통상적으로 가리키는 바와는 차이가 있다. 따라서 혼동하게 되면 문제가 생길 수 있으니, 주의할 필요가 있다.

157) *Ibid*.

158) *Ibid*.

159) 리타 펠스키, 『근대성의 젠더』, 심진경, 김영찬 옮김, 자음과모음(이룸), 2010. 리타 펠스키, 『페미니즘 이후의 문학』, (여이연이론 20) 이은경 옮김, 여성문화이론연구소(여이연), 2010.

160) Rita Felski, *op. cit*.

161) 펠스키는 비판에 다음과 같은 여러 의미가 내포되어 있다고 본다. 회의적 태도의 성찰 또는 대놓고 비난하기, 억압적이고 오만한 사회 세력과 타협하지 않기, 지적 혹은 정치적으로 급진적 자세를 취하기, 비판적이지 않은 것은 모두 '무비판적'(un-critical)이라고 간주하기 등으로 등이다. 펠스키가 말하고자 하는 바는 비판을 신주 단지 모시듯 하게 되면 불필요한 비판의 부정적 요소까지 동반하게 될 수 있다는 것이다.

162) Bruno Latour, "Why Has Critique Run out of Steam? From Matters of Fact to Matters of Concern," Critical Inquiry, Vol. 30, Winter 2004.

163) Rita Felski, *op. cit.* Curating, Conveying, Criticising, Composing.

164) *Ibid.*

165) *Ibid.*

166) *Ibid.* 이의를 제기하며, 영합하지 않고, 반대하기.

167) *Ibid.*

168) *Ibid.* 'de'의 작업: deconstructing, demystifing, debunking, 're'의 작업: reassembling, reframing, reinterpreting, remaking

169) *Ibid.*

세속화에 대한 저항 / 조성환

1) 후쿠자와 유키치 지음, 성희엽 옮김, 『문명론 개략』(소명출판, 2020), 332-333쪽. 밑줄은 인용자의 것(이하의 모든 인용도 마찬가지). 이하, '후쿠자와 유키치, 『문명론 개략』'으로 약칭.

2) 후쿠자와 유키치, 『문명론 개략』, 349쪽.

3) 이상, 후쿠자와 유키치의 자연관에 대한 소개와 비판은 졸고, 「문명의 두 얼굴: 후쿠자와 유키치와 다나카 쇼조의 문명론과 조선론을 중심으로」, 『한국종교』 51집, 2022, 224-226쪽을 참고하였다.

4) 한나 아렌트는 1958년에 쓴 『인간의 조건』에서 "지구는 인간의 가장 핵심적인 조건이다"라고 하였다. 이에 대해서는 이 책의 제4부에 실린 필자의 「생태 위기에 대한 지구학적 대응: 성스러운 지구와 세속화된 가이아」의 "2. 인간의 조건으로서의 지구"를 참고하기 바란다.

5) 제인 베넷 지음, 문성재 옮김, 『생동하는 물질: 사물에 대한 정치생태학』(현실문화, 2010).

6) 카렌 암스트롱 지음, 정영목 옮김, 『성스러운 자연: 잃어버린 자연의 경이를 어떻게 되찾을 것인가』(교양인, 2023), 22-23쪽. 이하, '카렌 암스트롱, 『성스러운 자연』'으로 약칭.

7) 시노하라 마사타케 지음, 조성환 외 옮김, 『인류세의 철학』(모시는사람들, 2022), 21쪽.

8) Dipesch Chakrabarty, "The Planet: An Emergent Matter of Spiritual Concern?" *Harvard Divinity Bulletin*, Autumn/Winter 2019.
   (https://bulletin.hds.harvard.edu/the-planet-an-emergent-matter-of-spiritual-concern/)

9) 여기서 '세속화' 개념은 막스 베버가 말한 '탈주술화(disenchantment) 또는 탈신성화(desacralization)'의 의미로 사용하였다.

10) 최제우 『동경대전』 「주문」, 145쪽. 이 외에도 『동경대전』 「논학문」, 127-128쪽에는

'시천주'의 '시(侍)'와 '주(主)'의 의미에 대한 최제우의 해설이 실려 있다. 이 글에서 인용하는 최제우의 『동경대전』과 『용담유사』의 원문과 번역 그리고 쪽수는 김용휘, 『최제우의 철학』(이화여자대학교출판부, 2012)을 참고하였다.

11) "나는 도시 믿지 말고 하늘님을 믿었어라. 네 몸에 모셨으니 사근취원(捨近取遠) 하단 말가." 최제우 『용담유사』 「교훈가」, 188쪽. '사근취원'은 "가까운 것을 버리고 먼 것을 취한다"는 뜻이다. 번역서에는 '한울님'이라고 표기되어 있는데, '한울님' 개념은 1910년대에나 등장하기 때문에 여기에서는 '하늘님'으로 수정하였다. 최제우나 최시형 당시에는 아래 아(·) 한글이 들어간 '하늘님' 등으로 썼다.

12) "人是天, 天是人. 人外無天, 天外無人." 『해월신사법설』 「천지인·귀신·음양」, 142쪽. 이 글에서 인용하는 『해월신사법설』의 원문과 번역 그리고 쪽수는 이규성, 『최시형의 철학』(이화여자대학교출판부, 2011)을 참고하였다. 번역은 필요에 따라 약간의 수정을 가했다.

13) "人是天人." 『해월신사법설』 「개벽운수」, 177쪽.

14) "打兒卽打天矣." 『해월신사법설』 「대인접물」, 150쪽.

15) 가령 "성경이자(誠敬二字) 지켜내어…." 최제우, 『용담유사』, 「도수사」, 212쪽. "성지우성(誠之又誠) 공경해서 하늘님만 생각하소.", 같은 책, 「권학가」, 225쪽 등등. 여기에서 성경(誠敬)은 중국의 성리학에서부터 강조되었던 윤리적 덕목이다. 이것으로부터 알 수 있듯이, 최제우는 후쿠자와 유치키와는 정반대로, 동아시아의 '도학' 전통을 여전히 잇고 있다. 그가 자신의 사상을 '동학'이라고 명명한 이유도 여기에 있다.

16) "萬物莫非侍天主." 『해월신사법설』 「대인접물」, 154쪽.

17) "셋째는 경물(敬物)이니, 사람은 사람을 공경함으로써 도덕의 극치가 되지 못하고, 나아가서 만물(物)을 공경함에까지 이르러야 천지기화(天地氣化)의 덕에 합일될 수 있느니라." 『해월신사법설』 「삼경(三敬)」, 94쪽.

18) 『해월신사법설』 「이천식천」, 196-197쪽.

19) 서양어 '희생(sacrifice)'이라는 말은 '거룩하게 만들다(sacrificium)'에서 유래하였다. 카렌 암스트롱, 『성스러운 자연』, 116쪽. 최시형의 "이천식천"을 이와 같은 종교생태학적 관점에서 해석한 선구적인 연구로는 황종원, 「최시형 '식(食)' 사상의 종교생태학적 의의」, 『신종교연구』 26, 2012가 있다.

20) 윤노빈, 『신생철학』(학민사, 2010. 초판은 1974), 338쪽. 원문에는 천도교 시대의 하늘님의 명칭인 '한울님'으로 되어 있다. 이하, '윤노빈, 『신생철학』'으로 약칭.

21) 윤노빈, 『신생철학』, 339쪽.

22) 최시형, 『해월신사법설』 「향아설위」, 189쪽.

23) 최시형, 『해월신사법설』 「천지부모」, 131-133쪽.

24) 향아설위에 담긴 함축을 제천의례로 해석하는 점에 대해서는 졸고, 「동학에서의 제천의례의 일상화: 해월 최시형의 '향아설위'를 중심으로」, 『한국종교』 48집, 2020을 참고하였다. 이후, 원광대학교 종교문제연구소 기획, 『한국 근·현대 민중중심 제천

의례 조명』(모시는사람들, 2021)에 수록되었다.

25) "제사는 식사요 식사는 제사이다." 김지하, 『밥』(분도출판사, 1984), 43쪽.

26) 『해월신사법설』「향아설위」, 190-191쪽.

27) 최제우는 '시천주'를 다음과 같은 주문으로 정식화 하였다: "시천주(侍天主) 조화정(造化定) 영세불망(永世不忘) 만사지(萬事知)." 여기에서 '만사지'가 최시형이 말한 '만고사적분명'에 해당하는 어구이다.

28) 윤노빈, 『신생철학』, 335-336쪽.

29) 『해월신사법설』「오도지운(吾道之運)」, 211쪽. 윤노빈은 '殺人器'의 한자를 '殺人機'라고 하였다.

30) 톨스토이는 1904년 6월에 *The Times of London*에 "Count Tolstoy on the War: Bethink Yourselves"라는 제목의 '비전론'을 발표하였다. 이 점에 대해서는 Susanna Fessler, "Anesaki Masaharu's Reception of Leo Tolstoy and His Failed Attempt at Finding the Faith," *The Journal of Transcultural Studies*, Issue 1-2, 2018, p.72 참조.

31) 참고로 최시형의 『해월신사법설』에는 '도덕문명'이라는 개념이 나오고 있다: "明天地之道, 達陰陽之理, 使億兆蒼生, 各得其業, 則豈非道德文明之世界乎!"(「성인지덕화」)

32) 박맹수, 「전봉준의 평화사상」, 『통일과 평화』 9-1, 2017, 84-85쪽. 이후, 서보혁·이찬수 편, 『한국인의 평화사상(1)』(인간사랑, 2018)에 수록.

33) 田中正造, 「朝鮮雜記」, 1896. 田中正造全集編纂会 編, 『田中正造全集』 제2권(岩波書店, 1978) 282-285쪽.

34) 윤노빈, 『신생철학』, 336쪽.

35) 김지하, 「윤노빈을 생각한다」, 2003. 윤노빈, 『신생철학』, 4쪽.

36) 김지하, 「양심선언」, 1975. 김지하, 『남조선 뱃노래』(자음과모음, 2012), 69쪽. 이하, '김지하, 『남조선 뱃노래』'로 약칭.

37) 김지하, 「양심선언」, 『남조선 뱃노래』, 72쪽.

38) 김지하, 「양심선언」, 『남조선 뱃노래』, 69-70쪽.

39) 〈한살림선언〉은 다음 사이트에서 다운로드 가능하다.
http://edu.hansalim.or.kr/?p=1661

40) 원문에서는 "기계론적 이데올로기"라고 하였다.

41) 〈한살림선언〉에는 '생태문명'이라는 개념 자체는 안 나오지만 산업문명을 '반생태적인 문명'이라고 비판하고 있다. 이로부터 산업문명과 대비되는 문명을 생태문명이라고 생각하고 있었음을 알 수 있다.

42) 윤노빈, 『신생철학』, 336-357쪽.

43) 모심과살림연구소, 『살림의 말들』(모심과살림연구소, 2009), 153-154쪽. 이 글의 맨 끝에는 다음과 같은 문헌이 소개되고 있다: "오문환, 『해월 최시형의 정치사상』, 모시는사람들, 2003." 아마도 이 글을 작성하는데 참고한 문헌을 밝힌 것이리라.

세속-종교-미신의 3분법을 통해 본 신사참배의 정치학 / 이진구

1) Jason Ananda Josephson, *The Invention of Religion in Japan*, University of Chicago Press, 2012, p. 251.

2) Jocelyn Maclure, et al., *Secularism and Freedom of Conscience*, Harvard University Press, 2011, pp. 7-60.

3) Saba Mahmood, *Religious Difference in Secular Age: A Minority Report*, Princeton University Press, 2015.

4) Talal Asad, *Formations of the Secular: Christianity, Islam, Modernity*, Stanford University Press, 2003.

5) Jason Ananda Josephson, op. cit., pp. 251-261.; Jason Ananda Josephson-Storm, "The Superstition, Secularism, and Religion Trinary: Or Re-Theorizing Secularism," *Method & Theory in the Study of Religion*, vol. 30(1), 2017.; Jang, Sukman, "The Historical Formation of the 'Religious-Secular' Dichotomy in Modern Korea." Marion Eggert and Lucian Hölscher ed., *Religion and Secularity: Transformations and Transfers of Religious Discourses in Europe and Asia*. Brill, 2013, pp. 257-280.; 이창익, 「미신 개념의 계보학: 20세기 초 한국 사회의 종교, 과학, 미신」, 『종교문화비평』 37호, 종교문화비평학회, 2020, 218-284쪽.

6) Charles McCrary et al., "The protestant secular in the study of American religion: reappraisal and suggestions," *Religion*, Vol. 47(2), 2017, pp. 256-276.

7) 대표적인 연구성과로는 다음과 같은 것들이 있다. 김승태, 『한국 기독교와 신사참배 문제』, 한국기독교역사연구소, 1991.; 안종철, 『미국 선교사와 한미관계, 1931-1948: 교육철수, 전시협력 그리고 미군정』, 한국기독교역사연구소, 2010.; Dae Young Ryu, "Missionaries and Imperial Cult: Politics of the Shinto Shrine Rites Controversy in Colonial Korea," *Diplomatic History*, Vol. 40(4), SEPTEMBER 2016, pp. 606-634.

8) 강이레, 「근대 일본 천황제 이데올로기와 기독교의 갈등: 한국과 일본에서의 신사참배 문제를 중심으로」, 연세대학교 대학원 석사학위논문, 2014.

9) Helen Hardacre, *Shinto: A History*, Oxford: Oxford University Press, 2017, pp. 355-405.; 磯前順一, 『近代日本の宗教言説とその系譜—宗教·国家·神道』, 東京: 岩波書店, 2003, 97-100쪽.; 박규태, 「국가신도와 '신사비종교론'」, 『'일본'의 발명과 근대』, 이산, 2006, 55-62쪽.; 문혜진, 『경성신사를 거닐다: 일본제국과 식민지 신사』, 민속원, 2019, 22-27쪽.

10) 磯前順一, 앞의 책, 101쪽.; 이소마에 준이치, 『근대 일본의 종교담론과 계보』, 제점숙 옮김, 논형, 2016, 368-369쪽.

11) 이소마에 준이치, 위의 책, 363-377쪽.; 박규태는 국가신도의 형성과정을 1)국교화정책기(1868-1871) 2)국민교화정책기(1872-1877) 3)정교분리정책기(1878-1905) 4)국가

신도확립기(1906-1945)로 구분한다. 박규태, 앞의 책, 55-62쪽.

12) 이 제도에 의해 전국의 신사는 크게 관사(官社)와 제사(諸社)로 분류되고, 관사는 관폐사(官幣社)와 국폐사(國幣社), 제사는 부사(府社), 번사(藩社), 현사(縣社), 향사(鄕社)로 세분되었다. 이노우에 노부타카 외, 『신도, 일본 태생의 종교 시스템』, 박규태 옮김, 제이앤씨, 2010, 296쪽.

13) 위의 책, 295-296쪽.

14) 井上毅, 「神官敎導職分離につき意見書」, 「敎導職廢止につき意見書」, 安丸良夫·宮地正人, 『宗敎と國家』, 岩波書店, 1988, 66-70쪽.

15) '교(敎)의 패러다임'이 '종교(宗敎)의 패러다임'으로 전환하는 과정에 대해서는 장석만, 『한국 근대종교란 무엇인가?』, 도서출판 모시는사람들, 2017, 53-70쪽 참조.

16) 정식 명칭은 '대일본제국헌법'으로 '메이지헌법'이라고도 불리지만 이 글에서는 '제국헌법'으로 약칭한다.

17) 伊藤博文, 『帝國憲法皇室典範義解』, 國家學會, 1889.

18) 위의 책, 51-52쪽.

19) 위의 책, 52-53쪽.

20) 田川大吉郎, 『國家と宗敎』, 敎文館, 1938, 84-99쪽.

21) 村上重良, 『國家神道』, 岩波新書, 1970, 1쪽.

22) 최근에는 국가신도가 실재한 것이 아니라 미군정이 자신들의 종교정책을 정당화하기 위해 사후적으로 만든 발명품에 지나지 않는다는 주장도 등장하였다. 미군정은 자신들이 종교자유를 일본에 처음 선사한 시혜자임을 강조하기 위해 종교자유 억압의 주범으로서 국가신도를 발명해야만 했다는 것이다. Jolyon Baraka Thomas, *Faking Liberties: Religious Freedom in American-Occupied Japan*, Chicago: The University of Chicago Press, 2019, pp. 144-150.

23) Peter G. Danchin, "Religious Freedom in the Panopticon of Enlightenment Rationality," Winnifred Fallers Sullivan, et al. ed., *Politics of Religious Freedom*, The University of Chicago Press, 2015, pp. 240-252.; Cécile Laborde, "Rescuing Liberalism from Critical Religion," *Journal of the American Academy of Religion*, vol. 88(1), March 2020, p. 61.

24) Saba Mahmood, *op. cit.*, p. 2.

25) 자세한 것은 카미벳부 마사노부, 『근현대 한일 종교정책 비교연구』, 지식과교양, 2011, 109-127쪽.

26) 아오노 마사아키, 『제국신도의 형성: 식민지조선과 국가신도의 논리』, 소명출판, 2017, 48-49쪽; 성주현·고병철, 『일제강점기 종교정책』, 동북아역사재단, 2021, 28-115쪽.

27) Jason Ananda Josephson, *op. cit.*, p. 237.

28) *Ibid.*, p. 243.

29) *Ibid.*, pp. 243-244.

30) 히우라 사토코, 『신사·학교·식민지: 지배를 위한 교육』, 이언숙 옮김, 고려대학교 출판문화원, 2016, 32쪽.

31)「神社問題に關する進言」, 『聯盟時報』 74號, 1930.6.15.; 富坂キリストンター 編, 『日韓キリスト關係史資料II』, 東京: 新教出版社, 1995, 200쪽.

32) 일본 성공회 사제로 북관동교구(北關東教區) 소속 동송산교회(東松山教會)를 비롯하여 여러 교회에서 사목활동을 했다. 『日本聖公會キリスト川越教會月報』 416號, 2021.5.23. http://kawagoe-seikoukai.org

33) 貫民之助,「神社參拜の問題に就て」, 『基督教週報』 第65卷8號, 1932.10.28.; 富坂キリストンター, 앞의 책, 179쪽.

34) 위의 책, 179쪽.

35) 이 대목에서 고린도전서 8:1-8:13을 인용한다. 저자에 의하면 이 구절은 기독교 신자가 이교(異教)의 행사에 관계해도 상관없다는 논리를 성립시키기도 하지만 그와 동시에 그러한 타협적 태도가 다른 사람의 신앙을 넘어지게 할 수 있음을 경계하는 말이다.

36) Paul Strohm, *Conscience, A Very Short Introduction*, Oxford University Press, 2011, pp. 6-36.

37) 貫民之助, 앞의 책, 180쪽.

38) 麻生 將,「近代日本におけるキリスト教と国家神道」, 『立命館文學』 666號, 2020, 172쪽.

39) 주기철,「천하에 복음을 전하라」, 『종교시보』 제4권 2호, 1935.; 김인수, 『史料 韓國神學思想史』, 장로회신학대학교출판부, 2003, 451쪽.

40) TW生,「神社問題の一斷案」, 『基督教世界』 2413號, 1930.5.1.; 富坂キリストンター, 앞의 책, 181쪽.

41) 위의 책, 182쪽.

42) 위의 책, 182쪽.

43)「神社と淫祠の區別」, 『美濃大正新聞』, 1933.7.2.; 麻生 將, 앞의 글, 177쪽.

44) 다이라노마사카도와 관련된 신사 및 신앙에 대해서는 박규태, 『일본 신사(神社)의 역사와 신앙』, 역락, 2017, 374-383쪽 참조.

45) 麻生 將, 앞의 글, 177쪽.

46)「神社不參拜問題に對する基督教聯盟の見解: 問題は神社の宗教的意義」, 『日本メソヂスト新聞』 2175號, 1933.9.14.; 富坂キリストンター, 앞의 책, 191쪽.

47) 麻生 將, 앞의 글, 177쪽.

48)「基督教に基き日本精神お闡明: 現代に對するメソヂストの態度」, 『日本メソヂスト新聞』 2197號, 1934.3.11.; 富坂キリストンター, 앞의 책, 191쪽.

49) 三山逸人,「此のごろの朝鮮(二)」, 『福音新報』, 2116號, 1936.9.10.; 富坂キリストン

ター, 앞의 책, 94쪽.

50) 富坂キリストンター, 위의 책, 194쪽.

51) 위의 책, 195쪽.

52) 위의 책, 195쪽.; 두 신종교의 성격에 대해서는 이노우에 노부타카 외, 323-338쪽 참조.

53) 三山逸人, 앞의 책, 195쪽.

54) 「神社神道は自重を要す」, 『福音新報』 2142號, 1937.3.18.; 富坂キリストンター, 앞의 책, 197쪽.

55) 富坂キリストンター, 위의 책, 196-197쪽.

56) 위의 책, 197쪽.

57) 위의 책, 197쪽.

58) 히우라 사토코, 『신사·학교·식민지: 지배를 위한 교육』, 이언숙 옮김, 고려대학교 출판문화원, 2016, 49-67쪽.

59) 박은영, 「근대 일본의 기독교사회주의자 시라이시 기노스케(白石喜之助)에 대한 일 고찰」, 『日本思想』 32호, 한국일본사상사학회, 2017, 79-106쪽.

60) 白石喜之助, 「神社禮拜の問題」, 『日本メソヂスト新聞』 2199號, 1934.3.25.; 富坂キリストンター, 앞의 책, 192쪽.

61) 富坂キリストンター, 위의 책, 192쪽.

62) Horace H. Underwood, "The Korean Shrine Question: Render Unto Caesar The Things That Are Caesar's," The Presbyterian Tribune, vol. 53(8), January 20, 1938, pp. 8-11.; 김승태, 『한말·일제강점기 선교사 연구』, 한국기독교역사연구소, 2006, 198-200쪽.

63) 白石喜之助, 앞의 책, 192-193쪽.

64) 위의 책, 193쪽.

65) 「日本と基督教: 現勢の諸情勢に鑑みて」, 『日本メソヂスト時報』 2335號, 1937.2.19.; 富坂キリストンター, 앞의 책, 86쪽.

66) 山口德夫, 「神社崇敬の 聖書的 解釋」, 『日本メソヂスト時報』 2402號, 1938.7.1.; 富坂キリストンター, 위의 책, 187쪽.

67) 조현범, 「의례 논쟁을 다시 생각함, 헤테로독시아와 헤테로글로시아 사이에서」, 『교회사연구』 32집, 한국교회사연구소, 2009. 209-274쪽.

기울어진 세속주의 / 최정화

1) 자유주의적 세속주의의 기원은 일반적으로 영국의 계몽주의 사상가 존 로크의 국가론 에서 찾는다. 노동하는 개인들의 재산권의 안전 보장을 위하여 사회 계약에 의해 국가 가 발생했다는 가설을 세우고, 이로부터 국민은 계약한 국가에 대한 권력을 가진다는

국민 주권의 개념이 생겼다.

2) Rajeev Bhargava, "Political Secularism," in: Johns S. Dryzek (ed.), *The Oxford Handbook of Political Theory,* Oxford Press, 2006, pp. 637-638.

3) Cécile Laborde, "Rescuing Liberalism from Critical Religion. What Comes After the Critique of Secularism?: A Roundtable," *Journal of the American Academy of Religion* 88(1), 2020, pp. 58-59.

4) Talal Asad, *Formations of the Secular: Christianity, Islam, Modernity*, Palo Alto, Stanford University Press, 2003, p. 25.

5) Charles Hirschkind, *The ethical soundscape. Cassette sermons and Islamic counterpublics*, Columbia University Press, 2006, p. 634.

6) 세속주의를 서구 민주주의의 두 타자인 사회주의와 이슬람과의 양쪽 관계에서 접근한 연구는 필자 고유의 시각에 기인하는 관계로 서론에서 선행연구의 언급이 없음을 양해 구하고, 구동독과 무슬림에 대한 개별 연구는 본론에서 언급할 예정이다.

7) Frank Jansen의 요르크 쇤봄 인터뷰, "Da befällt einen die wilde Schwermut-Innenminister Schönbohm sucht nach Erklärungen für Gleichgültigkeit und Verwahrlosung", *Der Tagesspiegel*, 2005.08.03. 굵은 글씨체는 필자 강조.

8) https://www.focus.de/politik/deutschland/ein-mittel-der-familienplanung-wolfgang-boehmer_id_2260816.html (최종접속 2022.5.10.)

9) Kathleen Heft, *Kindsmord in den Medien. Eine Diskursanalyse ost-westdeutscher Dominanzverhältnisse*, Budrich Adademic Press, 2019, p. 18.

10) *Ibid.*, p. 18.

11) *Ibid.*, p. 170.

12) Thomas Ahbe, *Die Ostdeutschen in den Medien. Das Bild von den Anderen nach 1990*, Leipzig Universitätsverlag, 2009, p. 108.; Kathleen Heft, *op. cit.*, pp. 39-40에서 재인용.

13) Juliette Wedl, "Ein Ossi ist ein Ossi. Regel der medialen Berichterstattung über "Ossis" und "Wessis" in der Wochenzeitung *Die Zeit* seit Mitte der 1990er Jahre," in: Thomas Ahbe, *op. cit.*, pp. 113-133.; Kathleen Heft, *op. cit.*, p. 41에서 재인용.

14) Eberhard, Tiefensee, "Religiöse Indifferenz als Herausforderung und Chance. Zur konfessionellen Situation in den neuen Bundesländern Deutschlands," *Teologia I Moralność*, Nr. 1(13), 2013. p. 91.

15) Riem Spielhaus, "Germany," in; Jocelyne Cesari (ed.), *The Oxford Handbook of European Islam*, Oxford University Press, 2014, pp. 105-106.

16) 도표 안의 내용은 Adis Duderija, "Emergence of Western Muslim identity: Factors, agents and discourses," in: Tottoli, Roberto (ed.), *Routledge Handbook of Islam in the West* (Second Edition), Routledge, 2022, pp. 210-211을 요약한 것임.

17) Riem Spielhaus, *op. cit.*, p. 104.

18) 2012년 데틀레프 폴락(Detlef Pollack) 팀의 연구 결과에 따르면 동독 지역 주민의 62%, 서독 지역 인구의 58%가 무슬림 적대적인 태도를 가지고 있다. 이 수치는 프랑스, 네덜란드, 덴마크 등 주변 서유럽 국민들의 37%가 무슬림에 적대적인 태도를 보이는 것에 비하여 높은 수치. 폴락 연구는 *Ibid.*, p. 142에서 인용함. 물론 이 조사는 2022년 현재의 시점에서 10년 전에 이루어진 결과다. 대중 미디어를 통하여 필자가 받은 인상으로, 올해에 같은 조사가 이루어져 이슬람에 적대적인 태도를 수치화한다면 10년 전에 비하여 낮아지지 않을 것으로 추측한다.

19) 김주호, 「틈새 정당으로서 독일 대안당의 성공: 메귀드의 PSO 이론을 토대로」, 『유럽연구』 제37권 1호, 한국유럽학회, 2019, 16쪽.

20) https://www.spiegel.de/kultur/gesellschaft/helmut-schmidt-ueberholt-sarrazin-bricht-verkaufsrekord-a-726206.html (최종접속 2022.7.13.)

21) Thilo Sarrazin, *Deutschland schafft sich ab. Wie wir unser Land aufs Spiel setzen*, Deutsche Verlags-Anstalt, 2010, p. 9.

22) *Ibid.*, p. 279.

23) *Ibid.*, p. 292.

24) *Ibid.*, p. 296.

25) *Ibid.*, p. 307.

26) *Ibid.*, p. 323.

이민자들의 국가라고 할 수 있는 북미의 상황은 어떠한가? 사라친에 따르면 미국, 캐나다, 호주 등은 체류 후 10년이 지나서야 사회복지 혜택을 받는데 그 혜택이 적을 뿐더러 5년으로 제한된다. 대신 독일의 사회복지 제도는 거의 무제한적이다. 이런 사회복지 정책이 독일의 통합을 가져왔는가 묻는다면 결과는 그 반대라고 한다. 미국 이민자들의 77%가 미국 사회에 만족하는 데 반해 독일에 사는 터키 이주민들의 58%는 환영받지 못한다고 느낀다는 설문조사가 있다. 이에 대한 사라친의 해석은, 미국처럼 자기 힘으로 이루어 내면 오히려 그 사회에 감사한 마음을 갖는다. 그러나 독일처럼 모든 것을 '선물'로 받으면 그것을 존중하지 못하고 진지하게 여기지 않는다. 심리적으로 자신의 에고를 존중하기 위해 더 반감을 가진다. 동독인들이 가지는 심리도 부분적으로 이와 비슷하다고 보았다. *Ibid.*, p. 321.

27) 이와 함께 왜 현재 서구 사회에서 이슬람은 비판의 대상이 되어서는 안되는지 따진다. 사라친에 따르면 이슬람은 모욕감을 심하게 느끼고, 공격받는 것에 아주 민감하게 반응하는 경향을 본질적으로 가지고 있다. 바로 이런 점이 표현의 자유를 전제로 하는 민주주의와 이슬람이 공존할 수 없는 이유다. Thilo Sarrazin, *Feindliche Übernahme. Wie der Islam den Fortschritt behindert und die Gesellschaft bedroht*, FBV, 2018, pp. 20-21.

첫 번째 책에 대한 비판 중 가장 주목 받은 것으로 파트릭 바너스(Patrick Bahners)

의 『공포 메이커. 이슬람에 대한 독일인의 공포. 항의문』(*Die Panikmacher. Die deutsche Angst vor dem Islam. Eine Streitschrift*, 2011)이 있다.

28) Thilo Sarrazin, 2010, *op. cit.*, p. 276.

29) 2003-2006년 사이 프랑스 무슬림 자문단(Conseil Français du Culte Musulman, CFCM), 이탈리아 이슬람 자문단(Consulta per l'Islam italiano, CII), 영국의 모스크와 이맘 국립 자문단(Mosques and Imams National Advisory Board, MINAB), 네덜란드의 무슬림과 국가 부처 소통단(Contactorgaan Moslims en Overheid, CMO)이 설립되었다. Masoumeh Bayat, *Die politische und mediale Repräsentation in Deutschland lebender Muslime. Eine Studie am Beispiel der Deutschen Islam Konferenz*, Springer VS, 2016, p. 102.

30) https://www.deutsche-islam-konferenz.de/DE/DIK/dik_node.html;jsessionid=C7FC4 10CDBB A4E02772A2E42C882D52E.intranet262 (최종접속 2022.7.13.)

31) https://www.deutsche-islam-konferenz.de (최종접속 2022.7.13.)

32) Levent Tezcan, *Das muslimische Subjekt. Verfangen im Dialog der Deutschen Islam Konferenz*, Wallstein Verlag, 2012, p. 7.

33) *Ibid.*, p. 17.

34) Masoumeh Bayat, *op. cit.*, p. 108.

35) *Ibid.*, p. 107.

36) Schirin Amir-Moazami, "Pitfalls of consensus-orientated dialogue: the German Islam Conference (Deutsche Islam Konferenz)," *Approaching Religion* Vol. 1, 2011, p. 2.

37) 비슷한 관점에서 아미르-모아자미는 독일 공적 담론에서 하나의 모델로 작용하는 하버마스식 토론 모델이 가진 전제를 비판한다. 하버마스는 헌법을 기본으로 모든 토론자들이 같은 눈높이에서 자유롭게 토론 할 때의 이상적 규칙에 대해서 말한다. 그러나 하버마스가 제시하는 '보편적, 이상적' 토론의 규칙 역시 서구의 자유주의적 세속주의의 성격을 벗어날 수 없다.

38) *Ibid.*, p. 8.

39) *Ibid.*, p. 8.

40) Cécile Laborde, *op. cit.*, pp. 61-62.

41) *Ibid.*, p. 65.

42) 이러한 입장을 담은 압델-사마드의 대표적인 저서는 영어로도 번역된 『이슬람 파시즘』(*Islamic Fascism*)(New York: Prometheus, 2016)이다. 무슬림형제단이었던 시절부터 독일 무슬림의 삶을 다룬 자서전 『나의 하늘나라와의 이별. 독일에 사는 어떤 무슬림의 삶에서(*Mein Abschied vom Himmel. Aus dem Leben eines Muslims in Deutschland*)』(Fackelträger, 2009)를 포함하여 다수의 이슬람 비판적인 저서들을 출판했다. 독일에서 학자로 커리어를 지속하기 위해서는 이슬람 비판에서 손을 떼어야 한다는 지도교수의 말을 듣고 자유 저술가가 되었다.

43) 본 논문에서는 이슬람 내부 공동체의 관점에서 비세속적 이슬람과 세속적 이슬람과의 차이점을 드러내는 부분에 지면을 할애하지 못했다. 내부 공동체의 다양성(intra-communal plurality)의 관점에서 과거와 현재의 이슬람 공동체를 조망한 연구로는 Zulfikar Hirji, "Debating Islam from Within: Muslim Constructions of the Internal Other," *Diversity and Pluralism in Islam. Historical and Contemporary Discourses Amongst Muslims*, I.B. Tauris, 2010, pp. 1-30을 참고하기 바람.

44) Tilo Sarrazin 2010, *op. cit.*, p. 27.

45) *Ibid.*, p. 279.

생태 위기에 대한 지구학적 대응 / 조성환

1) 원저는 Rosemary Radford Ruther, *Gaia & God: Ecofeminist Theology of Earth Healing*, San Francisco: Harper Collins Publishers, 1992이고, 한국어 번역은 로즈마리 래드퍼드 튜터, 『가이아와 하느님: 지구 치유를 위한 생태 여성 신학』, 전현식 옮김, 이화여자대학교출판부, 2006이다.

2) 원저는 Anne Primavesi, *Sacred Gaia: Holistic Theology and Earth System Science*, Routledge, 2000이다.

3) 원저는 Lloyd Geering, *Coming Back to Earth: From gods, to God, to Gaia*, Polebridge Press, 2009이고, 한국어 번역은 로이드 기링, 『가이아와 기독교의 녹색화: 다신론에서 유일신론으로, 다시 가이아로』, 박만 옮김, 한국기독교연구소, 2019이다.

4) Kirman, M. A. "Religious and Secularist Views of the Nature and the Environment," *International Journal of Social Research*, Vol. 1 Issue 3, May 2008, pp. 267-277.

5) 물론 넓은 범위에서는 '지구과학'과 같은 분야도 '지구학'에 들어가야 하겠지만, 여기에서는 필자의 능력상 철학이나 종교학과 같은 인문학의 영역으로 한정하고자 한다.

6) 이러한 흐름은 '지구인문학'이라는 범주로도 지칭되고 있다. '지구인문학' 개념에 대해서는 조성환 · 허남진, 「지구인문학적 관점에서 본 한국종교-홍대용의 『의산문답』과 개벽종교를 중심으로」, 『신종교연구』 43, 한국신종교학회, 2020을 참조하기 바란다.

7) Mary Evelyn Tucker, John Grim, Andrew Angyal, *Thomas Berry: A Biography*, Columbia University Press, 2019, p. 120.

8) Hannah Arendt, *The Human Condition*, The University of Chicago Press, 1998(2nd edition), p. 2. 한글 번역은 한나 아렌트, 『인간의 조건』, 이진우 옮김, 한길사, 2020, 78쪽 참조. 번역은 약간의 수정을 가했다(이하도 마찬가지). 이하에서 인용할 때는 각각 "Hannah Arendt, *The Human Condition*"과 "한나 아렌트, 『인간의 조건』"으로 약칭한다.

9) Hannah Arendt, *The Human Condition*, p. 251.; 한나 아렌트, 『인간의 조건』, 360쪽.

10) *Ibid.*, p. 264.; 위의 책, 376쪽.

11) Hannah Arendt, *The Human Condition*, p. 2; 한나 아렌트, 『인간의 조건』, 78쪽.

12) Pope Francis, *Our Mother Earth: A Christian Reading of the Challenge of the Environment*, Our Sunday Visitor, 2020.

13) Dipesh Chakrabarty, *The Human Condition in the Anthropocene*, The Tanner Lectures in Human Values, Yale University, February 18-19, 2015. 이외에도 일본의 篠原雅武, 『人新世の哲学: 思弁的実在論以後の‘人間の条件’』, 人文書院, 2018이 있다. 이 책의 한글 번역은 시노하라 마사타케, 『인류세의 철학: 사변적 실재론 이후의 ‘인간의 조건’』, 조성환·이우진·야규 마코토·허남진 외 옮김, 모시는사람들, 2022.

14) Dipesh Chakrabarty, *The Climate of History in a Planetary Age*, University of Chicago Press, 2021, pp. 81-82. 이 점에 대해서는 허남진, 「Globe에서 Planet으로: 디페시 차크라바르티의 ‘행성론’을 중심으로」, 원광대학교 원불교사상연구원 주관, 2022년 지구인문학 국제학술대회(온라인) 자료집 『인류세 시대의 지구와 문명: 인간의 조건에 대한 성찰』, 2022.04.21-23, 100쪽을 참고하였다.

15) 토마스 베리, 「제1장 우리의 고향으로 돌아가기」, 『지구의 꿈』, 맹영선 옮김, 대화문화아카데미, 2013. 이하 "토마스 베리, 『지구의 꿈』"으로 약칭.

16) Edgar Morin, Anne Brigitte Kern, *Terre-Patrie, Seuil, 1993*. 영어 번역은 *Homeland Earth: A Manifesto for the New Millenium*, Hampton, 1999이고, 한글 번역은 『지구는 우리의 조국』, 이재형 옮김, 문예출판사, 1993이다.

17) Hannah Arendt, *The Human Condition*, p. 2.; 한나 아렌트, 『인간의 조건』, 78쪽.

18) *Ibid.*, p.10.; 위의 책, 86쪽.

19) *Ibid.*, p.139.; 위의 책, 232-233쪽.

20) Lynn White, Jr., "The Historical Roots of Our Ecologic Crisis," *Science*, Vol 155, Issue 3767, 10 Mar 1967, pp. 1203-1207. 이 논문은 이유선에 의해 「생태적 위기의 역사적 기원」이라는 제목으로 한국어로 번역되었다(『계간 과학사상』 창간호, 1992년 봄). 이하에서의 인용은 "린 화이트, 「생태계 위기의 역사적 기원」"으로 약칭하고, 인용문의 쪽수는 번역문에 의한다.

21) 린 화이트, 「생태계 위기의 역사적 기원」, 290쪽.

22) 위의 글, 293-295쪽.

23) 위의 글, 293-294쪽.

24) 한국의 정치가 김대중은 1994년에 인간 이외의 생물들의 생존권까지 보장해 주는 ‘지구민주주의(global democracy)’를 하자고 제안하였다. Kim Dae Jung, "Is Culture Destiny?-The Myth of Asia's Anti-Democratic Values," *Foreign Affairs*, Vol 73, Issue 6, November/December 1994. 김대중의 ‘지구민주주의’ 개념에 대해서는 조성환·이우진, 「동학사상의 ‘지구민주주의’적 해석」, 『유학연구』 60집, 충남대학교 유학연구소, 2022를 참조하기 바란다.

25) 토마스 베리,『지구의 꿈』, 132쪽.

26) 제임스 러브록,『가이아: 살아 있는 생명체로서의 지구』, 홍욱희 옮김, 갈라파고스, 2018(초판은 2004), 51쪽. 이하, "제임스 러브록,『가이아』"로 약칭.

27) James Lovelock, "Gaia as seen through the atmosphere," *Atmospheric Environment,* Volume 6, Issue 8, 1972, pp. 579-580.
http://www.jameslovelock.org/gaia-as-seen-through-the-atmosphere/

28) 원제는 James Lovelock, *Gaia: A New Look at Life on Earth*, New York: Oxford University Press, 1979이고, 한국어 번역은 제임스 러브록,『가이아: 살아 있는 생명체로서의 지구』, 홍욱희 옮김, 갈라파고스, 2004이다.

29) 원제는 James Lovelock, *The Ages of Gaia: A Biography of Our Living Earth*, New York: W.W. Norton & Co Inc, 1988이고, 한국어 번역은 제임스 러브록,『가이아의 시대: 살아 있는 우리 지구의 전기』, 홍욱희 옮김, 범양사 출판부, 1992이다.

30) 원제는 James Lovelock, *Gaia: The Practical Science of Planetary Medicine*, London: Gaia Books, 1991이고, 한국어 번역은 제임스 러브록,『가이아: 지구의 체온과 맥박을 체크하라』, 김기협 옮김, 김영사, 1995이다.

31) 원제는 James Lovelock, *Homage To Gaia: The Life Of An Independent Scientist,* New York: Oxford University Press, 2001이다.

32) 원제는 James Lovelock, *The Revenge of Gaia: Earth's Climate Crisis & The Fate of Humanity*, Basic Books, 2006이고, 한국어 번역은 제임스 러브록,『가이아의 복수: 가이아 이론의 창시자가 경고하는 인류 최악의 위기와 그 처방전』, 이한음 옮김, 세종서적, 2008이다.

33) 원제는 James Lovelock, *The Vanishing Face of Gaia: A Final Warning*, Penquin Books, 2009이고, 아직 한글 번역은 없다.

34) 원제는 James Lovelock, *We Belong to Gaia*, Penguin Books, 2021이고, 2006년에 나온『가이아의 복수』의 요약본이다.

35) 제임스 러브록,『가이아』, 25쪽.

36) 위의 책, 9쪽.

37) 위의 책, 12쪽.

38) James Lovelock, "Foreword," Anne Primavesi, *Sacred Gaia: Holistic Theology and Earth System Science*, Routledge, 2000, xi.

39) The Gaia Foundation, "The Great Work of Thomas Berry."
(https://www.gaiafoundation.org/the-great-work-of-thomas-berry/)

40) Matilda Lee, "How indigenous cultures can save themselves…and us," *Eocologist Informed by Nature*(online), 9th July 2010.

41) Mary Evelyn Tucker, John Grim, Andrew Angyal, *Thomas Berry-A Biography*, New York: Columbia University Press, 2019, p. 151. 이후로도 베리는 가이아재단과 공동

작업을 계속하였다. *Ibid.*, p. 152.

42) 원제는 Norman Meyers, *Gaia: An Atlas of Planet Management*, Anchor Press/ Doubleday, 1984이다.

43) 토마스 베리, 『지구의 꿈』, 123쪽.

44) 위의 책, 46쪽, 50쪽.

45) 이상의 가이아와 베리의 관계에 대한 논의는 조성환, 「Earth에서 Gaia로-인류세의 '지구론'을 중심으로」, 원광대학교 원불교사상연구원 주관, 2022년 지구인문학 국제 학술대회(온라인) 자료집 『인류세 시대의 지구와 문명-인간의 조건에 대한 성찰』, 2022.04.21-23, 82-83쪽을 참고하였다. 이하, "조성환, 「Earth에서 Gaia로」"으로 약칭.

46) 원제는 Thomas Berry, *The Great Work: Our Way into the Future*, Bell Tower, 1999 이고, 한글 번역본은 토마스 베리, 『토마스 베리의 위대한 과업: 미래로 향한 우리의 길』, 이영숙 옮김, 대화문화아카데미, 2009이다. 이하의 인용은 한글 번역본에 의하 고, "토마스 베리, 『위대한 과업』"으로 약칭한다.

47) 토마스 베리, 『위대한 과업』, 127쪽.

48) 허남진에 의하면 본격적으로 통합생태학의 흐름을 주도한 인물은 펠릭스 가타리, 토 마스 베리, 레오나르도 보프이다. 이 중에서 가타리는 철학자이고, 베리는 가톨릭 신 부이며, 보프는 해방신학자이다. 허남진, 「통합생태학의 지구적 전개」, 『한국종교』 50, 2021, 14-15쪽.

49) 이 개념은 허남진에게서 빌려 왔다. 위의 글, 15쪽.

50) 이 점에 대해서는 조성환, 「Earth에서 Gaia로」, 80쪽 참조.

51) 토마스 베리, 『지구의 꿈』, 15쪽.

52) 토마스 베리, 『위대한 과업』, 92쪽.

53) 원제는 Thomas Berry, Thomas Clarke, *Befriending the Earth: A Theology of Reconciliation Between Humans and the Earth*, Twenty-Third Publications, 1991이고, 한국어 번역은 토마스 베리 신부와 토마스 클락 신부의 대화, 『신생대를 넘어 생태대 로: 인간과 지구의 화해를 위한 대화』, 김준우 옮김, 에코조익, 2006이다. 이하에서의 인용은 "토마스 베리·토마스 클락, 『신생대를 넘어 생태대로』"로 약칭하고, 쪽수는 한글 번역서에 의한다.

54) 토마스 베리·토마스 클락, 『신생대를 넘어 생태대로』, 80-81쪽; Thomas Berry, Thomas Clarke, *Befriending the Earth*, pp. 45-46. 번역은 약간의 수정을 가했다. 이하 도 마찬가지.

55) 토마스 베리·토마스 클락, 위의 책, 153-160쪽; Thomas Berry, Thomas Clarke, *Ibid.*, pp. 96-100.

56) 토마스 베리, 『지구의 꿈』, 133쪽, 186쪽.

57) "만물이 '인격체'로 참여하는 것으로, 만물은 각자의 목소리를 갖고 있다고 할 수 있 다. 즉 만물은 스스로 말하며, 우주의 다른 입자들로부터 무엇인가를 받아들인다. 이

런 점에서 만물은 서로 간에 소통하고 있다." 토마스 베리 · 토마스 클락, 『신생대를 넘어 생태대로』, 37쪽.

58) 토마스 베리, 『지구의 꿈』, 284쪽.

59) 브라이언 스윔, 「머리말」, 토마스 베리, 『지구의 꿈』, 7쪽.

60) 토마스 베리 · 토마스 클락, 『신생대를 넘어 생태대로』, 50쪽.

61) 위의 책, 57쪽.

62) 위의 책, 33쪽.

63) 위의 책, 36쪽.

64) 위의 책, 41쪽.

65) James Lovelock, *Gaia, the Practical Science of Planetary Medicine*, Oxford University Press, 2000, p. 57.

66) 원제는 Ernest Callenbach, *Ecotopia*, Bantam books, 1975이고, 한국어 번역은 어니스트 칼렌바크, 『에코토피아』, 김석희 옮김, 정신세계사, 1991이다.

67) 어니스트 칼렌바크, 『생태학 개념어 사전』, 노태복 옮김, 에코리브르, 2009, 14-15쪽. 원제는 Ernest Callenbach, *Ecology: A Pocket Guide*, University of California Press, 2008(revised and expanded edition)이다.

68) 이하의 라투르의 '가이아론'에 대한 논의는 조성환, 「Earth에서 Gaia로」, 84-86쪽을 참고하였다. 이 외에도 국내에 라투르의 가이아론을 다룬 선행연구로는 다음이 있다. (1) 김지혜, 「(서평) 평화가 아니라 칼을 주러 온 가이아와 함께: Bruno Latour. 2017. Facing Gaia」, 『환경사회학연구 ECO』 23-1, 한국환경사회학회, 2019.06.; (2) 이원진, 「두 사건에서 보는 지구적 전환: 우리는 어떤 지구를 상상할 것인가?」, 『원불교사상과 종교문화』 88, 원광대학교 원불교사상연구원, 2021.06.; (3) 송은주, 「인류세에 부활한 가이아: 가이아의 이름을 재정의하기」, 『인문콘텐츠』 62, 인문콘텐츠학회, 2021.09.; (4) 이지선, 「무한 우주에서 닫힌 세계 혹은 갇힌 지상으로: 라투르의 정치생태학과 우주주의적 지구론」, 『환경철학』 32, 한국환경철학회, 2021.12.

69) Bruno Latour, *Facing Gaia: Eight Lectures on the Climate Regime*, Polity, 2017.

70) Bruno Latour, "Why Gaia is not a God of Totality," *Theory, Culture and Society*, Volume 34 Numbers 2-3, March-May 2017, pp. 61-82.

71) 원저 제목은 *Où suis-je?: Leçons du Confinement à l'usage des Terrestres*이고, 한국어 번역은 브뤼노 라투르 지음, 『나는 어디에 있는가: 코로나 사태와 격리가 지구생활자들에게 주는 교훈』, 김예령 옮김, 이음, 2021이다. 이하에서 이 책의 인용은 한글 번역본의 쪽수에 의한다.

72) James Lovelock, *We Belong to Gaia*, Penguin Books, 2021, p. 88.

73) Bruno Latour, *Facing Gaia*, p. 140.

74) 브뤼노 라투르, 앞의 책, 48-49쪽.

75) A.J. 토인비, 제2장 「생물권」, 『세계사: 인류와 어머니되는 지구』, 강기철 옮김, 일

넘, 1983, 20쪽. 원저는 Arnold J. Toynbee, *Mankind and Mother Earth; A Narrative History of the World*, Oxford University Press, 1976.

76) Bruno Latour, *Facing Gaia*, p. 132.

77) *Ibid.*, p. 142. "지구'는 행위자들뿐만 아니라 그것들의 행위의 효과까지도 포함하는 개념이다." 브뤼노 라투르, 앞의 책, 44쪽.

78) Bruno Latour, *Facing Gaia*, pp. 140-141, p. 219.

79) *Ibid.*, p. 82.

80) *Ibid.*, p. 87.

81) *Ibid.*, p. 144.

82) *Ibid.*, p. 106.

83) *Ibid.*, p. 85.

84) *Ibid.*, p. 141.

85) *Ibid.*, p. 87.

86) Bruno Latour, "Why Gaia is not a God of Totality," p. 61.

87) Bruno Latour, *Facing Gaia*, p. 15. 이외에도 p. 72 등.

88) *Ibid.*, pp. 211-212.

89) *Ibid.*, p. 210.

90) *Ibid.*, p. 87, p. 106.

91) *Ibid.*, p. 167. 라투르는 이 책의 곳곳에서 'secular'의 의미를 worldy, terrestrial, earthbound 등의 개념으로 바꿔서 설명하고 있다. "We would have a conception of materiality that is finally worldly, secular-yes, non-religious, or, better still, earthbound." *Ibid.*, p. 72.

92) Larry L. Rasmussen, *Earth-honoring Faith: Religious Ethics in a New Key*, Oxford University Press, 2012. 한글 번역은 래리 라스무쎈, 『지구를 공경하는 신앙』, 한성수 옮김, 생태문명연구소, 2017.

보건의료에서의 종교와 세속 / 김재명

1) 장석만, 『한국 근대종교란 무엇인가?』, 도서출판 모시는사람들, 2017, 87-101쪽.

2) Talal Asad, *Formations of the Secular: Christianity, Islam, Modernity*, Stanford University Press, 2003.

3) 김재명, 「세속화론에 대한 지구화론적 관점의 이해」, 『종교문화연구』12, 한신인문학연구소, 2009.; 이정연, 「'근대성과 종교' 연구에 대한 검토」, 『사회와이론』33, 한국이론사회학회, 2018.

4) 김재명, 「지구화와 종교의 관계에 대한 여러 관점: 이론적 검토」, 『원불교사상과 종교

문화』86, 원광대학교 원불교사상연구원, 2020, 185-190쪽.

5) 탈랄 아사드, 『자살폭탄테러』, 김정아 옮김, 창비, 2016, 222쪽.

6) 장석만, 앞의 책, 50-52쪽.

7) 〈보건의료기본법〉(Framework Act on Health and Medical Services) '제3조(정의)'의 1 항에서는 "'보건의료'란 국민의 건강을 보호·증진하기 위하여 국가·지방자치단체· 보건의료기관 또는 보건의료인 등이 행하는 모든 활동을 말한다"라고 밝힌다. 이런 맥락에서 본고에서는 '보건의료'를 '건강돌봄(healthcare)'과 '의료(medicine)'를 포함하는 총체적 의미로 사용하며, 때로는 문맥에 따라 '의료'나 '의학'과 동의어로 혼용하여 사용한다. 또한 〈의료법〉 '제1장 총칙'의 제2조에서는 '의료인'을 "보건복지부 장관의 면허를 받은 의사·치과의사·한의사·조산사 및 간호사를 말한다"로 정의한다. 맨 앞에 열거된 '의사'가 서양의학 교육을 받은 이른바 '서양의사'임에도 불구하고 '의사'의 대표성을 취하고 있다. 본고는 이런 현상에 대한 문제의식을 지니면서도, 세속화와 관련된 보건의료의 논의를 주로 서양의학에 제한하여 서술하였다.

8) 이정연, 앞의 글, 244-246쪽.

9) Michel Foucault, *Naissance de la Clinique*, Paris: Presses universitaires de France, 1963; 『임상의학의 탄생』, 홍성민 옮김, 인간사랑, 1993, 107쪽; 헨릭 월프, 스티그 페데르센, 라벤 로젠베르, 『의철학의 개념과 이해』, 이종찬 옮김, 아르케, 2007, 45쪽.; 이종찬, 「근대 임상의학의 형성에 관한 두 가지 다른 역사적 해석」, 『의사학』 3(2), 대한의사학회, 1994.

10) Jacalyn Duffin, *History of Medicine: A Scandalousy Short Introduction*, University of Toronto Press, 1999; 『의학의 역사』, 신좌섭 옮김, (주)사이언스북스, 2006, 66쪽.

11) Max Weber, *Die protestantische Ethik und der 'Geist' des Kapitalismus*, 1905; 『프로테스탄티즘의 윤리와 자본주의 정신』, 김덕영 옮김, 도서출판 길, 2010, 11-12쪽.

12) 서양의학은 히포크라테스와 갈레노스가 정립한 '사체액설'에 근거하였다. 고대 그리스인들은 세계를 구성하는 4개의 원소(물, 불, 공기, 흙)가 있다고 보았는데, 사체액설은 인간의 몸에도 이와 연관된 4가지 체액이 있고, 이것들의 불균형이 발생할 때 병이 난다고 보았다. 중의학을 비롯한 동양의학에서는 우주 및 인체의 원리를 음양오행설에 근거하여 이해하였고, 인체에는 생명에너지인 기(氣)와 이것이 흐르는 경락(競落)이 있다고 보았다. 인간 신체의 총체적인 균형을 중시하는 동서양의 이러한 의학적 접근은 현대적 용어로 생리학에 해당한다. 또한 신체의 균형을 잡기 위해 자연에서 추출한 천연약재를 주로 사용하였는데, 오늘날의 의미로는 약초학에 해당한다.

13) Roy Porter, *Medicine a history of healing: ancient traditions to modern practices*, Barnes & Noble Books, 1997; 『의학: 놀라운 치유의 역사』, 여인석 옮김, 네모북스, 2010, 93-105쪽.

14) Bryan R. Wilson, *Religion in Secular Society*, C.A. Watts & Co., 1966, p. xiv.

15) 로이 포터, 2010, 앞의 책, 38-40쪽.

16) 위의 책, 46-48쪽. 중세시대 서양의학이 가톨릭 교회의 영향력 아래에 있던 같은 시기에 이슬람권의 이른바 아랍의학도 고대 그리스 전통을 이어받아 히포크라테스의 의학을 계승하고 있었다. 히포크라테스의 합리적인 의학은 오히려 아랍의학이 계승하였다. 이후 르네상스를 통해 유럽에서 이것이 다시 수용되어 오늘날 서양의학으로 발전하는 계기가 되었다.

17) Roy Porter, *The Creation of the Modern World: The Untold Story of the British Enlightenment*, W.W. Norton, 2000; 『근대 세계의 창조』, 최파일 옮김, (주)교유당, 2020, 328-330쪽.

18) 베버, 앞의 책, 182-183쪽.

19) 재컬린 더핀, 앞의 책, 99-112쪽.

20) 위의 책, 117쪽.

21) 미셸 푸코, 앞의 책, 318-319쪽.

22) 베버, 앞의 책, 183쪽.

23) Talal Asad, *Formations of the Secular: Christianity, Islam, Modernity*, Stanford University Press, 2003, p. 1.

24) 로이 포터, 2020, 앞의 책, 331쪽.

25) 미셸 푸코, 앞의 책, 66쪽.

26) 위의 책, 344쪽.

27) 로이 포터, 2010, 앞의 책, 228-244쪽.

28) Meredith B. McGuire, "Religion and Healing," in *The Sacred in a Secular Age*, ed. Phillip E. Hammond, University of California Press, 1985, p. 271.

29) 에이브러햄 플렉스너, 『플렉스너 보고서』, 김선 옮김, 한길사, 2005, 62쪽.

30) 위의 책, 69-79쪽.

31) 여인석(외), 『한국의학사』, 역사공간, 2018, 307-312쪽, 353-355쪽.

32) Saad, Marcelo, and Roberta de Medeiros, "Spirituality and Healthcare-Common Grounds for the Secular and Religious Worlds and Its Clinical Implications," *Religions* 12, no. 1, 2021.

33) 〈가톨릭대학교 의과대학 홈페이지 교육목적 및 목표〉. https://medicine.catholic.ac.kr/html/about/goal.jsp(최종접속일: 2022년 5월 15일).

34) 〈연세대학교 의과대학 홈페이지 소개〉. https://medicine.yonsei.ac.kr/medicine/about/introduction/goal.do#tab-content1(최종접속일: 2022년 5월 15일).

35) 〈동국대학교 의과대학 홈페이지 소개〉. http://med.dongguk.ac.kr/introduce/purpose/mission(최종접속일: 2022년 5월 15일).

36) 〈원광대학교 의과대학 홈페이지 소개〉. https://med.wku.ac.kr/?page_id=325(최종접속일: 2022년 5월 15일).

37) 김수영, 「근거중심의학」, 『병원약사회지』 25(4), 한국병원약사회, 2008, 261쪽.

38) 영미권에서 출판된 대표적인 관련 도서는 다음과 같다. Harold G. Koenig, *Medicine, Religion, and Health*, Templeton Press, 2008; Mark Cobb, Christina M. Puchalski, and Bruce Rumbold, eds., *Spirituality in Healthcare*, Oxford University Press, 2012; Michael J. Balboni, and John R. Peteet, eds., *Spirituality and Religion Within the Culture of Medicine*, Oxford University Press, 2017; Doug Oman, ed., *Why Religion and Spirituality Matter for Public Health*, Springer, 2018; Michael J. Balboni, and Tracy A. Balboni, *Hostility to Hospitality*, Oxford University Press, 2019.

39) 한국호스피스 · 완화의료학회, 『호스피스 · 완화의료』, 군자출판사, 2018, 2-3쪽.

40) Anthony Giddens, Philip W. Sutton, *Essential Concepts in Sociology*, Polity Press, 2017; 『사회학의 핵심 개념들』, 김봉석 옮김, 동녘, 2018, 357쪽.

41) Balboni, and Balboni, *Hostility to Hospitality*, pp. 44-46.

42) *Ibid.*, p. 44.

43) Mark R Cobb, *Spirituality in Healthcare*, Oxford University Press, 2012; 『헬스케어 영성 1』, 용진선(외) 옮김, 가톨릭대학교출판부, 2016, 372-373쪽.

44) Saad, Marcelo, and Medeiros, "Spirituality and Healthcare-Common Grounds for the Secular and Religious Worlds and Its Clinical Implications," p. 1.

45) Christina M. Puchalski, *et al.*, "Improving the Spiritual Dimension of Whole Person Care: Reaching National and International Consensus," *Journal of Palliative Medicine* 17, no. 6, 2014, p. 646.

46) 김재명, 「종교학과 의료인문학」, 『종교연구』 79(3), 한국종교학회, 2019.

47) 칼 맑스, 「헤겔 법철학의 비판을 위하여」, 『칼 맑스 프리드리히 엥겔스 저작 선집 제1권』, 최인호 외 옮김, 박종철출판사, 1991, 1-2쪽.

48) 조혜인, 「세계의 깸: 개신교 윤리 명제의 동적 측면」, 『한국사회학』 제30집(봄호), 한국사회학회, 1996, 48-50쪽.

49) Karen Armstrong, *Fields of Blood: Religion and the History of Violence*, New York: Knopf, 2014; 『신의 전쟁』, 정영목 옮김, 교양인, 2021, 399-400쪽.

비판의 세속성에 관한 갑론을박 / 장석만

1) 졸고, 「한국의 종교연구와 비평(비판)의 세속성 논의」, 『종교문화비평』 통권 42호, 2022년 9월. 이 글에서도 앞의 글과 마찬가지로 critique에 대한 번역어로서 비판과 비평을 섞어 쓸 것이다. criticism은 주로 비평으로 옮긴다.

2) 위의 글, 220-221쪽.

3) 위의 글. 2022년 『종교문화비평』 제42호에 2009년 3월에 마지막 글이 게재되었다고 한 서술은 오류이므로 수정한다.

4) Charles Taylor, *A Secular Age*, Cambridge, Mass., Harvard University Press, 2007, Chapter 15 The Immanent Frame, pp. 539-593.

5) 이 두 가지 자아에 관해서는 이 사이트에 테일러 자신이 올린 글이 있다. Charles Taylor, "Buffered and Porous Selves," *The Immanent Frame*, September 2, 2008. https://tif.ssrc.org/2008/09/02/buffered-and-porous-selves/

6) Ibid. p. 542.

7) Ibid. p. 592.

8) http://tif.ssrc.org/category/exchanges/is-critique-secular/

9) 크리스 닐론(Chris Nealon). 존스 홉킨스 대학 영어영문과 교수. 2011년의 책(*The Matter of Capital: Poetry and Crisis in The American Century*)에서 그는 20세기 대표적인 시인의 작품을 대상으로 당대의 자본 및 그 위기가 어떻게 나타나는지 분석하였다. 2001년의 책(Foundlings: Lesbian and Gay Historical Emotion before Stonewall)에서는 20세기 전반기 미국 사회의 모습을 게이와 레즈비언의 작품을 통해 드러냈다. 3권의 시집을 낸 시인이기도 하다.

10) Chris Nealon, "Is Critique Secular?"*The Immanent Frame*, December 3, 2007. http://tif.ssrc.org/2007/12/03/is-critique-secular/

11) 에이미 할리우드(Amy Hollywood)는 미국 하버드 대학 신학부의 기독교학 교수 (Elizabeth H. Monrad Professor)로서 중세 기독교 신비주의에 관한 전문가이다. 주요 저술로는 2016년의 책(*Acute Melancholia and Other Essays: Mysticism, History, and the Study of Religion*), 2012년의 공편서(The Cambridge Companion to Christian Mysticism), 2001년의 책(*Sensible Ecstasy: Mysticism, Sexual Difference, and the Demands of History*), 1995년의 책(*The Soul as Virgin Wife: Mechthild of Magdeburg, Marguerite Porete, and Meister Eckhart*) 등이 있다.

12) 콜린 재거(Colin Jager). 미국 러트거스 대학 영어영문과 교수이자 문화분석센터 소장. 연구 주제는 영국 로맨티시즘, 종교, 그리고 세속주의이다. 로맨티시즘 문학과 철학에도 관심을 기울이고 있다. 주요 저서는 2015년의 책(*Unquiet Things: Secularism in the Romantic Age*), 2007년의 책(*The Book of God: Secularization and Design in the Romantic Era*) 및 찰스 테일러의 로맨티시즘에 관한 2010년의 논문("This Detail, This History: Charles Taylor's Romanticism")을 비롯하여 많은 연구 업적이 있다.

13) Chris Nealon, *op. cit.*

14) Amy Hollywood, "Acute Melancholia," *The Harvard Theological Review*, Vol. 99 No. 4, 2006.

15) Amy Hollywood, *Acute Melancholia and Other Essays: Mysticism, History, and the Study of Religion*, Columbia University Press, 2016.

16) Chris Nealon, *op. cit.* Amy Hollywood, *Ibid.* pp. 16-19.

17) Chris Nealon, *Ibid.*

18) 닐론의 이런 지적에 대해서 3명의 발표자가 동의할 것인지는 의문이다. 특히 탈랄 아사드는 분명 아니라고 할 것이다. 왜냐하면 클리포드 기어츠의 종교 정의에 관해 전면적인 비판을 하는 논문을 쓰면서 그가 제시한 주요 논점 가운데 하나가 바로 기어츠 종교 정의에 함축된 지적인 신념에 대한 편향성이었기 때문이다. Talal Asad, "Anthropological Conceptions of Religion: Reflections on Geertz," *Man* (New Series), Vol. 18, No. 2, Jun., 1983, pp. 247-248.

19) Colin Jager, "Closure at Critique?" *The Immanent Frame*, December 17, 2007. http://tif.ssrc.org/2007/12/17/closure-at-critique/

20) 이것(background conditions)은 찰스 테일러의 용어이다. 우리의 생활에 스며들어 그 배후에 있으면서 우리의 경험 향방과 폭을 지시하는 포괄적인 전제(前提)를 가리킨다. 뚜렷하게 드러나지 않고 불명료하고 암묵적인 모습을 하고 있지만 당연하고 공통된 경험으로 모는 힘이 있어서 '사회적 상상계'(social imaginary)라고 부르기도 한다. Charles Taylor, *A Secular Age*, Cambridge, Massachusetts, and London, England: Harvard University Press, 2007, pp. 171-174.

21) 안토니오 네그리, 마이클 하트, 『제국』, 윤수종 역, 이학사, 2001. (Michael Hardt and Antonio Negri, *Empire*, Cambridge, Massachusetts & London, England: Harvard University Press, 2000). 안토니오 네그리, 마이클 하트, 『다중』, 조정환 외 역, 세종서적, 2008. (Michael Hardt and Antonio Negri, *Multitude: War and Democracy in the Age of Empire*, New York:Penguin Books, 2004)

22) "closure at critique" vs. a "transformative moment." Colin Jager, "Closure at Critique?" *The Immanent Frame*, December 17, 2007. http://tif.ssrc.org/2007/12/17/closure-at-critique/

23) "left-secular structure of feeling" 감정 구조는 레이몬드 윌리엄스의 용어로서, 정서적 상태 및 감정적 분위기가 역사적, 사회적으로 만들어지는 다양한 방식을 탐구하기 위해 등장하였다. Raymond Williams, *Long Revolution, Broadview Press, 2001(1961), Raymond Williams, Marxism and Literature*, Oxford: Oxford University Press, 1977.

24) 사이몬 듀링(Simon During: 1950-). 호주 멜버른 대학, 문화와 커뮤니케이션 교수, 미국 존스 홉킨스 대학, 호주 퀸즐랜드 대학 교수직을 역임. 2012년 간행된 책(*Against Democracy: Literary Experience in the Era of Emancipations*, Fordham University Press), 2009년의 책(Exit Capitalism: Literary Culture, Theory and Post-Secular Modernity, Routledge), 그리고 2002년에 간행된 『근대적 매혹: 세속적 주술의 문화적 힘』(*Modern Enchantments: The Cultural Power of Secular Magic*, Harvard University Press), 1992년의 책 『푸코와 문학: 글쓰기의 계보학을 향하여』 등이 있다. 인문학의 역사와 이론에 지속적인 탐구를 해왔으며, 최근에는 포스트-크리티크(postcritique)에 관한 주제에 대해서도 관심을 기울이고 있다.

25) Simon During, "What if?" *The Immanent Frame*, January 7, 2008.

http://tif.ssrc.org/2008/01/07/what-if/

26) 크리스 닐론은 듀링의 글에 댓글을 달아 듀링이 기독교의 제도적 실천을 '현실의 참된 기독교(real, true Christianity)'라고 언급한 점에 문제를 제기한다. 닐론은 그런 표현으로 말미암아 진보적 기독교적 비판의 긍정적 가능성을 찾고 있는 듀링의 의도가 저해된다고 본 것이다.

27) 탈랄 아사드(Talal Asad: 1932-) 뉴욕 시티 유니버시티의 인류학 및 중동학 명예교수. 출생지는 사우디아라비아로, 유대교에서 이슬람으로 개종한 오스트리아 외교관인 아버지와 사우디아라비아 무슬림인 어머니 사이에서 태어났다. 파키스탄의 기독교 미선계 학교에서 청소년 시절 보낸 후, 영국 대학에 유학한 경력이 있다. 그는 인문학 및 사회과학 분야에서 광범위한 영향력을 지니고 있으며, 그의 두드러진 업적은 세속 인류학이라는 새로운 분야를 개척한 것이다. 다음은 그의 주요 저작이다. 2018년의 책(*Secular Translations: Nation-State, Modern Self, and Calculative Reason*, Columbia University Press), 2007년의 책(*On Suicide Bombing*, Columbia University Press), 2003년의 책(*Formations of the Secular: Christianity, Islam, Modernity*, Stanford University Press), 1993년의 책(*Genealogies of Religion: Discipline and Reasons of Power in Christianity and Islam*, Johns Hopkins University Press) 등이다. 2006년에는 여러 학자가 그의 논점을 분석하는 책이 간행되었다. David Scott and Charles Hirschkind, eds. *Powers of the Secular Modern: Talal Asad and His Interlocutors*, Stanford University Press.

28) Talal Asad, "Historical Notes on the Idea of Secular Criticism," *The Immanent Frame*, January 25, 2008. http://tif.ssrc.org/2008/01/25/historical-notes-on-the-idea-of-secular-criticism/

29) 졸고, 앞의 글, 197-201쪽.

30) 아사드는 크리티크와 크리티시즘을 구별하지 않고 사용한다.

31) 스타티스 구르구리스(Stathis Gourgouris: 1958-). 컬럼비아 대학교 비교문학 교수. 시인이자 음향 예술가. 고대 그리스 철학, 현대 그리스 문화와 정치, 정치이론을 망라하는 폭넓은 영역에 관여하며 저술 활동을 하고 있다. 다음은 그의 홈페이지 및 주요 저서이다. http://stathisgourgouris.com/ 2013년의 책(*Lessons in Secular Criticism*), 2003년의 책(*Does Literature Think? Literature as Theory for an Antimythical Era*), 1996년의 책(*Dream Nation: Enlightenment, Colonization, and the Institution of Modern Greece*) 및 여러 시집이 있다.

32) Stathis Gourgouris, "De-transcendentalizing the Secular," *The Immanent Frame*, January 31, 2008. http://tif.ssrc.org/2008/01/31/de-transcendentalizing-the-secular/ 이 글은 확장되어 나중에 간행된 그의 책(*Lessons in Secular Criticism*, 2013)의 제2장("Detranscendentalizing the Secular," pp. 28-64.)을 이룬다.

33) 길 아니자르(Gil Anidjar: 1964-). 미국 컬럼비아 대학 중동, 남아시아, 아프리카 연

구(MESAAS) 학과 및 종교 학과 교수. 연구 분야는 유럽 철학, 인종과 종교, 정치
신학, 유대인과 아랍인의 관계 등이다. 주요 저서로 2017년의 책(*Qu'appelle-t-on
Destruction? Heidegger, Derrida, Presses de l'Université de Montréal*), 2014년의 책
(*Blood: a Critique of Christianity*, Columbia University Press), 2008년의 책(*Semites:
Race, Religion, Literature*), 2003년의 책(*The Jew, the Arab: A History of the Enemy*,
Stanford University Press) 등이 있다.

34) Gil Anidjar, "Equal Opportunity Criticism (affirmative faction)," *The Immanent Frame*,
February 15, 2008. https://tif.ssrc.org/2008/02/15/equal-opportunity-criticism-
affirmative-faction/

35) 사바 마흐무드(Saba Mahmood: 1962-2018). 캘리포니아-버클리 대학 인류학 교수. 중
동학 센터, 비판이론 프로그램, 그리고 남아시아 연구소에도 관여하였다. 파키스탄
출신으로 미국 유학을 떠나, 건축과 도시계획을 공부했으나 인류학으로 전공을 바
꿔 이집트 여성의 신앙을 현지 조사하여 박사학위를 받았다. 주요 저술로는 2015년
의 책(*Religious Difference in a Secular Age: A Minority Report*), 같은 해에 공동 편집
한 책(*Politics of Religious Freedom*), 2005년의 책(*Politics of Piety: the Islamic Revival
and the Feminist Subject*) 등이 있다.

36) Saba Mahmood, "Is Critique Secular?" *The Immanent Frame*, March 30, 2008. http://
tif.ssrc.org/2008/03/30/is-critique-secular-2/

37) 조너선 판안트베르펜(Jonathan VanAntwerpen). SSRC의 종교와 공공영역 프로그램
의 책임자이자 '내재적 프레임'의 창립자이기도 한 인물. 현재 헨리 루스 재단(Henry
Luce Foundation)의 프로그램 디렉터이다. 다음과 같은 책을 편집했다. *The Power of
Religion in the Public Sphere* (2011), *Rethinking Secularism* (2011), *The Post-Secular
in Question, Varieties of Secularism in a Secular Age* (2012).

38) Saba Mahmood, "Secularism, Hermeneutics, and Empire: The Politics of Islamic
Reformation," *Public Culture*, Vol. 18, Issue 2, 2006, pp. 323-347. 구르구리스는 마흐
무드를 반박하는 글에서 이 논문을 다시 언급한다.

39) Stathis Gourgouris, "Anti-secularist Failures," *The Immanent Frame*, April 19, 2008.
http://tif.ssrc.org/2008/04/19/anti-secularist-failures/

40) 찰스 테일러(Charles Taylor: 1931-). 캐나다 몬트리올 출신의 사상가. 리버럴리즘에
맞서 공동체주의적인 사상을 옹호한 대표적인 인물이다. 어머니는 불어 사용의 가톨
릭 신자였고, 아버지는 영어 사용의 개신교 신자여서 어려서부터 언어와 종교의 복
수(複數)성 안에서 자라나, 이후의 삶에 영향을 미쳤다. 광범위한 주제와 영역에 걸
쳐 저술 활동을 해 왔으나, 테일러는 자기의 관심사를 하나로 모을 수 있다고 주장
했는데, 그것이 바로 설득력을 지닌 철학적 인간학을 마련하는 일이다. 주요 저술로
는 2024년의 책(*Cosmic Connections: Poetry in the Age of Disenchantment*), 2016
년의 책(*The Language Animal: The Full Shape of the Human Linguistic Capacity*),

2007년의 책(*A Secular Age*), 2007년의 책(*Varieties of Religion Today: William James Revisited*), 1991년의 책(*The Malaise of Modernity*), 1989년의 책(*Sources of the Self: The Making of the Modern Identity*) 등이 있다.

41) Charles Taylor, "Secularism and Critique" *The Immanent Frame*, April 24, 2008. http://tif.ssrc.org/2008/04/24/secularism-and-critique/

42) 존 롤스(John Rawls: 1921-2002). 20세기 미국의 대표적인 정치철학자. 리버럴리즘에 속한 철학자이다. 1971년에 출판된 책(*A Theory of Justice*)으로 유명하다. 한국어 번역본은 1985년에 『사회정의론』이라는 책으로 간행되었다.

43) 위르겐 하버마스(Jürgen Habermas: 1929-). 프랑크푸르트학파의 비판 이론을 계승했다고 평가받는 독일의 사상가. 『공론장의 구조변동(1962)』(2001), 『의사소통 행위이론 1, 2(1981)』(2006) 등의 저술이 유명하다.

44) Saba Mahmood, "Secular imperatives?" *The Immanent Frame*, May 7, 2008 http://tif.ssrc.org/2008/05/07/secular-imperatives/

45) Colin Jager. "Secular Brooding, Literary Brooding," *The Immanent Frame*, June 22, 2008.
http://tif.ssrc.org/2008/06/22/secular-brooding-literary-brooding/

46) 크리스토퍼 히친스(Christopher Hitchens: 1949-2011). 영국의 작가이자 저널리스트. 공격적인 무신론자로 유명하다. 번역된 책으로는 『신 없이 어떻게 죽을 것인가』(2014), 『신은 위대하지 않다』(개정판, 2011), 『자비를 팔다: 우상파괴자 히친스의 마더 테레사 비판』(2008) 등이 있다.

47) 폴 드 만(Paul de Man: 1919-1983). 벨기에 출신의 문학이론가. 미국 해체주의 문예비평을 대표하는 인물. 그의 책 가운데 『이론에 대한 저항』, 『독서의 알레고리』가 번역되어 있다.

48) 이 글("The Rhetoric of Temporality")은 그의 책에 다시 수록되었다. *Blindness and Insight: Essays in the Rhetoric of Contemporary Criticism* (1971, 1983)

49) Gil Anidjar, *Semites: Race, Religion, Literature*, Stanford: Stanford University Press, (Cultural Memory in the Present), 2007.

50) 로버트 벨라(Robert N. Bellah: 1927-2013). 캘리포니아-버클리 대학 사회학 교수. 미국 사회에서 종교가 담당한 역할에 관한 연구로 유명하며, 대표적인 종교사회학자 가운데 한 사람이다. 주요 저술로는 2011년의 책(*Religion in Human Evolution: From the Paleolithic to the Axial Age*), 1985년의 책(*Habits of the Heart: Individualism and Commitment in American Life*), 1975년의 책(*The Broken Covenant: American Civil Religion in Time of Trial*), 1970년의 책(*Beyond Belief: Essays on Religion in a Post-Traditional World*) 등이 있다.

51) Robert N. Bellah, "The Renouncers," *The Immanent Frame*, August 11, 2008 http://tif.ssrc.org/2008/08/11/the-renouncers/ 이 글은 2008년 7월 독일 에어푸르트에서 템

플턴 재단 후원으로 열린 학술 모임에서 "The Axial Age and its Consequences for Subsequent History and the Present."라는 제목으로 발표한 원고를 축약한 것이다.

52) 저스틴 뉴먼(Justin Neuman) 유진 랭 리버럴 아츠 칼리지 객원교수. 예일대학 영문학 교수를 역임함. 2020년에 마이클 루벤스타인(Michael Rubenstein)과 함께 쓴 책(*Modernism and its Environments*)은 모더니즘 문학에서 환경인문학 및 에코-크리티시즘과 연관된 주제를 조명한 연구이고, 2014년의 책(*Fictions Beyond Secularism*)은 진보적 세속성과 흔히 연관되었던 대표적 문학자들이 실상은 세속적 이데올로기의 가장 혹독한 비판자라는 점을 드러내고 있다. 뉴먼(Neuman)이라는 성(姓)을 읽는 방법은 영어식과 독일어식(노이만)의 두 가지가 있다.

53) Justin Neuman, "Critique and Conviction," *The Immanent Frame*, October 6, 2008. http://tif.ssrc.org/2008/10/06/critique-and-conviction/

54) 이 글에서 뉴먼은 "critique"와 "criticism"을 비슷한 의미로 번갈아 가며 사용하고 있다.

55) 테오도어 아도르노(Theodor Adorno: 1903-1969) 독일 프랑크푸르트 학파의 사상가. 막스 호르크하이머와 더불어 비판이론의 1세대를 대표하는 학자이다.

56) 한나 아렌트(Hannah Arendt: 1906-1975). 독일 출신의 정치 이론가. 유대인 박해를 피해 미국으로 망명하여 활동했다.

57) Simon During, "Resistance, Critique, Religion,"*The Immanent Frame*, October 20 2008. http://tif.ssrc.org/2008/10/20/resistance-critique-religion/

58) 크리스티앙 장베(Christian Jambet: 1949-). 프랑스의 사상가, 이슬람 연구자.

59) 기 라르드로(Guy Lardreau: 1947-2008). 프랑스 사상가. 루이 알튀세르의 제자로서, 1968년을 전후로 한 시기에 모택동주의자로 명성이 높았다. 장베와 공저로 1976년에 『혁명의 존재론』 제1권 (*L'Ange: Pour une cynégetique du semblant*)과 1978년에 제2권(*Le Monde: Réponse à la question, "Qu'est-ce que les droits de l'homme?"*)을 간행하였다.

60) 알랭 바디우(Alain Badiou: 1937-). 기존의 마르크스주의와 레닌주의, 모택동주의를 비판하고 새롭게 재구성하여 자신의 혁명이론을 제시한 프랑스의 사상가. 『사랑 예찬』, 『사도 바울』, 『비미학』 등의 번역서가 간행되어 있다.

61) 레오 스트라우스(Leo Strauss: 1899-1973). 독일 태생의 유대계 미국 정치 사상가. 레이건 이후 미국 신보수주의의 득세에 그의 자유주의 비판은 커다란 영향을 끼쳤다.

62) *De quoi Sarkozy est-il le nom?* (2007). 발간 즉시 이 책은 사르코지 정권에 대한 강경하고도 신랄한 논조로 화제가 되어 프랑스에서 논란의 중심이 되었으며, 2년이 안 되어 6만부가 팔리는 베스트셀러가 되었다. 이 책의 제목은 "사르코지가 대통령 되었다는 것이 무엇을 의미하는가?"라는 뜻을 지니며, 이름 대신 "쥐새끼"에 해당하는 것(rat-man)으로 그를 지칭하고 있다.

63) 알랭 바디우, 『사도 바울: 제국에 맞서는 보편주의 윤리를 찾아서』, 현성환 번역, 새물결, 2008. (*Saint Paul: la fondation de l'universalisme*, 1997).

64) 앤드류 마치(Andrew F. March). 미국 매사추세트-앰허스트 대학교 정치학 교수. 전문 분야는 정치 철학, 이슬람 율법, 종교 정치 이론, 비(非)서구적 정치이론의 영역이다. 2019년의 책(*The Caliphate of Man: Popular Sovereignty in Modern Islamic Thought*, Harvard University Press)은 이슬람 근대사상에 나타난 신적 주권과 인민 주권의 문제를 '아랍의 봄'을 통해 살펴본 것이고, 2009년의 책(*Islam and Liberal Citizenship: The Search for an Overlapping Consensus*, Oxford University Press)은 무슬림 소수자가 리버럴 정치의 맥락 속에서 당면하는 문제(의무와 권리, 그리고 충성심 등)의 법적 담론을 검토한 것이다. 그는 세속주의, 종교 및 표현의 자유, 결혼 문제 등 다양한 문제에 대해 논문과 시사적 논평을 통해 활발하게 자신의 견해를 밝히고 있다.

65) Andrew March, "Poppies and Prophets," *The Immanent Frame*, March 17, 2011. http://tif.ssrc.org/2011/03/17/poppies-and-prophets/

66) 양귀비꽃이 종전 기념식에 등장하게 된 것은 군의관으로 제1차 세계대전에 참전한 존 맥크래(John McCrae: 1872-1918)가 1915년 친구의 죽음을 슬퍼하며 쓴 시 〈플랜더즈 들판에서〉(In Flanders fields)가 유명해지면서 비롯되었다. 그 시는 다음과 같이 시작한다. "플랜더즈 들판에 양귀비꽃 피었네/줄줄이 서 있는 십자가들 사이에." (In Flanders fields the poppies blow/Between the crosses, row on row). 당시 전쟁터에 이 꽃이 무수히 피어 있었다고 한다.

67) 살만 루슈디(Salman Rushdie: 1947-). 영국의 소설가. 그가 1988년에 발표한 『악마의 시』(The Satanic Verses)는 무함마드를 모욕했다고 하여 무슬림의 커다란 분노를 일으켰다. 그 소설의 한글 번역본은 2001년에 간행되었다.

68) 졸고, 앞의 글, 주 80을 참고할 것. 191-192쪽.

69) 라스 빌크스(Lars Vilks: 1946-2021). 스웨덴 시각 예술가. 그는 2007년 7월 "예술에 나타난 개"를 주제로 한 전시회에 초청받았는데, 그가 제출한 작품은 개의 모습으로 무함마드를 묘사한 스케치였다. 주최 측과 다른 갤러리에서 보안을 문제 삼아 받아들이지 않았으나, 8월에 그의 작품 가운데 하나가 지방 신문사를 통해 발표되면서, 스웨덴은 물론이고, 국제적으로 커다란 논란을 일으켰다. 이후 그는 계속 살해 위협에 시달렸다.

70) 웨스트보로 침례교회(The Westboro Baptist Church, WBC) 미국 캔자스주 토페카에 있는 독립교회. 1955년에 프레드 펠프스(Fred Phelps)에 의해 설립되었다. 동성애자에 대한 증오로 유명하다. 무신론자, 유대인, 무슬림, 트랜스젠더에 대해서도 혐오 발언을 일삼고 있다.

71) T. Asad, W. Brown, J. Butler, and S. Mahmood, *Is Critique Secular?: Blasphemy, Injury, and Free Speech,* (The Townsend papers in the Humanities; No.2) Berkeley, Los Angeles, London: University of California Press, 2009.

세속주의, 무슬림 혐오, 마르크스주의와 종교 / 존 몰리뉴

1) 태아의 생명권을 명시함으로써 사실상 낙태를 헌법으로 금지하는 법안이다.

2) 가톨릭 세력이 주도해 세운 시설로 여성들을 수용해 세탁업 등 고된 노동을 시키고 여성들을 억압했다. -옮긴이.

3) 아동과 청소년에게 복음을 전파하고 그들을 교육하기 위해 만들어졌으나 아동 학대와 아동 성폭력 사건으로 문제가 됐다. -옮긴이.

4) 성찬의 빵과 포도주가 그리스도의 몸과 피로 변한다는 믿음. -옮긴이.

5) F. Engels, 'Introduction to the Dialectics of Nature', Marx/Engels, *Selected Works*, Vol II, Moscow 1962, p.63.

6) 2016년 10월 8일 전 프랑스 총리이자 대통령 후보로 출마한 프랑수아 피용은 "프랑스가 과거에 식민지와 문화를 나누려 했을 뿐이기 때문에 나쁘지 않"다고 말했다.

7) 물론 아일랜드는 식민지가 없었고 1950년대와 1960년대에 서구가 누린 경제 호황을 누리지 못했다. 아일랜드에 비유하자면 '켈트의 호랑이' 시기와 비슷하다고 할 수 있겠다.

8) 프랑스 인구조사에서는 종교를 기록하지 않기 때문에 무슬림 인구 추정치를 정확히 알 수 없다. 프랑스 내무부가 최근 발표한 보고서에서는 그 수가 415만 명(전체 인구의 약 6.2퍼센트)이라고 했는데 영국의 무슬림이 270만 명(약 4.5퍼센트)인 것에 비하면 많다.

9) 불행히도 프랑스의 주요 트로츠키 조직 중 하나인 노동자투쟁당(LO)이 여기에서 부끄러운 구실을 했다. 'The Islamic veil and the subjugation of women', http://journal. lutteouvriere.org/2003/04/24/foulard-islamique-et-soumission-des-femmes_6495.html 와 Chris Harman 'Behind the Veil', Socialist Review 180, Nov. 1994. https://www. marxists.org/archive/harman/1994/11/veil.htm을 보시오.

10) 나는 여기서 모든 유럽인이 아니라 지배 집단과 지배적 사상의 태도를 말하는 것이다.

11) Alex Callinicos, *Race and Class*, London 1993, p.16.

12) 1923년 옥스포드 사전에는 무슬림 혐오라는 단어가 포함된 적이 있지만 아주 드문 사례였다.

13) http://edvardas.home.mruni.eu/wp-content/uploads/2008/10/huntington.pdf

14) 'State intellectuals are those who have worker for and emerged from the bowels of the US state machine: Kissinger, Brzezinski, Fukuyama and Huntington typify this breed'. Tariq Ali, *The Clash of Fundamentalisms*, London 2002, p.302.

15) 특히 당시에는 소련의 원조와 보호를 받기 위해서 사회주의라는 단어를 명칭에 사용하는 경우가 많았다.

16) 이 정책은 1920년대 중반 스탈린과 코민테른이 받아들인 '단계론'과 1930년대 인

민전선 전략에서 나왔다. '공산주의'와 제3세계 민족주의의 관계에 대해서는 John Molyneux, *What is the Real Marxist Tradition?*, London 1985(https://www.marxists.org/history/etol/writers/molyneux/1983/07/tradition.htm)을 보시오.

17) 터키 노동계급에 대한 이런 태도는 Ron Margulies, 'What are we to do with Islam? The case of Turkey', *International Socialism* 151(http://isj.org.uk/what-are-we-to-do-with-islam)을 보시오

18) https://www.hrw.org/news/2014/08/12/egypt-raba-killings-likely-crimes-against-humanity

19) 결국 그들은 나중에 이런 견해를 철회했지만 이미 사태는 돌이킬 수 없었다.

20) http://www.france24.com/en/20130729-egypt-third-square-activists-reject-army-mohammed-morsi

21) 이런 관점이 국제적으로는 질베르 아쉬카르(SOAS 교수이자 프랑스 반자본주의신당(NPA)의 회원)와 그의 책(*Morbid Symptoms: Relapse in the Arab Uprising*, London 2016)에서도 이론화됐다.

22) 이집트 혁명과 그 운명에 대한 더 자세한 분석은 John Molyneux, 'Lessons from the Egyptian Revolution' *Irish Marxist Review* 13와 Philip Marfleet, *Egypt: Contested Revolution*, London 2016을 보시오

23) http://www.rte.ie/news/2016/0928/819767-turkey-arrests

24) 'Erdogan and his generals', The Economist, 2/2/2013 http://www.economist.com/news/europe/21571147-once-allpowerful-turkish-armed-forces-are-cowed-if-not-quite-impotent-erdogan-and-his

25) 이 문제에 대한 나의 의견은 John Molyneux, 'More than opium: Marxism and religion,' *International Socialism* 119 (2008)와 John Molyneux, *The Point is to Change it: an introduction to Marxist Philosophy*, London 2011에서 볼 수 있다.

26) 성직자들이 정치·사회 문제에 영향력을 행사하거나 교리주의를 내세워 특권과 부를 누리는 데 반대하는 주장. -옮긴이.

27) Chris Harman, 'The Prophet and the Proletariat', *International Socialism* 64 (1994) pp.4-5. https://www.marxists.org/archive/harman/1994/xx/islam.htm
크리스 하먼, 이수현 옮김, 『이슬람주의, 계급, 혁명』(책갈피, 2011). 내가 이 글에 담은 주장은 대부분 이 선구적이고 뛰어난 글 덕분에 발전시킬 수 있었다.

참고문헌

종교와 세속주의 입문하기 / 최정화

아사드, 탈랄, 김정아 옮김, 2016, 『자살폭탄테러: 테러·전쟁·죽음에 관한 인류학자의 질문』, 창비. (Asad, Talal, 2007, *On Suicide Bombing*, Columbia University Press.)

이소마에 준이치, 2013, 「종교 연구의 돌파구. 포스트모더니즘·포스트콜로니얼 비평·포스트세속주의」, 윤해동·이소마에 준이치 엮음, 『종교와 식민지 근대. 한국 종교의 내면화, 정치화는 어떻게 진행되었나』, 책과함께.

이진구, 2022, 「세속주의와 종교자유의 정치학: 일제하 신사참배 논쟁을 중심으로」, 『2022년도 상반기 정기심포지엄 자료집. 세속주의를 묻는다: 종교-세속의 이분법을 넘어서』, 한국종교문화연구소.

장석만, 2022, 「한국의 종교연구와 비평(비판)의 세속성 논의」, 『종교문화비평』 42, 종교문화비평학회.

Asad, Talal, 1993, *Genealogies of religion. Discipline and reasons of power in Christianity and Islam*, Johns Hopkins University Press.

_____, 2003, *Formations of the Secular: Christianity, Islam, Modernity* (Cultural Memory in the Present Series), Stanford University Press.

_____, 2011, "Thinking about religion, belief, and politics" in: Robert A. Orsi, *The Cambridge Companion to Religious Studies*, Cambridge University Press.

Blankholm, Joseph, 2021, "Feeling out alternatives within secularity", *Religion* 51(4).

Boyarin, Jonathan, 2021, "Does time stop in the world of Talmud Torah?", *Religion* 51(4).

Dullo, Eduardo, 2021, "On two Modalities of our Secularity: Anthropology's Immanent Frames", *Religion* 51(4).

Hirschkind, Charles, 2006, *The Ethical Soundscape: Cassette Sermons and Islamic Counterpublics*, Columbia University Press.

Laborde, Cécile, 2020, "Rescuing Liberalism from Critical Religion", "What Comes After the Critique of Secularism?: A Roundtable", *Journal of the American Academy of Religion* 88(1), Oxford University Press.

Mahmood, Saba, 2015, *Religious Difference in a Secular Age: A Minority Report*, Princeton University Press.

Mauss, Marcel, 1935, "Les techniques du corps", *Journal de Psychologie Normale et Pathologique* XXXII.

Shook, John R., 2019, "Editorial Welcome to Secular Studies", *Secular Studies* 1(1).

Taylor, Charles, 2018, *A Secular Age*, Belknap Press/Harvard University Press.

Wier, Todd H., 2015, "Germany and the New Global History of Secularism: Questioning the Postcolonial Genealogy", *The German Review: Literature, Culture, Theory* 90 (1).

엘리아데와 세속주의 담론 / 김재명

김재명, 2014, 「종교의 지구지역화에 대한 이론적 연구: 한국개신교를 중심으로」, 서울대학교 박사학위논문.

스페르베, 당, 2022, 『문화 설명하기: 자연주의적 접근』, 김윤성·구형찬 옮김, 서울: 이학사.

모스, 마르셀, 2023, 『몸 테크닉』, 박정호 옮김, 서울: 파이돈.

엘리아데, 미르체아, 2011, 『미로의 시련: 엘리아데 입문』, 김종서 옮김, 성남: 북코리아.

Onishi, Bradley B, 2018, *The Sacrality of the Secular: Postmodern Philosophy of Religion*. New York: Columbia University Press.

Rennie, Bryan S, 1996, *Reconstructing Eliade*. Albany: State University of New York.

_____, 2007, "Mircea Eliade and the Perception of the Sacred in the Profane: Intention, Reduction, and Cognitive Theory." *Temenos: Nordic Journal of Comparative Religion* 43, no. 1.

Swartz, David, 1997, *Culture and Power: The Sociology of Pierre Bourdieu*. The University of Chicago Press.

Eliade, Mircea, 1959, *The Sacred and the Profane: The Nature of Religion*. Translated by Willard Trask. New York: Harcourt, Inc.

_____, 1973, "The Sacred in the Secular World." *Cultural Hermeneutics* 1.

Asad, Talal, 2003, *Formations of the Secular: Christianity, Islam, Mordernity*. Stanford: Stanford University Press.

_____, 2018, *Secular Translations: Nation-State, Modern Self, and Calculative Reason*. New York: Columbia University Press.

Talal Asad, Wendy Brown, Judith P. Butler, and Saba Mahmood, 2013, *Is Critique Secular?: Blasphemy, Injury, and Free Speech*. New York: Fordham University Press.

Udi Greenberg, and Daniel Steinmetz-Jenkins, 2020, "What Comes After the Critique of Secularism?: A Roundtable Introduction." *Journal of American Academy of Religion* 88, no. 1.

강돈구, 2002,「발간사」,『종교문화비평』, 창간호.

_____, 2011,「한국종교학의 회고와 전망」,『종교이론과 한국종교』, 박문사.

길희성, 1986,「대학과 종교연구: 종교학의 역사적 위치와 사명」,『종교연구』, 제2집.

김명인 외, 2002,『주례사 비평을 넘어서』, 한국출판마케팅연구소.

김병익, 김치수, 김현, 1970,「문지 창간호를 내면서」,『문학과지성』, 제1권, 제1호, 통권 제1호.

_____, 1971,「創刊一週年記念號를 내면서」,『문학과지성』, 제2권 제3호, 통권 제5호.

김윤성, 2019,「종교학과 문화비평의 관계에 대한 성찰과 전망」,『종교문화연구』, 제33호.

무명, 2002,「창간호 특별좌담회: 한국종교학의 회고와 전망」,『종교문화비평』, 창간호.

버틀러, 주디스, 2022,『혐오 발언: 너와 나를 격분시키는 말 그리고 수행성의 정치학』 (Excitable Speech: A Politics of the Performative, 1997), 유민석 옮김, 알렙.

박규태, 2002,「고양이의 꿈: 종교학과 문화비평」,『종교문화연구』, 제4호.

신광철, 2005,「종교학과 문화비평: 한국에서의 연구경향을 중심으로」,『한국종교』, 제29집.

_____, 2019,「'종교문화비평'의 관점과 시야, 그리고 외연」,『한국의 종교학: 종교, 종교들, 종교문화』, 한국종교문화연구소 30주년논총 편집위원회 엮음, 도서출판 모시는 사람들.

이진구, 2013,「한국 기독교에 대한 소전 종교학의 문화비평」,『종교문화비평』, 통권 24호.(소전 희수기념문집편찬위원회 엮음,『정직한 이삭줍기: 소전 정진홍교수 종교연구의 지평』, 2013)

장석만, 1990,「문화비평으로서의 종교학」, 특집: 종교학과 문화비평,『한국종교연구회 회보』, Vol. 2.

_____, 2008,「지령 14호를 맞이하여」,『종교문화비평』, 통권 제14호.

_____, 2018,「한국의 근대와 종교 개념, 그리고 연구 방향 모색을 위한 하나의 사례」,『종교문화비평』, 통권 34호, 종교문화비평학회.

정진홍, 1980,「종교학의 과제」,『종교학서설』, 전망사.

_____, 1986,「형이상학적 반란, 그 이후」,『종교문화의 전개』, 집문당.

_____, 1991,「종교와 문학: "이야기"로서의 접근을 위한 하나의 시론」,『종교연구』, 제7집.

_____, 1996,「신학적 관심의 문화비평적 지양: 게라르드스 반 드르 레우」,『종교문화의 인식과 해석』, 서울대학교출판부.

_____, 2021,「서양종교학의 미로」, 정진홍 외,『한국종교학: 성찰과 전망』, 대한민국학술원.

해러웨이, 다나 J. & 사이어자 니콜스 구디브, 2005, 『한 장의 잎사귀처럼: 「사이보그 선언문」의 저자 다나 J. 해러웨이의 지적 탐험』, (다알로고스총서 2), 민경숙 옮김, 갈무리.

Asad, Talal, Wendy Brown, Judith Butler, Saba Mahmood, 2009, *Is Critique Secular?: Blasphemy, Injury, and Free Speech*, Berkeley, Los Angeles, London: University of California Press.

Felski, Rita, 2021, "Why the humanities matter: Learning from Bruno Latour," February 16, *The ABC's Religion and Ethics Portal*
https://www.abc.net.au/religion/rita-felski-why-the-humanities-matter/13161486

Haraway, Donna J. 1999, *How Like a Leaf: An Interview with Thyrza Nichols Goodeve*, New York: Routledge.

Holbraad, Martin & Morten A. Pedersen, 2017, *The Ontological Turn: An Anthropological Exposition*. Cambridge: Cambridge University Press.

Jensen, Tim, Mikael Rothstein, eds. 2000, *Secular Theories on Religion: Current Perspectives*, Copenhagen: Museum Tusculanum Press.

Laborde, Cécile, 2014, "Three approaches to the study of religion," February 5. *Immanent Frame: Secularism, Religion, and the Public Sphere*.
https://tif.ssrc.org/?s=C%C3%A9cile+Laborde%2C+%E2%80%9CThree+approaches+to+the+study+of+religion

Latour, Bruno, 2004, "Why Has Critique Run out of Steam? From Matters of Fact to Matters of Concern," *Critical Inquiry*, Vol. 30, Winter.

March, Andrew, 2011, "Poppies and Prophets," *Ibid*. March 17.
http://tif.ssrc.org/2011/03/17/poppies-and-prophets/

Martin, Craig, Russell McCutcheon, Monica R. Miller, Steven Ramey, K. Merinda Simmons, Leslie Dorrough Smith, Vaia Touna, 2014, "Keeping "critical" critical: A conversation from Culture on the Edge," *Critical Research on Religion*, Volume 2 Issue 3.

McCutcheon, Russell T. 2001, *Critics Not Caretakers: Redescribing the Public Study of Religion*, Albany: State University of New York Press.

Nealon, Chris, 2007, "Is critique secular?" *The Immanent Frame*, December 3.
http://tif.ssrc.org/2007/12/03/is-critique-secular/

Said, Edward, 1983, "Secular Criticism," *The World, the Text, and the Critic*, Cambridge, MA: Harvard University Press.

van der Veer, Peter and Hartmut Lehmann eds., 1999, *Nation and Religion: Perspectives on Europe and Asia*, Princeton, New Jersey: Princeton University Press.

Warner, Michael, 2004, "Uncritical Reading," in *Polemic: Critical or Uncritical*, ed. Jane

Gallop, New York: Routledge.

〈종교학벌레〉, http://bhang813.egloos.com/1875901

Is Critique Secular? The Immanent Frame

http://tif.ssrc.org/category/exchanges/secularism-and-critique/is-critique-secular/

세속화에 대한 저항 / 조성환

김용휘, 2012, 『최제우의 철학』, 이화여자대학교출판부.

김지하, 1984, 『밥』, 분도출판사.

모심과살림연구소, 2009, 『살림의 말들』, 모심과살림연구소.

박맹수, 2017, 「전봉준의 평화사상」, 『통일과 평화』 9-1.

시노하라 마사타케 지음, 조성환 외 옮김, 2022, 『인류세의 철학』, 모시는사람들.

윤노빈, 2010, 『신생철학』, 학민사.

이규성, 2011, 『최시형의 철학』, 이화여자대학교출판부.

제인 베넷 지음, 문성재 옮김, 2010, 『생동하는 물질: 사물에 대한 정치생태학』, 현실문화.

조성환, 2020, 「동학에서의 제천의례의 일상화: 해월 최시형의 '향아설위'를 중심으로」, 『한국종교』 48집.

조성환, 2022, 「문명의 두 얼굴: 후쿠자와 유키치와 다나카 쇼조의 문명론과 조선론을 중심으로」, 『한국종교』 51집.

카렌 암스트롱 지음, 정영목 옮김, 2023, 『성스러운 자연: 잃어버린 자연의 경이를 어떻게 되찾을 것인가』, 교양인.

한살림모임, 1989, 〈한살림선언〉.

황종원, 2012, 「최시형 '식(食)' 사상의 종교생태학적 의의」, 『신종교연구』 26.

후쿠자와 유키치 지음, 성희엽 옮김, 2020, 『문명론 개략』, 소명출판.

田中正造全集編纂会 編, 1978, 『田中正造全集』(第2卷), 岩波書店.

Dipesch Chakrabarty, "The Planet: An Emergent Matter of Spiritual Concern?" Harvard Divinity Bulletin, Autumn/Winter 2019.

https://bulletin.hds.harvard.edu/the-planet-an-emergent-matter-of-spiritual-concern/

Fessler, Susanna, 2018, "Anesaki Masaharu's Reception of Leo Tolstoy and His Failed Attempt at Finding the Faith," *The Journal of Transcultural Studies*, Issue 1-2.

세속-종교-미신의 3분법을 통해 본 신사참배의 정치학 / 이진구

강이레, 2014, 「근대 일본 천황제 이데올로기와 기독교의 갈등: 한국과 일본에서의 신사참배 문제를 중심으로」, 연세대학교 대학원 석사학위논문.

김승태, 1991, 『한국 기독교와 신사참배문제』, 한국기독교역사연구소.

_____, 2006, 『한말·일제강점기 선교사 연구』, 한국기독교역사연구소.

김인수, 2003, 『史料 韓國神學思想史』, 장로회신학대학교출판부.

문혜진, 2019, 『경성신사를 거닐다: 일본제국과 식민지 신사』, 민속원.

박규태, 2006, 「국가신도와 '신사비종교론'」, 『일본의 발명과 근대』, 이산.

_____, 2017, 『일본 신사(神社)의 역사와 신앙』, 역락.

박은영, 2017, 「근대 일본의 기독교사회주의자 시라이시 기노스케(白石喜之助)에 대한 일고찰」, 『日本思想』 32호, 한국일본사상사학회.

성주현·고병철, 2021, 『일제강점기 종교정책』, 동북아역사재단.

아오노 마사아키, 2017, 『제국신도의 형성: 식민지조선과 국가신도의 논리』, 소명출판.

안종철, 2010, 『미국 선교사와 한미관계, 1931-1948: 교육철수, 전시협력 그리고 미군정』, 한국기독교역사연구소.

이노우에 노부타카 외, 2010, 『신도, 일본 태생의 종교 시스템』, 박규태 옮김, 제이앤씨.

이소마에 준이치, 2016, 『근대 일본의 종교담론과 계보』, 제점숙 옮김, 논형.

이창익, 2020, 「미신 개념의 계보학: 20세기 초 한국 사회의 종교, 과학, 미신」, 『종교문화비평』 37호, 종교문화비평학회.

장석만, 2017, 『한국 근대종교란 무엇인가?』, 모시는사람들.

조현범, 2009, 「의례 논쟁을 다시 생각함, 헤테로독시아와 헤테로글로시아 사이에서」, 『교회사연구』 32집, 한국교회사연구소.

주기철, 1935, 「천하에 복음을 전하라」, 『종교시보』 제4권 2호.

카미벳부 마사노부, 2011, 『근현대 한일 종교정책 비교연구』, 지식과교양.

히우라 사토코, 2016, 『신사·학교·식민지: 지배를 위한 교육』, 이언숙 옮김, 고려대학교 출판문화원.

Asad, Talal, 2003, *Formations of the Secular: Christianity, Islam, Modernity,* Stanford, California: Stanford University Press.

Danchin, Peter G., 2015, "Religious Freedom in the Panopticon of Enlightenment Rationality," Winnifred Fallers Sullivan, et al. ed., *Politics of Religious Freedom*, Chicago: The University of Chicago Press.

Hardacre, Helen, 2017, Shinto: *A History*, Oxford: Oxford University Press.

Jang, Sukman, 2013, "The Historical Formation of the 'Religious-Secular' Dichotomy in Modern Korea," Marion Eggert and Lucian Hölscher ed.. *Religion and Secularity: Transformations and Transfers of Religious Discourses in Europe and Asia.* Leiden: Brill.

Josephson, Jason Ananda, 2012, *The Invention of Religion in Japan*, Chicago: University of Chicago Press.

Josephson-Storm, Jason Ananda, 2017, "The Superstition, Secularism, and Religion Trinary: Or Re-Theorizing Secularism," *Method & Theory in the Study of Religion*, vol. 30(1).

Laborde, Cécile, 2020, "Rescuing Liberalism from Critical Religion," *Journal of the American Academy of Religion*, vol. 88(1).

McCrary, Charles, et al., 2017, "The Protestant Secular in the Study of American Religion: Reappraisal and Suggestions," *Religion*, Vol. 47(2).

Maclure, Jocelyn, et al., 2011, *Secularism and Freedom of Conscience*, Cambridge, Massachusetts: Harvard University Press.

Mahmood, Saba, 2015, *Religious Difference in Secular Age: A Minority Report*, Princeton: Princeton University Press.

Ryu, Dae Young, 2016, "Missionaries and Imperial Cult: Politics of the Shinto Shrine Rites Controversy in Colonial Korea," *Diplomatic History*, Vol. 40(4).

Strohm, Paul 2011, *Conscience, A Very Short Introduction*, New York: Oxford University Press.

Thomas, Jolyon Baraka, 2019, *Faking Liberties: Religious Freedom in American-Occupied Japan*, Chicago: The University of Chicago Press.

「基督教に基き日本精神お闡明: 現代に對するメソヂストの態度」, 1934, 『日本メソヂスト新聞』2197號.

「神社不參拜問題に對する基督教聯盟の見解: 問題は神社の宗教的意義」, 1933, 『日本メソヂスト新聞』2175號.

「神社神道は自重お要す」, 1937, 『福音新報』2142號.

「日本と基督教: 現勢の諸情勢に鑑みて」, 1937, 『日本メソヂスト時報』2335號.

TW生, 「神社問題の一斷案」, 『基督教世界』2413號, 1930.5.1.

貫民之助, 「神社參拜の問題に就て」, 『基督教週報』 第65卷8號, 1932.10.28

磯前順一, 2003, 『近代日本の宗教言説とその系譜―宗教・国家・神道』, 東京: 岩波書店.

麻生 將, 2020, 「近代日本におけるキリスト教と国家神道」, 『立命館文學』666號.

白石喜之助, 1934, 「神社禮拜の問題」, 『日本メソヂスト新聞』2199號.

富坂キリストンター 編, 1995, 『日韓キリスト關係史資料II』, 東京: 新教出版社.

山口德夫, 1938, 「神社崇敬의 聖書的 解釋」, 『日本メソヂスト時報』2402號.

三山逸人, 1936, 「此のごろの朝鮮(二)」, 『福音新報』, 2116號.

安丸良夫・宮地正人, 1988, 『宗教と國家』, 東京: 岩波書店.

伊藤博文, 1889, 『帝國憲法皇室典範義解』, 東京: 國家學會.

田川大吉郎, 1938, 『國家と宗教』, 東京: 教文館.

村上重良, 1970, 『國家神道』, 東京: 岩波新書.

기울어진 세속주의 / 최정화

김주호, 2019, 「틈새 정당으로서 독일 대안당의 성공: 메귀드의 PSO 이론을 토대로」, 『유럽연구』 제37권 1호, 한국유럽학회.

안성찬, 2020, 「독일 통일 30년: 아직도 이루지 못한 못한 내적 통일-'머릿 속의 장벽' 논쟁의 배경과 실상에 대한 일고찰」, 『외국어로서의 독일어』 47, 한국독일어교육학회.

Abdel-Samad, Hamed, 2016, *Islamic Fascism*, New York: Prometheus.

Amir-Moazami, Schirin, 2011, "Pitfalls of consensus-orientated dialogue: the German Islam Conference (Deutsche Islam Konferenz)," *Approaching Religion* Vol. 1.

Asad, Talal, 2003, *Formations of the Secular. Christianity, Islam, Modernity*, Palo Alto, CA: Stanford University Press.

Bahners, Patrick, 2011, *Die Panikmacher. Die deutsche Angst vor dem Islam. Eine Streitschrift*, München: Bcek C.H.

Bayat, Masoumeh, 2016, *Die politische und mediale Repräsentation in Deutschland lebender Muslime. Eine Studie am Beispiel der Deutschen Islam Konferenz*, Wiesbaden: Springer VS.

Bhargava, Rajeev, 2006, "Political Secularism," in: Johns S. Dryzek (ed.), *The Oxford Handbook of Political Theory*, Oxford: Oxford Press.

Duderija, Adis, 2022, "Emergence of Western Muslim identity: Factors, agents and discourses," in: Tottoli, Roberto (ed.), *Routledge Handbook of Islam in the West* (Second Edition), Abingdon/New York: Routledge.

Heft, Kathleen, 2019, *Kindsmord in den Medien. Eine Diskursanalyse ost-westdeutscher Dominanzverhältnisse*, Opladen: Budrich Adademic Press.

Hirji, Zulfikar, 2010, "Debating Islam from Within: Muslim Constructions of the Internal Other," *Diversity and Pluralism in Islam. Historical and Contemporary Discourses Amongst Muslims*, London, New York: I.B. Tauris.

Hirschkind, Charles, 2006, *The ethical soundscape. Cassette sermons and Islamic counterpublics*, New York: Columbia University Press.

Jansen, Frank, 2005, "Da befällt einen die wilde Schwermut - Innenminister Schönbohm sucht nach Erklärungen für Gleichgültigkeit und Verwahrlosung," *Der Tagesspiegel*.

Laborde, Cécile, 2020, "Rescuing Liberalism from Critical Religion. What Comes After the Critique of Secularism?: A Rountable," *Journal of the American Academy of Religion* 88(1).

Mahmood, Saba, 2016, *Religious Difference in a Secular Age: A Minority Report*, Princeton and Oxford: Princeton University Press.

Sarrazin, Thilo, 2010, *Deutschland schafft sich ab. Wie wir unser Land aufs Spiel setzen*,

München: Deutsche Verlags-Anstal.

_____, 2018, Feindliche *Übernahme. Wie der Islam den Fortschritt behindert und die Gesellschaft bedroht*, München: FBV.

Spielhaus, Riem, 2014, "Germany," in: Cesari, Jocelyne (ed.), *The Oxford Handbook of European Islam*, Oxford: Oxford University Press.

Tezcan, levent, 2012, *Das muslimische Subjekt. Verfangen im Dialog der Deutschen Islam Konferenz*, Göttingen: Wallstein Verlag.

Tiefensee, Eberhard, 2013, "Religiöse Indifferenz als Herausforderung und Chance. Zur konfessionellen Situation in den neuen Bundesländern Deutschlands," *Teologia I Moralność*, Nr. 1(13).

포커스(Focus) 온라인:

https://www.focus.de/politik/deutschland/ein-mittel-der-familienplanung-wolfgang-boehmer_id_2260816.html

슈피겔(Spiegel) 온라인:

https://www.spiegel.de/kultur/gesellschaft/helmut-schmidt-ueberholt-sarrazin-bricht-verkaufsrekord-a-726206.html

이슬람 회의(German Islam Conference):

https://www.deutsche-islam-konferenz.de/DE/DIK/dik_node.html;jsessionid=C7FC410C
DBBA4E02772A2E42C882D52E.intranet262

생태 위기에 대한 지구학적 대응 / 조성환

김지혜, 2019, 「(서평) 평화가 아니라 칼을 주러 온 가이아와 함께: Bruno Latour. 2017. Facing Gaia」, 『환경사회학연구 ECO』 23-1, 한국환경사회학회.

송은주, 2021, 「인류세에 부활한 가이아: 가이아의 이름을 재정의하기」, 『인문콘텐츠』 62, 인문콘텐츠학회.

우네 유타카, 2021, 『농본주의를 말한다』, 김형수 옮김, 녹색평론사.

이원진, 2021, 「두 사건에서 보는 지구적 전환: 우리는 어떤 지구를 상상할 것인가?」, 『원불교사상과 종교문화』 88, 원광대학교 원불교사상연구원.

이지선, 2021, 「무한 우주에서 닫힌 세계 혹은 갇힌 지상으로: 라투르의 정치생태학과 우주주의적 지구론」, 『환경철학』 32, 한국환경철학회.

조성환, 2011, 「정제두의 심학적 응물론: 「정성서해(定性書解)」를 중심으로」, 『유교문화연구』19, 성균관대학교 동아시아학술원.

_____, 2022, 「Earth에서 Gaia로: 인류세의 '지구론'을 중심으로」, 원광대학교 원불교사상연구원 주관, 2022년 지구인문학 국제학술대회(온라인) 자료집『인류세 시대의 지구와 문명-인간의 조건에 대한 성찰』, 2022.04.21~04.23.

조성환 · 허남진, 2020, 「지구인문학적 관점에서 본 한국종교: 홍대용의 『의산문답』과 개벽종교를 중심으로」, 『신종교연구』43, 한국신종교학회.

조성환 · 이우진, 2022, 「동학사상의 '지구민주주의'적 해석」, 『유학연구』60, 충남대학교 유학연구소.

허남진, 2021, 「통합생태학의 지구적 전개」, 『한국종교』50, 원광대학교종교문제연구소.

_____, 2022, 〈Globe에서 Planet으로: 디페시 차크라바르티의 '행성론'을 중심으로〉, 원광대학교 원불교사상연구원 주관, 2022년 지구인문학 국제학술대회(온라인) 자료집『인류세 시대의 지구와 문명: 인간의 조건에 대한 성찰』, 2022.04.21~04.23.

Arendt, Hannah, 1998, *The Human Condition*, Chicago: The University of Chicago Press; 한나 아렌트, 2013, 『인간의 조건』, 이진우 · 태정호 옮김, 한길사.

Berry, Thomas, 1988, *The Dream of the Earth*, San Francisco: Sierra Club Books; 토마스 베리, 2013, 『지구의 꿈』, 맹영선 옮김, 대화문화아카데미.

_____, 1999, *The Great Work: Our Way into the Future*, New York: Bell Tower; 토마스 베리, 『토마스 베리의 위대한 과업: 미래로 향한 우리의 길』, 이영숙 옮김, 대화문화아카데미.

Berry, Thomas & Thomas Clarke, 1991, *Befriending the Earth: A Theology of Reconciliation Between Humans and the Earth*, Mystic, Conn.: Twenty-Third Publications; 토마스 베리 신부와 토마스 클락 신부의 대화, 2006, 『신생대를 넘어 생태대로: 인간과 지구의 화해를 위한 대화』, 김준우 옮김, 에코조익.

Callenbach, Ernest, 2008, *Ecology: A Pocket Guide*, University of California Press; 어니스트 칼렌바크, 2009, 『생태학 개념어 사전』, 노태복 옮김, 에코리브르, 2009.

Chakrabarty, Dipesh, 2015, *The Human Condition in the Anthropocene*, The Tanner Lectures in Human Values, Yale University.

_____, 2021, *The Climate of History in a Planetary Age*, Chicago: University of Chicago Press.

Geering, Lloyd, 2009, *Coming Back to Earth: From gods, to God, to Gaia*, Salem, Or.: Polebridge Press; 로이드 기링, 2019, 『가이아와 기독교의 녹색화: 다신론에서 유일신론으로, 다시 가이아로』, 박만 옮김, 한국기독교연구소.

Kim, Dae Jung, 1994, "Is Culture Destiny?: The Myth of Asia's Anti-Democratic Values," *Foreign Affairs*, Vol 73, Issue 6.

Latour, Bruno, 2017, *Facing Gaia: Eight Lectures on the Climate Regime*, Cambridge:

Polity.

_____, 2017, "Why Gaia is not a God of Totality," *Theory, Culture and Society*, Volume 34 Numbers 2-3.

Latour, Bruno, 2021, Où suis-je?: Leçons du Confinement à l'usage des Terrestres, La Découverte; 브뤼노 라투르, 2021,『나는 어디에 있는가: 코로나 사태와 격리가 지구 생활자들에게 주는 교훈』, 김예령 옮김, 이음.

Lovelock, James, 1972, "Gaia as seen through the atmosphere," *Atmospheric Environment*, Volume 6, Issue 8.

_____, 1979, *Gaia: A New Look at Life on Earth*, Oxford; New York: Oxford University Press; 제임스 러브록, 2018,『가이아: 살아 있는 생명체로서의 지구』, 홍욱 희 옮김, 갈라파고스.

_____, 1988, *The Ages of Gaia: a Biography of Our Living Earth*, New York: W.W. Norton & Co Inc.; 제임스 러브록, 1992,『가이아의 시대: 살아 있는 우리 지구 의 전기』, 홍욱희 옮김, 범양사 출판부.

_____, 1991, *Gaia: The Practical Science of Planetary Medicine*, London: Gaia Books; 제임스 러브록, 1995,『가이아: 지구의 체온과 맥박을 체크하라』, 김기협 옮 김, 김영사.

_____, 2006, *The Revenge of Gaia: Earth's Climate Crisis & The Fate of Humanity*, Basic Books; 제임스 러브록, 2008,『가이아의 복수: 가이아 이론의 창시자가 경고하 는 인류 최악의 위기와 그 처방전』, 이한음 옮김, 세종서적.

_____, 2021, *We Belong to Gaia*, New York: Penguin Books.

M. A., Kirman, 2008, "Religious and Secularist Views of the Nature and the Environment," *International Journal of Social Research*, Vol. 1 Issue 3.

Morin, Edgar & Brigitte Kern, Anne, 1999, *Homeland Earth: A Manifesto for the New Millenium*, Cresskill, N.J.: Hampton; 에드가 모랭, 안느 브리짓트 케른, 1993,『지구는 우리의 조국』, 이재형 옮김, 문예출판사.

Primavesi, Anne, 2000, *Sacred Gaia: Holistic Theology and Earth System Science*, London: Routledge.

Radford Ruther, Rosemary, 1992, *Gaia & God: Ecofeminist Theology of Earth Healing*, San Francisco: Harper Collins Publishers, 1992; 로즈마리 래드퍼드 류터, 2016,『가 이아와 하느님: 지구 치유를 위한 생태 여성 신학』, 전현식 옮김, 이화여자대학교 출 판부.

Rasmussen, Larry L., 2012, *Earth-honoring Faith: Religious Ethics in a New Key*, New York: Oxford University Press; 래리 라스무쎈, 2017,『지구를 공경하는 신앙』, 한성수 옮김, 생태문명연구소.

Toynbee, Arnold, 1976, *Mankind and Mother Earth; A Narrative History of the World*,

New York: Oxford University Press; A.J. 토인비, 1983, 『세계사: 인류와 어머니되는 지구』, 강기철 옮김, 일념.

Tucker, Mary Evelyn & Grim, John & Angyal, Andrew, 2019, *Thomas Berry-A Biography*, New York: Columbia University Press.

White, Lynn, 1967, "The Historical Roots of Our Ecologic Crisis," *Science*, Vol 155, Issue 3767; 린 화이트, 1992, 「생태적 위기의 역사적 기원」, 이유선 옮김, 『계간 과학사상』 창간호.

篠原雅武, 2018, 『人新世の哲学: 思弁的実在論以後の'人間の条件'』, 東京: 人文書院.

보건의료에서의 종교와 세속 / 김재명

김수영, 2008, 「근거중심의학」, 『병원약사회지』 25(4), 한국병원약사회.

김재명, 2009, 「세속화론에 대한 지구화론적 관점의 이해」, 『종교문화연구』 12, 한신인문학연구소.

_____, 2019, 「종교학과 의료인문학」, 『종교연구』 79(3), 한국종교학회.

_____, 2020, 「지구화와 종교의 관계에 대한 여러 관점: 이론적 검토」, 『원불교사상과 종교문화』 86, 원광대학교 원불교사상연구원.

맑스, 칼, 1991, 「헤겔 법철학의 비판을 위하여」, 『칼 맑스 프리드리히 엥겔스 저작 선집 제1권』, 최인호 외 옮김, 박종철출판사.

여인석·이현숙·김성수·신규환·김영수, 2018, 『한국의학사』, 역사공간.

이정연, 2018, 「'근대성과 종교' 연구에 대한 검토」, 『사회와이론』 33, 한국이론사회학회.

이종찬, 1994, 「근대 임상의학의 형성에 관한 두 가지 다른 역사적 해석」, 『의사학』 3(2), 대한의사학회.

장석만, 2017, 『한국 근대종교란 무엇인가?』, 모시는사람들.

조혜인, 1996, 「세계의 깸: 개신교 윤리 명제의 동적 측면」, 『한국사회학』 제30집(봄호), 한국사회학회.

플렉스너, 에이브러햄, 2005, 『플렉스너 보고서』, 김선 옮김, 한길사.

한국호스피스·완화의료학회, 2018, 『호스피스·완화의료』, 군자출판사.

헨릭 월프, 스티그 페데르센, 라벤 로젠베르, 2007, 『의철학의 개념과 이해』, 이종찬 옮김, 아르케.

Armstrong, Karen, 2014, *Fields of Blood: Religion and the History of Violence*, NewYork:Knopf; 카렌 암스트롱, 2021, 『신의 전쟁』, 정영목 옮김, 교양인.

Asad, Talal, 2003, *Formations of the Secular: Christianity, Islam, Modernity*. Stanford University Press.

_____, 2007, On Suicide Bombing, New York: Columbia University Press; 탈랄 아사드, 2016, 『자살폭탄테러』, 김정아 옮김, 창비.

Balboni, Michael J., and John R. Peteet, eds., 2017, *Spirituality and Religion Within the Culture of Medicine*, Oxford University Press.

Balboni, Michael J., and Tracy A. Balboni, 2019, *Hostility to Hospitality*. New York: Oxford University Press.

Cobb, Mark, Christina M. Puchalski, and Bruce Rumbold, eds., 2012, *Spirituality in Healthcare*, New York: Oxford University Press; 마크 콥(외), 2016, 『헬스케어 영성 1』, 용진선(외) 옮김, 가톨릭대학교출판부.

Duffin, Jacalyn, 1999, *History of Medicine: A Scandalousy Short Introduction*, University of Toronto Press; 재컬린 더핀, 2006, 『의학의 역사』, 신좌섭 옮김, (주)사이언스북스.

Giddens, Anthony, Philip W. Sutton, 2017, *Essential Concepts in Sociology*, Polity Press; 앤서니 기든스, 필립 W. 서튼, 2018, 『사회학의 핵심 개념들』, 김봉석 옮김, 동녘.

Foucault, Michel, 1963, *Naissance de la Clinique*, Paris: Presses universitaires de France; 미셸 푸코, 1993, 『임상의학의 탄생』, 홍성민 옮김, 인간사랑.

Koenig, Harold G., 2008, *Medicine, Religion, and Health*. Templeton Press.

McGuire, Meredith B., 1985, "Religion and Healing." In *The Sacred in a Secular Age*, edited by Phillip E. Hammond, London: University of California Press.

Oman, Doug, ed., 2018, *Why Religion and Spirituality Matter for Public Health*, Springer.

Porter, Roy, 1997, *Medicine a history of healing: ancient traditions to modern practices*, Barnes & Noble Books; 로이 포터, 2010, 『의학: 놀라운 치유의 역사』, 여인석 옮김, 네모북스.

_____, 2000, *The Creation of the Modern World: The Untold Story of the British Enlightenment*, W.W. Norton; 로이 포터, 2020, 『근대 세계의 창조』, 최파일 옮김, (주)교유당.

Puchalski, Christina M., Robert Vitillo, Sharon K. Hull, and Nancy Reller, 2014, "Improving the Spiritual Dimension of Whole Person Care: Reaching National and International Consensus," *Journal of Palliative Medicine* 17 (6).

Saad, Marcelo, and Roberta de Medeiros, 2021, "Spirituality and Healthcare-Common Grounds for the Secular and Religious Worlds and Its Clinical Implications," *Religions* 12 (1).

Weber, Max, 1905, *Die protestantische Ethik und der 'Geist' des Kapitalismus*; 막스 베버, 2010, 『프로테스탄티즘의 윤리와 자본주의 정신』, 김덕영 옮김, 도서출판 길.

Wilson, Bryan R., 1966, *Religion in Secular Society*. London: C.A. Watts & Co.

네그리, 안토니오, 마이클 하트, 2001, 『제국』, 윤수종 역, 이학사.

_____, 2008, 『다중』, 조정환 외 역, 세종서적.

바디우, 알랭, 2008, 『사도 바울: 제국에 맞서는 보편주의 윤리를 찾아서』, 현성환 번역, 새물결.

장석만, 2022, 「한국의 종교연구와 비평(비판)의 세속성 논의」, 『종교문화비평』 통권 42호.

Anidjar, Gil, 2008, "Equal Opportunity Criticism (affirmative faction)," *The Immanent Frame*, February 15. (https://tif.ssrc.org/2008/02/15/equal-opportunity-criticism-affirmative-faction/)

_____, 2007, *Semites: Race, Religion, Literature*, Stanford: Stanford University Press.

Asad, Talal, W. Brown, J. Butler, and S. Mahmood, 2009, *Is Critique Secular?: Blasphemy, Injury, and Free Speech*, Berkeley, Los Angeles, London: University of California Press.

_____, 1983, "Anthropological Conceptions of Religion: Reflections on Geertz," *Man* (New Series), Vol. 18, No. 2, June.

_____, 2008, "Historical Notes on the Idea of Secular Criticism," *The Immanent Frame*, January 25. (http://tif.ssrc.org/2008/01/25/historical-notes-on-the-idea-of-secular-criticism/)

Bellah, Robert N. 2008, "The Renouncers," *The Immanent Frame*, August 11.

During, Simon, 2008, "Resistance, Critique, Religion,"*The Immanent Frame*, October 20. (http://tif.ssrc.org/2008/10/20/resistance-critique-religion/)

_____, 2008, "What if?" *The Immanent Frame*, January 7. (http://tif.ssrc.org/2008/01/07/what-if/)

Gourgouris, Stathis, 2013, *Lessons in Secular Criticism*, Fordham University Press.

_____, 2008, "Anti-secularist Failures," *The Immanent Frame*, April 19, 2008. (http://tif.ssrc.org/2008/04/19/anti-secularist-failures/)

_____, 2008, "De-transcendentalizing the Secular," *The Immanent Frame*, January 31. (http://tif.ssrc.org/2008/01/31/de-transcendentalizing-the-secular/)

Hollywood, Amy, 2016, *Acute Melancholia and Other Essays: Mysticism, History, and the Study of Religion*, Columbia University Press.

_____, 2006, "Acute Melancholia," *The Harvard Theological Review*, Vol. 99 No. 4.

Jager, Colin, 2008, "Secular Brooding, Literary Brooding," *The Immanent Frame*, June 22. (http://tif.ssrc.org/2008/06/22/secular-brooding-literary-brooding/)

_____, 2007, "Closure at Critique?" *The Immanent Frame*, December 17. (http://tif.ssrc.org/2007/12/17/closure-at-critique/)

Mahmood, Saba, 2008, "Secular imperatives?" *The Immanent Frame*, May 7. (http://tif.ssrc.org/2008/05/07/secular-imperatives/)

_____, 2008, "Is Critique Secular?" *The Immanent Frame*, March 30. (http://tif.ssrc.org/2008/03/30/is-critique-secular-2/)

_____, 2006, "Secularism, Hermeneutics, and Empire: The Politics of Islamic Reformation," *Public Culture*, Vol. 18, Issue 2.

March, Andrew, 2011, "Poppies and Prophets," *The Immanent Frame*, March 17. (http://tif.ssrc.org/2011/03/17/poppies-and-prophets/)

Nealon, Chris, 2007, "Is critique secular?"*The Immanent Frame*, December 3. (http://tif.ssrc.org/2007/12/03/is-critique-secular/)

Neuman, Justin, 2008, "Critique and Conviction," *The Immanent Frame*, October 6. (http://tif.ssrc.org/2008/10/06/critique-and-conviction/)

Taylor, Charles, 2008, "Buffered and Porous Selves," *The Immanent Frame*, September 2, 2008. (https://tif.ssrc.org/2008/09/02/buffered-and-porous-selves/)

_____, 2008, "Secularism and Critique" *The Immanent Frame*, April 24, 2008. (http://tif.ssrc.org/2008/04/24/secularism-and-critique/)

_____, 2007, *A Secular Age*, Cambridge, Mass., Harvard University Press,

부록: 온라인 모임의 게시글 순서

[2007.12.03.] 01. 크리스 닐론(Chris Nealon), "Is Critique Secular?"

[2007.12.17.] 02. 콜린 재거(Colin Jager), "Closure at Critique?"

[2008.01.07.] 03. 사이몬 듀링(Simon During), "What If?"

[2008.01.25.] 04. 탈랄 아사드(Talal Asad), "Historical Notes on the Idea of Secular Criticism"

[2008.01.31.] 05. 스타티스 구르구리스(Stathis Gourgouris), "De-Transcendentalizing the Secular"

[2008.02.15.] 06. 길 아니자르(Gil Anidjar), "Equal Opportunity Criticism (Affirmative Faction)"

[2008.03.30.] 07. 사바 마흐무드(Saba Mahmood), "Is Critique Secular?"

[2008.04.19.] 08. 스타티스 구르구리스(Stathis Gourgouris), "Anti-Secularist Failures"

[2008.04.24.] 09. 찰스 테일러(Charles Taylor), "Secularism and Critique"

[2008.05.07.] 10. 사바 마흐무드(Saba Mahmood), "Secular Imperatives?"

[2008.06.22.] 11. 콜린 재거(Colin Jager), "Secular Brooding, Literary Brooding"

[2008.08.11.] 12. 로버트 벨라(Robert N. Bellah), "The Renouncers"

[2008.10.06.] 13. 저스틴 뉴먼(Justin Neuman), "Critique and Conviction"

[2008.10.20.] 14. 사이몬 듀링(Simon During), "Resistance, Critique, Religion"

[2011.03.17.] 15. 앤드류 마치(Andrew March), "Poppies and Prophets"

세속주의, 무슬림 혐오, 마르크스주의와 종교 / 존 몰리뉴

크리스 하먼, 이수현 옮김, 2011, 『이슬람주의, 계급, 혁명』, 책갈피.

Achcar, Gilbert, 2016, *Morbid Symptoms: Relapse in the Arab Uprising*, London.

Ali, Tariq, 2002, *The Clash of Fundamentalisms*, London.

Callinicos, Alex, 1993, *Race and Class*, London.

Engels, Friedrich, 1962, "Introduction to the Dialectics of Nature," in: Karl Marx and Friedrich Engels, *Selected Works*, vol. II, Moscow.

Harman, Chris, 1994, "The Prophet and the Proletariat," *International Socialism* 64.

_____, 1994, "Behind the Veil," *Socialist Review* 180. (https://www.marxists.org/archive/harman/1994/11/veil.html)

Marfleet, Philip, 2016, *Egypt: Contested Revolution*, London.

Margulies, Ron, 2016, "What are we to do with Islam? The case of Turkey," *International Socialism* 151.

Molyneux, John, 1985, *What is the Real Marxist Tradition?*, London.

_____, 2008, "More than opium: Marxism and religion," *International Socialism* 119.

_____, 2011, *The Point is to change it: an introduction to Marxist Philosophy*, London.

_____, 2015, "Lessons from the Egyptian Revolution," *Irish Marxist Review* 4(13).

Troyna, Barry and Cashmore, Ellis, 1990, *Introduction to Race Relations, Abingdon/New York*.

https://www.hrw.org/news/2014/08/12/egypt-raba-killings-likely-crimes-against-humanity.

http://www.france24.com/en/20130729-egypt-third-square-activists-reject-army-mohammed-morsi

http://www.rte.ie/news/2016/0928/819767-turkey-arrests/

'Erdogan and his generals', The Economist, 2/2/2013, http://www.economist.com/news/europe/ 21571147-once-all-powerful-turkish-armed-forces-are-cowed-if-not-quite-impotent-erdogan-and-his-generals

'The Islamic veil and the subjugation of women', http://journal.lutte-ouvriere.org/2003/04/24/foulard-islamique-et-soumission-des-femmes_6495.html

http://edvardas.home.mruni.eu/wp-content/uploads/2008/10/huntington.pdf

발표지면

* 이 글은 본 단행본의 글들이 원래 발표되었던 지면이다.

장석만, 「한국의 종교연구와 비평(비판)의 세속성 논의」, 『종교문화비평』 42, 2022.

이진구, 「세속-종교-미신의 3분법을 통해 본 신사참배의 정치학: 근대 일본을 중심으로」, 『종교문화비평』 42, 2022.

최정화, 「기울어진 세속주의: 독일의 통일국가 만들기 과정에서 세속주의가 작동되는 방식」, 『종교문화비평』 42, 2022.

조성환, 「생태 위기에 대한 지구학적 대응: 성스러운 지구와 세속화된 가이아」, 『종교문화비평』 42, 2022.

김재명, 「보건의료에서의 종교와 세속: 건강돌봄과 영성의 만남」, 『종교문화비평』 42, 2022.

존 몰리뉴, 이진화 역, 「세속주의, 무슬림 혐오, 마르크스주의와 종교」, 『마르크스21』 28, 2018.

찾아보기

[용어]

[ㄱ]

가두어 두기 38
가미다나 196
가이아 247, 259, 260, 274
가이아 지구론 259
가이아학 276
가족유사성 112, 135
가톨릭교회 390
감각으로서의 세속 31, 33
감각적 33
감리교회 195
개신교 30, 208
개인화 290
건강돌봄 295, 301
경건한 두려움 35
경물 154
경전 55, 340
계몽 186
계몽주의 227
계몽주의 신화 347
계보학 51
공인종교 186, 187
공적 영역 178
과학 179, 187, 286, 305
과학-미신 179
과학적 이성 150
관계적 근대 44
교파신도 182, 202
구디브 93
구조화된 감정이입 89
국가 23, 121, 178, 207, 241
국가권력 192

국가신도 181, 185, 202
국가신도체제 180, 181, 202
국가의식 179
국가의 제사 198
국가 지식인 400
국교 185
국교제도 185
국민국가 179, 181, 187
국민도덕 179
국수주의 98
군부 406
그리스도교 249, 255
극우정당 221
근거중심의학 295, 302
근대성 106, 240
근대적 도덕 질서 347
근대화 239, 404
기계론 286
기독교 60, 177, 181, 197, 218, 284
기울어진 운동장 241
기호적 이데올로기 114
기후변화 279
기후위기 254
길 아니자르 328
김지하 162, 165
꾀어내기 107

[ㄴ]

나르기 139
나치 도식 224
나폴레옹 396
낭만주의 비평 91
내면의 법정 185
내재적 프레임 309, 310, 311
네클라 켈렉 234
노리토 190
능동적인 행위자 279

[ㄷ]

다나카 쇼조 151
다시개벽 268
대안당 221
대중문화 90
대체 불가능성 267
대체의학 293
대학 교회 217
대항 공화국 36
더블린 협약 221
데카르트 토대주의 347
도나 해러웨이 91, 92
도덕 187, 190, 192
도덕적 위해 373
독일 가치 공동체 231
독일 이슬람 자문위원회 230
독일 이슬람 회의 227, 239
돌봄 독재 213
동독 209, 214, 236
동독 문화 214
동방 238
동성애 혐오 402
동양의학 293
동종요법 293
동학 152, 153, 167, 170, 177
동학농민혁명 163
듣기 열풍 36
디페시 차크라바르티 152
떼이야르 드 샤르댕 268, 274

[ㄹ]

래드퍼드 튜너 271
러셀 맥커천 93
로버트 벨라 360, 379
로버트 페이프 29
로이드 기링 247, 271
로즈마리 래드퍼드 튜너 247
리버럴리즘 144, 339

리버럴 세속주의 351
리버티 124
리타 펠스키 132, 137, 142, 144
린 마굴리스 262
린 화이트 249, 255, 257

[ㅁ]

마르셀 모스 33
마르크스 104
마르크스주의 409
마이클 워너 115
막스 뮐러 87, 88
막스 베버 286, 304
만물과의 친교 267
만물-시천주 사상 154
메이지신궁 194
메이지유신 177, 179
명예 살인 228
몸동작 343
몸의 훈육 36
무라카미 시게요시 185
무슬림 34, 35, 124, 130, 209, 218, 402
무슬림 공동체 221
무슬림 문화 219
무슬림 여성 398
무슬림 이주민 237, 241
무슬림 중앙자문단 230
무슬림 혐오 389, 399, 400, 401
무슬림형제단 404, 405, 406
무신론 37
문명의 진보 149
문학 359
문학비평 111
문화 21, 23, 29, 73, 83, 84, 85, 87, 88, 122,
    129, 134, 212
문화비평 84, 85, 88, 90, 142
문화적 상상력 88
문화주의자 129

문화체계 84
물리주의적 사고방식 19
미노미션 194, 200, 201
미르체아 엘리아데 50, 66, 67, 68, 69, 70
미셸 푸코 290
미신 100, 177, 179, 186, 197, 203
민속 무신론 215, 236
민속종교 216
민족주의 65
민주주의 12, 105, 106, 107, 108, 209, 232, 235, 238, 240

[ㅂ]
반 드르 레우 83, 84
반란 90
반성직주의 410
반이슬람 221
반종교적 207
발언의 물질성 376
밥 165, 167
방정환 154
법 121, 130, 131, 136
법률 208
베네딕토 16세 110
베시 215
병리학 289
보건의료계 285, 291
보수신학 143
부르주아 혁명 395
불교 177, 361, 362
브라이언 윌슨 287
브래들리 오니쉬 71
브루스 링컨 93
브뤼노 라투르 247, 249, 260, 272, 278
비교 인류학 54
비종교 185, 188, 197
비트겐슈타인 112, 135
비판 79, 80, 85, 94, 98, 99, 104, 109, 112, 114, 127, 137, 143, 327, 331
비판적 돌보미 94
비판적 이성 336
비판적 태도 83
비평 79, 81, 86, 89, 93, 94, 96, 98, 99, 109, 142
비평가 358, 359
비평의 멜랑콜리 355

[ㅅ]
사도 199
사람의 노예 150
사바 마흐무드 23, 24, 113, 128, 144, 208, 331, 348, 381
사이먼 듀링 319, 369, 380
사적 영역 178
사종교론 203
사천왕 177
사체액설 288
사회 세력 410
사회주의 209
사회주의자 390, 391
사회학 57, 283, 284, 399
산업적 진보 264
상상적 공감 141
상호 타자화 237
새로운 윤리 267
새로운 종교 257
생기론 286
생명 286
생명체 271
생물권 274
생존막 274
생태대 266, 268
생태신학 259, 261, 278
생태운동 261
생태 위기 249
생태철학 167

샤머니즘 97, 98, 99
서구 문명 105
서구사회 110
서구 세속주의 208
서구 아이덴티티 105
서구의 요새 109
서독 209, 214, 236
서물숭배 200, 204
서양의학 285, 288, 293
서울대학교 종교학과 103
서학 177
선 41, 187
선민의식 270
설교 듣기 36
성경 55, 255
성과 속 69, 71
성서 255, 270
성스러운 공동체 269
성스러운 신화 64
성스러움 67, 68
성직자 297
성 프란체스코 257
성현 69, 71
성화 63, 64, 161, 162, 164, 165
세계종교 133
세속 19, 20, 26, 34, 37, 42, 43, 54, 57, 58, 59, 61, 178, 187, 208, 285, 291, 328
세속국가 134, 135, 232, 237
세속권력 128, 130
세속 레짐 240
세속비평 109, 112, 322, 328, 354
세속사회 300
세속성 29, 38, 72, 95, 106, 142, 143, 237
세속 영역 143
세속적 세계관 335
세속적 신화 64
세속적 이슬람 235
세속적 지성 100, 101

세속정권 49
세속-종교-미신 179, 190, 192
세속-종교-유사종교 186
세속주의 19, 21, 22, 24, 41, 45, 49, 50, 51, 52, 53, 54, 56, 58, 120, 128, 135, 178, 179, 207, 218, 236, 285, 291, 303, 310, 324, 333, 334, 339, 349, 375, 389, 390, 392, 393, 394, 397, 410
세속주의 개념 오용 403
세속주의 비판 50
세속주의 연구 71
세속주의 인류학 52
세속주의자 19, 233
세속화 51, 152, 170, 283, 285, 303, 304, 324, 326
세실 라보르드 37, 39, 132, 133, 135, 136, 137, 413
세이란 아테쉬 234
소극적 거부 369
소수자 124
소유권 107, 119, 120
속화 63, 64
수행 190
숭고 29, 30
쉬린 아미르-모아자미 230
스나이더 총 164
스타티스 구르구리스 323, 337, 381
시노하라 마사타케 151
시라이시 기노스케 200
시리아 난민 221
시천주 153, 161
식고 156
식고 의례 160
신 190
신기제도 182
신도국교화 180, 182, 202
신불판연령 182

신사 182, 190
신사개혁론 195
신사국 186
신사비종교론 180, 187, 189, 193, 196
신사비종교 정책 199
신사숭경 187
신사신도 182, 187, 195, 197, 199, 202
신사예배 200
신사종교론 180, 189
신사종교+비종교론 180
신사참배 179, 187, 191, 195
신사참배 거부 190
신사참배불가론 190, 203
신사참배수용론 200, 204
신성 모독 105, 108, 113
신성성 72, 160
신성한 공동체 269, 270
신성한 자아 153, 160
신앙 185, 365
신종교운동 283
신학자 250
신학적 지구학 271
신화 59, 60, 64
실학 151
심상백년 161

[ㅇ]
아랍 무슬림 221
아유르베다 293
아일랜드 390
안구 중심적 인식론 36
안느 프리마베시 247, 271
앤드류 마치 132, 373, 384
야스쿠니신사 188, 190
양심의 자유 191
어머니 지구 252
언론의 자유 105, 106, 107, 113, 125, 377
에드가 모랭 253

에드워드 사이드 109
에이미 할리우드 132, 314, 315, 378, 379,
    445
에이브러햄 플렉스너 293
역사유물론 409
영국적 가치 397
영성 262, 276, 285, 295, 299, 301, 302
영성적 가이아 277
영웅숭배 204
영웅주의 113
영적 돌봄 285, 297, 299, 301
오니쉬 72
오순절주의 284
오시 215, 238, 241
오시 만들기 212, 214
완화의료 295, 297
외면의 법정 185
요강 테제 213
우두천왕 177
우상숭배 192, 201, 204
우월주의 98
우주의 원리 190
우주의 주재자 190
웬디 브라운 104
위험한 타자 186
윌리엄 버컨 291
유기체 275
유기체적 지구론 247
유사종교 177, 178, 186
유사종교시설 178
유아살해 212, 213
유일신 190
윤노빈 157, 162, 165
윤리적 행동주의 35
은사주의운동 284
음사사신 195
음향적 근대 36
의료인 305

의료인문학 300
의료화 296
의미론적 비판 39
의학 293, 305
이데올로기 비평 88, 91
이반 스트렌스키 27, 28
이분법 179, 192
이성 61, 112, 150
이성의 빛 187
이세신궁 188, 194
이슬라모포비아 224
이슬람 29, 110, 220, 224, 229, 233, 284
이슬람 문명 105
이슬람 연구 219
이슬람 이주민들 238
이슬람 회의 229
이집트 군사 쿠데타 403
이천식천 155, 156, 157, 165
이콘 114
이토 히로부미 183
인간의 노예 150
인간의 사회적 성화 164
인간의 조건 150, 249, 251, 252, 253, 263
인간중심의학 302
인간중심주의 270
인격적인 공동체 279
인공세계 253
인공위성 스푸트니크 250
인내천 162, 164
인디언 267
인류세 170, 254, 265
인류세 철학 253
인류학 47, 49, 54, 57, 283, 284
인문학 88, 110, 138, 141
인문학 위기론 90
인종 차별 398, 399, 402
인종 차별주의 389
일본 기독교계 189

일본기독교연맹 194
일본기독교회대회 192
일본조합기독교총회 192
일상의 성화 168, 169, 170
임계영역 274
임상의학 286, 293, 305

[ㅈ]
자기동일성 감각 30
자기성찰 85
자문화중심적 208
자비네 210, 238
자살 테러 27, 28, 29, 30
자살폭탄 테러 29
자아의 발견 159
자연 150, 254, 279
자연관 151
자연주의적 세계관 19
자연주의적 연구 73
자유 240, 398
자유민주주의 22, 26, 31, 43, 64
자유언론 119
자유주의적 세속주의 207, 232, 237, 241
잘못된 믿음 186
장일순 162
저스틴 뉴먼 364, 384
저항 369, 370
적극적 혁명 369
전근대적 227, 240
정교분리 178, 179, 181, 182
정서적 태도 29
정치 23, 178, 207, 241
정치단체 186
정치인류학 52
정치적 세속주의 237
제교분리 182
제국헌법 179, 183
제도 종교 100

제임스 러브록 247, 249, 259, 260, 273
조건부 신사참배론 203
조건부 신사참배수용론 193, 195
조녀선 판안트베르펜 331
조상숭배 204
조상제사 159
조선신궁 178, 199
조셉 블랜크홀름 20, 37
조지 홀리오크 58
존 로크 31
존재론적 물질주의 19
종교 19, 20, 23, 26, 42, 43, 49, 50, 51, 53,
    57, 59, 61, 64, 84, 90, 100, 121,
    134, 135, 177, 178, 180, 183, 184,
    188, 190, 207, 216, 283, 285, 301,
    303, 310, 334, 335, 349, 354, 371,
    372, 385, 390, 409
종교강제 197
종교 개념 133, 136
종교공동체 297
종교공동체주의 21
종교-과학 179
종교국 186
종교규제 186
종교 근본주의 19
종교단체법 186
종교-미신 179
종교비평 112, 322
종교사회학 24, 56, 219
종교성의 개념 129
종교-세속 50, 66, 179, 189, 192, 203, 300,
    303, 305
종교시설 178, 190
종교(양심)자유 192
종교연구 80, 81, 82, 95, 100, 142, 143
종교와 공공 영역 310
종교와 세속 21, 24, 26, 385
종교의 공적인 재등장 300

종교의 사사화 290
종교의 정치학 389
종교의 패러다임 183
종교인류학 33, 56
종교인 돌보미 94
종교자유 23, 115, 135, 178, 179, 183, 197
종교자유 원칙 351
종교적 근본주의 52, 284
종교적 무관심 216
종교적 비평 112
종교적 이성 344
종교적 인간 68
종교적 테러 28
종교전쟁 178
종교 전통 100
종교통제 186
종교학 43, 45, 71, 73, 82, 84, 85, 90, 100
종교현상 102, 284
종교현상학 84, 87
종자학살 267
종족적 차별 215
좋은 삶 41
주례사비평 91, 93
죽음 290, 291
쥬디스 버틀러 118, 121, 125, 144
지구 248, 249, 252, 259, 277
지구공동체 269
지구론 250
지구민주주의 258
지구소외 250, 278
지구 시스템 156
지구시스템과학자 278
지구의 퇴보 264
지구철학 253
지구학 248, 263, 268, 271, 278
지구학살 267
지구학자 250, 263, 276
지구학적 신학 271

지구화론 283
지속가능성 252
지용 150
지적인 이방인 140
지하드 27, 29
지향적 대상 70
진보의 2세기 265
진짜 종교 133
집단적 무신론 215

[ㅊ]
찰스 테일러 25, 32, 52, 311, 343, 383
찰스 허쉬킨드 35, 208
천도교 177
천도교 대교당 178
천리교 177
천리교회당 178
천인 153
천지 156, 279
천지부모 161
천황 177
청교도 304
초월적 매개 53
초종교 189
최시형 153, 155, 157, 158, 161, 162
최제우 153, 161
축의 시대 363
츠라타미 190

[ㅋ]
카세트 테이프 설교 35
카툰 119
코페르크쿠스적 혁명 162
콜린 재거 315, 316, 353, 380
쿠데타 405, 407, 408
큐레이팅 138
크리스 닐론 313, 379
크리스 하먼 410

크리티시즘 104, 118, 126
크리티크 104, 115, 116, 118, 124, 125,
    126, 133, 137, 140

[ㅌ]
탈랄 아사드 24, 25, 26, 27, 42, 49, 51,
    57, 61, 65, 105, 125, 143, 208, 283,
    291, 321, 380
탈세속화론 283
탈주술화 289, 304
터키 군사 쿠데타 403
테러 28, 29
테러와의 전쟁 399, 402
테오리아 363, 364
토드 위어 20
토마스 베리 249, 258, 261
토속문학 98
통일 프로젝트 209
통합적 지구학 263
틸로 사라친 221, 222, 223, 224, 226, 227,
    229, 233, 239

[ㅍ]
파시즘 98, 398
파울리너 교회 217
파울리눔 218
패배주의 97
페기다 221
페미니즘적 책략 398
평화사상 163
포교규칙 186
포스트 세속주의 24, 25, 44
포스트콜로니얼리즘 133
포스트-크리티크 144
표상 역학 73
푸코 109, 133
프뉴마 288
프랑스 세속주의 393

프랑스 혁명 393
프랜시스 베이컨 151
프롤레타리아화 210, 214, 236
프리덤 124
플라텐바우 238

[ㅎ]

하늘님 156, 159
하늘의 작용 154
한국문화 96
한국 종교학 87, 94
한나 아렌트 150, 250
한살림운동 162, 170
해부병리학 289
행위성의 연결망 275
행위자 연결망 이론 260
행위주체 279
향아설위 157, 158, 159, 168
향촌사 194
헌법 197, 208
헤테로노미 325
현대적 개혁주의자 233
현상학적 인류학 54
형이상학적 반란 94
호모 아렐리기오수스 216
호스피스 295, 297
화이트헤드 269
환자중심의학 302
활인 사상 162
회상 87, 89
후천개벽 268
후쿠자와 유키치 149
희생제의 27
히잡 397

[도서]

『가내 의술』 291

『가이아에의 경의』 259
『가이아와 마주하기』 249, 273
『가이아와 하느님』 247, 271
『가이아의 복수』 259
『가이아의 시대』 259
『가이아: 행성 경영 도감』 261
『가이아: 행성 의학의 실천학』 259
『독일인의 사랑』 87
『리버럴리즘의 종교』 132
『문명론의 개략』 149
『문학과지성』 96
『비판은 세속적인가?』 80, 103, 309
『사라지는 가이아의 얼굴』 259
『생태학 개념어 사전』 272
『성스러운 가이아』 247, 271
『세속시대』 25, 26, 32, 311, 312
『세속 시대 종교적 차이』 23, 24, 208
『세속의 형성: 기독교, 이슬람, 근대』 208
『스스로 없어져 가는 독일』 222, 226
『에코토피아』 272
『우리는 가이아에 속해 있다』 259, 273
『위대한 과업』 262, 268
『잃어버린 아들들』 235
『임상의학의 탄생』 292
『자살폭탄 테러』 26
『적대적 수용』 226
『종교문화비평』 79, 89, 142
『종교사회학논총』 286
『종교에 대한 세속 이론』 102
『지구는 우리의 조국』 253
『지구로의 귀환』 247, 271
『지구와 친구 되기』 265, 269
『지구의 꿈』 249
『찬미받으소서』 263
『창작과비평』 96
『쿠란』 352
『타지에서 온 신부』 235
『플렉스너 보고서』 293

한국종교문화연구소 종교문화비평총서 11

세속주의를 묻는다

등록 1994.7.1제1-1071
1쇄 발행 2024년 1월 15일

기 획 한국종교문화연구소
엮은이 최정화
펴낸이 박길수
편집장 소경희
편 집 조영준
디자인 조영준
관 리 위현정
펴낸곳 도서출판 모시는사람들
        03147 서울시 종로구 삼일대로 457(경운동 수운회관) 1207호
전 화 02-735-7173 / 팩스 02-730-7173
홈페이지 http://www.mosinsaram.com/

인 쇄 피오디북(031-955-8100)
배 본 문화유통북스(031-937-6100)

값은 뒤표지에 있습니다.
ISBN 979-11-6629-183-8   94100
세트 978-89-97472-32-1   94100